U0442588

中国社会科学院创新工程学术出版资助项目

从集聚到均衡

中国经济增长的产业与空间匹配机制研究

From Agglomeration to Equilibrium:
Research on Mechanisms of Matching between Industry and Space for China's Economic Growth

邓仲良　著

中国社会科学出版社

审图号：GS(2019)3726 号
图书在版编目（CIP）数据

从集聚到均衡：中国经济增长的产业与空间匹配机制研究 / 邓仲良著．
—北京：中国社会科学出版社，2019.9
ISBN 978 - 7 - 5203 - 5118 - 8

Ⅰ.①从… Ⅱ.①邓… Ⅲ.①中国经济—经济增长—研究
Ⅳ.①F124.1

中国版本图书馆 CIP 数据核字（2019）第 202741 号

出 版 人	赵剑英
责任编辑	王 衡
责任校对	朱妍洁
责任印制	王 超

出　版	中国社会科学出版社
社　址	北京鼓楼西大街甲 158 号
邮　编	100720
网　址	http://www.csspw.cn
发 行 部	010 - 84083685
门 市 部	010 - 84029450
经　销	新华书店及其他书店
印　刷	北京明恒达印务有限公司
装　订	廊坊市广阳区广增装订厂
版　次	2019 年 9 月第 1 版
印　次	2019 年 9 月第 1 次印刷
开　本	710×1000　1/16
印　张	22.75
字　数	351 千字
定　价	99.00 元

凡购买中国社会科学出版社图书，如有质量问题请与本社营销中心联系调换
电话：010 - 84083683
版权所有　侵权必究

序 一

  中国经济已从高速增长阶段转向高质量发展阶段，更注重质量、效率和动力变革，实现经济发展方式转变则必须要解决"不平衡、不充分"的区域发展问题。劳动力、资本等要素与产业、城市的合理匹配能够有效缩小区域发展差距，促进城市经济增长，提升市场与企业效率，引导产业协同集聚，进而优化区域产业结构，因此通过纠正要素空间错配已经逐渐成为促进区域协调发展的关键政策思路。对产业与空间的匹配问题进行研究，不仅能够从微观上解析产业集聚或扩散机制，而且还能解决要素空间配置优化等现实问题，值得经济学者、政府及企业决策者重点关注。

  邓仲良博士在中国人民大学跟随我攻读经济学博士学位期间，在空间经济学和区域发展政策方面进行了较系统深入的研究，公开发表了一些成果。《从集聚到均衡：中国经济增长的产业与空间匹配机制研究》一书是作者博士研究生3年的研究成果总结，分别从国内外文献、理论框架、现状分析、实证研究四个部分来逐步阐述产业与空间匹配机制对中国经济增长作用路径的影响机理，并解释其政策含义。本书运用空间经济学范式构建了一个考虑要素结构内生性和经济外部性的研究框架，并对经济发展和产业集聚变动现状，空间视角下经济增长，产业视角下工业、服务业的经济增长和集聚效应展开经验研究。

  概括而言，本书的创新之处主要体现在四个方面。

  学术界对产业与空间的匹配机制并无统一的界定，根据实际调研工作和文献研究，作者提出产业与空间存在匹配关系，这是本书的一个亮点和创新点。作者所提产业与空间匹配和空间错配（Spatial mismatch）的内涵是一致的，空间错配描述了在城市空间内的企业或产业部门存在要素配置未达到最优投入产生结构而导致的经济增长偏离、TFP下降、市场价格失准等现象，而产业与空间匹配则是要通过要素合理配置避免空间错配现象发生。

要素在产业部门和空间上存在错配效应将直接影响经济增长的空间效率，具体体现在两个方面，第一，企业或产业层面的要素结构错配问题，第二，要素结构与产业集聚在空间上不匹配，二者分别对应了要素的产业部门异质性和要素空间异质性，即要素具有"双重异质性"，这在已有研究中较少同时探讨，这是本书研究中第二个亮点。

大量关于经济增长的理论与经验研究已经提供了技术变迁和资本累积对宏观经济增长趋异或趋同的解释，但并未考虑区域发展的阶段性特征。同时经济联系受到"空间距离"引起的运输、流动成本及信息获得性等因素影响，在如何促进人力资本积累、利用经济外部性、加强市场要素自由流动与区际贸易等方面都存在或多或少的假设失准。尽管关于经济增长、产业集聚及要素错配的相关研究成果浩如烟海，但已有研究未系统全面考虑上述因素对经济增长空间分异的作用机理，缺乏一个统一的分析框架，本书提供了一个考虑空间属性的经济增长模型，系统研究了要素异质性、产品流动对经济增长的作用机理，这是本书的第三个亮点。

此外，规模效应引发"效率门槛"的自选择机制（竞争效应）受到市场需求异质性、要素配置结构和劳动力技能互补性的影响，城市中要素集聚引起的分类与选择效应会被要素互补性抵消，单独考虑要素集聚的比较优势无法准确反映现实问题本质，需要在此基础上考虑经济外部性的影响，本书研究综合考虑了要素结构内生性和经济外部性的综合影响，这是本书的第四个亮点。

本书主要研究发现经济增长空间效率分异来源于三个匹配机制，即要素结构与产业关联、城市规模与产业结构、市场规模与产业选择。要素结构与产业关联的匹配机制内生地决定经济增长动力，城市规模则通过相对最优城市规模"门槛效应"影响经济增长。城市、市场规模与产业选择也存在匹配关系。当城市和市场规模都较小时，不宜过度追求产业结构"高端化"。利用中国277个地级及以上城市的2004—2014年面板数据进行实证分析的结果表明，从全国层面上看，中国资本、劳动力要素与产业结构尚未达最佳匹配。产业维度上城市的相对要素结构与产业关联性的匹配程度不高，空间维度上城市规模与产业结构匹配的正向效应不显著，其中大城市产业关联性的正向效应受到存在劳动力要素结构错配的影响。这些结论揭示了在不同区域、不同城市发展阶段的经济空间分异现象的机理是不同的，因而需要因地施策，这为如何更加有效地发展地区经济、构建区域协调发展新机制提供了理论和经验基础。

本书的经验分析还表明，从空间视角来看，不同区域经济增长受益于不同的匹配机制。发展生产性服务业是大城市提高经济比重的关键；中小城市则应重点构建符合本地优势的工业体系。具有不同要素结构的工业对空间的匹配关系存在产业分异。采矿业和劳动密集型制造业的经济增长和集聚适合中、小城市地方化经济。资本密集型、技术密集型制造业的增长、集聚效应与要素结构、人口和市场规模等空间经济特征紧密相关，前者受益于要素结构资本化，后者则取决于城市化经济。技术效率提高促进了制造业扩散；市场化程度则与产业集聚正相关。服务业具有直接和间接经济增长效应。前者主要取决于城市和市场规模效应，后者取决于要素结构和产业关联。服务业增长和集聚存在空间分异。生产性服务业具有增长效应，但空间集聚失衡，其空间集聚效率受要素资本化、制造业需求、人力资本累积和地区信息化水平显著影响；消费性服务业增长效应仅在中西部地区显著，其集聚与市场规模、居民收入负相关；公共基础性服务业的人力资本累计效应仅在东部地区显著。

此外，区域或空间有多种尺度，不同尺度的空间单元的产业与空间匹配机制是不同的，但一本书是不可能对各种尺度的空间单元进行详尽研究的。对不同空间单元的匹配机制进行对比分析是这个领域未来值得深入研究的方向。

《从集聚到均衡：中国经济增长的产业与空间匹配机制研究》一书是作者对中国经济发展面临的现实问题的深刻思考，其中理论与经验研究都具有非常重要的现实意义，有助于我们更好地理解供给侧结构性改革和区域协调发展等国家战略。希望邓仲良博士继续关注新时代重大理论和现实问题，保持研究动力，提升研究能力，为建设具有中国特色的区域经济学和"繁荣中国学术、发展中国理论"做出更大的贡献。

张可云

中国人民大学应用经济学院教授、博士生导师

北京市行政区划与区域发展研究会会长

全国经济地理研究会副会长

2019年2月于中国人民大学

序 二

中国经济增长中的产业与空间关系是生产力布局问题研究的核心，一直是区域经济学界研究的重点问题。早在改革开放初期，老一辈学者们就率先开展了生产力布局的研究，到20世纪90年代，伴随中国区域经济学科的发展与完善，产业与空间问题的研究被推向一个新的高度。进入21世纪之后，在区域协调发展战略的指引下，产业与空间优化发展的研究取得了令人瞩目的成就，也映衬出中国区域经济学术研究的历史传承。

邓仲良博士的新作《从集聚到均衡：中国经济增长的产业与空间匹配机制研究》一书，是对中国生产力布局问题研究的最新成果。本书在其博士学位论文基础上修订完成，作者以产业与空间匹配机制对地区经济增长的作用路径为研究对象，采用理论数理模型分析和经验研究相结合的方法对"产业效率最优与空间规模最优的匹配问题"进行研究。

本书代表了年轻一代学者对这个问题的研究理念。产业与空间的匹配是指全要素的配置结构与经济增长的协调关系，可以理解为一种广义匹配关系，而并非集聚经济微观机制中的狭义劳动力与企业、城市的匹配关系。从匹配的概念内涵来看，广义的匹配不仅可以从要素集聚、产业关联上反映共享机制，而且也能够反映技术层面扩散的学习机制，能够前后完整地联系和反映集聚经济，同时涵盖资金外部性和技术外部性的影响。明确中国产业与空间的匹配机制，不仅利于阐明集聚经济的微观作用机理，而且能够为中国区域及城市体系中要素资源空间优化配置提供科学的选择依据。

改革开放后,中国产业结构经历了"农业比重不断下降,工业体系门类完整,服务业比重逐步提升"的演化历程,其中服务业产业增加值2013年首次超过工业,2017年工业增加值比重40.45%,小于服务业比重近11%,这标志着中国已经进入工业化后期阶段。中国从西部大开发战略开始便一直推行产业转移,力图通过产业转移带动经济空间均衡发展,中国工业空间均衡性逐步提升,但中国服务业空间集聚趋势一直未改变,其中生产性服务业和消费性服务业集聚程度还在逐步增加,2015年比2004年分别增加21.39%和12.87%。产业—空间不均衡不仅无助于经济结构转型和产业分工体系建立,而且还可能造成经济增长"结构性减速",亟须通过优化产业—空间布局来促进工业和服务业的空间再平衡,进一步提高要素空间配置效率,化解产业配置的不均衡、不协调矛盾,实现区域协调发展。

针对产业、要素集聚如何作用于地区经济增长的路径问题,本书构建了一个基本的理论分析框架。通过对要素和产业异质性的假定,引入城市产业的三产业划分原则,对已有研究进行进一步细化,建立了综合考虑产业结构、要素配置和集聚效应三个层面的两区域×三产业的经济增长模型,回应了"何地适合发展何种产业,规模最优",具有一定理论意义。此外,还构建了基于匹配效率和匹配质量双指标的测度模型,用以揭示产业集聚和扩散的内生性机理。在实证研究中明晰了不同要素结构的工业和不同对象服务业的集聚效率及稳定性,以此来回应"何种产业适合于何地发展,效率最高"。理论与经验研究发现,第一,"要素结构与产业关联"内生地决定了地区经济增长的潜力。当要素结构具有资本比较优势时,增强地区内的产业关联性具有明显的经济增长效应;而当要素结构具有劳动力比较优势时,增加地区产业关联性将导致经济增长负效应。第二,"城市规模与产业结构"通过相对最优城市规模"门槛效应"影响城市经济增长外部性。当城市规模大于相对最优规模,提高产业关联性才具有经济增长效应。第三,"市场规模与产业选择"的匹配机制通过资金外部性决定了地区产业类型选择。当地区市场规模较小时,不宜追求产业结构"高端化",而应培育因地制宜的地方化经济。第四,产业集聚与扩散依赖于三种匹配机制的匹配效率和匹配质量。匹配效率越高的产业越容易集聚，而长期稳定集聚则取决于匹配质量，反之则扩散。

本书内容翔实，论证丰富，对从空间的角度看中国经济高质量发展面临的多种挑战，具有重要的政策含义：第一，要素非均衡分布、产业异质性决定了不同地区依赖于不同的经济增长模式。不同地区经济增长匹配机制有效性的发挥更需立足于本地现实条件，并应处理好"有效工业供给"和"产业服务业化"的关系。第二，不同类别的产业集聚和扩散对经济增长的作用路径受到要素结构的空间异质性影响，相关促使均衡的政策制度安排应符合要素流动偏好规律。不同产业的匹配效率与匹配质量有效性不同。劳动力密集型产业集聚更取决于市场规模效应，而技术密集型产业，尤其是其中的技术与资本双密集型产业更受益于要素结构和外部空间环境。因此可以通过以要素集聚为切入来促进产业—空间布局优化。以技术转移以依托，引导劳动力与资本流动，即"移物促产"。第三，产业协同集聚对地区经济增长影响较大。通过增强生产性服务业和公共基础服务业对制造业等工业的产业间联系，有助于提高经济规模。

总之，《从集聚到均衡：中国经济增长的产业与空间匹配机制研究》一书逻辑严密，思路清晰，论证翔实，科研作风严谨，对于集聚与均衡的理论逻辑，邓仲良博士都有独特而深刻的理解。书中对不少问题都已给出了明确的答案，当然还有一些问题值得未来进一步探索。

预祝邓仲良博士在科学研究的道路上取得更大的新成就，为区域经济学的发展做出更大贡献。

是为序。

孙久文
中国人民大学应用经济学院教授、博士生导师
区域与城市经济研究所所长
全国经济地理研究会会长
2019 年 2 月于中国人民大学明德楼

目　录

第一章　引言 ……………………………………………………（1）
　一　研究背景 ……………………………………………………（1）
　二　相关重要概念、研究对象界定 ……………………………（14）
　三　国内外研究综述 ……………………………………………（17）
　四　研究思路、内容及分析框架 ………………………………（39）
　五　篇章结构与研究路线 ………………………………………（42）

第二章　经济增长与产业—空间匹配的研究框架 …………（46）
　一　理论研究方法 ………………………………………………（46）
　二　理论框架Ⅰ：宏观经济学分析范式 ………………………（50）
　三　理论框架Ⅱ：空间经济学分析范式 ………………………（56）
　四　本章小结 ……………………………………………………（70）

第三章　中国经济与产业的空间演化及发展现状研究 ……（72）
　一　中国经济空间与产业发展格局的演化及现状 ……………（72）
　二　中国产业的空间模式研究 …………………………………（88）
　三　经济空间与产业—空间发展格局的典型事实 ……………（91）
　四　本章小结 ……………………………………………………（98）

第四章 产业—空间匹配机制的识别与测度 …………………… (99)
  一 产业—空间集聚或扩散的动力机制 ………………… (99)
  二 产业或要素集聚的测度方法 …………………………… (103)
  三 已有对匹配机制测度的研究 …………………………… (104)
  四 产业—空间匹配机制的来源与识别 …………………… (108)
  五 本章小结 ………………………………………………… (115)

第五章 经济增长的产业—空间匹配机制研究：基于空间经济增长视角 ………………………………………………… (116)
  一 城市发展与产业选择 …………………………………… (116)
  二 实证研究设计与数据选取 ……………………………… (119)
  三 城市经济增长的匹配机制实证研究 …………………… (127)
  四 稳健性检验 ……………………………………………… (136)
  五 本章小结 ………………………………………………… (139)

第六章 经济增长的产业与空间匹配机制研究：基于工业增长与集聚 ………………………………………………………… (141)
  一 工业的产业类型与空间特征 …………………………… (142)
  二 工业—空间匹配机制的经济增长效应 ………………… (149)
  三 工业—空间匹配机制与工业集聚效应 ………………… (172)
  四 匹配机制的稳健性检验 ………………………………… (185)
  五 本章小结 ………………………………………………… (192)

第七章 经济增长的产业与空间匹配机制研究：基于服务业增长与集聚 ………………………………………………………… (195)
  一 服务业的产业分类、经济增长与集聚 ………………… (195)
  二 服务业经济与中国经济增长关系 ……………………… (210)
  三 服务业—空间匹配机制的经济增长效应 ……………… (218)

四　服务业—空间匹配机制的集聚效应 …………………… (245)
　五　服务业匹配机制的稳健性检验及进一步讨论 ………… (260)
　六　本章小结 ………………………………………………… (271)

第八章　基本结论和政策含义 ………………………………… (273)
　一　主要结论 ………………………………………………… (273)
　二　政策含义 ………………………………………………… (276)

附　录 …………………………………………………………… (281)

参考文献 ………………………………………………………… (319)

后　记 …………………………………………………………… (349)

第一章 引言

随着城市化进程加快[①]以及经济增长模式转变，中国经济增长更加注重效率和质量的提升，如何优化要素配置与完善匹配机制成为近年来学界、政界和企业界十分关注的话题。"优化要素配置"是推动区域协调发展战略[②]、"以城市群为主体形态，推动大中小城市和小城镇协调发展"新型城镇化战略的关键措施。从经济空间格局来看，目前中国总体城市规模仍较小，城市生产效率与产业布局模式并未达到最优匹配；同时部分超大城市"城市病"治理也需要明确城市功能定位与产业布局方式，提高要素配置效率（吴敬琏，2013），注重"集聚"与"疏解"并行，通过要素在都市区、城市群空间尺度上的优化配置来解决规模不经济的问题。因此，明确中国产业与空间的匹配机制，不仅利于阐明集聚经济的微观作用机理，而且能够为中国区域及城市体系中要素资源空间优化配置提供科学的选择依据。

一 研究背景

产业与空间的关系是区域经济学科长盛不衰的研究热点，具有系统的理论脉络，随着研究的逐步深入，产业与空间的相互作用微观机

[①] 2018年年底中国城市化率为59.58%，根据城市增长经验曲线（Northam，1979），中国已经越过城市增长的第一拐点进入了快速发展阶段。
[②] 到2019年5月为止，中国区域协调发展战略包括了"四大板块"基础战略和"四大重点区域"引领战略，前者为西部大开发、东北振兴、中部崛起和东部率先发展；后者为"一带一路"建设、京津冀协同发展、长江经济带发展、粤港澳大湾区建设。

制逐步清晰，关于城市体系发展与产业—空间布局的理论性基础逐渐具备，但由于异质性条件在空间、企业、劳动力方面的差异性，以及外部性等因素相互影响，关于产业—空间的关系始终没有清楚地展示。现有产业与空间是否达到最优匹配，要素配置效率的改善能否显著地提高匹配质量，现有产业与城市发展的匹配性能否增强城市核心竞争力，进而培育出国家核心竞争产业和战略性新兴产业，能否提高城市化进程中居民或就业人员的福利水平，回答这一系列问题，首先需要构建产业与空间的匹配机制。

（一）国内外学科发展的理论研究背景

产业与空间的关系演化发展历经了古典区位论、新古典区位论、现代区位论、空间经济学（新经济地理学）、演化经济地理学等发展阶段。但关于"匹配"的概念并未明确地直接出现在相关理论中，而是随着空间经济理论发展而被逐步揭示的，直到集聚经济微观机制中"匹配"概念的提出（Duranton，Puga，2004），但这也仅限于劳动力与企业的狭义匹配范畴。

为进一步揭示产业与空间的匹配关系以及匹配机制的本质，笔者梳理了相关文献的研究脉络，对产业—空间关系的发展演化历程进行了总结归纳（见表1-1），并对产业—空间匹配的相关核心概念进行了对比研究。

表1-1　　　　　　　　产业—空间关系研究脉络

产业—空间理论	代表学者/时间	基本观点
农业区位论	Von Thünen（1826）	匀质空间下农业带环状分布
工业区位论	Alfred Weber（1909）	运费、工资指向的工业选址
绝对要素理论	Bertil Ohlin（1933）	产业发展依赖于区域绝对要素禀赋
中心地理论	Walter Christaller（1933）；August Lösch（1940）	不同等级城市具有不同的市场区，但未明确城市对应何种产业市场空间
区域科学	Walter Isard（1956）；Hoover（1971）	空间均衡理论；空间资源匹配问题

续表

产业—空间理论	代表学者/时间	基本观点
产品生命周期理论	Raymond Vernon (1966, 1979)	产业发展与空间扩散
空间经济学*	Fujita Masahisa, Paul R. Krugman, Anthony J. Venables (1999) 等	产业集聚、要素移动、城市体系形成以及国际贸易

注：*为避免混淆经济地理学和地理经济学，国内许多学者将新经济地理学称为"空间经济学"。

数据来源：作者根据相关文献总结。

最早对产业—空间组织进行研究的是德国杜能（Thünen，1826）提出的农业区位论，在匀质土地、产业分工、单一交通模式上形成了以单中心城市为核心的环状农业空间布局模式，"杜能农业圈层结构"开启了后续研究者研究产业—空间的相互关系的先河，后续研究由农业扩展到其他产业类别（见图1-1）。韦伯（Weber，1909）随后建立了现代工业区位论，将运输成本、劳动力工资看作决定工业区位的重要因素（见图1-2）。但由于韦伯的工业区位论是静态"指向性的"，不仅不能反映区位的动态变化，而且是一种局部的"纯理

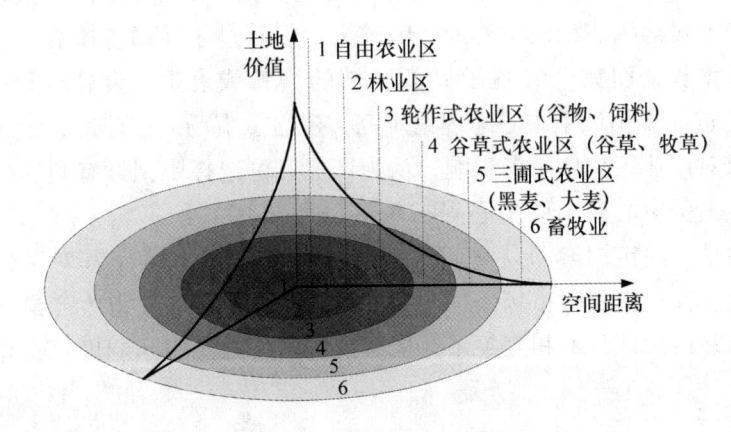

图1-1 杜能的农业区位论

数据来源：作者根据已有研究绘制。

论",也不能反映"一般"和"现实理论"①。最小成本指向受到最大利润原则的影响,二者可能在现实生活中出现背离;劳动力无限供给且不能移动。同时,产业区位选择还受到规模效应、产业关联性等因素的影响,由于历史条件原因,韦伯并未深入阐述。

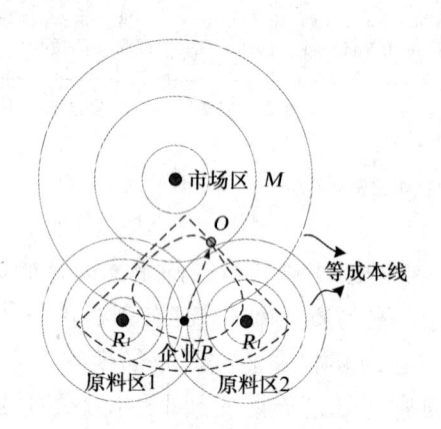

图1-2 韦伯的工业区位论

克里斯塔勒(Christaller,1933)在《德国南部中心地原理》中阐述了动态的"空间理论和空间组织",提出了基于市场原则、交通原则和行政原则的中心地理论,即城市区位论。不同等级的城市提供不同数量和种类的产品,中心地等级越高,则产品市场区范围越大;经济周期对等级较低的中心地影响较大。但其过于强调整体的、长期的经济增长,而完全忽视了局部区域的增长或衰退。廖什(Lösch,1940)进一步拓展了中心地理论研究,建立了市场区位理论,强调市场需求对产业区位体系的影响,认为产业区位选择受到最有利的生产中心、消费中心和供应中心等市场区(经济区)的影响,而"区位的最后唯一决定因素乃是它们的平衡——纯利润"。由于其对区位选择的主观性观点及对市场条件的垄断经济条件假设,使得生产最优区位和消费最优区位的相互关系并未系统阐明,并忽视了制度、文化等

---

① 一般地,我们所熟知的韦伯《工业区位论》仅指《工业区位纯理论》(1909),第二步"现实理论"始终未出版。

非经济因素对产业—空间布局的影响。由于历史原因，古典区位论对产业—空间关系的研究都是基于匀质的空间假设，没有考虑空间异质性的存在，以及完全竞争市场假设，主要研究单个厂商的最优区位决策。在现实生活中，由于地理、气候、技术、人口密度以及经济空间依赖性的影响，完全符合理想的环状农业带和正六边形的城市体系或市场区的案例并不存在。但区位论揭示了产业与空间存在相互作用，产业能改变城市结构体系，城市区位也能影响产业的选择，关于产业与空间关系的研究由此而方兴未艾。

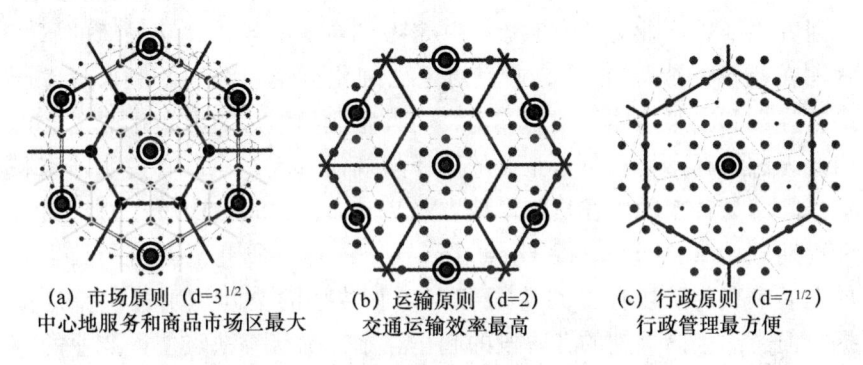

(a) 市场原则 ($d=3^{1/2}$)
中心地服务和商品市场区最大

(b) 运输原则 ($d=2$)
交通运输效率最高

(c) 行政原则 ($d=7^{1/2}$)
行政管理最方便

图1-3　克里斯塔勒和廖什的中心地理论

注：节点间为城镇间距离。

数据来源：作者根据已有研究绘制。

艾萨德（Isard，1956）研究表明，"研究区域经济和空间经济问题的实质就是空间资源如何配置的问题，即如何提高经济的空间效率"。胡佛（Hoover，1971）在《区域经济学导论》中用"哪里有什么，为什么，又该怎么办"精炼概括了区域经济学的研究内容，将生产要素的不完全流动性（自然资源）、生产要素的不完全可分性（产业集聚）、产品和服务的不完全流动性（交通运输）构成了区域经济学研究基础和复杂经济活动区位结构的三个基石，并进一步提出企业内规模经济、产业内集聚和产业间集聚是集聚经济的三个来源。现代区位论进一步揭示了产业—空间集聚的特征，不同交通运输方式对产业—空间布局的影响效果不同，并强调了要素的不完全流动性及区际贸易对区域发展的影响；同时，重视空间异质性，考虑了地理因素下要素不完全流动的产业区位选择，并在研究上突破古典经济学中完全信息与完全理性人的假设。但区域科学研究过度综合的学科特点分散了研究重点，同时研究的空间定义仍主要集中于抽象的理论区域，而非现实、真实的空间。

以俄林（Ohlin，1933）为代表的新古典贸易理论则认为产业与空间的匹配关系应建立在绝对要素禀赋上，但其忽略了技术水平等比较优势对产业—空间布局的影响。不同于李嘉图的技术差异的比较优势，克鲁格曼（Paul Krugman）和赫尔普曼（Elhanan Helpman）等人强调"规模报酬递增"和"非完全竞争市场"，构建了新贸易理论（New Trade Theory），其本质是具备规模经济的相对要素禀赋理论，其研究主要以产业为研究对象，并未考虑企业的异质性（最新的研究表明在新新贸易理论[①]中，研究对象已细化至企业级别，但未考虑产品差异性和决策主体的动态均衡，而且企业异质性的内涵并不完全），由此无法解释市场竞争下企业的选择与规模效应，也没有说明国家和地区间贸易转换的内在机制。弗农（Vernon，1966，1979）对产品生命周期理论（Product Life Cycle Theory）进行了研究，提出产品生命周期所表现的阶段性空间特征可为产业转移的空间识别提供一定依据，但产品生命周期的各阶段的起止点难于确认等缺点使得产业的空间关联性不易划分，而且也存在非"S"形的产业生命周期等实际问题。但弗农的研究为产业—空间关系引入了来自时间维度的影响，即产业与空间的关系存在生命周期上的匹配特征。

吸收了新贸易理论的垄断竞争模型内涵，在经典的《空间经济学》（Fujita等，1999）中，藤田昌久（Fujita Masahisa）、克鲁格曼（Paul Krugman）和维纳布尔斯（Anthony J. Venables）以不完全竞争、规模收益递增和冰山理论[②]的假定，提出了新经济地理学（New Economic Geography，简称NEG）的分析框架，构建了"核心—边缘"模型（Core-periphery Model，简称CP模型），用来解释城市体系的形成过程及原因，以及产业转移与国际贸易等经济现象。但其研究视角仅

[①] "新新贸易理论"主要从企业的层面来解释国际贸易和国际投资现象，包括了异质企业模型和企业内生边界模型的相关理论。由于并非本书讨论的重点，可详见Helpman和Melitz等人研究。

[②] "冰山成本假说"由Samuelson（1952）首次提出。

局限于企业、产业与经济维度,理论过度重视数理模型分析方法,不重视真实区域的存在,以虚拟的线性空间和简化的"模糊区域"代替真实空间;利用空间与冰山成本等假定过分简化了时空处理方式,例如农业运输成本为零;运费与运输距离成正比,这与边际运费随运输距离增加而递减的现实也相违背。另外,外部性考虑不完全以及实际指导意义不足,未考虑知识外溢效应等,使得空间经济学受到了多方面指责(Martin,1999;Olsen,2002)。尽管理论模型存在各种不足,但经过将近30年的发展,NEG理论已经由两区域×两产业模型发展成为多区域×多产业且具有可变替代弹性(VES)的较为完整的理论体系,拓展至新新经济地理学(NNEG)(Melitz,2003;Melitz,Ottaviano,2008;Ottaviano,2012),逐渐放宽了研究假定,考虑要素异质性条件、贸易类别、产业关联与分工等条件,开始利用实证研究验证理论模型来回应其他学科的指责(Zhelobodko等,2012;Pokrovsky,Behrens,2014;Mori,Smith,2015),并在最新的研究中越来越注重要素的匹配关系对经济增长和区域发展的作用。

NEG演化脉络,如表1-2所示。

表1-2　　　　　　　　　新经济地理模型演化

NEG模型体系	模型要点	研究对象	代表性文献
第一代	两区域、两产业(农业和工业)	产业转移要素流动空间重塑企业竞争	Fujita等,1999
第二代	多区域、多产业、异质性(空间、运输成本、劳动力、企业)		Venables,1996;Fujita等,1999;Melitz,2003;Behrens等,2007;Combes等,2006;Ottaviano,2012
第三代	可变产业替代弹性		Behrens,Murata,2012;Zhelobodko等,2012
第四代	异质性劳动力、企业的分类与选择	匹配效应	Baldwin等,2006;Melitz,Ottaviano,2008;Okubo等,2010;Venables,2011;Ottaviano,2012;Behrens等,2014

注:①作者在《产业生命周期理论》(胡安俊,2016)第5章基础上修改增补而成。②由于学科发展迅速,NEG模型代表学者并未全部列出。③新新经济地理学(NNEG)在NEG规模收益递增、不完全竞争和冰山成本的基本假设基础上,增加考虑了贸易成本的类型、劳动力与企业异质性的影响。由于NNEG在NEG第二代、第四代模型中均有涉猎,故未单独列出。

由于面临服务国家经济建设的现实性需求，国内学者对产业—空间的关系研究主要起始于地域生产力布局（周起业等，1989；陈栋生，1990；杨吾扬，1997）和资源禀赋空间规律研究（陈才，2001）。20世纪80年代，中国区域发展差距加大，如何统筹中国区域发展与优化产业结构成为学术界研究的重点，并在吸收国内外研究的基础上，形成了系统的理论框架（胡乃武、张可云，2004；陈秀山、张可云，2003；杨开忠，2008；梁琦，2009；孙久文、叶裕民，2010；孙久文等，2014；安虎森，2014；魏后凯，2016；赵作权，2015；贺灿飞等，2016[①]），新经济地理学也在国内逐步成为分析空间经济问题的主流理论方法之一（安虎森，2009；陆铭，2013等）。同时，伴随着全面开放，中国计划性产业布局模式逐步转变为"市场机制对资源配置起决定性作用"和"更好发挥政府作用"[②]，资源要素配置的主导力发生了变化，如何在"市场灵活"与"政府有为"中界定产业与空间的合理匹配关系也成为研究重点。

随着城镇化的进行，我国城市体系逐步健全，城市空间结构演化也呈现出新的特征（周一星，1995；陈明星等，2016）。从空间的角度来看，区域最优结构离不开对以产业、技术、劳动力等区域生产要素的探讨（陆大道，2001），而且人地关系对区域发展和国土开发具有重要意义（陆大道、孙东琪，2016）。而从产业的角度来看，基于比较优势的生产力布局并未揭示产业关联性、劳动力流动、企业区位选择等机制的作用关系，同时也必须考虑空间的作用（孙久文、原倩，2013）。

因此，综上所述，从学科源头和发展趋势上看，空间和产业的相互关系是区域经济学研究的基本问题。而从解决实际问题的出发点上看，产业的最优空间布局是区域经济学所要解决的首要问题。产业与空间的作用关系复杂，其微观作用机制受到外部性、要素主体博弈选择等因素影响，急需回答清楚"何种产业布局在何地，效率最高？何地发展何种产业，规模最优？"

---

① 由于区域、城市经济学及相关的经济地理学优秀领军学者众多，此处无法逐一列出，特此说明。

② 《关于调整城市规模划分标准的通知》（国发〔2014〕51号）。

(二) 中国经济增长转型外部环境要求

尽管中国经济总量在改革开放后不断增长，2015年年底的国内生产总值GDP已达676708亿元，位居世界第二，但由于受到国际、国内形势影响，中国经济增幅逐步下行，其中东北地区经济下滑明显（见图1-4）。特别需要注意的是，过去经济增长的资源环境代价过大、生产成本过高（吴敬琏，2013），要素流通配置效率的区域空间差异性较大，这些都使得我国经济总量大而不强、区域差距等问题尤其突出（蔡昉，2013；魏后凯，2014），由此对我国经济增长质量和可持续性都将产生不利影响。因此，转变发展方式、优化要素配置、推动产业结构升级，提高经济增长质量，深化供给侧结构性改革（习近平，2017），进而提高"有效供给"能力，成为保障中国经济稳定增长的必然要求。

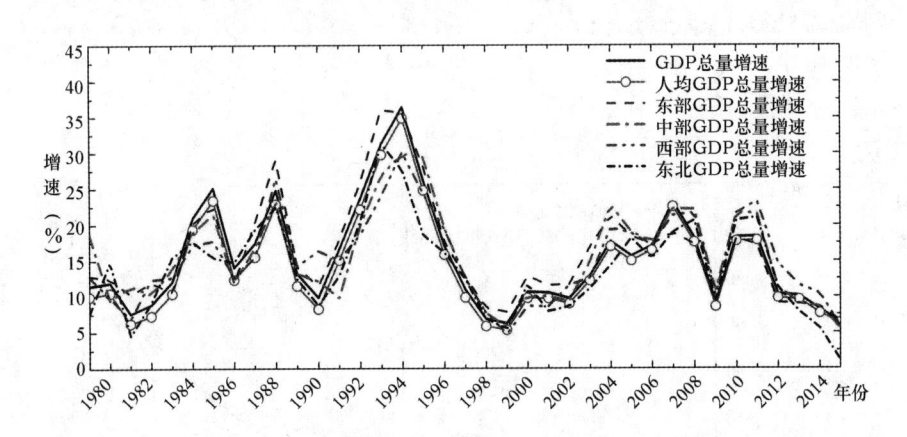

图1-4 中国经济增速变化（1978—2015年）

数据来源：中国经济与社会发展统计数据库。

1. 中国城市化进程已经到了注重"提质增效"的阶段

在全球化进程加速和中国经济持续增长的同时，中国的城市化进程逐步加快，一些城市的规模迅速扩大，形成了部分超大、特大城市。根据城市增长经验曲线（Northam，1979）（见图1-5），中国已经越过城市增长的第一拐点进入了快速发展阶段（见图1-6），在城市化加速阶段中，城市化更加注重城市发展的质量提升，经济增长方式的转变可能促使中国城市增长峰值（第二拐点）提前到来。

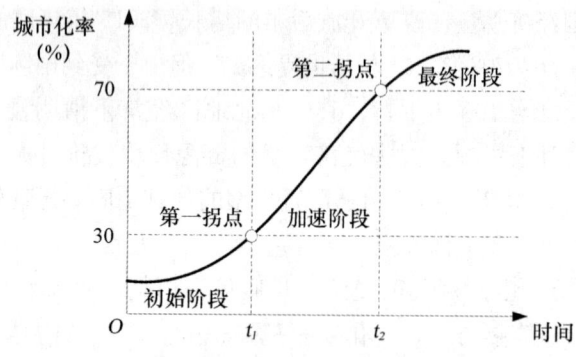

图 1-5 城市化率曲线（Northam 曲线）

注：①2000 年、2001 年人口为当年人口普查推算数，其余年份人口为年度人口抽样调查推算数据，2005 年起各地区人口数据为常住人口口径。②从严格意义上讲，诺瑟姆（Northam, 1979）曲线应为"城市化曲线"，1974 年由联合国在《城乡人口预测方法》中首次讨论了城市化轨迹问题。

数据来源：国家统计局。

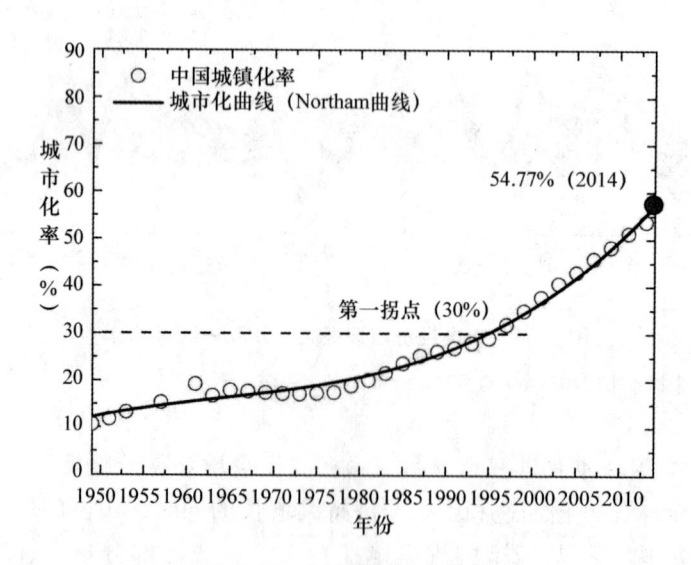

图 1-6 中国城市化率曲线

注：2000 年、2001 年人口为当年人口普查推算数，其余年份人口为年度人口抽样调查推算数据，2005 年起各地区人口数据为常住人口口径。

数据来源：国家统计局。

在中国快速城市化进程中，城市人口的城际流动越加频繁，各特大城市的人口分布模式并不一致，既存在上海、北京、天津、广州、深圳、东莞、佛山等外来人口占优的人口集聚模式；也存在重庆、成都、西安等人口外流显著的情况。城市群中的人口流动呈现"属地化"特征，东部城市群和珠三角城市群是人口流入区；而江淮及鄱阳湖城市群则以人口流出为主（纪韶、朱志胜，2014）。另外，相关研究表明，中国城市提供的就业规模和效用水平总体上仍偏低，且增长动力不足（王小鲁，2010）。由于我国层级式的城市结构体系，政府职能的错位（Henderson 等，2007），城市土地空间扩张呈现平面式、跳跃式扩张，极大浪费了土地资源，促使城市蔓延加剧，同时使得产业——空间结构恶化，城市功能错位，进而导致城市的生产与运行效率降低（吴敬琏，2013）。

2. 中国城市空间格局已经为产业优化布局提供了基础性条件

"以城市群为主体形态，推动大中小城市和小城镇协调发展"不仅可以发挥大城市作为区域中心城市对国家整体经济增长的引领带动作用，而且城市群内部、城市群之间相互联系和空间外溢效应将更有利促使区域发展均衡化，进而缩小区域发展差距。

表1-3 17个超大、特大城市累计占全国GDP比值（2000—2014年）

年份	2000	2005	2008	2010	2011	2012	2013	2014
国内生产总（亿元）	99215	184937	314045	401513	473104	519470	568845	634043
占全国比值（%）	27.59	31.53	30.4	30.64	30.55	30.92	31.13	30.38

注：依据《中国城市统计年鉴2015》数据划分，选取的17个超大、特大城市为上海、北京、重庆、天津、广州、深圳、武汉、南京、东莞、佛山、西安、成都、苏州、汕头、沈阳、杭州、哈尔滨。

数据来源：各城市2001—2015年的城市统计年鉴。

城市的人口、经济、土地规模都逐渐增大使特大城市往往成为地区的经济增长极与创新中心，截至2014年年底，中国城市化率约为54.77%，依据《关于调整城市规模划分标准的通知》（国发〔2014〕

51号），已形成至少12个超大城市和11个城市群，且特大城市的数目存在着增多的趋势。2005—2014年中国部分超大、特大城市的累积经济总量已占全国经济总量将近1/3（见表1-3）。可以看出，"以城市群为主体形态"的中国城市发展空间格局已经为产业优化布局提供了基础性条件。

3. 资源配置高效、产业结构升级成为提高中国经济增长效率的必然举措

尽管人口众多，中国总体城市规模仍然较小，且产业结构服务业化不明显，城市生产效率和产业布局模式仍有优化空间（柯善咨、赵曜，2014；梁婧等，2015）。但以北京等城市为代表的超大、特大城市在发展过程中由于城市功能错位、资源利用成本高，环境污染及交通拥堵形势严峻而爆发"大城市病"（孙久文、姚鹏，2015）；从城市群维度来看，长三角、京津冀和珠三角城市群为中国三大经济增长极，既存在周边区域的城市结构和产业体系匹配质量较高的长三角城市群，也存在匹配性较低的"环京津冀贫困带"[①]。

在城市规模和产业结构方面，产业增加值比值与城市规模呈现"U"形关系，大部分城市的产业结构并未显示出高端化，制造业仍是经济总量增长源泉之一。采用2014年第三产业与第二产业的产业增加值和就业人数比值来衡量城市生产效率和产业结构匹配度，初步计算表明，中国近2/3的城市生产效率与就业结构不匹配，即产业结构与城市生产率未达到最优匹配，大部分城市的实际生产率与潜在增加率差距较大，这些城市主要集中在中西部地区（见图1-7、图1-8）。

新型城镇化强调人口、产业在空间的合理配置，合理的城市功能定位和产业布局模式对于提高要素配置效率，乃至治理"大城市病"尤为重要。单一城市内部聚集不经济或城市病可以通过资源在都市区与城市群的再优化配置来解决。因此，城市空间异质性下的产业空间关系研究是进行区域经济研究和区域政策制定无法回避的话题，而明

[①] "环京津贫困带"最早由亚洲开发银行公布的《河北省经济发展战略研究》提出。

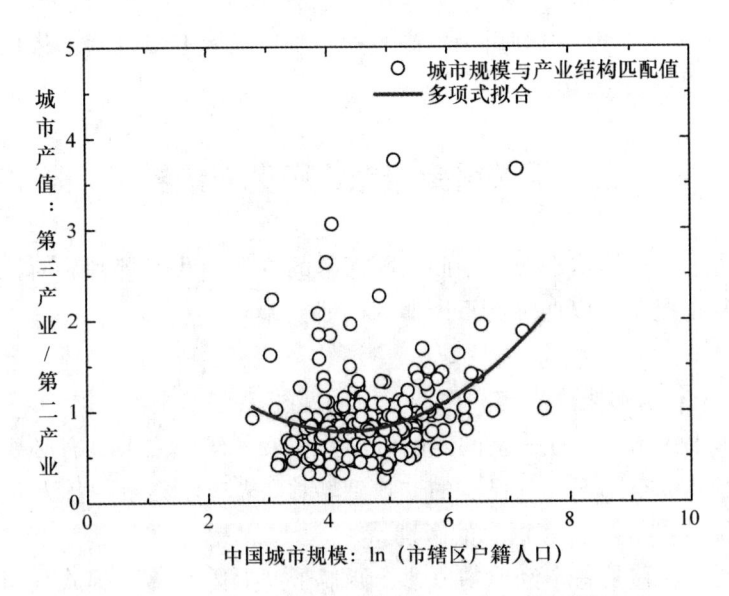

图 1-7　2014 年中国城市规模与产业结构匹配情况

数据来源：《中国城市统计年鉴 2015》。

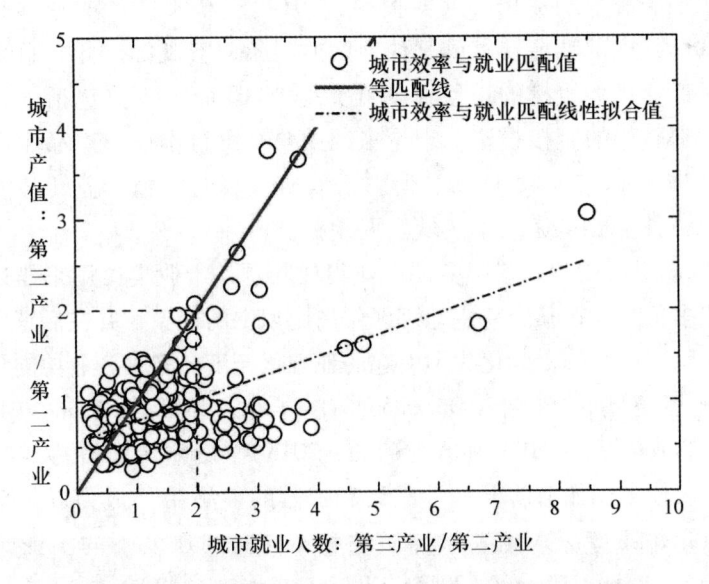

图 1-8　2014 年中国城市生产效率与产业结构匹配情况

数据来源：《中国城市统计年鉴 2015》。

确产业—空间匹配机制可为提高我国经济增长效率提供理论依据（邓仲良、张可云，2017）。

二 相关重要概念、研究对象界定

为进一步揭示产业与空间匹配问题的本质，我们梳理和对比了相关的基本概念，以期廓清不同概念的研究差异。

（一）基本概念界定：产业—空间匹配

本书提出了产业—空间匹配机制，在展开研究之前，有必要准确把握产业—空间匹配与已有的"产业转移""产业集聚"以及集聚理论中狭义"匹配"等概念的区别。

产业转移是一个经典的概念，涵盖了"雁阵转移"模式到当今国际产业链重构、地区间产业梯度形成的范畴。从本质上来看，产业转移是产业对空间区位的再选择过程，主要通过要素和产业在空间的再配置实现经济空间优化（胡安俊等，2014）。狭义的产业转移是指企业将部分或全部功能转移到其他地区的现象，宏观的产业转移则是指区域间产业优势重构的现象（刘红光等，2014），主要包括了企业部分或全部转移的直接投资。理论来源主要有雁行学说、产品生命周期理论（Vernon，1966；1976）等。已有研究表明实施产业转移的目的比较统一，主要是为缩小区域发展差距。

Marshall（1920）最早关注产业集聚问题，产业集聚用来描述同一产业或多种产业在某个特定地理区位高度集中的现象，并在后续研究中逐步从同一产业的专业化集聚引起的地方化经济向多种产业协同集聚的城市化经济不断演化（Duranton，Overman，2005；Ellison，Glaeser，1997；Ellison 等，2010；Mori，Smith，2015）。影响产业转移与产业集聚的因素较多，如何解开产业集聚和扩散的"黑箱"成为近年来研究的热点，并逐步深入到要素异质性和不同空间尺度下的实证研究中（Behrens，Robert-Nicoud，2015；Billings，Johnson，2016）。

对已有研究文献进行梳理可知，Helsley 和 Strange（1990）可能最早提出了"匹配"这一概念，其主要是指企业技术需求与异质性劳动力的配对问题，后续研究则更广义地延伸了"匹配"的内涵，从劳动力与企业的匹配问题扩展到产业关联、劳动力或企业与城市规模的匹配等问题（Wheeler，2001；Klimenko，2004；Andersson，Burgess，2007，Mion，Naticchioni，2009；Helsley，Strange，2014）。例如，Klimenko（2004）认为在产业发展初期，匹配质量是产业集聚和分散的作用机制，这里界定的匹配质量主要是垂直产业联系下的中间供应商，上游产业供货商的竞争和下游制造商的生产不确定性决定了匹配质量并导致产业—空间集中。在多样性和异质性供应商附近吸引了更多下游产业制造商，可以增加匹配质量。由上述概念分析可以看出，产业转移和产业集聚主要描述的是产业在空间集聚或扩散的动态和静态的两种状态，研究产业转移和产业集聚必须要深入地研究影响因素和作用机制。

本书的研究对象是产业—空间的匹配机制，研究侧重点是从要素配置等内生影响因素出发，探寻产业集聚或扩散的内在动力，具体涉及两个方面。其一，产业何时扩散（或叫产业转移）？扩散到何处？扩散的均衡点在哪里？其二，产业始于何时何地集聚？集聚的均衡点又在哪里呢？对这两个疑问的解答，需要在集聚经济的"产业""空间""时间"三个维度（Rosenthal，Strange，2004）分别考虑集聚和扩散的微观机制。

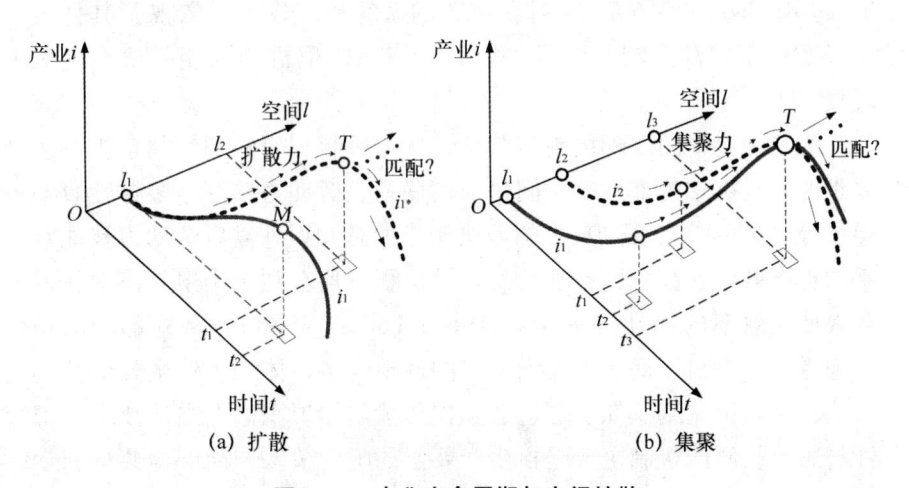

图1-9 产业生命周期与空间扩散

数据来源：作者根据本书研究思路绘制。

以单产业为例，初始位置在空间 l_1，常规状态下在时间 t_2 才能实现最大产值，若存在某种分散力，此产业转移到空间 l_2，在 l_2 处能获得更快的产业增加值效率（$t_1 < t_2$），当达到最佳效率时，由于市场拥挤、生产成本使得规模报酬递减时，产业与空间在 T 点出现不匹配，如何调整产业—空间关系，是疏解还是再聚集，这时产业增加效率面临再创新或衰退。对于多产业情况而言，在初始位置 l_1 和 l_2 分别存在产业 i_1 和 i_2，存在市场规模效应或政府干预等集聚或分散力，使得产业 i_1 和 i_2 在空间 l_3 集聚，集聚经济使得 l_3 处的产业增加效率最高，到达 T 点时，仍然面临再创新或衰退的选择。本书探讨的匹配问题就是在集聚和扩散的转折点匹配机制的构建问题，回答"什么样的产业适合在哪里匹配"。

（二）本书的研究对象：广义的匹配机制

匹配机制是集聚经济中的微观机制之一（Duranton，Puga，2004），但现有研究主要集中研究狭义上的劳动力要素匹配问题，如劳动力与企业就业需求或异质性劳动力与城市空间的匹配（Helsley，Strange，1990，Andersson 等，2007；Venables，2011；Behrens，Robert-Nicoud，2015；Torfs，Zhao，2015；Abel，Deitz，2015；Eeckhout，Kircher，2016）。同时，相关的系统研究较少，忽视了其他要素异质性不同的影响，使得对集聚经济中匹配机制的相关研究进展缓慢。

集聚理论中的匹配机制与共享、学习机制有何区别？共享机制主要是源自马歇尔外部性的中间供应商联系、劳动力共享、多样性收益递增等（Marshall，1890）。学习机制指的是知识外溢后劳动力技能水平的提高效应，技术创新、信息扩散与积累均有利于集聚经济中技术要素使用效率的提升（Jacobs，1969；Lucus，1988）。从外部性的角度来看，共享机制揭示了要素集聚的规模经济，体现了资金外部性的影响；学习机制则从知识创造、知识传播与知识积累上强调技术外部性的影响。匹配机制主要是指生产要素的配置关系，能够为共享和学习机制的发挥提供外部产业环境，因此，从匹配的视角来理解产业—空间关系可进一步完整揭示集聚经济的微观机理。

为对研究范围有所区分，笔者将仅衡量异质性劳动力与企业或城市的匹配（称为狭义的匹配）（Helsley 等，1990）；本书认为对匹配的完整定义应为全要素的配置结构或相关制度的组织模式，故本书将技术、组织模式与要素配置结构的相互关系定义为广义的匹配机制。从匹配的概念内涵来看，广义的匹配不仅可以从要素集聚、产业关联上反映共享机制，而且也能够反映技术层面扩散的学习机制，能够前后完整地联系和反映集聚经济，即广义上的匹配机制能够同时涵盖资金外部性和技术外部性的影响。因此，研究匹配机制有利于清楚地全面揭示集聚经济的本质，能够为我们勾画出集聚的全部特征。

三 国内外研究综述

城市或城市群，作为经济空间的主要载体，能够为经济增长提供外部性环境；而产业选择的"空间属性"则为经济增长提供原动力。要素不均衡空间分布和产业部门异质性决定了产业与空间存在某种最佳匹配水平，本书从区域城市发展与产业—空间匹配的关系、产业—空间匹配的研究对象与影响因素、产业—空间匹配的空间尺度与作用机制三方面对相关文献进行回顾。

（一）关于"匹配"的相关概念及研究

已有研究中关于"匹配"的概念众多，有必要进行准确的梳理，本节通过总结已有匹配的研究文献，对不同研究中的测度方法进行了总结。具体涉及的"匹配"相关概念包括有效匹配（Helsley 等，2014）、匹配机会（Calcagnini，2015）、匹配质量（Helsley，Strange，1990；Venables，2011；Behrens，Robert-Nicoud，2015）、匹配效率（Chassamboulli，2013；Haller，Heuermann，2016）、聚类匹配（Eeckhout 等，2016）等，总结这些概念，可以看出其均为对匹配机制不同角度的描述。

有效匹配与匹配质量的含义类似，均是对要素结构的配置水平的界定，Helsley 和 Strange（2014）认为有效匹配是界定了要素的最优组合模式。匹配机会主要是指在劳动力市场中，劳动力就业信息搜集与企业需求的配对概率,例如 Berliant 等(2000)将匹配机会界定为异质性知识交流的发生概率,Calcagnini 等(2015)在研究技术转移时则将匹配机会定义为技术交易市场中的技术转移与企业项目配对的成功概率。匹配质量主要从要素间联系的稳健性角度来定义,在已有实证研究中,Helsley 和 Strange(1990)和 Venables(2011)将不完全信息下劳动力技能与企业或城市的匹配水平界定为匹配质量;Klimenko(2004)则认为匹配质量也可用产业间联系来度量,产业间联系与产业中要素结构的匹配质量呈正相关。匹配效率是对要素配置的投入产出效果的衡量,Chassamboulli(2013)、Hall 和 Heuermann(2016)都将匹配效率理解为衡量要素使用效率的参数,并外生于就业率和企业岗位需求率。而聚类匹配(Assotative Matching)则是对同质要素的搭配情况描述(Eeckhout,Kircher,2016),具体衡量了劳动力类型、规模以及技能水平互补性与替代性。

从产业与空间关系的本质来说,匹配的概念源自产业—空间集聚与扩散的范畴,在某些空间,产业集聚的要素匹配效率最优,而能否形成合理稳定匹配,继续保持持续性增长,则取决于要素匹配的稳健性。匹配效率界定的是要素配置的效果及其对生产效率的影响,能够涵盖匹配机会、有效匹配等概念范畴。匹配质量则从匹配效率发挥的有效性与稳定性来衡量匹配机制有效性的效果,能够包含聚类匹配等相关概念。由此可见,匹配效率(Matching Efficiency,简称 ME)和匹配质量(Matching Quality,简称 MQ)是关于匹配众多概念中决定产业—空间布局的关键(邓仲良、张可云,2017)。

(二)产业—空间匹配与区域经济增长的关系

产业—空间匹配与区域城市发展的关系体现在要素的空间联系是否利于促进经济增长及效率提高,部分相关研究如表 1-4 和表 1-5 所示。

1. 匹配的正效应

基于比较优势的要素合理匹配可以有效弥合区域发展差异(郝大江,2011),水资源与土地资源的合理匹配能够促进区域农业经济发展,水—土匹配度对区域农业经济的外溢效应和区域内强化效应均为正;但由于中国农业水土资源在形成区域和消耗区域空间匹配程度低,农业生产受到水土约束作用较强(许长新等,2016)。

表1-4　　　　　　　　　　匹配的正效应

匹配效应	作用机制	影响	文献来源
匹配（正效应）	空间联系	缩小区域差距	邹薇、刘勇,2010;蔡翼飞、张车伟,2012;苏红键等,2014
	劳动力、资本要素匹配	增加经济增长效率	人力资本结构研究课题组,2012;Behrens等,2014;张杰,2016
	产业间联系	产业协同集聚,中小企业规模增大	Venables,1996;陈国亮、陈建军,2012;吴福象、曹璐,2014;周肖肖等,2015;于斌斌,2015;贺灿飞等,2016
	生产性互补	城市经济增长	Andersson等,2007
	制度改革	企业效率增加,组织成本降低,增加供给、刺激需求	林毅夫、苏剑,2012
	金融需求	产业结构、企业规模	林毅夫等,2009
	官员任期	资本投资	周黎安等,2013;范子英等,2016
	企业家精神	产业结构,技术创新	Glaeser等,2010;Modrego等,2015
	合理预期	预期激励	Calcagnini等,2015
	信息完全	企业和市场效率	Helsley,Strange,1990;黄浩,2014

注：由于相关同类文献较多，仅列出部分研究学者。
数据来源：作者根据文献总结。

除自然禀赋之外，要素匹配质量提高则利于显著提升经济效率，降低效率不必要损失。人力资本与物质资本的匹配程度对经济效率的提升有显著的积极影响，匹配度越高，则资本效率损失越小，并且这种影响十分稳健（人力资本结构研究课题组，2012）。通过多部门增长核算，劳动力与资本在产业间配置的结构性变化对中国经济总量贡献约6%，而对TFP贡献将近20%（辛超等，2015）；在制造业方面影响要素匹配质量降低造成中国制造业至少30%的总量损失（赵自芳、史晋川，2006；Hsieh，Klenow，2009）；通过优化资本和劳动力配置，可以缩小潜在经济和实际经济增长差异（乔红芳、沈利生，2015）。

在产业集聚和城市结构方面，由于现实生活中城市的产业结构，既不是完全专业化城市，也不是完全多样性，而是某些部分产业协同集聚，均衡城市可能并不存在规模上的高效，也可能存在产业构成上的低效，规模和构成低效是相互关联的（Helsley，Strange，2014）。城市规模和产业规模都同时具有位序法则（Mori 等，2008；Mori 等，2014），而产业规模的 Zipf 准则更易于识别（Hsu，2012）。城市人口集聚水平、空间规模与城市生产效率并非同步变化，存在正向的影响机制，集聚密度与生产效率为倒"U"形关系，其顶点最大值随城市空间规模增大而上升，人口与产业集聚需合理在城市中布局（赵曜，2015）。

在城市规模和城市生产效率方面，中国从计划经济过渡到市场经济，中国的产业—空间布局受到不同的指导思想约束，造成了城市规模与产业的发展互不匹配，要素利用率不高；同时，由于城市规模与城市生产效率的倒"U"形关系（席强敏，2012；柯善咨、赵曜，2014），目前中国城市体系总体规模偏小，且并不存在单一最优规模（蔡之兵、张可云，2015），中国城市规模也与经济增长、产业集聚不匹配，物质资本外溢效应显著，而劳动力与资本的不匹配阻碍了产业结构优化（邹薇、刘红艺，2014）。第二、第三产业协同集聚对单中心城市和城市群经济增长均有正向影响，生产性服务业与制造业结构通过城市规模影响城市生产效率，大城市应选择服务性经济转型，而中小城市应推动制造业发展和人口集聚（柯善咨、赵曜，2014）。何建武（2015）利用产业就业人口数据对中国城市产业结构与城市规模进行了进一步测度研究，发现中国产业发展与城市规模并非单一关系，制造业整体的竞争力与城市规模之间表现出倒"U"形关系，500 万—1000 万人的城市比其他规模的城市表现出更强的制造业竞争力；以资源为基础的制造业和中间投入品制造业在规模较小的城市表现出更强的比较优势。而采掘和电力行业的竞争力与城市规模之间并不存在直接层次对应关系。消费品和资本品产业竞争力与城市规模呈倒"U"形关系；服务业整体的竞争力与城市规模之间表现出微弱的"U"形关系，生产性服务业、房地产和文化娱乐业表现出较强直接层次对应关系，即规模越大，竞争力越强。

在产业结构和关联性方面，制造业结构合理化与经济增长正相关，产业技术创新促进制造业结构优化，贺灿飞等（2016）强调技术关联能够促进产业—空间匹配，技术关联对城市产业增长和新产业进入都具有正效应，多样化产业集聚有利于企业创新，并能够优化城市产业结构。单纯政府行政干预推动的产业结构升级可能使要素配置效率降低（傅元海等，2016）。以往技术效率和企业净进入的规模效应是提升制造业生产效率增长的主要来源，要素配置效率发挥作用不大，主要是由于不完全信息下的地方政府干预，政府干预对资本配置效率呈倒"U"形关系，而与劳动配置效率呈"U"形关系（张杰，2016）。另外，产业关联性和知识密集度有利于第二、第三产业集聚，产业关联增加了上下游产业（Venables，1996）的空间联系，而知识密集度则增加了知识外溢，通过降低要素成本和交易成本提高产业关联匹配质量。另外，区域中心城市发展也利于周边城市第二、第三产业集聚，并增加了要素匹配质量（陈国亮、陈建军，2012）。除此之外，能源利用效率与产业结构的合理匹配也可以进一步提高经济增长质量（周肖肖等，2015）。

在制度层面上，从所有制的角度，非国有经济的全要素生产率较高，尤其是资本的使用率（刘伟、李绍荣，2001），但随着制度改善，国有经济和非国有经济的效率差异性逐步缩小（方军雄，2007），使得国有企业在总量上效率贡献最大，民营企业则在增量上效率贡献最大（张少华、张天华，2015）。在中国经济转型期，体制改革弹性与经济增长是匹配耦合的，深化体制改革，提高政府干预治理能力，能够提高经济增长效率（林毅夫、苏剑，2012；黄信灶、靳涛，2014），但这必须有前提，即基于政府理性假设和完全信息假设。以电子市场效率为例，搜索活动通过改变交易机会的分布函数，提高匹配效率，扩大市场规模，减少信息不对称，进而提高市场效率（黄浩，2014）。在要素市场设计方面，基于双边市场匹配理论，可以为区域产业转移和要素市场构建提供新思路（沈体雁等，2016）。关于市场机制和政府干预的有效性,可以参见 2016 年林毅夫和张维迎的"产业政策之辩"[①],因偏离本书研究核心,故不作过多探讨。

2. 不匹配或错配、失配的负效应

要素错配和要素非匹配性将对经济增长产生不利影响。以北京等特大城市为例,人口过度集中与城市扩张并存,造成生态、资源的过度耗费与低效利用(孙久文,2015)。从微观视角考察来看,要素错配主要体现在三个方面:(1)技术进步错配或适宜性技术;(2)技能或非技能劳动错配;(3)资本错配或拥挤现象(董直庆、王林辉,2013)。

表 1-5　　　　　　　　　不匹配或错配的负效应

匹配效应	作用机制	影响	文献来源
不匹配或错配（负效应）	不完全信息	政府不恰当干预 搜寻成本增加	张杰,2016;Calcagnini 等,2015
	劳动力技能差异	人才单向流动 增大区域差距	Mion,Naticchioni,2009;Helsley,Strange,2014;彭国华,2015
	资本错配	成本增加 效率损失	Hsieh,Klenow,2009;Banerjee,Moll,2010;聂辉华、贾瑞雪,2011;Aoki,2012;Restuccia,Rogerson,2013;龚关、胡关亮,2013;辛超,2015
	市场不确定 开发时滞	城市蔓延	Fallah 等,2011;秦蒙等,2015
	空间错配	职住分离 住房政策歧视 空间隔离	Gobillon,Selod,Zenou,2007;Zenou,2013;张可云、杨孟禹,2015

注:由于相关同类文献较多,仅部分列出研究学者。
数据来源:作者根据文献总结。

在经济增长效率方面,中国过去经济增长资本要素配置效率较低,在要素市场扭曲的情况下,纯粹市场机制作用下的资源配置可能导致技术效率损失。赵自芳和史晋川(2006)利用中国制造业数据,

---

① 2016 年 11 月 9 日,林毅夫教授、张维迎教授关于"产业政策、企业精神等"对政府干预和市场机制利弊的辩论。

采用 DEA 方法分析表明，在保持投入不变的情况下，消除要素配置扭曲，生产效率至少可以提高11%。制造业行业间要素错配也会引起15%的产出差异，中间品的错配限制制造业增长（陈永伟、胡伟民，2011）。同时，采用全要素生产率（TFP）分解法，劳动力和资本要素匹配对经济增长的贡献约为17.34%，其中劳动力结构效应显著大于资本配置效应，劳动力错配程度较高（王鹏、尤济红，2015），具体而言，劳动力错配是指以劳动力不足的技术密集型行业和劳动密集型的产业的就业结构错配（韩国珍、李国璋，2015）。

在区域发展差距方面，要素流动性与市场机制不匹配，要素市场不完善阻碍了产业结构升级，生产要素边际报酬差导致了地区差距（蔡昉、王德文，2002）。针对劳动力技能与企业需求，匹配理论模型可以解释中国地区差距形成的微观机制，彭国华（2015）认为东部和中西部差距是因为东部劳动力就业呈现高技术型，而由于劳动力流动，中西部技能劳动力流往东部地区，加剧了地区发展差距。由于人口和产业分布的不匹配可能导致地区差距，而人口流动限制和资本边际产出差异会导致更大的不匹配（Mion, Naticchioni, 2009；Helsley, Strange, 2014；Pokrovsky, Behrens, 2014；蔡翼飞、张车伟，2012）。在产业结构方面，胡尊国等（2015）采用 Helsley 等（2014）的研究思路，表明在多产业协同集聚下，同行业效应加剧了劳动力的单向流动，并加剧城市规模和劳动力结构不匹配，劳动力就业时倾向于现在同产业聚集优势明显的空间，进而导致均衡城市的规模增大，产生"空间锁定"（彭国华，2015），进而降低整体规模报酬递增效应。从工资收入的角度来讲，制造业集聚与地区工资水平负相关，服务业聚集与地区工资水平正相关，尤其是消费型服务业对地区工资水平影响力较大（杨仁发，2013）。

在劳动力就业方面，运用"搜寻—匹配"理论，中国劳动力市场存在着显著的"失业"和"空岗"并存现象，过高的劳动力个人期望和家庭保障能力造成了中国大学生就业匹配效率较低，劳动力技能不匹配，搜寻机制不健全也进一步导致劳动力市场的拥挤效应（石莹，2010）。经济增长中技能劳动的不匹配会影响经济发展转型，进而降低经济增长，而技术差异性越强，有技能劳动供给不匹配情况越严重，并加剧了收入不平等（邹薇、刘勇，2010）。空间错位理论将城市就业、贫困不平等与城市结构与发展联系了起来，以美国为例，美国城市内城的黑人的低劳动技能、不完全信息、交通成本、居住区位、异质性劳动力等原因，进一步导致了城市空间不匹配问题，诸如：低收入与低技能劳动者聚集、搜寻成本过高、职住分离、住房政策与消费者歧视、交通方式、空间隔离等问题（Gobillon, Selod, Zenou, 2007; 黄相怀, 2008; Zenou, 2013; 张可云, 杨孟禹, 2015）。

在城市空间增长方面，Fallah 等（2011）和秦蒙、刘修岩（2015）利用夜间灯光数据研究表明，低密度的城市蔓延的空间增长模式与城市生产率不匹配。刘修岩等（2016）将城市蔓延的原因归因于市场不确定性引起城市开发时滞。

在市场分割方面，中国之前长期对外的加工贸易倾向使得内贸和外贸存在错位，产生市场分割，在推进内需贸易调整时，本地市场的产需匹配度和消费饱和度会影响内需贸易的推进，张昊（2014）建议制造业结构调整应和商贸服务业发展结合。金培振等（2015）利用空间杜宾（Dubin）模型研究，市场分割将引起要素配置效率降低，而这种负效应具有空间溢出效应，建议通过适度财政分权、产业结构升级、基础设施和 FDI 提高来改善要素错配，进而清除地区间要素市场分割。

（三）产业—空间匹配的研究对象与影响因素

从要素配置效率的角度出发，产业—空间匹配的研究对象是不同市场指向下的要素配置关系，如表 1-6 所示；对产业—空间匹配的影响因素则可依据区域一般性因素和集聚因素两方面来划分，如表 1-7 所示。

1. 研究对象

从产业专业化程度来看，集聚经济对企业区位选择的影响与产业特征有关，资本、技术密集型产业部门主要选择城市化经济，劳动密集型经济偏向于地方化经济（陈建军等，2011）。从产业多样性的视角出发，产业技术差异性将导致不同集聚特征和外部环境需求，而不同规模的城市也表现出产业的选择效应，城市化经济与产品多样性匹配，地方化经济与产品专业化匹配（胡安俊，2016），但其并未揭示要素匹配质量等微观机制以及更大空间尺度的理论适用性。对于城市群而言，产业专业化和多样性集聚具有明显的门槛效应，专业化集聚对低经济水平的城市经济增长具有阻滞作用，可见威廉姆森倒"U"形假说对中国城市群产业多样性并不适用，多样化集聚则与门槛规模以上城市群增长效率显著正相关（于斌斌，2015）。由此可见，产业专业性或多样性与城市发展的产业匹配机制并不统一，Helsley 和 Strange（2014）的研究也说明了这一点。

表1-6　　　　　　　　　产业—空间匹配研究对象

产业类别	研究对象	部分参考文献
原料性生产产业（农业）	第一属性：绝对自然禀赋	Thünen, 1826；Ohlin, 1933
制造业	第二属性：比较优势（交通运输、劳动力、技术、市场规模等区位条件）	Weber, 1909；Christaller, 1933；Lösch, 1940；Fujita 等, 1999
生产型服务业	协同集聚	Barrios 等, 2006；Ellison 等, 2010；Helsley, Strange, 2014；Mukim, 2015；陈国亮、陈建军, 2012；江曼琦、席强敏, 2014；陈建军等, 2016
消费型服务业	人口规模集聚区，产品消费区、产业组织	杜丽虹, 2011；郝宏杰、付文林, 2015；杨仁发, 2013
科研技术研发	知识集聚区	Glaeser 等, 2010；牛艳华、许学强, 2005；徐康宁、陈健, 2008；姜彩楼、余珮, 2016

数据来源：作者根据研究文献总结。

从产业类别来看，第二、第三产业协同集聚利于促使城市群经济效率提高（于斌斌，2015），产业关联度、知识密集度以及区域性中心城市的发展有助于促进第二、第三产业共同集聚水平的提高（陈国亮、陈建军，2012）。技术密集型制造业应和信息、商务、科技类等生产性服务业相匹配；利用城市道路交通、铁路和水运等基础设施的发展和空间布局，引导城市制造业的合理布局（江曼琦、席强敏，2014）。劳动力技术禀赋演变通过生产率效应、技能溢价效应促进了生活性服务业的增长，但这些效应对现代消费性服务业增长基本没有影响（郝宏杰、付文林，2015）。不同服务业部门并非平行发展，产业—空间组织架构对服务业的空间匹配起重要作用（李慧中、王海文，2007）。高新技术产业具有对知识和技术创新高度依赖、产品生命周期短暂、边际效率递增等特点（牛艳华、许学强，2005）。

从跨国企业来看，市场规模、交通便利程度、金融条件等对制造类跨国公司的影响度较大；研发类跨国公司对区域或城市的技术基础或人力资本、通信能力等较为敏感；营运类跨国公司与地理方位、制度透明性和服务业发达程度关联紧密；消费性服务业则倾向于市场寻求和东道国区位优势动因（徐康宁、陈健，2008；杜丽虹，2011）。而从国别来看，美国公司采用"知识集群寻求战略"，将城市知识与技术基础设施看作企业选择区位的重要因素；而欧洲企业则将产业专业化及企业内部产业关联性作为区位因素（余珮，2016）。当两个地区市场规模相差较大时，区域政策差异能够促进 FDI 的区位选择（谢申祥、王孝松，2011）。

2. 影响因素

研究产业—空间匹配的影响因素，韦伯（Weber，1909）在其《工业区位论中》曾将影响工业区位的因素分为两类，一个是均匀影响各个区域的"区域性因素"，具体而言与区位有关的一般性区域因素有运输成本和劳动力成本。在劳恩哈特（Launhardt，1882）的区位三角形基础上，韦伯用"原料指数"和"区位重"[①] 来反映原料重量和成品重量的相对比例，进而较为全面地考虑运输成本。另一个则是有别于其他地方的"集聚因素"，但韦伯并未明确指出，认为"集聚因素"主要指"使某处集中产生生产优势或成本下降的集聚"，我们可以从其著作中总结出外部性、技术进步、劳动力分工、市场规模等因素是韦伯认为的"集聚因素"。其余的生产成本（如原材料、燃料等），土地，厂房，机器等固定资产成本，货币利率等"成本构成因素"则不具备一般空间属性。

---

① 原料指数 MI = 地方原料重量/产品总量；区位重 LW 为单位运输产品的总重量，LW = 1 + MI。参见韦伯《工业区位论》，商务印书馆 2013 年版，第 73—75 页。

表1-7 产业—空间匹配影响因素

基本分类	具体因素	部分研究文献
区域性因素	劳动力分布、运输条件	Weber, 1909; Rosenthal, Strange, 2003; Behrens等, 2014
集聚因素	市场规模、交通便利程度、金融条件、技术基础或人力资本、通信能力；企业规模；产业关联性；产业专业性和多样性；创新；城市（空间）规模	Christaller, 1933; Lösch, 1940; Venables, 1996; Fujita等, 1999; Gilli, 2002; Duranton, Kerr, 2015; Glaeser, 2010; Ellison等, 2010; Duranton, Puga, 2014; Desmet, Rossi-Hansberg, 2014; Behrens, Robert-Nicoud, 2014; 梁琦, 2005; 徐康宁、陈健, 2008; 胡安俊, 2016; 柯善咨、赵曜, 2014; 等等

注：由于研究者较多，仅部分列出相关文献。
数据来源：作者依据韦伯的分类原理总结。

韦伯的集聚影响因素划分框架为影响因素划分的基本原则提供了思路，即"空间一般性因素"与"空间异质性因素"，依据韦伯的命名，本书依旧采用区域性因素和集聚因素，并综合整理了近年来对产业—空间匹配的影响因素研究，如表1-7所示。需要注意的是，随空间维度的不同并考虑异质性条件，区域性因素可能转化为集聚因素的趋势，即异质性条件是深入研究产业—空间匹配无法回避的话题。全国层次上的劳动力分布、交通等基础设施条件是不均衡的，而城市中心区尺度内劳动力和交通运输则可看作是匀质的。因此，不同维度下产业—空间匹配机制可能不同，而现有研究较少从这个角度来分析。

影响因素有产业结构类型（Duranton, Puga, 2001; Montobbio, 2002; Figueiredo, Guimarães, 2014）、城市规模（Henderson, 1972; Tabuchi, Thisse, 2011; Hausmann等, 2014; Behrens等, 2014; Rauch, 2014）、产业关联性（Venables, 1996; Hausmann, Klinger, 2007; Ellison等, 2010; Mukim, 2015; Helsley, Strange, 2014）、市场规模（Helsley, Strange, 1990; Mion, Naticchioni, 2009; Torfs, Zhao, 2015; Behrens, Robert-Nicoud, 2015）、基础设施情况（Deichmann等, 2008; Desmet, Rossi-Hansberg, 2008; Billings, Johnson, 2016; Diamond, 2016）、运输成本（Krugman, 1991; Puga, Venables, 1996; Amiti, Pissarides, 2005; Pais, Pontes, 2008; Zenou, 2013; Mori,

Smith, 2015)、异质性劳动力（Venables, 2011; Behrens 等, 2014; Eeckhout 等, 2014; Eeckhout, Kircher, 2016)、劳动力工资（Helsley, Strange, 1990; Puga, Venables, 1996; Amiti, 2005; Zenou, 2007; Andersson 等, 2007; Mion, Naticchioni, 2009; Rauch, 2014; Pastorino, 2015)、技术与创新（Amiti, 2005; Behrens, Ottaviano, 2007; Pais, Pontes, 2008; Desmet, Rossi-Hansberg, 2007, 2014）等。影响因素的具体作用机制将在匹配机制的章节中详细讨论。

（四）产业—空间匹配的不同维度与作用机制

为清晰明白其作用机制，有必要梳理不同影响因素在不同维度上的作用机制。通过梳理已有文献研究，一般地，产业—空间匹配机制受到了来自时间、空间、产业（Rosenthal, Strange, 2004）和市场（Scitovsky, 1954）四个维度的影响。

1. 匹配的维度

产业与空间匹配受到影响产业与空间两个维度因素的共同影响，而产业—空间集聚与扩散又受到了生命周期的时间维度与市场规模的影响，即产业—空间的匹配机制受到了来自时间、空间、产业（Rosenthal, Strange, 2004）和市场（Scitovsky, 1954）四个维度的集聚经济的影响。

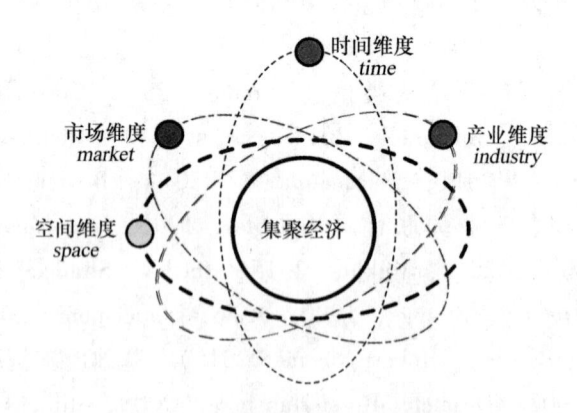

图1-10 集聚经济的四个维度

数据来源：作者根据已有研究总结。

在集聚经济的四个维度即时间、空间、产业和市场中，充斥着外部性效应的影响，如表1-8所示。在异质性空间中，不同产业的集聚形成了地方化经济和城市化经济，随着时间演化受到动态外部性的影响，动态外部性开始发挥影响。MAR外部性（Marshall-Arrow-Romer Externality）通过提供劳动力池、中间产品联系和知识外溢增强了产业内专业化，波特外部性（Poter Externality）通过企业竞争，提高技术水平和产业增加效率，进而形成了空间维度的集聚，即地方化经济；当产业多样性增加时，城市化经济则更受到雅各布斯外部性（Jacobs Externality）的影响。对特大城市而言，产业的多样性集聚使得城市生产效率提高，这种生产效率的提高不仅来源于城市规模与产业集聚的相互选择（Behrens等，2014；Venables，2011；柯善咨、赵曜，2014），更得益于城市优质人力成本的集聚和资本应用的深化（Combes等，2012；孙晓华、郭玉娇，2013）。

表1-8　　　　　　　集聚经济的四个维度表现

集聚经济的四个维度	产业	空间	时间	市场
分类	地方化经济	第一属性：资源禀赋	静态外部性	资金外部性
	城市化经济	第二属性：比较优势	动态外部性	技术外部性
部分代表文献	Hoover, 1990; Marshall, 1920	Thünen, 1826; Heckscher, 1919; Ohiln, 1933; Weber, 1909; Christaller, 1933; Losch, 1940; Krugman, 1991; Fujit, Venables, 1999	Combes, Mayer, Thisse, 2008; Martin, 1999; Ottaviano, 2001; Baldwin, 2001	Scitovsky, 1954

数据来源：作者根据研究文献总结。

市场维度反映了资金外部性和技术外部性的影响。Scitovsky（1954）首次根据传导机制的不同将外部性区分为两种类型：资金外部性（Pecuniary Externalities）和技术外部性（Technological Externalities）。资金外部性是指纯粹来自于市场关联的外部性，仅对那些参与影响价格机制的经济活动的企业产生作用；只有在不完全竞争的市场结构下才可以影响价格,从而对其他企业和消费者的福利带来影响。技术外部性被定义为那些不经过市场而可以直接对生产函数产生影响的经济活动的结果。由于技术中性原因,当一个企业进行了技术创新,其他企业可以通过模仿而提高效率。所以,技术外部性有着真实的福利和效率影响。

2. 匹配的作用机制

总结已有研究,梳理产业与空间匹配的相关机制(见表1-9),对这些在不同维度上的作用机制的具体讨论如下。

在时间维度上,产业阶段性特征呈现了生命周期效应。Vernon（1966,1979）的产品生命周期理论揭示了产品发展需求和空间异质性的匹配关系,由于技术水平和要素需求差异,产品的生产具有"空间转移"倾向,这揭示了产品属性具有时间和空间维度,当然这里的产品可代指不同产业下的具体产品。此外,由于城市产业组织和公共产品供给不同,不同规模城市生产位于产品生命周期的不同阶段,从而形成不同专业化程度的城市（Henderson,1972）,但 Henderson 并未具体明确"具体何种产业适于何种规模"。由于信息搜寻成本降低,由于产业间联系和知识共享等 Jacobs 外部性的影响,对不同周期阶段的产业发展的空间定位也不同。大城市易于产生新产品和技术发明,研发部门选择在多样化城市；由于成熟产品的生产成本不同,企业将批量化生产制造业环节转移至专业化城市,即大批量制造行为倾向于选择专业化较强的城市,这揭示了城市发展中产业选择应结合城市规模与产业阶段性特征（Duranton,Puga,2001）。关于产业专业化和多样化的地方化经济、城市化经济方面的研究主要解释了产业总体特征与城市规模的关系,这方面的现有研究成果较多,可参考 Abdel-Rahman 和 Anas（2004）。另外,产业—空间扩散的生命周期效应与就业人口、技术进步关系密切。以美国制造业就业份额总体降低,而服务业的就业比重逐步增加的趋势为例,Desmet 和 Rossi-Hansberg（2007）的研究表明,城市经济增长与产业生命周期有关,年青产业的发展受益于技术外溢,年青的产业表现出与就业水平和增长率的非单调关系,可以通过贸易联系改变专业化的空间模式；而老行业的规模则与增长率负相关。

表1-9　　　　　　　不同维度上的产业—空间匹配机制

维度	匹配机制	代表性文献
时间	生命周期效应	Vernon, 1966, 1979; Rosenthal, Strange, 2004
空间	规模效应 尺度效应	Henderson, 1972; Tabuchi, Thisse, 2011; Ellison 等, 2010; Mori, Smith, 2015; Billings, Johnson, 2016; Behrens 等, 2014; Rauch, 2014
产业	集聚效应	Krugman, 1991; Venable, 1996; Amiti, Pissarides, 2005; Ellison 等, 2010; Helsley, Strange, 1990, 2014; Figueiredo 等, 2014; Mori, Smith, 2015; Billings, Johnson, 2016
市场	分类效应 选择效应	Combes 等, 2012; Helsley, Strange, 2014; Behrens 等, 2014; Pokrovsky, Behrens, 2014; Eeckhout 等, 2014

数据来源：作者根据已有文献总结。

从空间维度来看，产业匹配机制表现出了规模效应。Billings 和 Johnson（2012）的研究再次表明，中小城市具有显著的产业专业化特点，倾向于发展制造业，而大城市，尤其是特大城市产业集聚呈现多样化，倾向于发展服务业，即城市化经济与产品多样性匹配，地方化经济与产品专业化匹配（Tabuchi, Thisse, 2011）。对国家或较大区域而言，以制造业为例，由于存在工业部门扩张和空间转移的劳动力临界工资，当劳动力成本超过临界工资时，产业区位变化将指向劳动力成本更低的地区（Puga, Venables, 1996）。对于单中心城市而言，城市中心专门从事服务业，而郊区则专门从事制造业和服务业。当制造业在专业化地区的份额较少时，商业服务业的专业化程度较高。当交通成本较高时，产业集聚倾向于靠近消费市场；当交通成本比较低时，产业集聚则倾向选择要素价格较低的区位。当运输成本位于中间位置时，不完全竞争下的企业区位选择则倾向于市场（Venables, 1996）。从发展中国家来看，Deichmann 等（2008）认为制造业仍是发展中国家经济增长的主要源泉，市场接近效应和大城市的基础设施条件对区位因素的影响大于拥堵效应、高工资和土地价格。以印度和印度尼西亚的制造业区位的空间演化为例，许多发展中国家仍倾向于将产业布局在二三线城市等落后地区，这样可能导致了区域和低效率税收的零和博弈，使得产业仅在集聚区内部转移，而并非从大城市转往小城市或落后地区。

从企业的微观角度来看，企业区位决定依赖于生产成本、对消费市场的接近性、交通成本和技术空间外溢的影响（Venables，1996；Desmet，Rossi-Hansberg，2014），尤其是零售业和消费型服务业（Billings，Johnson，2016）。基于不同部门下的异质性企业，Billings 和 Johnson（2016）利用空间中相似的企业数据来测度城市产业集聚，研究表明，在城市地区，基础设施、市场的地理邻近性以及知识外溢能够较好地解释集聚经济。城市地区中交通运输仓储业、制造业的单产业集聚程度较高，而零售业、住宿业、食品业往往以协同集聚的形式伴随于其他产业，对于零售业的集聚而言，投入产出联系与消费者规模影响却较小。另外，交通成本也增加了信息搜索成本。从交通距离对美国少数民族就业的影响来看，交通距离通过社会和物理隔绝来增加工作寻找成本，而工资较高的人倾向于住在距离城市中心较近的地方（Zenou，2007，2013）。

需要注意的是，不同的空间尺度或地理单元选择不同，产业匹配机制的发挥效应也可能不同。相关的研究均发现了不同空间尺度对研究结果有效性的影响（Ellison，Glaeser，1997；Ellison 等，2010；Mori，Smith，2015；Billings，Johnson，2016）。Ellison 和 Glaeser（1997）的研究表明，空间尺度与集聚的规模效应负相关。Billings 和 Johnson（2016）测度城市集聚经济时，采用了更微观的企业数据，其研究结论与 Rosenthal 和 Strange（2001）的结果一致，即在较小空间尺度下，知识外溢和劳动力分布是集聚的主要原因，而城市中投入产出联系对零售业等服务业集聚影响较小。在测度显著性和变量系数上，Billings 等的研究数值结果大于 Ellison 等（2010）采用的美国州或县空间尺度的研究结论。正如 Helsley 和 Strange（2014）指出的那样，城市中产业专业程度介于完全专业化和完全多样性之间，即存在产业多样性和专业性并存的现象，这种现象由于要素投入产出关系使得某些产业的发展是协同集聚的。Ellison 等（2010）认为投入产出联系显著影响产业协同集聚水平，但技术扩散存在产业异质性；同时其研究还验证了集聚效应与空间尺度负相关关系成立，在较小空间维度上，劳动力共享效应较大，这与 Billings 和 Johnson（2016）

的研究结论相同。

在产业维度上,产业匹配机制由于产业关联性而呈现了集聚效应。位于两个地方的上下游的不完全竞争产业,产业间联系会引起集聚。在产业关联性方面,上游企业比下游企业更加集聚劳动力。垂直关联的上下游企业,下游企业为上游企业的市场区。市场接近效应将促使上游企业向下游企业靠近,这被称为需求联系。除此之外,还有成本联系。当下游企业靠近上游企业时,则中间产品的运输成本较低。这样,需求联系和成本联系促使产业集聚向同一个地方靠近(Venables,1996)。Montobbio(2002)认为产业结构变化需考虑分类和选择效应,部分产业的集聚效应体现为对企业单位成本的选择效应和由具体市场制度特征、不同产业影响下行业需求收入弹性的分类效应,在不改变企业层面技术水平的条件下,分类效应并不是一个效率的提高过程,相比之下,选择效应对生产效率的影响大于分类效应。对于知识技术水平密集度、产品附加值高以及运费也较高的产业,企业倾向于在市场潜力大的区位集聚。以汽车与航空企业区位选择为例,Pais 和 Pontes(2008)的研究表明,尽管其以橡胶和劳动力为主要要素投入,但其制造环节并不选择橡胶、劳动力丰裕的马来西亚、印度尼西亚、泰国等国,而选择欧洲和北美各国,相比成本效应,对于附加值较高的、垂直化联系产业,市场接近效应更能影响产业区位选择。另外,受到运输成本和通信技术等因素的影响,较低的投入产出效率和运输费用往往导致产业的"空间分化"[①],这样的企业倾向于在运费较高或市场潜力大的区位集聚,尤其是对于非均衡规模的城市空间而言。企业组织分散化也在大都市地区发生,企业通常将总部设置在城市中心区,而将生产环节放置在郊区(Rossi-Hansberg 等,2009)。

在市场维度上,通过资金外部性和技术外部性的影响,产业匹配机制还呈现出分类与选择效应。从异质性劳动力与企业的角度出发,Wheeler(2001)认为集聚提高了劳动力—企业异质性匹配质量,由于集聚降低了搜寻(Searching)和分类(Sorting)成本,低

---

① 空间分化(Spatial Fragmentation)指的是企业空间组织分散化。

技能劳动力则选择在本地就业，使得劳动力市场规模与企业和劳动力的匹配质量正相关（Torfs，Zhao，2015）。劳动力的分类、集聚会导致城市中劳动力、企业与产业的双向选择匹配以及劳动力在城市间的合理规模分布，进而提高产业分类效应和选择效应，促使不同城市规模的产业或企业生产效率差异化。其次，集聚提高了竞争的筛选机制。异质性企业自发选择区位是造成城市生产效率差异的主要原因，异质性企业降低了本地市场效应（Baldwin，Okubo，2006）。Melitz 和 Ottaviano（2008）提出大城市的高竞争和高成本可能会挤出低效率企业。

对于区域中心的大城市而言，由于生产效率较高，吸引了企业家和劳动力就业，产生了集聚效应，但不同城市规模下集聚效应和选择效应对全要素生产率 TFP 有不同的影响，通过集聚效应增进了城市要素联系，进而增加了生产效率，即集聚效应扩大了企业空间分布；但选择效应使得市场竞争程度增加，对生产效率较低的企业产生挤出效应，从而使得大城市的产业发展存在明显的阈值。这些都表明集聚效应中存在一种市场作用下的自选择机制，使得大城市容易聚集生产效率较高的企业或高技能人才，即高生产效率的企业偏好在规模较大的市场选址（Combes 等，2012；Pokrovsky，Behrens，2014；Behrens 等，2014；傅江帆等，2013）。这种自选择机制促进了城市内劳动力的匹配质量，而且这种自选择机制将随着高能力劳动力就业数目增多而增强（Venables，2011）。

在中国城市的产业—空间匹配的研究中，陈强远等（2016）通过企业数据研究认为集聚效应、选择效应、分类效应和竞争效应对中国大城市的企业生产效率均会产生影响，但存在产业分异现象，集聚效应对产业生产效率的影响并非单调正效应，中国的企业区位选择具有显著的选择效应，并非所有高效率产业倾向于布局于大城市，如烟草业、造纸及纸制品业、非金属矿物制品业和废旧材料回收加工业倾向于在小城市布局。但其仅仅对现状进行了研究，并未提出如何进一步优化产业—空间布局的具体措施，也没有考虑不同空间尺度下匹配机制的作用。

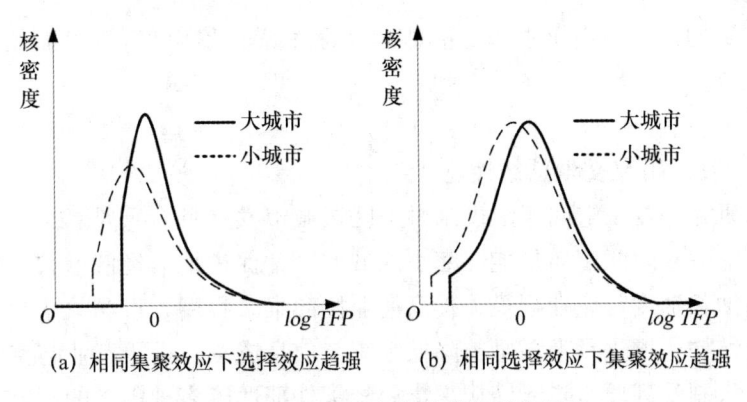

(a) 相同集聚效应下选择效应趋强　　(b) 相同选择效应下集聚效应趋强

图1-11　不同城市规模的选择效应阈值

数据来源：Combes等，2012。

从资本的角度来看，高资本企业偏向于雇佣高技能人才，而资本要素较少的企业偏向于雇佣低技能人才。高资本密集度和高生产效率的企业以及低资本与低生产效率的企业均倾向于选择城市中心区，存在"双边分类效应"，这在资本密集度较高的部门体现得较为明显（Forslid，Okubo，2014）。

在集聚提高分类和选择效应的同时，区域福利水平也受到相关匹配机制的影响。对消费者市场来说，Behrens等（2007）认为激烈的竞争可以产生较大的本地市场、更高的技术水平，进而促使产生多样化的产品、更高的生产率、更低的产品价格以及更高的消费者福利。自由贸易总是促进高级技术水平区域的消费福利，从长期来看，贸易成本降低总会促使进口成本降低，进而提升低技术水平的福利。因此，当区域间技术水平趋同时，自由贸易将促使市场竞争更加激烈，并产生区域发展正向效应。而当区域间技术水平不同时，位于贸易壁垒阈值之上的自由贸易也将加强市场竞争，但存在贸易壁垒之下的区域的产业可能会消亡。从劳动力市场来看，Pastorino（2015）认为高技能劳动力因其高效率得到的高工资，而具有更高的比较优势，而拒绝了跳槽的机会；低技能劳动力由于其低效率而选择继续留用，通过低工资而具有比较优势，其将企业视为实现劳动力总体均势的有效工具，由于不同技能劳动力水平的互补性，企业中技能水平不同的劳动力达到均衡，但由于不完全信息，劳动力就业的实际工资可能低于预期工资。

（五）研究文献总结性述评

研究产业—空间匹配机制对于区域城市发展具有重要意义，良好的产业—空间匹配质量能够缩小区域差距，促进地区经济增长，提升经济增长速度与企业规模，提高产业协同集聚程度、市场效率和优化产业结构，增进预期激励与降低组织与信息成本。由于产业与空间的匹配机制受到要素投入结构、集聚经济外部性等多种因素的影响，总结现有文献研究，关于产业—空间匹配机制的研究仍需要着重注意以下几个方面。

1. 关于产业—空间匹配机制着力点的选择

关于匹配的研究视角，近年来已有的关于产业—空间匹配的研究主要从产业技术专业化程度、匹配双边市场制度设计、要素匹配机制三个方面展开（邓仲良、张可云，2017）。

一是从产业专业化程度角度来研究产业—空间匹配机制。在不完全竞争和替代弹性相同的条件下，随着交通成本的下降，产业将集中在一个产业多样化的城市空间中（Tabuchi, Thisse, 2011），因此，大城市呈现出城市化经济，而中小城市则呈现为地方化经济。胡安俊（2014，2016）建立了产业技术性质与城市规模的研究框架，提出"知识创新产业选择在较大规模城市布局；标准化部门在规模较小城市布局，进而实现产业—空间组织的优化"，但产业类别并未涉及服务业，而且也未能在不同空间尺度下进行研究，需要进一步深化。另外，现实城市产业结构也并非专业化和多样化两个极端，而是多种产业协同集聚（Helsley, Strange, 2014），这也使得基于产业技术专业程度匹配机制研究的着力点难以把握。

二是以双边市场的制度设计为研究视角。主要依据为双边市场匹配理论（Roth, 2012; Shapley, 2012），主要以实现对象的稳定匹配来研究双边市场的制度设计。目前双边市场理论主要应用于毕业生就业、医院实习生岗位的申请、医学器官移植的筛选机制等方面（Roth, 2012），也应用于分析婚姻等社会心理学方面。但双边市场匹配对象的识别往往需要提前建立分类体系和设定干预算法,而指标体系的设计和干预算法是非市场因素和市场因素共同决定的,相关主体存在博弈关系(Azevedo,2014)。另外,非对称信息下的市场需求也不一定能使市场机制下的要素达到最优(Helsley,Strange,2014),因此如何引入市场维度的切入点需要进一步考虑。目前利用市场匹配理论来研究产业—空间的匹配机制的成果较少,大都从博弈论的角度来分析特定市场中的匹配制度设计,具体可参见 Roth 的相关文章。

三是以要素配置效率为视角来研究产业与空间的匹配问题。要素投入结构包括劳动力、资本、技术等,而现有关于要素匹配的研究主要集中在劳动力与企业(Wheeler,2001;Mion,Naticchioni,2009;Torfs,Zhao,2015;Eeckhout,Kircher,2016)、劳动力与城市生产效率(Andersson 等,2007;Helsley,Strange,1990)、劳动力与产业匹配(Figueiredo 等,2014)、产业规模和城市规模匹配(Mori 等,2008;Mori,Smith,2014,2015)等。

这些已有研究表明,生产要素互补性、较大劳动力市场规模均有利于提高要素匹配效率,劳动力的规模效应增加了就业人员和企业的匹配质量。劳动力之间的互补性、劳动力和企业的互补性、企业家精神都是保证劳动力要素与生产单位有效匹配的必要条件。在城市尺度上,交通设施、消费市场的可达性以及知识外溢是决定城市区域内产业集聚的最重要的因素,而不同的空间尺度,集聚力可能不同。从产业关联度来看,企业区位决定依赖于生产成本和对消费市场的接近性,技术关联性对大都市地区产业进入具有正效应,而与产业退出负相关。作为马歇尔外部性关注的中间供应商,具备显著的产业多样性或异质性供应商的附近容易吸引更多下游产业制造商(McCann,Dewhurst,1998;Klimenko,2004)。但由于缺乏统一的产业—空间匹配测度指标或理论框架,以要素配置为媒介来连接产业与空间的匹配研究框架,需要在合理界定匹配效率与匹配质量的方法基础上,构建不同要素、不同产业类型的空间配置机制(邓仲良、张可云,2017)。

2. 关于产业与空间匹配的测度

匹配问题是研究集聚经济下要素的再配置机制,其受到技术外部性和空间竞争外部性的影响(Helsley,Strange,1990)。现有关于产业—空间匹配测度的研究，主要集中于异质性劳动力与企业需求或生产率的匹配（Salop，1979；Helsley，Strange，1990，2014；Wheeler，2001；Andersson 等，2007；Behrens 等，2014；Helsley，Strange，2014；彭国华，2015）、产业就业人口规模与城市规模的匹配（Mori 等，2008）、资金外部性（Puga，Venables，1996）、市场选择的聚类匹配（Venables，2011）、产业关联性（Venables，1996；Gilli，2002；陈国亮、陈建军，2012）、生产效率与空间匹配（Melitz，2003；Okubo 等，2010；Forslid，Okubo，2014；Figueiredo 等，2014）、匹配的市场竞争（Eeckhout，Kircher，2016）、产业多样性、专业性与城市规模（Tabuchi，Thisse，2011；胡安俊，2016）等，目前并无统一的分析框架，对于匹配质量的界定仍因研究对象的不同而存在分异。

产业—空间匹配的测度应集中于反映要素的有效匹配程度，这样如何衡量要素匹配质量就成为开展这一研究的基础工作。由于研究对象较多，且匹配机理复杂，现有研究尚没有系统地测度多因素条件下的产业—空间匹配质量，尚未确定是根据具体要素匹配对象分别建立，还是构建统一的匹配测度框架。另外，考虑不同尺度和空间异质性下的产业—空间匹配与匹配质量测度方面的研究也较少。

3. 关于匹配机制有效性的研究

对于产业—空间匹配机制有效性的研究主要集中在要素流动性和市场规模、城市规模对匹配有效性的作用机制上。已有研究表明，不同的研究视角往往可能得出相反的结论。

提高资源配置效率，可以降低不完全信息和交易成本，提高产业的空间增长效率，促进生产互补性和劳动力市场内有效匹配，而劳动力市场有效匹配会引起城市规模报酬递增（Helsley，Strange，1990）。以劳动力要素为例，人力资本与企业的匹配，能够提高生产效率，产生双向选择机制，促使有效率的企业和所需高素质人才进行匹配（Behrens 等，2014），并提升经济效率。要素错配和制造业中间产品不匹配将引起经济效率降低（赵自芳、史晋川，2006；陈永伟、胡伟民，2011），而且劳动力错配程度会对资本要素配置质量产生影响。因此，提高要素配置效率是进一步提升经济增长质量和效益的源泉（蔡昉、王德文，2002；Andersson 等，2007；吴敬琏，2013）。

要素的异质性和外部性因素使得匹配机制有效性的研究较为复杂。当劳动力自由移动受限制，而经济集聚持续时，人口集聚滞后于经济集聚，地区间收入差距会增大，劳动力自由移动可能会促使区域发展均衡（陆铭，2017），但相关研究表明，劳动力"用脚投票"的自由迁移并不能保证有效匹配，因为劳动力就业时倾向于现在同产业聚集优势明显的空间，进而导致均衡城市的规模增大，产生"空间锁定"和使得区域发展和劳动力收入差距增大（Helsley，Strange，2014；彭国华，2015）。前者的研究主要从劳动力收入差距方面来理解区域发展均衡；而后者的研究则从劳动力异质性的角度来阐述城市自选择机制对劳动力的分类与选择效应。可以看出，要素匹配机制复杂，不同的研究视角往往会得出相反的结论。

从匹配质量的角度来看，Andersson 等（2007）认为异质性劳动力与企业匹配质量的提高可以促进城市增长，进而增加匹配机制作用的有效性，但其仅使用了时间序列数据。异质性劳动力技能可能导致工资空间分异，从而降低匹配质量，Mion 和 Naticchioni（2009）使用企业截面数据发现在意大利地区，匹配质量与市场规模负相关。这与Helsley 和 Strange（1990）、Wheeler（2001）的研究结果相同，后者认为由于市场规模增大，个人就业竞争力加大，为获得更大的期望效用，从业人员往往在特殊人力资本上投入更多，因此，总体衡量的匹配质量有可能降低。从产业类别的角度出发，对劳动力与产业而言，同一产业集群尽管显著提高了劳动力就业工资，但产业内集聚并未提高匹配质量（Figueiredo 等，2014）。

现有研究中关于中国和国外的产业—空间匹配机制的有效性并不相同（陆铭，2017；Helsley，Strange，2014），而且要素匹配机制的有效性受异质性条件等因素的影响。另外，从要素匹配的角度来看，在不同空间尺度下的产业—空间匹配机理也不同（胡安俊，2016；于斌斌，2015），这些都需要进行深入研究。

四 研究思路、内容及分析框架

区域城市发展的产业—空间匹配机制的微观基础是要素的匹配质

量，因此，本书从匹配的角度，结合资源优化配置的现实要求，试图建立基于经济空间属性下，不同产业类别指向的产业—空间匹配理论体系，以期进一步完善产业—空间的一般分析框架。

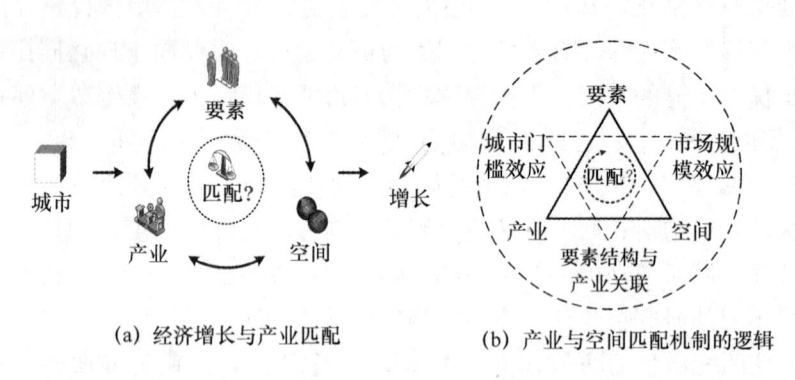

(a) 经济增长与产业匹配　　(b) 产业与空间匹配机制的逻辑

图 1-12　基本思路

(一) 全书研究思路

构建经济增长的产业与空间的匹配机制，需要立足于不同类别产业的经济增长特征，系统整合内生与外生等影响因素，识别产业与空间两个维度上影响经济效应和产业集聚的共性特征。本书通过构建产业的匹配质量，研究异质性产业的空间匹配机制，以此为基础分别探讨了城市经济增长、工业和服务业经济增长的机制，并据此提出优化中国经济增长的产业—空间布局思路。

(二) 主要研究内容

基于现有研究基础，根据产业转移理论、城市体系理论以及匹配理论，以产业—空间最优匹配为目标，研究劳动力就业、产业转移和城市空间的匹配关系。本书主要尝试回答以下三个问题，并提出优化中国经济空间的政策思路。

1. 研究产业—空间匹配机制的着力点到底是什么？

本书从要素配置效率的角度出发，提出产业—空间匹配质量测度方法，并以此为基础构建产业—空间匹配机制的区域城市发展理论框架。从劳动力、资本和技术方面研究产业与空间的选择机制，完善要素结构与产业关联、城市规模与产业结构、产业关联性、市场规模与技术基础等方面的微观匹配测度，从而解释要素和产业异质性条件下的产业与空间的分类与选择机制。

2. 何种产业布局在何地，效率最高？

以产业产值增加为最优目标，按照生产、消费和研发与服务指向的产业类别，构建空间异质性条件下的产业选择机制，为全国层次、区域层面和产业维度内的经济空间优化提供理论基础，为产业转移和产业承接提供政策依据。

3. 何地发展何种产业，规模最优？

以经济增长为最优目标，依据劳动力等要素异质性和外部性因素，构建经济增长的匹配机制理论模型，实现产业—空间规模效应的双重匹配。

4. 匹配视角下产业与经济空间优化的政策思路

从产业与空间的匹配质量出发，根据上述的经济增长与产业—空间匹配的理论框架，结合产业—空间匹配机制中的市场化程度和政府作用，划分市场和政府的政策有效范围，实现经济空间和产业—空间的优化，从而构建匹配视角下的优化经济空间政策体系。

（三）基本研究方法

产业—空间的匹配机制受到不同对象的交叉影响，需要结合整体和个体的分析方法，在研究方法的选择上需注意以下三个方面。

1. 不同维度与不同类别相结合

同一事物在不同维度下具有不同的表现特征和作用机理，而不同事物之间的相互关系在不同尺度下也具有不同的表象。本书研究的产业—空间匹配机制具有时间、空间、产业和市场四个维度，而在实际应用中，空间尺度又可以分为全国尺度、城市群范围尺度和区域中心城市等几个层次，不同空间尺度下产业布局模式不同。全国尺度下，产业布局空间效应明显，存在集聚的总趋势，总的来说，首先考虑的是效率因素。在城市群范围内，产业布局则需要通过集聚和分散相结合，促进产业结构与地区比较优势相结合，需要注重效率与公平的结合，通过区域中心城市的扩散效应带动城市群整体发展。以超大、特大城市为特征的区域中心城市,则需要注重功能定位明确的产业布局,尤其是城市中心呈现资本和知识密集型为主的消费、研发与服务指向;而城市郊区则呈现为劳动密集的产业布局模式。因此,需要坚持不同维度与不同类别相结合的研究方法。

2. 理论分析与经验研究相结合

本书采取了理论分析和经验研究相结合的方法,通过系统梳理产业与空间匹配的影响因素,对产业—空间匹配质量进行测度,然后以此为基础构建区域城市发展的产业—空间匹配理论分析框架。中国城市发展中产业—空间匹配的经验研究可以清楚揭示限制城市发展和产业优化的原因,并为理论研究提供思路。理论研究主要涉及空间经济学、一般均衡理论、集聚经济学、产业组织理论、区域政策理论和城市经济学等基础理论,需要构建数理经济模型,并提供可供检验的计量经济学模型。在经验研究方面,计量经济学、空间计量经济学为实证研究提供了理论分析基础,地理信息系统等应用软件开发(ArcGIS、Geoda、Stata、MATLAB等)为空间统计分析提供了定量手段。将理论演绎推导与经验研究相结合,可以为产业—空间匹配机制的深入研究提供更为科学、可靠的理论基础。

3. 理论层次与实际政策相结合

理论分析框架不仅能够有效准确地把握问题实质,而且能够把握事物长期发展的规律,为系统分析实际的社会经济问题提供了有效手段,回答了事物发展的"为什么"。而制定实际政策则回答了"怎么办",提出针对"为什么"的解决办法。立足实际的好政策,一方面能够有效解决理论框架发现的实际问题,另一方面能够明晰解决问题的思维模式。本书将理论研究和政策研究相结合,可以为全面、有效构建优化经济空间政策体系提供理论支持。

五　篇章结构与研究路线

研究产业—空间匹配机制不仅利于揭示产业集聚和空间扩散的微观基础,而且也利于推进新型城镇化中产业—空间体系的继续完善,具有一定的理论和现实意义。本书以经济增长的产业—空间匹配机制为着力点，构建了一个城市经济增长理论模型，并据此提出了城市经济增长的"要素结构与产业关联是否匹配""城市规模与产业结构是否匹配""市场规模与产业选择是否匹配"三个假说和产业—空间匹配的测度方法，进一步探究异质性劳动力、资本要素投入、产业集聚与城市空间的匹配关系。在此研究基础上，最后提出基于匹配视角下经济空间优化的政策建议。

第一章，主要为选题背景介绍并对研究对象进行了界定。对产业—空间匹配的正、负效应，研究对象与影响因素，匹配机制与作用维度等方面的已有研究进行梳理，并对相关研究进行了评述，在此基础上，总结提出了本书研究的基本思路、研究内容和相应的研究方法。最后提出本书的篇章结构和技术路线图。

第二章，构建了经济增长的产业—空间匹配机制的理论分析框架。建立了产业—空间作用机制的数理分析模型，构建了涵盖产业匹配、集聚规模和要素结构的城市经济增长模型，并进行了拓展与解释，作为分析经济增长中产业选择、规模效应和内生要素配置的理论框架，提出：（1）要素结构与产业关联、城市规模与产业结构存在最优匹配关系，前者内生地决定经济增长动力；后者通过相对最优城市规模"门槛效应"影响了经济增长。当城市规模大于临界值时，产业结构及关联性与城市规模正相关，反之则负相关。（2）城市市场规模与产业选择也存在匹配关系。当城市市场规模较小时，不宜过度追求产业结构"高端化"。本章为后续研究奠定了理论基础。

第三章，立足于中国经济增长实际情况，梳理中国产业—空间发展的逻辑演化思路，并从劳动力、资本、土地与技术等城市要素空间分布模式，对中国产业—空间布局演化与阶段性特征进行研究，并给出了经济空间与产业—空间发展的典型事实，为后续展开实证研究提供现实依据。

第四章，从现有的匹配测度指标中，构建产业—空间匹配的测度指标体系，明确匹配效率和匹配质量的理论含义，在此基础上建立产业与空间匹配机制的测度与识别，由此为产业—空间集聚和扩散机理提供理论解释。

第五章到第七章分别从空间和产业的角度来对城市、工业和服务业进行实证研究。第五章以城市经济增长为例，利用2004—2014年中国277个地级及以上城市数据对理论模型中的"要素结构与产业关联是否匹配""城市规模与产业结构是否匹配""市场规模与产业选择是否匹配"三个假说进行实证检验，进行验证，以此回答"何地发展何种产业，规模最优？"

第六章以工业的空间匹配机制为研究对象，利用固定效应和随机效应面板模型、分位数回归（QR）对工业产值、工业与服务业协同集聚、不同产业产值水平下的匹配机制进行了实证研究。同时，还利用Logit非线性面板分析方法对产业集聚水平和产业集聚、扩散动态变化的匹配机制进行了实证研究，进一步验证匹配机制的有效性及匹配效率与匹配质量对产业集聚或扩散、工业全要素生产率的解释。最后还利用变化变量，改变计量技术等方法进行了稳健性检验。以此回答"何种产业布局在何地，效率最高？"

第七章以服务业的空间匹配机制为研究对象，首先划分了服务业类别，利用时间序列的协整检验和Granger因果检验技术研究了服务业经济、工业经济及中国经济的相互关系。利用固定和随机效应面板模型对服务业经济增长的直接与间接效应进行了系统检验，并辅以系统GMM和空间杜宾模型等稳健性检验。此外，利用Logit非线性面板对服务业空间集聚、与采矿业和制造业等工业协同集聚的匹配机制有效性进行了检验。以此回答"何种服务业在何地，效率最高？"

第八章，给出全书结论、主要创新点，提炼相关政策建议，并总结下一步研究的改进之处。

本书研究的技术路线如图1-13所示，通过梳理产业—空间匹配机制的已有文献研究，为理论与实证研究框架的构建提供研究思路，已有研究较少同时考虑要素结构内生性和经济外部性的系统影响，借助已有研究思路（Venables，1996），考虑城市三产业划分（陈栋生，2013），考虑关联产业对要素集聚、经济增长的作用机理，从空间经济学的视角构建了两地区×三部门的经济增长模型，为产业—空间匹配机制研究提供理论分析框架，力图从理论上揭示了要素和产业的空间异质性对地区经济增长的影响机制。在此基础上，利用空间统计分析和全球夜间灯光数据对中国经济与产业的空间演化和现状进行研究，为后续实证研究提供事实基础，并采用了动态面板的系统 GMM、Logit 非线性面板、分位数回归、空间计量等方法对工业和服务业的空间匹配机制有效性进行实证检验。最后对本书理论与实证分析结果进行总结，并提出相应的政策含义。

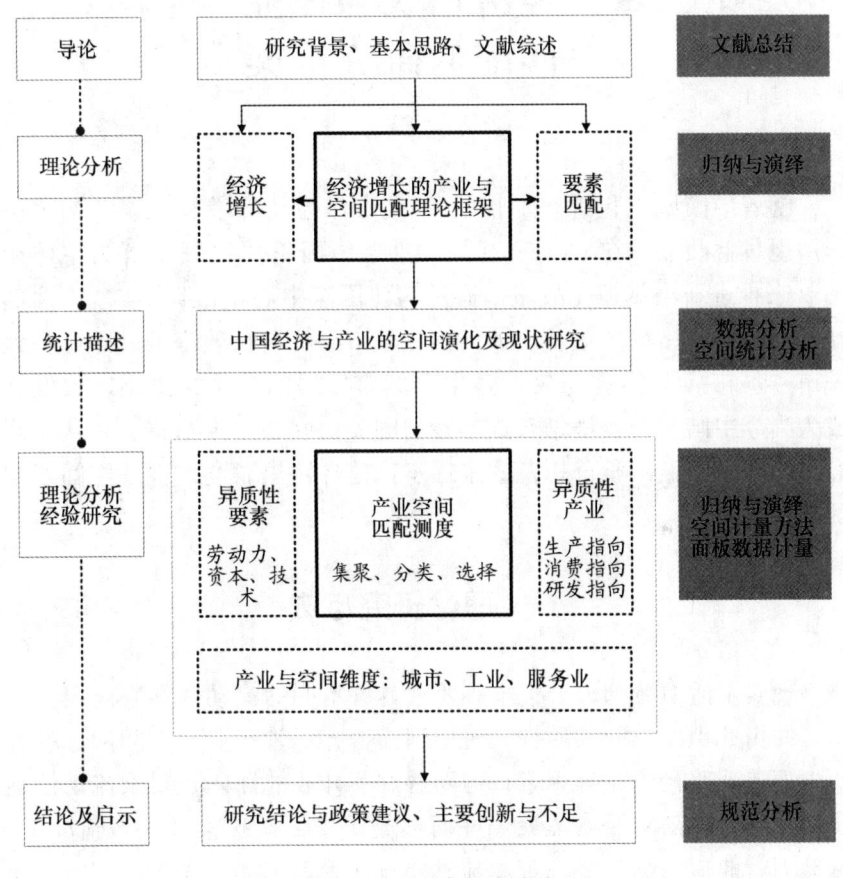

图 1-13　全书研究路线

第二章 经济增长与产业—空间匹配的研究框架

随着中国城市化进程加快[①], "城市作为经济增长引擎"的关键作用也日益凸显, 在"十三五"时期, 中国正"以城市群为主体形态"来推进新型城镇化战略, 通过构建国家中心城市[②]来实现中西部地区经济空间格局的重塑, 如何优化城市经济增长效率, 处理好特大城市"城市病"治理与欠发达中小城市发展的关系, 协调区域发展成为当今中国实现经济增长成功转型的关键问题。本章将分别从宏观经济学与空间经济学分析范式来逐步构建经济增长与产业—空间匹配的研究框架。

一 理论研究方法

现实生活中劳动力、资本等要素具有不同的流动性和空间聚集偏好, 并由此引发空间异质性。对中国而言, 尽管产业对空间的选择有历史痕迹或路径依赖等因素, 但随着改革开放的深入, 要素流动性逐步增加, 并伴随着要素集聚偏好而形成要素集聚现象 (一般情况下, 劳动力就业追随高工资、资本流动追随高利率或高投资回报率), 如图2-1所示; 同时, 不同类别的产业对要素的使用偏好也不同, 也就进一步形成了差异性明显的空间聚集现象 (陈栋生, 2013)。因

[①] 2016年年底, 中国城市化率为57.35%, 根据城市增长经验曲线 (Northam, 1979), 中国已经越过城市增长的第一拐点进入了快速发展阶段。

[②] 2016年5月、12月, 成都、武汉和郑州分别被确立为国家中心城市。参见国家发改委出台的《成渝城市群发展规划》和《促进中部地区崛起"十三五"规划》。

此，本章通过产业结构及关联性、要素结构、集聚规模来构建产业—空间匹配理论分析框架。

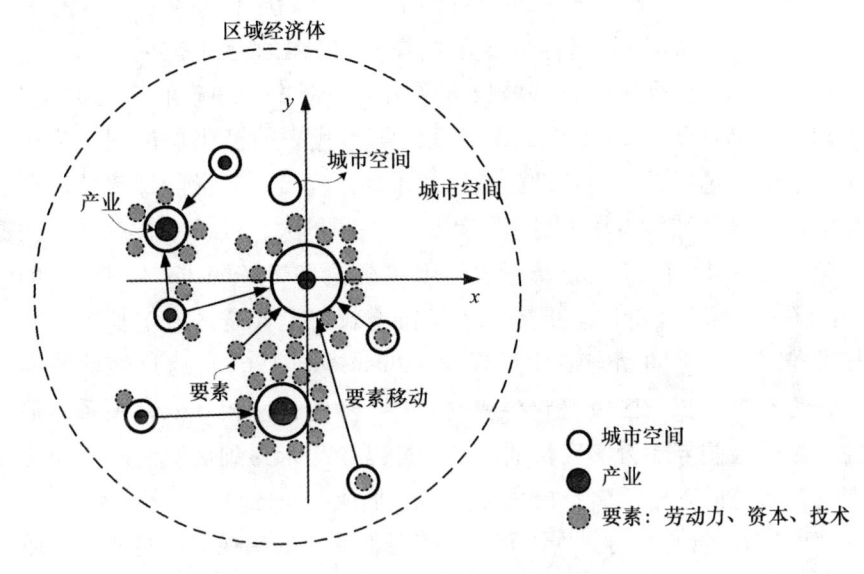

图 2-1　产业、空间与要素的匹配关系

由于对经济增长"趋同"与"趋异"理解不同，目前对经济增长及差异形成比较经典的理论解释主要有新古典理论、新增长理论、发展经济学和极化理论。自"哈罗德—多马模型"（Harrod-Domar Model）提出以来，以 Solow（1956）等为代表的新古典经济学家认为，具备较高初始经济水平、人力资本与物质资本积累的国家或地区经济增长都较快。后来的新增长理论突破了新古典理论的要素规模报酬递减假设，将技术进步"内生化"，通过引入人力资本、经济外部性（如干中学、规模效应）、技术创新等因素来逐步完善经济增长理论。基于流动性和完全信息假设，新古典理论认为技术创新决定了经济长期增长，通过加强市场要素自由流动与区际贸易等经济联系就可以实现均衡增长，降低增长差异，但由于经济联系受到"空间距离"引起的运输、流动成本及信息获得性等因素影响，新古典理论存在不可避免的理论假设失准，无法有力解释现实经济现象。此外发展经济学认为通过要素流动、技术扩散与吸收，不发达地区可以通过基础技术变迁和要素在产业、地区间的再配置实现经济增长和赶超（Hsieh, Klenow, 2009; Restuccia, Rogerson, 2013; 龚关、胡关亮, 2013; 范剑勇等, 2014），但研究对象主要以发达经济体作为参照（林毅夫、张鹏飞, 2005），而且也没有考虑到经济体的空间差异性。

面临现实世界区域经济增长不平衡，与新古典理论的"趋同论"不同，以Perroux（1955）增长极理论等为代表的极化理论则认为由于要素流动选择性、外部性影响以及市场不完全，扩散与回流效应存在空间分异，纯粹市场力量将导致区域差距扩大，经济增长趋异无法避免。Myrdal（1957）的循环累积因果理论和Friedmann（1972）的"中心—外围"理论进一步揭示了经济增长与差异是区域增长中心的扩散与带动作用的动态演化过程，Williamson（1965）通过经验研究也认为经济增长与区域差异存在倒"U"形的长期相互依存关系，但经济增长与差异能否实现长期动态均衡至今仍未得到证实。由于缺乏严密、系统的理论逻辑，极化理论尚未形成统一的分析框架。

可以看出，由于对"空间"这一要素认知的忽视，微观要素异质性和空间不均衡性无法准确体现，无论是"趋同论"的新古典经济学、新增长理论和发展经济学，还是"趋异论"的极化理论都没能较好解释现实世界中的经济增长与差异，也无法区分不同发展阶段国家和地区经济增长放缓、停滞的本质区别。基于Dixit和Stiglitz（1977）的垄断竞争模型，Krugman（1991）通过引入冰山成本构建了新经济地理学的分析框架[①]，将"空间"这一因素正式纳入经济理论分析体系，在同一个分析框架内实现了对集聚与分散机制的统一探讨，从要素与产品流动（Krugman, 1991）、产业关联（Venables, 1996）等微观机制入手来解释宏观经济的空间差异，即价格指数效应、市场规模效应产生的集聚力与拥挤效应产生的分散力决定了区域、城市的经济增长与产业分布的差异。

近年来新经济地理学（NEG）理论发展迅速，逐步从贸易、产业关联开始转向了新新经济地理学强调的要素异质性和企业等分类与选

[①] 为避免混淆经济地理学和地理经济学，许多学者将新经济地理学称为"空间经济学"，本章采取这一说法。这里所说的空间经济学是狭义的。

择效应（Melitz，2003；Baldwin，Okubo，2006；Venables，2011；Ottaviano，2012）。与城市内生增长模型重视人力资本积累、技术进步与基础设施的观点不同（Black，Henderson，1999；Glaeser 等，2010），更广义的空间经济学对城市经济增长和差异的形成有两种不同的观点，一种认为要素和产业的集聚效应会增加城市规模，并加大竞争作用进而挤出了低效率企业与劳动力，通过企业和城市的分类与选择效应而具有较高的生产率（Combes 等，2012；Behrens 等，2014）；另外一种不同的观点则认为由于城市对不同技能水平劳动力的需求具有互补性，城市能同时吸收高效率与低效率的企业与劳动力要素（Forslid，Okubo，2014；Eeckhout 等，2014），城市中要素集聚引起的分类与选择效应会被要素互补性抵消。由此可知，经济增长受到集聚经济的规模效应、产业结构、要素配置的综合性影响，尽管现有空间经济学提供了解释集聚与分散机制的统一分析框架，但仍未对集聚效应、产业结构和要素累积三个层面进行系统整合，缺乏深入、统一的分析框架，这也束缚了对现实世界的解释力。

构建产业与空间匹配理论研究框架的目的在于选择合理的匹配指标或匹配变量来解释经济增长与要素配置结构的匹配关系、产业区位选择与要素集聚特性的匹配等现实问题。因此，既要构建宏观经济增长的匹配框架来分析要素配置结构对经济整体的作用机制，也需要考虑空间因素来研究要素流动、要素异质性等条件下经济增长、产业布局、城市功能疏解与产业承接影响机理。前者主要涉及宏观经济的分析范式，后者主要利用了新经济地理学研究的最新进展，如图 2-2 所示。

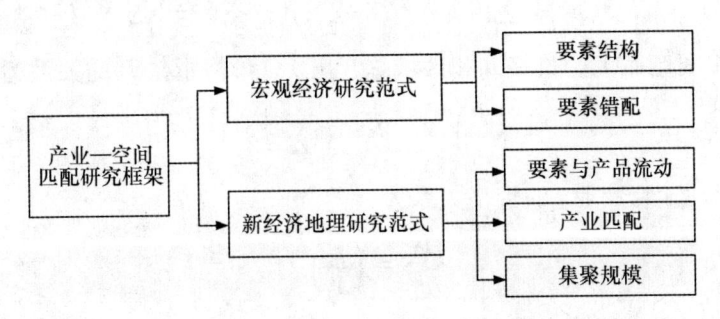

图 2-2 产业—空间匹配理论研究框架

二 理论框架 I：宏观经济学分析范式

利用 Ngai 和 Pissarides (2007)、Hsieh 和 Klenow (2009) 的理论逻辑来探讨要素配置结构对经济均衡增长和全要素生产率 (TFP) 的作用机制。

（一）理论背景

对于单一经济体（暂不考虑产品和要素的空间流动），城市功能分为一般性基础功能和城市主导功能，则相应存在主导产业和为其提供中间产品或服务的中间产业，如生产性服务业、基础性产业等。与 Hsieh 和 Klenow (2009) 不同，本章假设单一区域经济体或某个城市的总产出通过最终产品 Y 来衡量，而 Y 的生产需消耗具备垄断竞争性的 I 种产业生产的中间产品。

$$Y = \Big(\sum_{i=1}^{I} Y_i^{\frac{\sigma-1}{\sigma}}\Big)^{\frac{\sigma}{\sigma-1}} \qquad (2-1)$$

中间产品 Y_i ($i = 1, 2, \cdots, I$) 使用资本、劳动和技术三种要素，并假定土地要素短期不变，同时产业产品生产受到集聚经济的影响 (Behrens 等，2015)，假设集聚效应仅与城市规模 L 有关，ε 为集聚经济随人口规模的弹性。

$$Y_i = A_i \Gamma K_i^{\alpha_i} L_i^{1-\alpha_i} \quad (i = 1, 2, \cdots, I) \quad 0 < \alpha < 1 \qquad (2-2)$$

$$\Gamma = L^{\varepsilon} = \Big(\sum_{i=1}^{I} L_i\Big)^{\varepsilon} \quad L = \sum_{i=1}^{I} L_i(t) \quad K = \sum_{i=1}^{I} K_i(t) \qquad (2-3)$$

中间产品 Y_i、价格 p_i 和区域总产出 Y、价格指数 P 的关系为：

$$Y_i = \Big(\frac{P}{p_i}\Big)^{\sigma} Y \quad P = \Big(\sum_{i=1}^{I} p_i^{1-\sigma}\Big)^{1/(1-\sigma)} \qquad (2-4)$$

产业 i 与产业 j 的价格关系为：

$$\frac{p_i}{p_j} = \Big(\frac{Y_j}{Y_i}\Big)^{\frac{1}{\sigma}} \qquad (2-5)$$

同时假设不同产业的劳动力与资本配置结构不同，借鉴 Ngai 和 Pissarides (2007) 的研究思路，则中间产业 i 的要素配置结构为：

$$\sum_{i=1}^{I} n_i = 1 \quad \sum_{i=1}^{I} n_i k_i = K/L = k \qquad (2-6)$$

则产业 i、产值 Y_i 和劳动人均产值 y_i 也可以表示为：

$$Y_i = A_i L^{\varepsilon+1} k_i^{\alpha_i} n_i \quad y_i = Y_i/L_i = A_i L^{\varepsilon} k_i^{\alpha_i} \qquad (2-7)$$

经济体生产总值 Y 为：

$$Y = L^{\varepsilon+1} \Big[\sum_{i=1}^{I} (A_i n_i k_i^{\alpha_i})^{\frac{\sigma-1}{\sigma}} \Big]^{\frac{\sigma}{\sigma-1}} \qquad (2-8)$$

其中，α_i 为区域经济体内产业 i 中资本投入份额；α 则为经济整体的资本投入份额；σ 为产品替代弹性，ρ 为对产品多样性的偏好，$\sigma = 1/(1-\rho)$；n_i 为第 i 个产业的劳动力就业份额，$n_i = L_i/L$；$k_i = K_i/L_i$ 为产业 i 的资本与劳动力要素使用相对比例，衡量了要素配置结构；K_i、L_i 分别为产业 i 的资本和劳动力配置值；K、L 为区域经济体的资本总量，区域整体要素结构 $k = K/L$。

(二) 要素配置结构与经济增长

短期经济增长与需求相关，要素投入的增长和全要素生产率（TFP）提高等供给层面因素决定了经济长期增长的潜力，其中 TFP 增幅由要素重新配置效率和微观生产效率决定，前者通过产业或地区间要素再配置实现；后者则主要来源于技术进步及生产组织等制度改革。由于中国"人口红利"逐步降低，需要通过要素配置与技术进步向全要素生产率驱动转型（蔡昉，2013），但是 2008 年后中国 TFP 对经济增长贡献率却逐步下滑（张自然、陆明涛，2013），从目前企业整体效率来看，绝对技术进步成本和效果还不显著，在产业与企业间的要素配置效率仍在很大程度上影响了经济的内生增长模式（杨汝岱，2015）。

对于要素错配的概念众多学者的理解并不统一，但也都集中在对经济增长和生产效率的降低上。Banerjee 和 Moll（2010）认为要素错配可以分为"内涵型错配"和"外延型错配"，前者认为企业生产凸集存在的相同边际产出条件不满足时，则存在调整要素配置结构来提升经济产出的条件（Hsieh, Klenow, 2009）；后者认为即使要素在等边际效用时，通过要素再配置仍可提高 TFP 和总产出，可以看出，这种外延型错配体现为要素在产业内和产业间的再分配。对于要素配置结构失当或要素错配引发的最优产出偏离,通常更倾向于选取要素价格扭曲来表示要素配置结构的错配效应,资本、劳动的配置状况潜在决定了经济体的最大产出(张建华,邹凤明,2015);同时当劳动、资本、土地等要素投入不能与知识、技术、制度相互良好匹配,则要素匹配失当导致的经济效率降低就会发生(Restuccia, Rogerson, 2013)。

通常在模型化时考虑要素配置结构失当会导致要素边际生产成本增加(Hsieh, Klenow, 2009;Brandt 等, 2013),本章也采取通过要素边际成本增加来反映要素不匹配引起的价格效应,则中间产业 i 的利润为:

$$\pi_i^* = p_i Y_i - w_i L_i - r_i K_i$$

$$\pi_i = p_i Y_i - (1 + \tau_{Ki}) w_i L_i - (1 + \tau_{Li}) r_i K_i \qquad (2-9)$$

其中,π_i、π_i^* 分别为存在要素配置适当下的不同产业利润;w_i、r_i 为产业 i 的单位劳动工资与单位资本成本。

则产业利润最大化下中间产品价格 $\hat{p}_i$ 为:

$$\hat{p}_i = \left(\frac{r_i}{\alpha_i}\right)^{\alpha_i} \left[\frac{(1+\tau_{Li})w_i}{\varepsilon n_i + 1 - \alpha_i}\right]^{1-\alpha_i} \frac{(1+\tau_{Ki})^{\alpha_i}}{A_i L^{\varepsilon}} \qquad (2-10)$$

当要素错配引发的产品价格偏离为:

$$\hat{p}_i = (1+\tau_{Li})^{1-\alpha_i} (1+\tau_{Ki})^{\alpha_i} p_i \qquad (2-11)$$

$$p_i = \left(\frac{r_i}{\alpha_i}\right)^{\alpha_i} \left(\frac{w_i}{\varepsilon n_i + 1 - \alpha_i}\right)^{1-\alpha_i} \frac{1}{A_i L^{\varepsilon}} \qquad (2-12)$$

中间产品总体价格偏离为:

$$\hat{P} = \left\{\sum_{i=1}^{I} \left[(1+\tau_{Li})^{1-\alpha_i}(1+\tau_{Ki})^{\alpha_i}\right]^{1-\sigma} p_i^{1-\sigma}\right\}^{\frac{1}{1-\sigma}} \qquad (2-13)$$

其中,要素配置结构 k_i 为:

$$\hat{k}_i = \frac{K_i}{L_i} = \frac{\alpha_i}{\varepsilon n_i + 1 - \alpha_i} \frac{1+\tau_{Li}}{1+\tau_{Ki}} \frac{w_i}{r_i} = \frac{1+\tau_{Li}}{1+\tau_{Ki}} k_i \qquad (2-14)$$

$$k_i = \frac{\alpha_i}{\varepsilon n_i + 1 - \alpha_i} \frac{w_i}{r_i} \qquad (2-15)$$

相应地,参考 Hsieh 和 Klenow(2009)以及 Aoki(2012)对要

素和产出加总的表示，则产业 i 的产出、区域经济体的经济总量 Y 和全要素生产率 A 分别为：

$$\hat{Y} = \Big[\sum_{i=1}^{I} \Big(\frac{1+\tau_{Li}}{1+\tau_{Ki}}\Big)^{\alpha_i \frac{\sigma-1}{\sigma}} Y_i^{\frac{\sigma}{\sigma-1}} \Big]^{\frac{\sigma-1}{\sigma}} \quad \hat{Y}_i = \Big(\frac{1+\tau_{Li}}{1+\tau_{Ki}}\Big)^{\alpha_i} Y_i \quad (2-16)$$

$$\hat{A} = \frac{1}{k^\alpha} \Big\{ \sum_{i=1}^{I} \Big(\frac{1+\tau_{Li}}{1+\tau_{Ki}}\Big)^{\frac{\alpha_i(\sigma-1)}{\sigma}} (A_i n_i k_i^{\alpha_i})^{\frac{\sigma-1}{\sigma}} \Big\}^{\frac{\sigma}{\sigma-1}} \quad (2-17)$$

$$\hat{k} = \sum_{i=1}^{I} \Big(\frac{1+\tau_{Li}}{1+\tau_{Ki}}\Big) n_i k_i \quad (2-18)$$

其中，k_i、p_i 为无适当配置条件下的要素配置结构；区域经济体的总产出和无要素错配的全要素生产率 A 为：

$$Y = A\Gamma K^\alpha L^{1-\alpha} \quad y = Y/L = AL^\varepsilon k^\alpha \quad (2-19)$$

$$Y = L^{\varepsilon+1} \Big[\sum_{i=1}^{I} (A_i n_i k_i^{\alpha_i})^{\frac{\sigma-1}{\sigma}} \Big]^{\frac{\sigma}{\sigma-1}} \quad (2-20)$$

$$A = \frac{(\sum_{i=1}^{I} Y_i^{\frac{\sigma-1}{\sigma}})^{\frac{\sigma}{\sigma-1}}}{\Gamma K^\alpha L^{1-\alpha}} = \frac{1}{k^\alpha} \Big[\sum_{i=1}^{I} (A_i n_i k_i^{\alpha_i})^{\frac{\sigma-1}{\sigma}} \Big]^{\frac{\sigma}{\sigma-1}} \quad (2-21)$$

（三）经济动态均衡

资本存量为经济体内生，劳动力增长率 β 为外生；产业间技术要素存在差异，即 $\dot{A}_i/A_i = \gamma_i$；假设经济体的总体产出用于消费 C 和投资 I，储蓄率为 s，资本折旧系数为 δ，则：

$$\dot{K}(t) = sY(t) - \delta K \quad (2-22)$$

$$\dot{A}/A = \gamma \quad (2-23)$$

则单位劳动资本变化率为：

$$\dot{k} = sy - (\beta+\delta)k \quad (2-24)$$

可知平衡增长路径上，经济总量 Y 增长率 $g_Y^{balance}$ 和人均增长率 $g_y^{balance}$ 分别为：

$$g_Y^{balance} = \frac{\gamma + (1+\varepsilon-\alpha)\beta}{1-\alpha} \quad (2-25)$$

$$g_{y=Y/L}^{balance} = \frac{\gamma + (\varepsilon - \alpha)\beta}{1 - \alpha} \quad (2-26)$$

从上述分析可以看出，当不考虑产品与要素流动等"空间因素"时，经济体总量受到产业间要素配置结构和集聚规模效应的影响。不同产业具有不同要素配置结构偏好，以中国工业数据为例，如图2-3和表2-1所示，以单位劳动资本 k 来表示产业的要素投入结构($k = K/L$)，要素结构对产业产值呈现显著正相关关系，但随着产业逐步细分，三位代码产业的显著性和可决系数最高；另外从图2-4可知，2014年工业效率核密度图较2007年饱满，表示中国工业的产业效率较2007年产业规模得到了优化。

当要素结构错配时，经济体总产出受到劳动力与资本的要素错配效应影响，规模效应被抵消，错配效应均会提高要素投入价格和降低

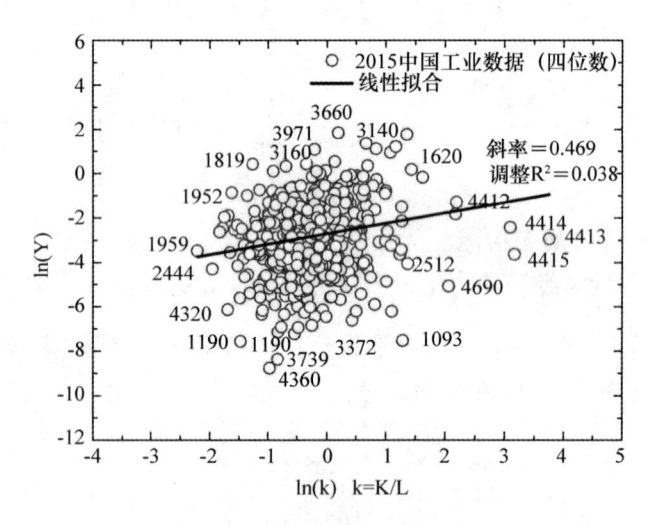

图2-3　中国规模以上工业发展与要素结构匹配关系（2015年）

注：①资本 K 采用"资产总额"来计算，取各产业占全国水平相对值；劳动力投入采用"平均用工人数"来衡量，采取同样处理；产业产值 Y 为各产业工业产值与全国总产值的比值，$y = Y/(K/L)$。②产业分类采用了4位数产业代码，具体分类标准详见《国民经济行业分类与代码（GB/4754—2011）》，例如4412为火力发电，1959为其他制鞋业。③根据《中国工业统计年鉴2016》计算的2015年工业测算结果与2014年基本一致。

数据来源：《中国工业统计年鉴》（2008—2016）。

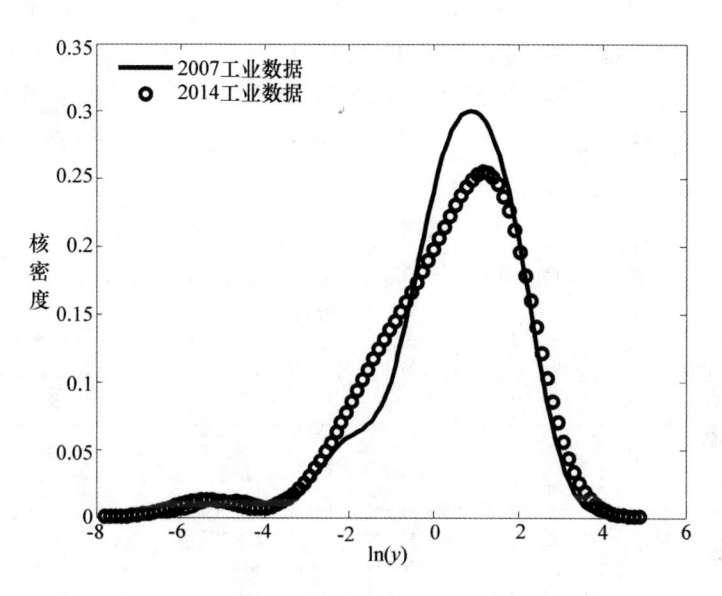

图 2-4　中国规模以上工业单位要素成本的产出 y 核密度（2007 年和 2014 年）

注：①资本 K 采用"资产总额"来计算，取各产业占全国水平相对值；劳动力投入采用"平均用工人数"来衡量，采取同样处理；产业产值 Y 为各产业工业产值与全国总产值的比值，$y=Y/(K/L)$。②产业分类采用了 4 位数产业代码，具体分类标准详见《国民经济行业分类与代码（GB/4754—2011）》，例如 4412 为火力发电，1959 为其他制鞋业。③图中为与 2007 统计口径保持一致，产业代码均为两位数。④根据《中国工业统计年鉴 2016》计算的 2015 年工业测算结果与 2014 年基本一致。

数据来源：《中国工业统计年鉴》（2008—2016）。

技术条件下的有效单位劳动资本投入。当资本错配效应（$1+\tau_{Ki}$）大于劳动力错配效应（$1+\tau_{Li}$）时，经济总量会显著下降，并进一步引起产业间技术错配，本章理论分析与季书涵等（2017）实证研究结论一致。同时，当经济体处于均衡时，长期均衡增长路径也会受到要素错配的影响，会拉低平衡增长路径，抵消规模正效应，提高要素投入成本。关于要素错配的相关文献较多，此处不再赘述。

从宏观经济学分析范式出发，能够了解要素错配引起的微观机理，但由于其并未考虑空间因素，无法提供要素与产品流动对要素错配的改善机制，更无法回答"哪里生产最优，哪里消费最优"等现实要素配置问题。同时，从图2-3和图2-4可知，要素结构对产值贡献的可决系数并不高，这表明存在影响工业产出的其他因素。因此，理论分析框架的构建需要进一步引入空间维度，并考虑产业异质性和要素、产品流动性等其他影响因素。

表2-1　　不同产业层次下的工业产值与要素投入结构关系
（2015年）：对数关系

解释变量及统计检验量	两位数产业 $\ln(Y_2)$	三位数产业 $\ln(Y_3)$	四位数产业 $\ln(Y_4)$	规模以上工业企业（大、中、小）$\ln(Y)$
$\ln(k)$	0.646** (1.94)	1.553*** (3.97)	0.745*** (2.46)	0.890*** (3.58)
常数项 C	-0.103** (-2.01)	-1.575*** (-5.92)	-3.718*** (-16.62)	-2.951*** (-16.50)
N	39	186	545	737
相关系数	0.1519	0.2812*	0.1050*	0.1310*
调整后 R^2	0.0033	0.0740	0.0231	0.0158

注：①括号中的数值为 t 检验结果；* $p<0.1$，** $p<0.05$，*** $p<0.01$ 分别表示在10%、5%和1%的水平下通过了显著性检验。② $k=K/L$。

三　理论框架Ⅱ：空间经济学分析范式

考虑要素与产品流动时，本章采用空间经济学的分析范式来进一步解构要素消费、产业结构、规模效应对经济增长的作用机理。

（一）基本概念

集聚是较为微观空间尺度的城市经济活动，尽管关于集聚经济的研究成果汗牛充栋，但鲜有研究整体考虑产业匹配、要素集聚和集聚规模对城市经济增长的作用机理。

在影响城市经济增长的因素中，产业内要素结构与配置效率、技术进步、产业关联属于内生性因素，而要素集聚、市场潜能等规模效应、城市化、贸易水平以及政策制度因素则都属于外生性因素。为简化影响因素分类，本章使用的"集聚规模"一词来代指市场规模或市场潜力、城市规模与企业规模等规模特征。为清楚界定各种影响因素，受 Venables（2011）和 Behrens 等（2014）对城市选择机制的启发，本章采用"产业匹配"这一概念来概括产业对要素结构、市场需求以及城市空间的选择偏好，这种选择行为由微观的企业行为主导，并在空间上体现为产业集聚。产业匹配包含了产业结构、产业关联与地理空间三个概念范畴。

城市中产业结构由城市空间范围内的制造业、服务业等不同产业构成。从要素使用上来看，产业关联通常体现为投入产出关联、技术关联（知识外溢）（陈国亮、陈建军，2012），但这两种关联并没有区分到底是产业内关联还是产业间关联。投入产出关联既包括产业内的前后向关联产业（Venables，1996）[1]，也包括产业间的横向联系[2]，如生产性服务业与制造业的协同集聚。除此之外，受益于集聚经济的产业内的 MAR 外部性和产业多样性的 Jacobs 外部性，技术关联描述了知识外溢引起的使用类似技术的产业集聚（陈国亮、陈建军，2012；Guo，He，2015；刘鑫、贺灿飞，2016）。严格来讲，本章认为产业关联性总体体现在三个方面，即投入产出的纵向关联、横向关联与技术关联。由此来看，产业匹配中的产业结构与关联性内生地决定了城市经济增长，再结合要素空间分布的异质性与规模经济外部性，便可以完整地构建城市经济增长的微观基础。

已有研究表明内生性与外生性因素是交互影响的（柯善咨、赵曜，2014；于斌斌，2015），单独研究产业结构优化或市场规模效应等某一具体因素可能无法全面反映城市经济趋异的本质，同时也未系统考虑产业匹配、要素结构与集聚规模对城市经济增长的作用机制，从而无法准确明晰城市发展与产业选择、产业结构转型升级的关系。

---

[1] 例如煤炭业与矿山机械制造与维修业（前向联系）、火力发电业与煤炭化工业（后向联系）（陈栋生，2013），本书称这种产业链上不同产品的关联为投入产出纵向关联。

[2] 例如高端制造业与科学研究及信息技术服务业的技术关联、交通运输与商务服务业的关联，本章称这种不同产业、异质性产品共同产出的产业间关联类别为投入产出横向关联。

基于此，本章尝试构建考虑产业匹配、要素结构和集聚规模的城市经济增长理论模型，解构三种因素对城市经济增长的作用机制，并以此作为经验研究的理论基础。

(二)"匹配效应"与城市经济增长

不同城市的产业优势可能不同，本书对城市服务业特征和工业特征分别进行了界定（城市工业类型特征 C_i 定义为城市采矿业就业人数/制造业就业人数；城市服务业类型特征 C_s 定义为生产性服务业就业人数/消费性服务业就业和公共基础性服务业就业之和），$C_i>1$ 则表明城市工业类型属于采矿业；$0<C_i<1$ 则表明城市工业类型属于制造业；$C_s>1$ 则表明城市服务业以生产性服务业为主导；$0<C_s<1$ 则表明在城市服务业中生产性服务业不占优势，如图 2-5 所示，不同城市产业主导类型不一样，并由此形成了不同类型的经济增长模式。因此，研究城市经济增长需区分城市中不同产业的空间集聚特征。

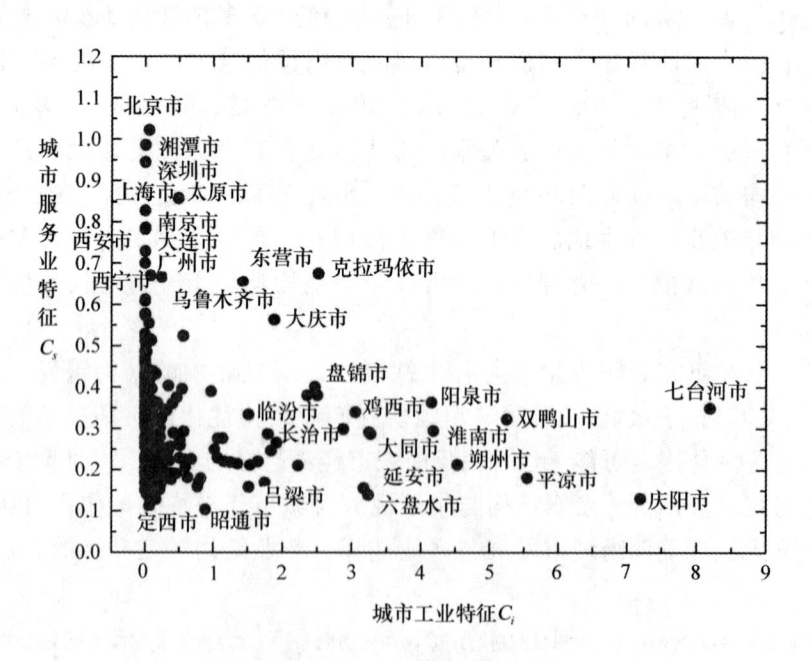

图 2-5 不同城市的工业与服务业水平（2015 年）

数据来源：《中国城市统计年鉴 2016》。

生产性服务业对制造业具有协同集聚机制（柯善咨、赵曜，2014），但地区的产业结构并非单一的"两产业"，而是存在主导产业、关联产业和基础产业之分（陈栋生，2013），各类产业对要素集聚的弹性不一致。为更好地界定城市产业与要素结构，本章借鉴陈栋生（2013）对城市产业的分类方法，将城市产业划分为主导产业、关联产业以及基础产业①，考虑产业关联的集聚作用（Venables，1996），引入产品和要素的流动性，力图构建反映真实世界的模型框架。

假定经济体中存在两个区域或城市（$c=r,s$）和三个产业类别（$k=d,m,b$），每个城市中存在主导产业（d）、关联产业（m）和基础产业（b）。假设前两者都为垄断竞争产业，规模收益递增（Icreasing return scale，IRS），并提供差异化产品，主导产业主要提供城市最终产品，关联产业为主导产业提供中间产品和服务；在完全竞争下基础产业提供规模收益不变（Constant return scale，CRS）的同质产品，基础产业可看作城市基础设施、科研教育、生活服务等产业。同时考虑城市间的产品贸易，主导产业的制成品为消费品，可以跨区贸易，而中间产品、基础产业仅在本地消费。经济体中允许存在产业对要素配置偏好的差异性，并假定技术短期不变。本书假设城市主导产业使用资本（K）、劳动力（L）及关联产业提供的中间品，关联产业都使用 K 和 L 来生产中间产品。同时假设同一城市内劳动力成本与资本回报率相同，因此，城市经济总量来源于主导产业和关联产业的产业增加值，基础产业仅影响消费者的流动偏好。

为简化分析，参考 Takatsuka 和 Zeng（2012）对要素配置结构的假设，假设经济体中城市 r 的对基础产业的要素分配满足式（2-27），则城市 s 或其余城市的要素比例份额为 $1-\lambda_r^b$。

---

① 主导产业是指具有地区比较优势的产业，一般为工业品输出；关联产业则指为主导产业的上下游环节提供中间产品及一般消费品的产业，如运输业、零售业、金融业和生产性科研等；基础产业主要指城市基础设施（电力、热力、燃气及水生产和供应业与水利、环境与公共设施管理、交通运输）、科研教育、卫生与社会工作、公共管理、社会保障组织等产业，基础产业产品主要供本地消费。产业分类参见《国民经济行业分类（GB/T 4754—2011）》；生产性服务业分类来源于国家统计局公布的《生产性服务业分类（2015）》。

$$\lambda_k^b = \frac{L_k^b}{L_k^b + L_k^m + L_k^d} = \frac{K_k^b}{K_k^b + K_k^m + K_k^d} \quad k = r, s \quad (2-27)$$

假设城市为单中心线性城市结构（Alonso, 1964），每个居住在 x 的劳动力拥有单位 1 土地，并提供单位时间的劳动，劳动力单位距离通勤成本为 $2\theta_c$，距离城市中心 CBD 距离 x 的劳动力供给 $s(x)$ 为：

$$s(x) = 1 - 2\theta |x| \quad x \in [-N_c/2, N_c/2] \quad (2-28)$$

则城市 r 的有效劳动力供给为：

$$L_c = \int_{-N_c/2}^{N_c/2} s(x) dx = N_c - \theta_c N_c^2 / 2 \quad c = r, s \quad (2-29)$$

假定不同城市的消费者偏好相同，均消费本城市与其他城市主导产业的制成品，以及本地基础产业产品，参考 Amiti（2005）对消费者的效用函数定义：

$$U_r = (C_r^d)^\mu (C_r^b)^{1-\mu} \quad (2-30)$$

假设主导产业产品间具有不变替代弹性（CES）（Dixit, Stiglitz, 1977），$\sigma_d > 1$，则：

$$C_r^d = \left\{ \sum_{i=1}^{N_r^d} [C_{rr}^d(i)]^{\frac{\sigma_d-1}{\sigma_d}} + \sum_{i=1}^{N_s^d} \left[\frac{C_{rs}^d(i)}{\tau_d}\right]^{\frac{\sigma_d-1}{\sigma_d}} \right\}^{\frac{\sigma_d}{\sigma_d-1}} \quad (2-31)$$

其中，C_r^d 为城市 r 的最终制成品的消费量；C_r^a 为城市 r 的基础产业品的消费量；μ 为消费者对最终制成品的消费份额；C_{rr}^d 为城市 r 消费本城市生产的最终制成品；C_{rs}^d 为城市 r 消费城市 s 生产的最终制成品；τ 为城市 r 与城市 s 之间制成品的运输冰山成本（$\tau>1$），本书仍采用 Samuelson（1952）形式，当 $\tau=1$ 时，运输成本为 0；当 $\tau=\infty$ 时，则城市间不存在产品贸易。σ_d 为主导产业最终产品的替代弹性。

以城市 r 为例，消费者面临预算约束为：

$$\sum_{i=1}^{N_r^d} p_r^d C_{rr}^d(i) + \sum_{i=1}^{N_s^d} p_s^d C_{rs}^d(i) + P^a C_r^a = Y_r \quad (2-32)$$

当对最大消费效用进行求解，可知城市 r 的最终产品消费量为：

$$C_r^d(i) = C_{rr}^d(i) + C_{rs}^d(i) = \mu Y_r (G_r^d)^{\sigma_d-1} [(p_r^d)^{-\sigma_d} + (p_s^d)^{-\sigma_d} \tau_d^{1-\sigma_d}]$$

$$(2-33)$$

其中，城市 r 对最终制成品的消费需求分别为：

$$C_{rr}^d(i) = \frac{[p_r^d(i)]^{-\sigma_d}}{(G_r^d)^{1-\sigma_d}} \mu Y_r \quad C_{rs}^d(i) = \frac{[\tau_d p_s^d]^{-\sigma_d}}{(G_r^d)^{1-\sigma_d}} \tau_d \mu Y_r \quad (2-34)$$

则可以进一步知道最终产品 d 和基础产业产品的需求量为：

$$X_r^d(i) = \mu [p_r^d(i)]^{-\sigma_d} [(G_r^d)^{\sigma_d-1} Y_r + (G_s^d)^{\sigma_d-1} \tau_d^{1-\sigma_d} Y_s]$$
$$(2-35)$$

$$X_r^b = (1-\mu) Y_r / P_r^b \quad (2-36)$$

其中，Y_r 为城市 r 中消费者的收入水平；p_r^d、p_s^d 分别为城市 r 和城市 s 中主导产业 d 的最终产品价格；G_r^d 为城市 r 的主导产业最终制成品的价格指数。

$$G_r^d = \left\{ \sum_{i=1}^{N_r^d} p_r^d(i)^{1-\sigma_d} + \sum_{i=1}^{N_s^d} [p_s^d(i) \tau_d]^{1-\sigma_d} \right\}^{\frac{1}{1-\sigma_d}} \quad (2-37)$$

假设不考虑储蓄，城市 r 中收入 Y_r 主要为劳动力工资成本和资本费用，当短期均衡时净贸易量和净利润为零，则 $Y_r = w_r L_r + r_r K_r$。同时假设短期均衡中劳动力与资本不存在跨区流动，参考 Venables (1996)，城市主导产业中的企业 i 的生产函数为：

$$Y_k^d(i) = [K_k^d(i)]^{\alpha_d} [L_k^d(i)]^{1-\alpha_d-\eta} (C_k^m)^\eta \quad k = r, s \quad (2-38)$$

中间产品需求量为：

$$C_k^m = \left\{ \sum_{i=1}^{N_k^m} [c_k^m(i)]^{\frac{\sigma_m-1}{\sigma_m}} \right\}^{\frac{\sigma_m}{\sigma_m-1}} \quad k = r, s \quad (2-39)$$

城市中关联产业的生产函数为：

$$Y_k^m(i) = [K_k^m(i)]^{\alpha_m} [L_k^m(i)]^{1-\alpha_m} \quad k = r, s \quad (2-40)$$

而相应的基础产业生产函数为：

$$Y_k^b(i) = [K_k^b(i)]^{\alpha_b} [L_k^b(i)]^{1-\alpha_b} \quad k = r, s \quad (2-41)$$

其中，α_d、$1-\alpha_d-\eta$、η 分别为城市经济体中主导产业中资本、劳动力、中间产品的投入量（$\eta>0$），关联产业、基础产业的指标含义类似，采取了不同上标区分；同时考虑劳动力城市内生产组织联系的边际成本 φ^d（Amiti，2005）[1]，其影响了主导产业产品生产成本，主导产业成本函数包括了对资本、高技能劳动力的固定投入以及对标

---

[1] φ 值可以理解为在城市内劳动力移动、通信联系、产业间联系的生产组织成本。

准化生产的低技能劳动力投入，则对于城市 r 而言，主导产业的成本函数为：

$$TC_r^d = w_r(i)^{1-\alpha_d-\eta}r_r(i)^{\alpha_d}(G_r^m)^\eta[f^d + \beta^d\varphi_r^d X_r^d(i)] \quad (2-42)$$

关联产业的成本函数为：

$$TC_r^m = w_r(i)^{1-\alpha_m}r_r(i)^{\alpha_m}[f^m + \beta^m X_r^m(i)] \quad (2-43)$$

基础产业成本函数为：

$$TC_r^b = w_r(i)^{1-\alpha_b}r_r(i)^{\alpha_b}[f^b + \beta^b X_r^b(i)] \quad (2-44)$$

其中，f^i ($i=d, m, b$) 为不同产业的固定成本；β^i ($i=d, m, b$) 为生产中可变成本。

在短期均衡中，通过零利润条件可以求得企业 i 在城市 r 的主导产业最终制成品价格、关联产业中间产品价格、基础产业产品价格，其分别为：

$$p_r^d(i) = \frac{\sigma_d}{\sigma_d-1}\beta^d\varphi_r w_r(i)^{1-\alpha_d-\eta}r_r(i)^{\alpha_d}(G_r^m)^\eta \quad (2-45)$$

在主导产业中用于关联产业中间产品的消费为：

$$E_r^m = \eta N_r^d p_r^d X_r^d \quad (2-46)$$

式中对关联产业中间产品的需求为：

$$x_r^m(i) = \frac{[p_r^m(i)]^{-\sigma_m}}{(G_r^m)^{1-\sigma_m}}\eta N_r^d p_r^d X_r^d \quad (2-47)$$

$$p_r^m(i) = \frac{\sigma_m\beta^m}{\sigma_m-1}w_r(i)^{1-\alpha_m}r_r(i)^{\alpha_m} \quad (2-48)$$

$$p_r^b(i) = w_r(i)^{1-\alpha_b}r_r(i)^{\alpha_b} \quad (2-49)$$

其中，w_i、r_i 分别为劳动力工资、资本价格；城市 r 中间产品价格指数 G_r^m 为：

$$G_r^m = \left[\sum_{i=1}^{N_r^m}p_r^m(i)^{1-\sigma_m}\right]^{\frac{1}{1-\sigma_m}} = \frac{\sigma_m\beta^m}{\sigma_m-1}w_r^{1-\alpha_m}r_r^{\alpha_m}(N_r^m)^{\frac{1}{1-\sigma_m}}$$

$$(2-50)$$

决定企业生产的短期均衡为：

$$Y_r^d(i) = \frac{(\sigma_d-1)f^d}{\beta^d\varphi_r} \quad Y_r^m(i) = \frac{(\sigma_m-1)f^m}{\beta^m} \quad (2-51)$$

城市 r 中的要素市场出清条件为：

$$L_r = L_r^d + L_r^m + L_r^b \qquad (2-52)$$

$$K_r = K_r^d + K_r^m + K_r^b \qquad (2-53)$$

当短期均衡时，要素成本等于相应产业的支付成本，对劳动力市场而言：

$$w_r L_r^d = (1 - \alpha_d - \eta) N_r^d TC_r^d \qquad (2-54)$$

$$w_r L_r^m = (1 - \alpha_m) N_r^m p_r^m X_r^m = (1 - \alpha_m) \eta N_r^d TC_r^d \qquad (2-55)$$

$$\frac{L_r^m}{L_r^d + L_r^m} = \frac{(1 - \alpha_m)\eta}{1 - \alpha_d - \eta\alpha_m} \qquad (2-56)$$

则主导产业与关联产业的劳动力配置为：

$$L_r^d = \frac{(1 - \lambda_r^b)(1 - \alpha_d - \eta)}{1 - \alpha_d - \eta\alpha_m} L_r$$

$$L_r^m = \frac{(1 - \lambda_r^b)(1 - \alpha_m)\eta}{1 - \alpha_d - \eta\alpha_m} L_r \qquad L_r^b = \lambda_r^b L_r \qquad (2-57)$$

对资本市场而言，同理可以得到：

$$\frac{K_r^m}{K_r^d + K_r^m} = \frac{\alpha_m \eta}{\alpha_m \eta + \alpha_d} \qquad (2-58)$$

$$K_r^m = \frac{(1 - \lambda_r^b)\alpha_m \eta}{\alpha_m \eta + \alpha_d} K_r \qquad K_r^d = \frac{(1 - \lambda_r^b)\alpha_d}{\alpha_m \eta + \alpha_d} K_r \qquad K_r^b = \lambda_r^b K_r$$

$$(2-59)$$

为简化表示，设 δ_r^m 为关联产业的成本参数：

$$\delta_r^m = \frac{\eta(1 - \lambda_r^b)}{\sigma_m f^m (1 - \alpha_d - \eta\alpha_m)} \qquad (2-60)$$

则可得到短期均衡条件下的本地关联产业中企业规模为：

$$N_r^m = \frac{\eta(1 - \lambda_r^b)}{\sigma_m f^m (1 - \alpha_d - \eta\alpha_m)} \left(\frac{w_r}{r_r}\right)^{\alpha_m} L_r = \delta_r^m \left(\frac{w_r}{r_r}\right)^{\alpha_m} L_r \qquad (2-61)$$

主导产业与关联产业的就业人口、资本之间的关系为：

$$\frac{L_r^d}{L_r^m} = \frac{1 - \alpha_d - \eta}{(1 - \alpha_m)\eta} \qquad \frac{K_r^d}{K_r^m} = \frac{\alpha_d}{\alpha_m \eta} \qquad (2-62)$$

为简化表示，根据单位归一化条件（Krugman, 1991），则产业固定成本满足：

$$\beta^k = (\sigma_k - 1)/\sigma_k \qquad k = r, s \qquad (2-63)$$

则中间产业价格指数为：

$$G_r^m = \frac{\sigma_m \beta^m}{\sigma_m - 1} (\delta_r^m)^{\frac{1}{1-\sigma_m}} w_r^{1+\frac{\alpha_m \sigma_m}{1-\sigma_m}} r_r^{-\frac{\alpha_m \sigma_m}{1-\sigma_m}} (L_r)^{\frac{1}{1-\sigma_m}} \qquad (2-64)$$

相应主导产业价格为：

$$p_r^d(i) = \varphi_r (\delta_r^m)^{\frac{\eta}{1-\sigma_m}} (L_r)^{\frac{\eta}{1-\sigma_m}} w_r(i)^{1-\alpha_d + \frac{\eta \alpha_m \sigma_m}{1-\sigma_m}} r_r(i)^{\alpha_d - \frac{\eta \alpha_m \sigma_m}{1-\sigma_m}}$$

$$(2-65)$$

则可以求出城市主导产业销售额 S_r^d 为：

$$S_r^d = \frac{\mu N_r^d [(G_r^d)^{\sigma_d - 1} Y_r + (G_s^d)^{\sigma_d - 1} \tau_d^{1-\sigma_d} Y_s]}{[\varphi_r (\delta_r^m)^{\frac{\eta}{1-\sigma_m}} (L_r)^{\frac{\eta}{1-\sigma_m}} w_r^{1-\alpha_d + \frac{\eta \alpha_m \sigma_m}{1-\sigma_m}} r_r^{\alpha_d - \frac{\eta \alpha_m \sigma_m}{1-\sigma_m}}]^{\sigma_d - 1}} \qquad (2-66)$$

城市 r 经济总量为主导产业、关联产业增加值，其都包含在主导产业的销售额 S_r^d 中，故城市 r 的经济总量 E_r 可用该城市的主导产业销售额来表示。短期均衡时城市主导产业企业规模也可用要素成本 w 和 r 来表示，因此从城市经济总量的影响因素本质来看，城市经济总量受到要素配置结构、城市规模、产业关联性、城市经济拥挤成本、市场规模等主要因素的影响，其中要素成本与城市经济拥挤成本提高了生产价格成本；城市规模、产业关联性共同提高了价格指数效应（Krugman，1991）。需要注意的是，要素配置结构采用了劳动力与资本的成本来表示；另外产业关联性 η 均不同程度地影响了要素配置结构、企业规模和主导产业最终产品与中间产品的价格指数，并与城市经济总量的关系呈现了复杂的非线性关系。城市规模通过就业劳动力配置与产业关联性耦合影响了经济总量。市场规模与企业规模也正向增加了城市经济总量。

短期均衡时产业成本来源于城市收入在该类产业产品的消费，产业总成本近似可用城市总收入在不同要素消费的加总来表示。以劳动力市场为例，主导产业、关联产业和基础产业的劳动力要素使用比例可为：

$$\frac{L_r^d}{L_r^m} = \frac{1 - \alpha_d - \eta}{(1 - \alpha_m)\eta} \quad \frac{L_r^d}{L_r^b} = \frac{(1 - \alpha_d - \eta)\mu}{\alpha_b(1 - \mu)} \qquad (2-67)$$

同时，可以求出城市基础产业的要素份额，这也进一步验证了本书对不同城市基础产业要素份额的假设，基本产业要素份额与城市细分产业要素使用结构和居民消费偏好有关，如式（2-68）所示。

$$\lambda_r^b = \frac{\alpha_b(1-\mu)}{\alpha_b(1-\mu) + \mu\eta(1-\alpha_m) + (1-\alpha_d-\eta)\mu} \quad (2-68)$$

设 $k_r = K_r/L_r$ 为单位劳动力资本，考虑短期均衡中不同产业企业利润最大化，要素成本与要素配置之间存在如下关系，χ^d 为主导产业成本函数的相关系数，短期均衡时为常数。

$$k_r = \frac{K_r}{L_r} = \chi^d \frac{w_r}{r_r} \quad (2-69)$$

为了进一步衡量城市经济增长差异，采用 Venables（1996）的方法，采用城市 r 和城市 s 的相对产出水平 $v^d = S_r^d/S_s^d$ 来反映城市经济增长差异：

$$v^d = n^d (\delta^d)^{\frac{\eta(1-\sigma_d)}{1-\sigma_m}} [(\rho_k)^{-\sigma_d + \frac{\eta\alpha_m\sigma_m}{1-\sigma_m}}(\rho_w)]^{1-\sigma_d}$$

$$(\gamma^d)^{1-\sigma_d} \left(\frac{N_r - \frac{1}{2}\theta_r N_r^2}{N_s - \frac{1}{2}\theta_s N_s^2} \right)^{\frac{\eta(1-\sigma_d)}{1-\sigma_m}} \frac{\varphi^d + \tau_d^{1-\sigma_d}}{1 + \tau_d^{1-\sigma_d}\varphi^d} \quad (2-70)$$

从相对城市经济总量 v^d 可知，产业匹配、要素结构和集聚规模三种因素均不同程度影响了城市经济增长，具体又体现在产业规模、产业要素结构、城市规模与市场规模四个方面。

当 $v^d > 1$ 时，则城市 r 的经济总量较高，反之则相反。其中，n^d 为相对主导产业的企业数目，衡量了城市主导产业的相对产业集聚情况；δ^d 为城市非基础产业的要素份额比值，ρ_k 为单位劳动力资本比值，ρ_w 为劳动力工资比值，γ^d 为城市内生产组织或联系成本，ξ 为城市规模比值，ϕ^d 为城市 r 的相对市场规模，具体参数表示为：

$$n^d = \frac{N_r^d}{N_s^d} \quad \delta^d = \frac{1-\lambda_r^b}{1-\lambda_s^b} \quad \rho_k = \frac{k_r}{k_s} \quad \rho_w = \frac{w_r}{w_s} \quad \gamma^d = \frac{\varphi_r^d}{\varphi_s^d}$$
$$(2-71)$$

$$\xi = \frac{N_r - \theta_r N_r^2/2}{N_s - \theta_s N_s^2/2} \quad \varphi^d = \frac{(G_r^d)^{\sigma_d-1} Y_r}{(G_s^d)^{\sigma_d-1} Y_s} \quad (2-72)$$

（三）匹配机制的作用机理 I：要素结构与产业关联

当生产技术短期不变时，要素成本结构不变，即 α_d、α_m、η 和 σ_m 不

变，要素结构因素中包含了两个因素，其一是城市中非基础产业的要素占比，其二是城市产业内要素配置结构。城市主导产业要素投入增加对城市的经济总量具有正效应，但受到城市劳动力要素成本的负面影响。

$$\frac{\partial v^d}{\partial \delta^d} = [+] \underbrace{\frac{\eta(1-\sigma_d)}{1-\sigma_m}}_{>0} (\delta^d)^{\frac{\eta(\sigma_d-1)}{1-\sigma_m}-1} > 0 \qquad \frac{\partial v^d}{\partial \rho_w} = [+](1-\sigma_d) < 0 \text{①}$$

(2-73)

从要素配置结构 ρ_k 和产业关联性 η 来看，产业关联性对城市内要素配置结构存在倒"U"形的阀值效应。当产业关联性 $\eta < \sigma_d(1-\sigma_m)/\sigma_m\alpha_m$，本城市的经济总量才与要素投入成正比。当产业关联性过高时，例如过多关联产业的存在，造成资源配置分散，反而降低了要素配置对城市经济总产出的贡献。当城市规模等其他条件不变时，考虑产业关联性与要素配置结构对城市经济差异的影响，如图2-6所示，参数分析发现，当城市 r 的要素配置结构以劳动力为主时，即城市 r 的单位劳动力资本小于其他城市时，城市 r 的经济优势随产业关

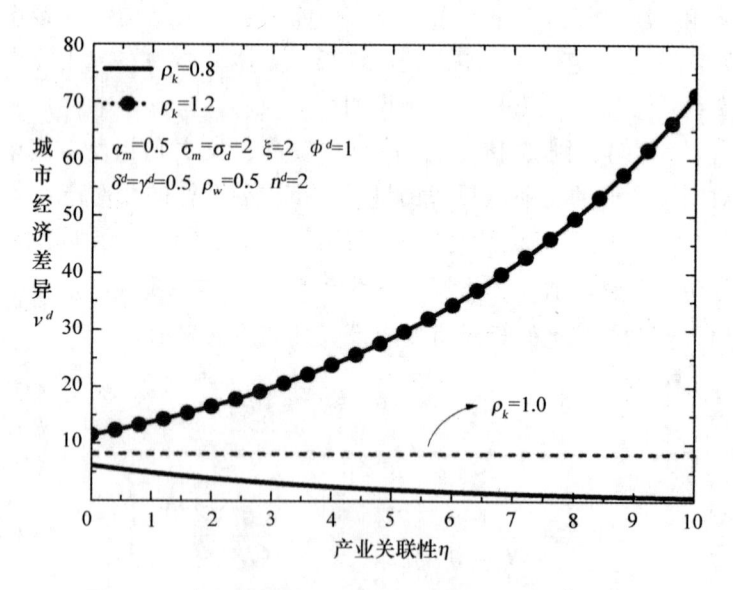

图2-6 产业关联性 η、要素结构 ρ_k 对城市 v^d 的影响

---

① [+] 为正数的常数项符号式。

联性 η 增加而降低；当城市 r 的要素配置结构以资本为主时，即城市 r 的单位劳动力资本大于其他城市时，城市 r 的相对经济总量与产业关联性 η 呈正相关关系，由此可见，产业关联性与城市要素配置结构存在相对最优的临界值，当超过此临界值，要素配置结构对城市经济增长的作用机制可能发生逆转。

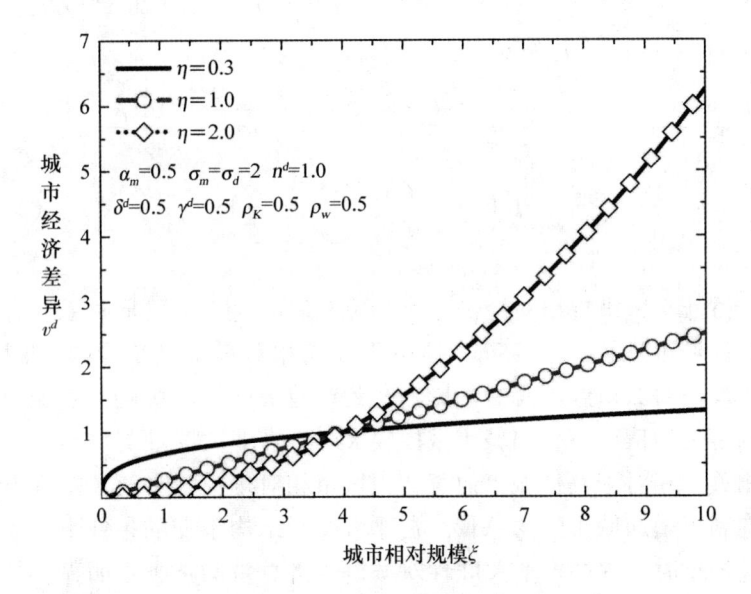

图 2-7 产业关联性 η、城市相对规模 ξ 对城市 v^d 的影响

为进一步验证，提出本书的假说 I：对于城市经济增长，城市要素结构与产业关联性存在最优匹配关系。

$$\frac{\partial}{\partial} \frac{v^d}{\rho_k} = [\,+\,]\underbrace{(1-\sigma_d)}_{<0}\left(-\sigma_d + \frac{\eta\alpha_m\sigma_m}{1-\sigma_m}\right) =$$

$$\begin{cases} <0 & \eta > \sigma_d(1-\sigma_m)/\alpha_m\sigma_m \\ >0 & \eta < \sigma_d(1-\sigma_m)/\alpha_m\sigma_m \end{cases} \quad (2-74)$$

（四）匹配机制的作用机理 II：城市规模与产业结构

城市规模对经济总量的贡献存在倒"U"形关系，存在相对最优城市规模 $N_r = 1/\theta_r$，城市规模对经济的正向效应也受到产业关联性的影响（柯善咨、赵曜，2014）。由于产业关联性 η 同时与城市规模、城市要素结构相互耦合，利用相对城市经济总量 v^d 对产业关联性求导发现，当增加城市规模和城市非基础产业要素投入时，能够提高产业关联性的正向效用，但还受到要素结构配置的影响，当城市中人均资本存量较大时，产业关联性正向效应增强；反之城市人均资本存量较低时，非基础产业要素投入与城市规模的产业关联正向效应将被削弱，如式（2-75）所示。

$$\frac{\partial \ln v^d}{\partial \eta} = \underbrace{\frac{1-\sigma_d}{1-\sigma_m}}_{>0} \underbrace{\ln(\delta^d)}_{<0 \text{和} >0} + \underbrace{\frac{(1-\sigma_d)\alpha_m \sigma_m}{1-\sigma_m}}_{>0} \underbrace{\ln(\rho_k)}_{<0 \text{和} >0} +$$

$$\ln\left(\frac{N_r - \theta_r N_r^2/2}{N_s - \theta_s N_s^2/2}\right) \underbrace{\frac{1-\sigma_d}{1-\sigma_m}}_{\substack{\text{若} N_r < N_s \\ <0; \text{若} N_r > N_s > 0}} \quad (2-75)$$

另外，城市规模对经济总量的贡献存在倒"U"形关系，存在相对最优城市规模 $N_r = 1/\theta_r$，但由于存在相对最优城市规模"阈值"，城市规模对城市经济总量的影响受到产业关联性的影响。在城市要素结构不变的情况下，当城市规模较大时，产业关联性与城市经济总量正相关；相对于其他城市而言，当城市相对规模增大时，提高产业关联性利于增加城市经济总量。在要素配置结构不变的条件下，当城市规模较小时，提高产业关联性对城市经济总量的贡献不明显，甚至起到反作用，这与柯善咨和赵曜（2014）对城市规模和产业关联的研究结果相同，但其没有考虑要素结构还存在匹配特性，如图2-7所示。可以看出存在相对最优城市规模，城市规模、非基础产业要素投入、城市人均资本存量增加都利于提高产业关联性对经济增长的正向效应。

由此，本书提出假设Ⅱ，城市经济增长也受到城市规模与产业关联匹配关系的影响，存在相对最优城市规模。

$$\frac{\partial v^d}{\partial N_r} = [+]\underbrace{\eta}_{>0}\underbrace{\frac{1-\sigma_d}{1-\sigma_m}}_{>0}\frac{(1-\theta_r N_r)}{[N_r(1-\theta_r N_r/2)]^{1-\frac{\eta(1-\sigma_d)}{1-\sigma_m}}} = \begin{cases} >0 & N_r < 1/\theta_r \\ <0 & N_r > 1/\theta_r \end{cases}$$

$$(2-76)$$

$$\frac{\partial v^d}{\partial \varphi_r^d} = [+]\left(\frac{\varphi_s^d}{\varphi_r^d}\right)^{\sigma_d}\frac{1-\sigma_d}{\varphi_s^d} < 0 \quad (2-77)$$

（五）匹配机制的作用机理Ⅲ：市场规模与产业选择

对市场规模 ϕ^d 求偏导，反映本地市场效应对经济总量差异的影响，如式（2-78）和图 2-8 所示，$\partial v^d/\partial \phi^d > 0$，本地市场规模扩大，利于提高本地经济总量。运输成本 τ 对经济总量差异的影响还受到本地市场规模的影响，当本地市场规模占优时（$\phi^d > 1$），运输成本对经济差异影响较大，考虑消费品市场的产品对本地经济增长影响较大；当外地市场规模占优时（$\phi^d < 1$），经济总量差异与运输成本成反比，通过市场规模与运输成本的关系发现，较小市场规模的城市不利于发展最终消费品的产业。当本地市场规模较大时，经济增长随工业制成品的运输成本增加而减小，工业生产的市场区位面向本地才具有优势，则发展相应的服务业才具有优势，形成"产品消费区"。当本地市场规模较小时，经济增长与运输成本正相关，即随运输成本增加，经济总量反而增加。因而本地市场规模较小的地区，不适宜于发展服务业，而应选择适宜本地优势的工业，形成"产品供给区"。因此，本地市场规模外生地决定了地区的产业选择方向。

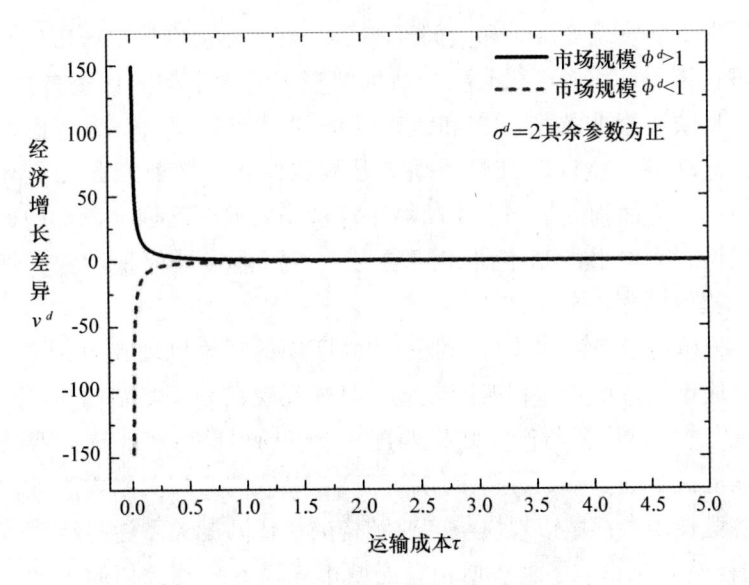

图 2-8　市场规模与产业选择的"分类效应"

因此，在此提出本书的假设Ⅲ，城市市场规模与产业选择存在匹配关系，当城市规模和市场规模都较小时，服务业等消费产业过度发展，将不利于城市经济的总体增长。另外，通过 $\partial v^d / \partial n^d > 0$ 可知，产业规模与城市经济总量正相关；城市内联系成本 φ^d 越大，该城市经济总量呈下降趋势，因为 $1 - \sigma_d < 0$，则 $\partial v^d / \partial \varphi_r^d < 0$，即城市内部联系成本（拥挤成本）增加会导致城市经济总量下降，这与一般经济常识相吻合。

$$\frac{\partial v^d}{\partial \phi^d} = [+] \overbrace{\frac{1 - (\tau_d^{1-\sigma_d})^2}{(1 + \tau_d^{1-\sigma_d}\phi^d)^2}}^{>0} > 0 \qquad (2-78)$$

$$\frac{\partial v^d}{\partial \tau_d} = [+] \underbrace{\frac{\overbrace{\tau_d^{1-\sigma_d}(1 - \sigma_d)}^{<0}}{\tau^d(1 + \tau_d^{1-\sigma_d}\phi^d)^2}}_{>0} [1 - (\phi^d)^2] = \begin{cases} > 0 & \phi^d > 1 \\ < 0 & \phi^d < 1 \end{cases}$$

$$(2-79)$$

四　本章小结

本章从宏观经济学和空间经济学的角度分别构建了城市经济增长的理论模型，前者用要素配置结构解释了要素结构"匹配效应"，但无法反映要素非均衡分布和流动性的"空间"因素；为考虑产品与要素流动等"空间"属性，后者从要素结构、产业匹配和集聚规模效应三个方面构建了一个反映城市经济增长的两区域×三部门经济增长模型，为本书的基本研究问题之一"何地发展何种产业，规模最优"提供了理论分析框架。

分析城市经济增长与产业—空间匹配的理论机理表明：第一，区域或城市经济增长存在匹配效应，具体反映在"要素结构与产业关联匹配""城市规模与产业结构匹配""市场规模与产业选择匹配"三个匹配机制上。第二，要素结构与产业关联的匹配关系内生地决定了经济增长动力；城市规模与产业结构的最优匹配关系通过城市规模的"门槛效应"影响了经济增长。当城市规模大于临界值时，产业结构及关联性与城市规模正相关，反之则负相关。第三，城市市场规模与产业选择也存在匹配关系。当城市市场规模较小时，不宜过度追求产业结构"高端化"。上述研究不仅为优化中国城市经济空间格局、完善要素匹配机制和促进经济转型升级提供了理论分析框架，而且为不同地区城市经济增长趋异提供了理论与经验解释。

第三章 中国经济与产业的空间演化及发展现状研究

在文献梳理和理论研究的基础上，本章构建了产业—空间匹配的研究框架来进一步解析经济增长与要素结构、集聚规模效应和产业结构的相互关系。在展开深入的理论研究和实证研究前，有必要系统回顾中国经济与产业—空间演化的特征及现状。

一 中国经济空间与产业发展格局的演化及现状

为更好地实现"优化经济结构"和"缩小区域差距"的目的，中国政府积极推动新型城镇化战略来实现区域协调发展，并通过产业转移进行产业—空间重塑，达到优化经济空间格局的目的。

（一）中国经济发展的空间格局

为客观地描述中国经济增长与区域差距，同时也为规避经济数据的统计误差，借鉴 Henderson 等（2012）、徐康宁等（2015）和 Donaldson、Storeygard（2016）利用全球夜间灯光数据作为代理变量来研究经济增长的思路，本书采用美国国家海洋和大气管理局提供的卫星数据[①]中的夜

[①] 目前地球观测系统提供的卫星数据主要包括 DMSP-OLS、NPP-VIIRS 和 Landsat 三种，前两者为夜间灯光数据，后者为遥感数据。（1）DMSP-OLS 是美国国防气象卫星防卫计划（Defense Meteorological Satellite Program，简称 DMSP）利用 OLS（Operational Linescan System）传感器获取的夜间灯光数据，分辨率为 1000 米，采用灰度值表示（0—63），数据时间跨度为 1992—2013 年，并以年为数据单位；（2）NPP-VIIRS 为可见光红外成像辐射仪简称（Visible Infrared Imaging Radiometer Suite），从 2012 年开始提供数据，也采用灰度值表示（年与月的灰度值范围不同），但分辨率为 500 米，以月为数据单位；（3）Landsat 为美国 NASA 陆地卫星计划，主要提供遥感数据。参见 https：//www.ngdc.noaa.gov/eog/；https：//www.nasa.gov/mission_pages/landsat/main/index.html。

间灯光数据来验证中国经济增长情况。尽管 NPP-VIIRS 辐射灯光采用广角辐射探测仪可以区分不同光源，在增进敏感度的同时还去除杂光影响，但由于其自 2012 年 4 月开始才有，时间序列较短，且灰度值单位跨度不同，不适于较长时间序列同等条件分析。另外，由于数据信息量丰富，NPP-VIIRS 的数据一般较大，对数据处理等硬件设备要求较高，同时数据仅从 2013 年开始，时间序列还不够长，因此，目前使用较多的仍是 DMSP-OLS 数据类型。

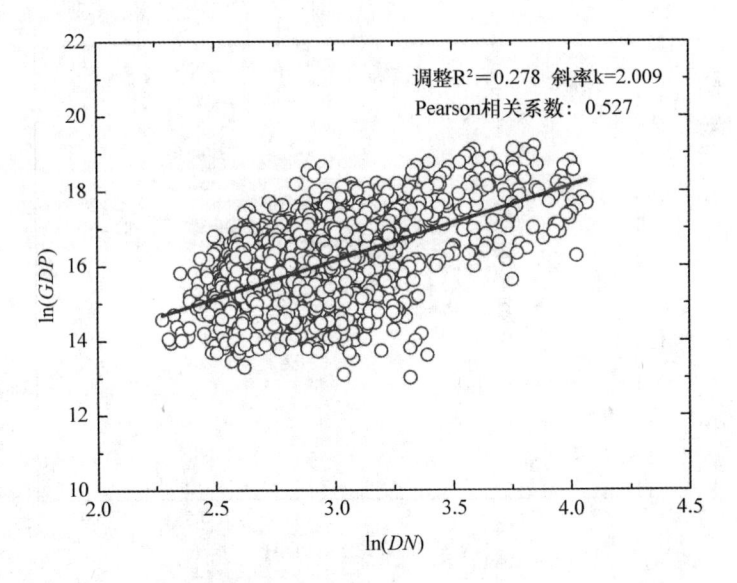

图 3-1 中国夜间灯光灰度值与 GDP 关系（2004—2013 年）
数据来源：美国国家海洋和大气管理局（NOAA）。

由于 DMSP-OLS 夜间灯光数据会受到火灾、炼油、地面灯光反射等影响，进而产生灯光过饱和的现象，需根据辐射定标、灯光源背景移除等方法来进行修正（Lowe，2014；曹子阳等，2015）。同时区域中夜间灯光数据的非连续性也需要进行矫正。为保证研究连贯性，本书以 DMSP-OLS 夜间灯光数据为例，采用 Lowe（2014）的方法对 2004—2013 年的灯光数据进行矫正，对比提取了 277 个地级市的灯光数据。

本书进行了验证，GDP 数据选取历年《中国城市年鉴》的地区经济总量，并利用历年《中国统计年鉴》分省的价格指数进行统一修正，发现无论是夜间灯光数据的灰度值（DN），还是灯光相对面积值①，与地区经济总量的相关性较高，其中回归检验显著水平很高（置信水平1%），如图3-1和图3-2所示，但DN值的相关系数大于灯光相对面积（Night light area ratio，NLAT），如表3-1所示，这与郭永德等（2016）的研究结论是一致的。因此，根据分析结果和已有研究成果，可以采用夜间灯光数据来作为地区经济总量的代理变量，进而客观反映经济的空间格局。

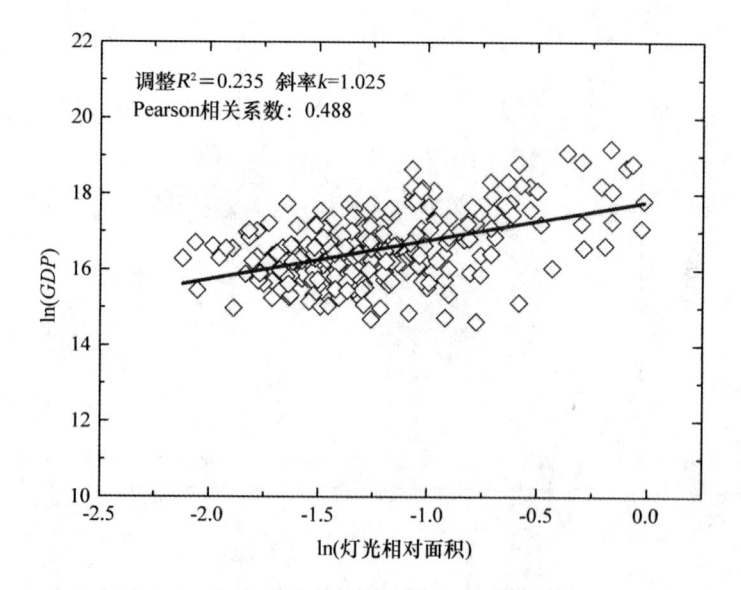

调整R^2=0.235 斜率k=1.025
Pearson相关系数：0.488

图3-2 中国夜间灯光相对面积与GDP关系（2013年）
数据来源：美国国家海洋和大气管理局（NOAA）。

表3-1 夜间灯光数据灰度值DN与经济总量GDP相关性检验

	经济总量（GDP）	灯光灰度值（DN）
灯光灰度值（DN）	0.6088*	1.000
灯光相对面积（NAR）	0.5537*	0.8647*

注：*为在1%置信水平下通过了显著性检验。

---

① 灯光相对面积值为城市内灯光DN值大于6的面积与城市行政区划面积的比值。

第三章 中国经济与产业的空间演化及发展现状研究

1. 中国整体经济空间格局

为对比 DMSP-OLS 和 NPP-VIIRS 的数据差异，本章同时列出了 2013 年和 2017 年 3 月的夜间灯光数据灰度值图，由于探测精度和灵敏度提高，NPP-VIIRS 数据较为清晰，整体上二者相差不大（见图 3-3 和图 3-4）。

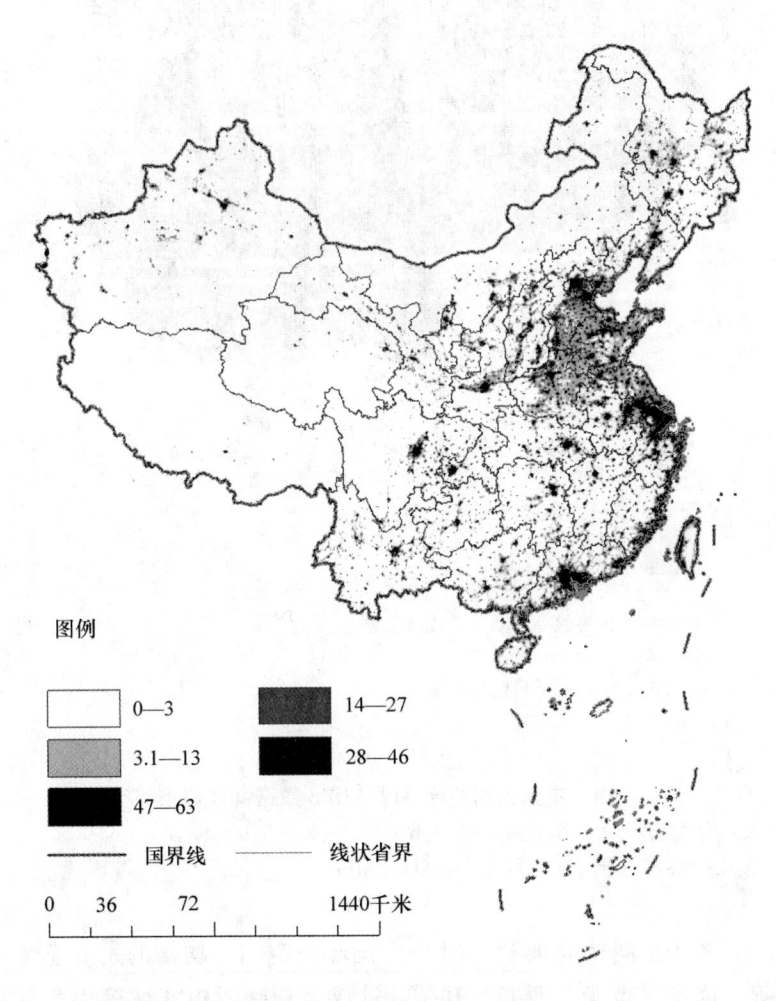

图 3-3 中国夜间灯光 DMSP-OLS 数据（2013 年）

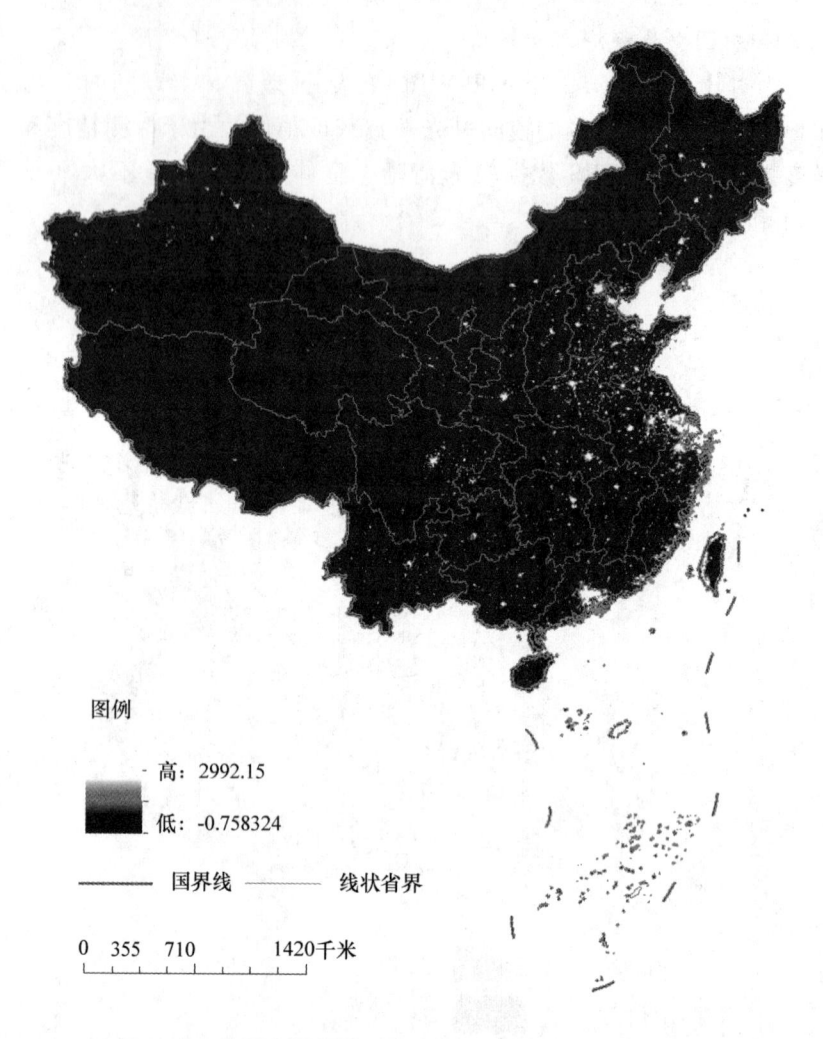

图 3-4　中国夜间灯光 NPP-VIIRS 数据（2017 年 3 月）
注：为更清楚显示，NPP-VIIRS 灯光数据图采用黑色为 DN<0 表示。
数据来源：美国国家海洋和大气管理局（NOAA）。

从经济空间格局来看：（1）中国经济空间不均衡的发展态势开始改善。成都、重庆、西安、郑州、武汉及新疆天山北坡等中西部地区增长极开始形成。（2）中国长三角、珠三角和京津冀地区的经济水平最高，灯光连续性较高，成渝地区的成都、重庆，关中地区的西安，中原地区的郑州，长江中游地区的武汉，云南的昆明，新疆的乌

第三章 中国经济与产业的空间演化及发展现状研究 / 77

鲁木齐、吐鲁番，东北的沈阳、长春和哈尔滨等地经济密度较高。(3) 河北、河南和山东等地灯光匀质程度明显高于其他地区。为进一步反映经济格局的差异性，以2008年为界，采用校准后的灯光数据灰度值相减来表示灯光新增、增强或消失、减弱，如图3-5和图3-6所示。可以看出，新疆的拜城县与库车县地区，东北地区的长春与沈阳之间、陕西西安周边和广西柳州附近区域灯光降低和消失明显，这表明这些区域经济增长速度降低，这种经济下降的趋势从2008年以来尤为明显（见图3-5和图3-6的黑色图例）。

图3-5 中国夜间灯光变化（2003—2008年）
数据来源：美国国家海洋和大气管理局：夜间灯光数据DMSP-OLS。

78 / 从集聚到均衡：中国经济增长的产业与空间匹配机制研究

图例
■ 灯光亮度增强或新增
■ 灯光减弱或消失灯光
—— 国界线   —— 线状省界
0   360   720   1440千米

图 3-6　中国夜间灯光变化（2008—2013 年）
数据来源：美国国家海洋和大气管理局：夜间灯光数据 DMSP-OLS。

2. 部分重点区域的经济空间格局

我们选取部分中国重点区域的城市群（京津冀城市群、长三角城市群、珠三角城市群、成渝城市群、中原城市群）来进一步从城市群维度解释经济空间的发展格局，如图 3-7 至图 3-12 所示，稳定灯光的统计指标如表 3-2 所示。

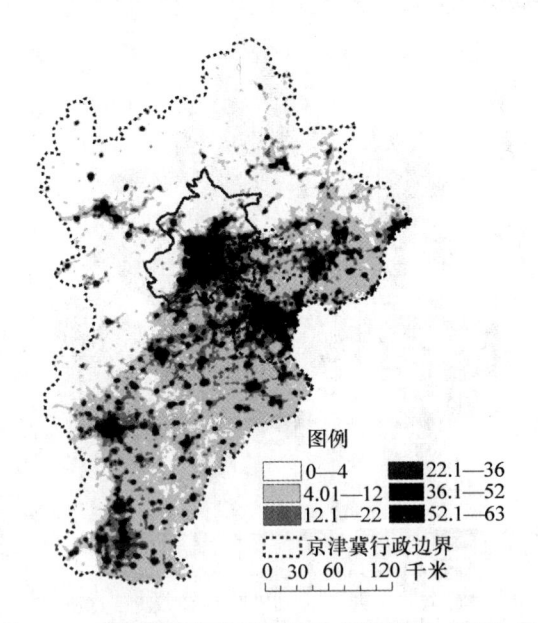

第三章 中国经济与产业的空间演化及发展现状研究 / 79

图3-7 京津冀夜间灯光 DMSP-OLS 数据（2013年）

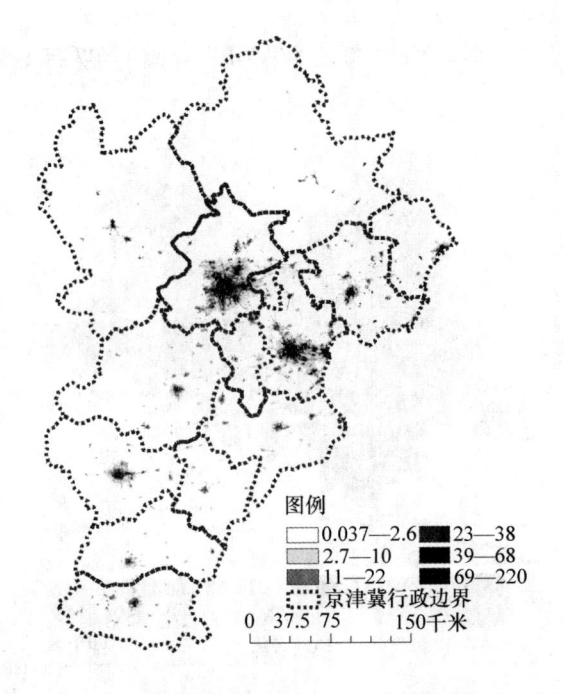

图3-8 京津冀夜间灯光 NPP-VIIRS 数据（2017年）

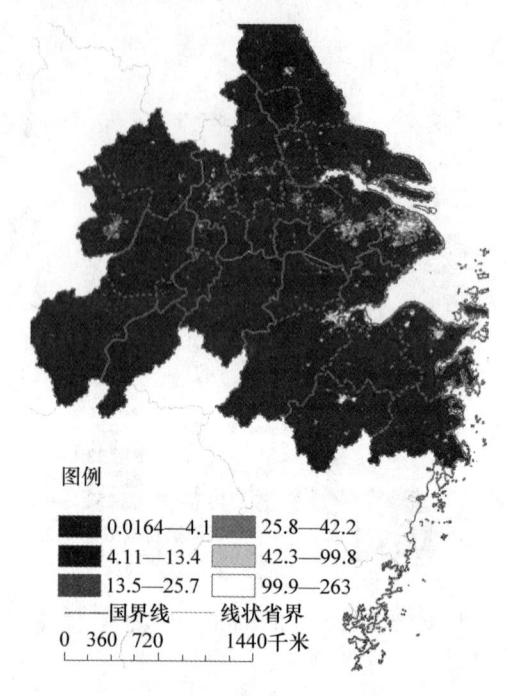

80 / 从集聚到均衡：中国经济增长的产业与空间匹配机制研究

图3-9 长三角夜间灯光 NPP-VIIRS 数据（2017年3月）

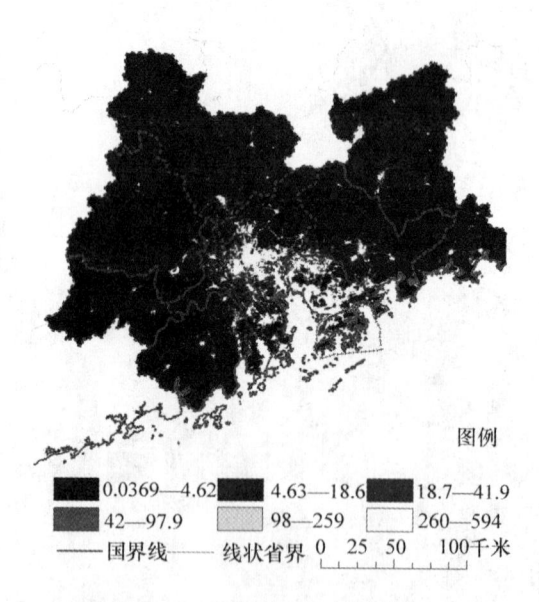

图3-10 珠三角夜间灯光 NPP-VIIRS 数据（2017年3月）

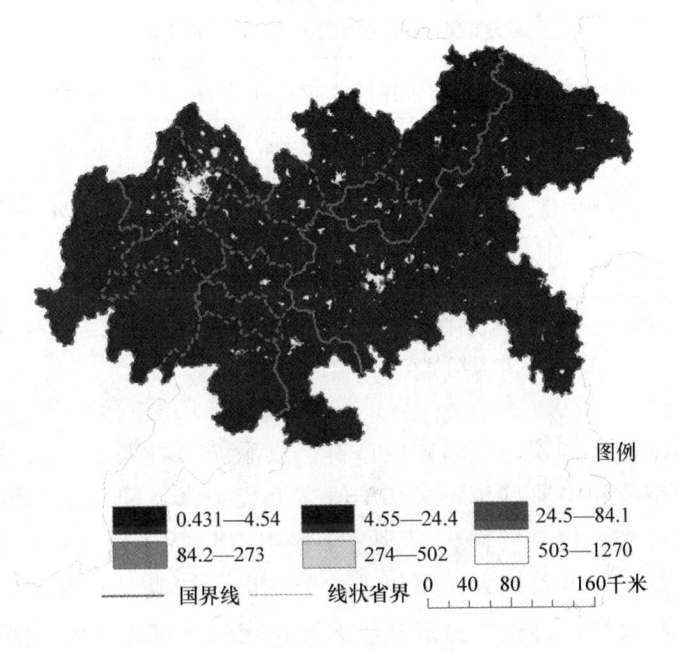

第三章 中国经济与产业的空间演化及发展现状研究 / 81

图 3-11 成渝地区夜间灯光 NPP-VIIRS 数据（2017 年 3 月）

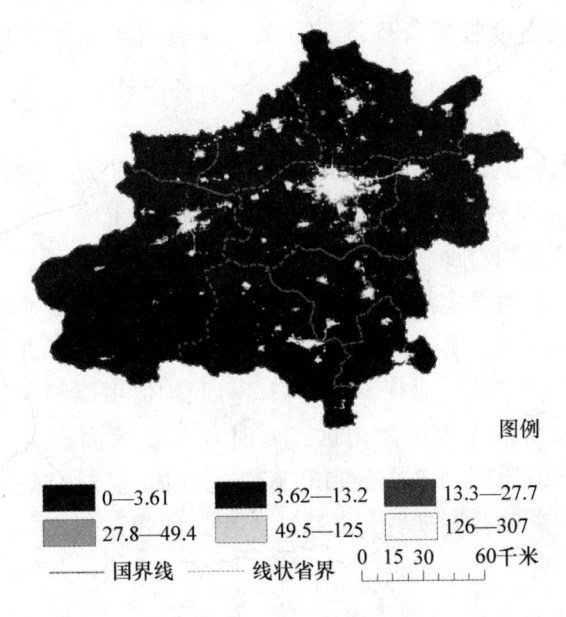

图 3-12 中原地区夜间灯光 NPP-VIIRS 数据（2017 年 3 月）

表 3-2　　　　　部分重点区域经济空间格局（2013 年）

经济空间指标	京津冀	长三角	珠三角	成渝	中原
稳定灯光相对面积（NA）	0.565	0.706	0.617	0.234	0.774
稳定灯光亮度平均值（ANL）	8.924	15.405	12.418	3.934	12.265
稳定灯光离散度（$NLSD$）	15.614	20.294	20.576	10.231	14.967

注：①数据采用 2013 年夜间灯光数据 DMSP-OLS；②稳定灯光取 $DN>6$；③灯光离散度采用灯光灰度值（DN）的标准差来表示。

可以看出，较之京津冀城市群、成渝城市群而言，长三角、珠三角城市群和中原城市群的 DN 值亮度集中，空间覆盖范围大，夜间稳定灯光平均亮度高，但这两个城市群包括了较大的周边区域，造成了灯光标准差偏大，整体平均值较低。与成渝、中原城市群相比，京津冀城市群整体分散性较大，稳定灯光亮度平均值尚不及中原城市群。在京津冀城市群内部，北京与天津灯光亮度灰度值较高，且面积较大；河北石家庄和唐山的亮度相对较大，其余地区夜间稳定灯光亮度较低，且较为分散，这表明河北内各城市间经济差距较大。

3. 部分重点城市的经济空间格局

本章进一步选取国内部分重点区域中心城市进行分析，如表 3-3 所示：（1）从夜间稳定灯光相对面积来看，上海、广州、深圳和郑州的夜间灯光相对面积均较大。重庆由于行政区面积较大，而市辖区面积较小，因而稳定灯光相对面积较小。（2）从稳定灯光亮度均值来看，深圳最高，其次为上海、广州、天津、郑州和北京。需要注明的是，由于不同城市面积不同，稳定灯光均值可能随行政区面积增大而降低，如北京北部都是山区，同时其行政区面积较大，故均值较低；由于类似原因，重庆的市辖区灯光峰值也被稀释。（3）从稳定灯光的空间离散程度来看，北京、天津、广州、西安、武汉和郑州灯光空间分散程度较高。

表 3-3　　　部分重点区域中心城市经济空间格局（2013 年）

经济空间指标	北京	天津	上海	广州	深圳	成都	重庆	西安	武汉	郑州
NA	0.61	0.65	0.98	0.98	0.99	0.66	0.21	0.51	0.77	0.92
ANL	21.41	25.19	48.42	29.74	55.54	17.16	3.62	11.53	18.45	22.87
NLSD	24.00	21.97	17.71	24.63	12.77	19.74	9.82	20.48	21.52	19.45

注：①数据采用 2013 年夜间灯光数据 DMSP-OLS。②稳定灯光取 $DN>6$。③灯光离散度（NLSD）采用灯光 DN 值的标准差来表示。④城市面积为行政区总面积，而非市辖区面积。

（二）中国经济空间与产业发展的动态变化

新中国成立后，中国经济空间与产业发展的匹配逻辑不断演化，促使产业结构不断变化，产业—空间不均衡性逐步降低（邓仲良、张可云，2017），具体如表 3-4 和图 3-13 所示。

1. 经济空间与产业发展逻辑演化

由于历史和国际形势等原因，从中华人民共和国成立到改革开放初期，中国实行了"地区不平衡发展战略"，重点发展重工业、能源基础工业和国防工业（陈栋生，1988）。改革开放后，由于工业基础仍旧薄弱，中国 1981—1988 年仍从优先支持轻工业发展开始转向支持基础产业发展，集中力量发展交通、能源、原材料等基础产业，这些政策都使得 1990—1992 年这一时期钢铁等原材料产量增幅明显。

表 3-4　　　中国经济空间划分与产业发展逻辑演化

时期	经济地带划分	产业发展重点	经济空间发展逻辑
"一五"（1953—1957） "二五"（1958—1962）	沿海、内地	重工业为主导：生产资料工业和能源基础工业	"非均衡"
"三五"（1966—1970） "四五"（1971—1975） "五五"（1976—1977）	三线（调整期到 1977 年）（一线、二线、三线）	国防工业为主导	"非均衡"
"五五"（1979—1980） "六五"（1981—1985）	沿海、内陆、少数民族	完善产业结构	"非均衡"

续表

时期	经济地带划分	产业发展重点	经济空间发展逻辑
"七五"（1986—1990） "八五"（1991—1995） "九五"（1996—2000）	三大地带：东部、中部、西部	选择主导产业	"非均衡"向"区域协调发展"过渡
"十五"（2001—2005） "十一五"（2006—2010） "十二五"（2011—2015）	四大板块：东部、中部、西部、东北	优化产业结构	"区域协调发展"
"十三五"（2016—2020）	"4+3"（东部、中部、西部、东北+"一带一路"、京津冀、长江经济带）	强化创新驱动	以"区域协调发展"为基础，优化新经济增长极

注：①由于"大跃进"和指导方针变化，"二五"计划正式文件始终未公布。②传统的"三大地带"中的东部地带包含北京、天津、河北、辽宁、山东、江苏、上海、浙江、福建、广东、广西等（暂未包括台湾地区）；中部地区指黑龙江、吉林、内蒙古、山西、安徽、江西、湖南、湖北、河南；西部地区指陕西、甘肃、宁夏、新疆、四川、云南、贵州、西藏。③"4+3"战略指区域协调发展总体战略（西部大开发、东北振兴、中部崛起、东部率先）和"一带一路"建设、京津冀协同发展、长江经济带发展。

数据来源：作者根据历次《中国国民经济规划纲要》整理。

由于地方重复建设与经济结构失衡问题越加突出，从1986年开始，中国提出"三大地带"，从不均衡发展战略向区域协调发展转变，一直到2000年，中国产业发展重点是以选择主导产业为主要特征，确定了机械电子、石油化工、汽车制造和建筑业为支柱产业。这一时期，第一产业比重下降；第二、第三产业比重上升，中国经济总量增长较快。同时，在开放引资的政策思路下，外商直接投资（FDI）在工业和第三产业的房地产业集中投资，1998年工业外商投资企业总额占总投资额比例约59.54%，尽管带动了制造业产业结构优化和技术升级，但也造成了产业结构内部发展不均衡。这一时期，以行政手段为主选择性干预产业政策思路并未取得预期效果，低水平重复建设、企业平均规模较小问题十分突出，区域产业结构趋同严重。

"十五"到"十二五"时期，随着2001年中国加入世界贸易组织（WTO）和市场经济制度基本确立，中国产业发展逻辑思路开始向制度性引导，市场功能培育转化，政策工具也由单一的行政手段

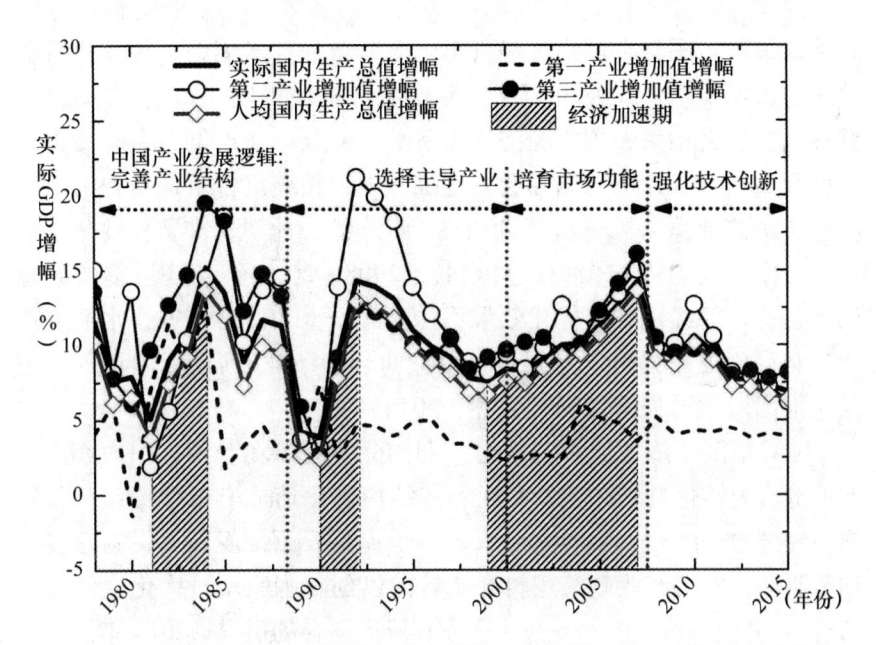

图 3-13　改革开放后中国经济增长与产业政策调控逻辑（1978—2015 年）

注：①实际 GDP 增幅为实际年均 GDP，根据名义 GDP 除以 GDP 减指数计算，基年选取 1978 = 100。②从 1978 年到现在，经济加速期为 1981—1984 年、1990—1992 年、1999—2007 年，其余为经济增长减速期。③中国产业发展逻辑由作者根据中央历年产业政策文件梳理得出。

数据来源：国家统计局。

向税收、贷款限制和审批权等市场手段转变。同时确立了经济空间"四大板块"概念和区域协调发展总体战略，逐步引导东部产业向中西部转移，力图通过产业—空间重塑带动经济空间逐步优化（邓仲良、张可云，2017）。

2000 年后经济增长向需求侧的投资、消费、出口倾斜，工业化和城市化进程加速又促进投资需求扩张，尤其是住宅、电子通信、基础设施等产业增长过快，带动钢铁、建材、化工、煤炭、电力、石油等产业发展。2005 年《钢铁产业发展规划》力图通过市场准入等措施对钢铁产业过度扩张进行限制，淘汰落后产能。另外，根据汽车对外贸易的增加、汽车核心技术水平不高、新能源汽车发展等新形势，工信部和国家发改委修订了《汽车产业发展政策》（2009 年修订）等相关政策，力图整合国内优势汽车企业，激励技术创新，构建更具竞争性的市场环境。2008年以来国际金融危机使得国际市场需求萎缩，贸易保护主义抬头，国内经济增速下滑，部分产业产能过剩，要素成本也开始上升。为应对国际金融危机，中国相继出台了针对特定产业的"十大产业振兴"一揽子计划（"四万亿"计划）和宽松的货币政策，力图扩大内需与保持经济增长，2008—2009年经济增幅的确也逐步企稳，但经济结构优化效果不佳，进一步又使得钢铁、水泥等产业过剩现象更加突出（刘凤良，章潇萌，2016），而国际市场需求不足使得国内供需失衡加剧（张杰，2016）。

随着中国经济发展"新常态"和国际贸易市场萎缩，国内经济增速下滑，为转化过剩产能和实现经济结构优化形成有效供给结构，转型期经济增长的动力的转变要求进一步提高要素配置效率，构建技术创新驱动，中国产业政策逻辑开始转向以创新为驱动，优化"供给侧结构"，并更加注重对企业技术研发和资产整合的引导。2015年出台了十年期的高端技术发展计划《中国制造2025》，强化制造业技术升级，对高端制造业研发与生产、清洁能源、关键基础工艺、核心零部件、高端装备制造等战略性产业、新兴业态进行政策引导与扶持，力求打造创新驱动的经济增长模式。同时，由于"四大板块"发展的不均衡性，经济联系不紧密，针对区域发展差距过大，中国又通过构建区域间协同发展的三大战略（"一带一路"建设、京津冀协调发展、长江经济带发展），逐步形成了整体性的区域协调发展战略"4+3"，优化产业—空间布局，化解过剩产能，提升要素配置效率。

2. 产业结构与产业—空间发展现状

为进一步揭示产业结构与产业—空间演化趋势，本书总结了1952年以来三大产业结构的动态变化趋势。从长期来看，第一产业就业比例逐步下降，第二、第三产业就业比例逐步上升，产业结构演变趋势符合"配第—克拉克"定律。在改革开放初期，由于家庭联产承包责任制释放制度红利，第一产业的产业增加值在1980—1984年短期上扬，1985年后总体仍呈下降趋势。第二产业增加值自1980—2015年呈现平稳波动，2010年后呈下降趋势。第三产业的就业与产业增加值持续上升，2012年对国民经济的贡献率超过第二产业。

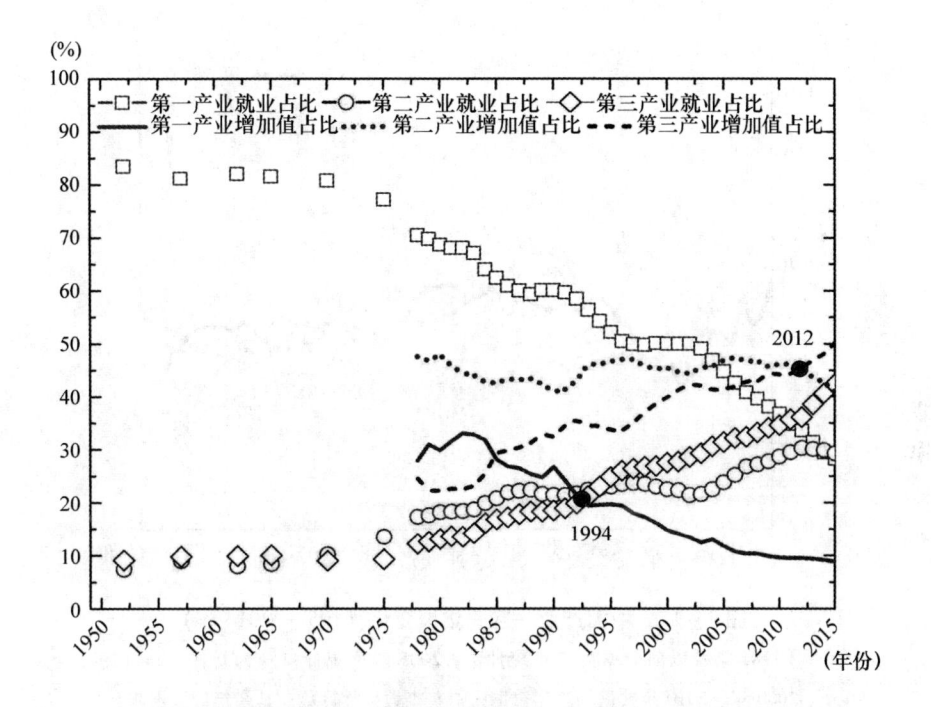

图 3-14 中国产业结构变化趋势（1949—2015 年）

注：①1981 年及以前数据为户籍统计数；2005 年后统计口径为常住人口；1982 年、1990 年、2000 年、2010 年数据为当年全国人口普查数据推算数；其余年份数据来自年度人口抽样调查。②产业增加值数据范围为 1978—2015 年。③1949—1978 年产业增加值数据缺失。

数据来源：《中国统计年鉴 2016》。

从产业—空间的动态演化来看，本书计算了中国三大产业的空间基尼系数，第一产业的空间不均衡性呈现长期波动的态势（空间 Gini 为 0.33—0.38），2007 年后第一产业—空间均衡性逐步优化，并到达中华人民共和国成立后的差距最小值。第二产业—空间基尼系数长期来看呈下降趋势，尤其是在 2002 年以后下降程度明显，说明通过制造业等产业转移实现了产业—空间重塑。第三产业呈现了"V"形的动态演化特征。1952—1983 年第三产业总体呈现均衡发展的态势；1984—2015 年第三产业—空间基尼系数逐步上升，第三产业—空间的不均衡性上升。

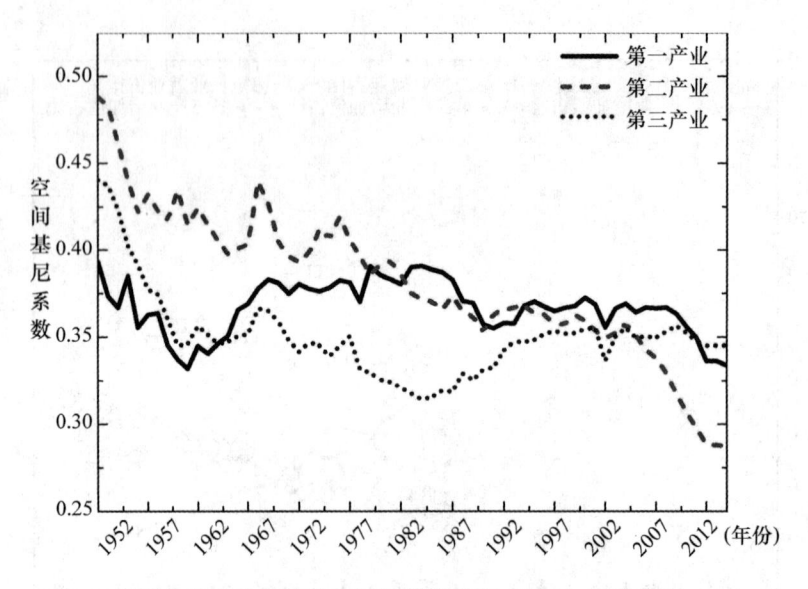

图 3-15　中国产业—空间集聚变化（1952—2014 年）

注：①1981 年及以前数据为户籍统计数；2005 年后统计口径为常住人口；1982 年、1990 年、2000 年、2010 年数据为当年全国人口普查数据推算数；其余年份数据来自年度人口抽样调查。②产业增加值数据范围为 1978—2015 年。③1949—1978 年产业增加值数据缺失。

数据来源：《中国统计年鉴 2016》。

二　中国产业的空间模式研究

利用产业从业人数可以更直观地表示产业—空间的发展格局，依据各地区的产业从业人员与全国同产业从业人员总数的比值，可以判断各产业的产业—空间格局。我们利用《中国城市统计年鉴 2015》地级市就业人口数据对产业—空间格局进行研究。

（一）第一产业—空间模式

由于第一产业的发展主要依赖于自然资源禀赋，尤其对地理空间而言。尽管"胡焕庸线"提出将近 80 多年（胡焕庸，1935），中国人口空间分布集中于胡焕庸线以东的这种趋势目前尚未被改变。

（二）第二产业—空间模式

根据对第二产业—空间模式的分析，不同类别产业呈现出不同的集聚模式。（1）采矿业主要与相关资源禀赋的地理分布有关。中国采矿业集中在河北、山西、东北、河南、四川和重庆等地。（2）制造业主要集聚在沿海东部地区，其余主要在山东、河南、湖北和四川等地。这与中国之前推行的产业梯度转移息息相关，将制造业不同环节向中西部等劳动力禀赋集中的地区转移，而东部地区则主要集聚了资本和技术密集型产业。（3）作为城市基础产业的水、电、燃气等设备供应业基本与城市人口规模分布相同。（4）建筑业集聚模式与制造业类似，主要集聚在资本、人口密集程度都较高的地区。

（三）第三产业—空间模式

从第三产业—空间模式可以看出，服务业集聚模式与人口规模分布类似。除水利环境等基础设施、教育、卫生、社会保障和社会福利、公共管理等社会组织作为基础产业之外，其余批发零售、交通仓储与邮电、计算机服务、科学研究、金融等依赖于劳动力和资本集聚区位。其中，生产性服务业，如科学研究、交通仓储、金融、计算机服务等产业与人口规模集聚模式相近；消费型服务业，与市场规模有关。我们定性的图示显示初步研究与何建武（2015）、Billings 和 Johnson（2016）等的研究结论类似。后续章节将采用定量的指标进一步细化测度。

（四）产业—空间模式总结

从上述分析可以看出，一般地，产业分为第一产业（农业）、第二产业（工业）和第三产业（服务业）。农业集聚与土地资源密切相关，规律性较强。除采矿业外，其余工业类别的集聚特性受到市场需求、城市规模、交通成本、产业关联性等因素综合影响（Ellison 等，2010）。服务业分为生产性服务业（Producer Services，简称 PS）、消费性服务业（Consumer Service，简称 CS）、公共性基础服务业（Public Basic Service，简称 PBS)，① 这与陈栋生（2013）对区域产业分类的基本原理相同。生产性服务业倾向于相关制造业协同集聚（Co-agglomeration）；由于劳动力作为消费者时只能购买消费性服务业的产品，故消费性服务业随人口空间布局和市场格局集聚；由于不同区域的要素累积水平不同，因而公共性基础服务业具有空间异质性。具体而言，产业分类如表3-5所示。已有相关的实证研究也采取了这一产业分类逻辑（李晓萍等，2015）。

第一产业与第二产业中的采矿业对要素禀赋偏好具有空间依赖性，而建筑业与电力、燃气等供应业则取决于市场需求，都具有空间异质性。制造业受到了要素禀赋、产业关联、市场需求的综合影响，因而同时具有空间异质性与要素异质性。不同生产性服务业使用了不同要素配置结构，同时为制造业提供了异质性中间产品，故具有要素禀赋和产业关联的特性，具体包括：（1）交通运输、仓储与邮政业和批发业；（2）信息传输、软件和信息技术服务业；（3）金融业；（4）租赁和商务服务业；（5）科学研究和技术服务业。

消费性服务业呈现了市场需求特征，生活消费产品具有替代性，同时空间分布不均匀，因而呈现了要素异质性和空间异质性，其具体包括：（1）零售业；（2）住宿和餐饮业；（3）房地产业；（4）居民服务、修理和其他服务业；（5）文化、体育和娱乐业。

公共性服务业具有公共产品供给的同质性，不存在同一产业提供的公共服务产品出现差异化，但因空间不均匀分布而呈现了空间异质性，其具体包括：（1）水利、环境和公共设施管理业；（2）教育；（3）卫生和社会工作；（4）公共管理、社会保障和社会组织；（5）国际组织。

---

① 现代服务业往往被划分为生产性服务业、消费性服务业、公共性服务业和基础性服务业四大类。生产性服务业包括金融、物流、批发、电子商务、农业支撑服务、中介及咨询等专业服务；消费性（生活性）服务业包括住宿、餐饮、文化娱乐、旅游、房地产、商品零售；本书所指的公共性基础服务业也包含了公共性服务业和基础性服务业，即政府的公共管理服务、基础教育、公共卫生、医疗与公益性信息服务、通信服务和信息服务等。参见国家统计局《生产性服务业分类（2015）》2015年6月4日。

表3-5　　　　　　　　　产业的空间模式分类

产业类别	产业分类	产业特征	异质性类别
第一产业	农业、林业、畜牧业、渔业及相关服务业	要素禀赋	空间
第二产业	采矿业	要素禀赋	空间
	制造业	要素、产业关联、市场需求	空间+要素
	建筑业	市场需求	空间
	电力、热力、燃气及水生产和供应业	市场需求	空间
第三产业	批发与零售业	市场需求	空间+要素
	交通运输、仓储与邮政业	产业关联、市场需求	空间+要素
	住宿和餐饮业	市场需求	空间+要素
	信息传输、软件和信息技术服务业	要素禀赋、产业关联	空间+要素
	金融业	要素禀赋、产业关联	空间+要素
	房地产业	市场需求	空间+要素
	租赁和商务服务业	市场需求	空间+要素
	科学研究和技术服务业	要素禀赋、产业关联	空间+要素
	水利、环境和公共设施管理业	区域功能	空间
	居民服务、修理和其他服务业	市场需求	空间+要素
	教育	区域功能	空间
	卫生和社会工作	区域功能	空间
	文化、体育和娱乐业	市场需求	空间+要素
	公共管理、社会保障和社会组织	区域功能	空间
	国际组织	区域功能	空间

注：①产业分类来源于《国民经济行业分类（GB/T 4754—2011）》；②生产性服务业分类来源于国家统计局公布的《生产性服务业分类（2015）》。

三　经济空间与产业—空间发展格局的典型事实

我们将继续分析经济空间和产业—空间存在的尺度效应。另外，由于不同产业对要素配置偏好不同，造成不同产业细分类别下的集聚效应显著性也不同。

(一) 空间尺度和产业细分效应

本书利用分省和地级市的统计数据分析了中国经济空间集聚变化的情况,并绘制了经济空间格局的洛伦兹曲线图 (Lorenz curve of economic structure) (见图 3-16)。

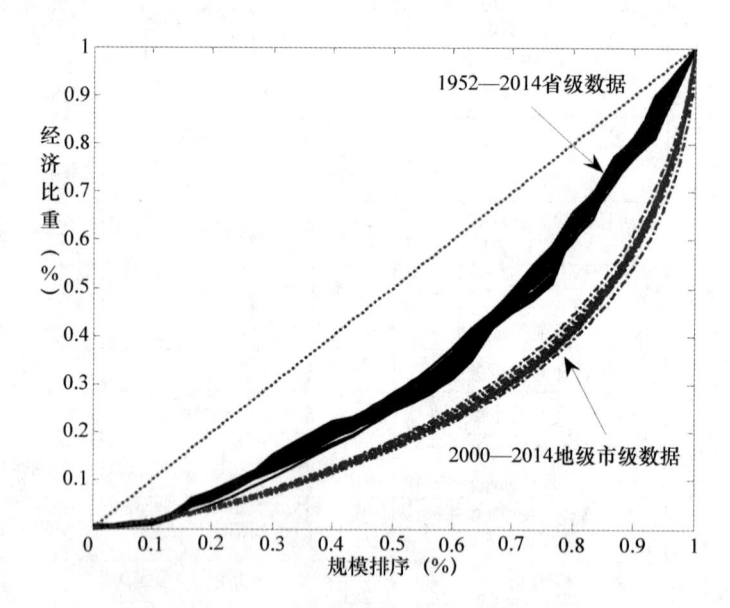

图 3-16 中国经济空间格局的洛伦兹曲线

数据来源:历年《中国统计年鉴》;历年《中国城市统计年鉴》;各省统计年鉴。

由图 3-16 和图 3-17 可知,随着经济社会的发展,中国区域经济空间的不均衡性得到了改善,地区间经济发展差距存在缩小的趋势。在不同空间尺度下,以空间基尼系数反映的区域差距呈现不同的效应。随着空间尺度缩小,区域差距效应会被放大。中华人民共和国成立后,中国区域发展差距呈现"先降低"(1952—1965年)、"保持平稳"(1966—1990年)、"增大"(1991—2005年)、"降低"(2008—2015年)的波动态势。以地级市数据来进行测度,也发现了尺度效应的存在。同时,由于尺度细分,空间单元增加,微观单元人口总数降低,但统计位序数目增加,这也会造成衡量城市体系的 Zipf 准则变化。

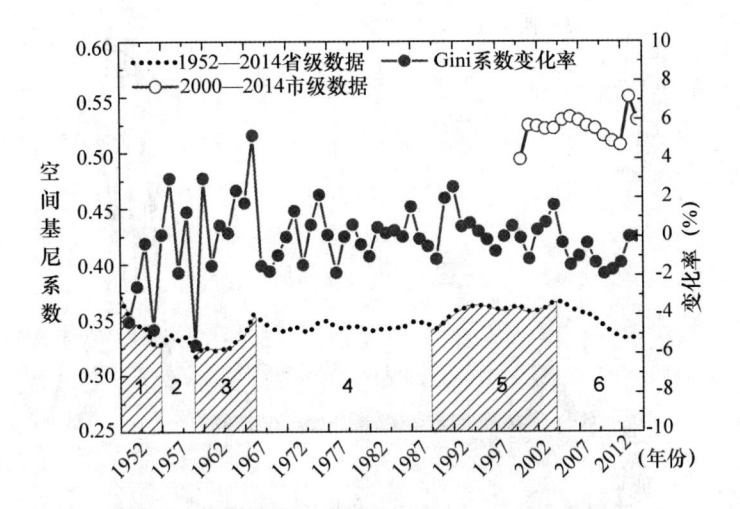

图 3-17 中国经济空间集聚变化（1952—2014 年）

数据来源：历年《中国统计年鉴》；历年《中国城市统计年鉴》；各省统计年鉴。

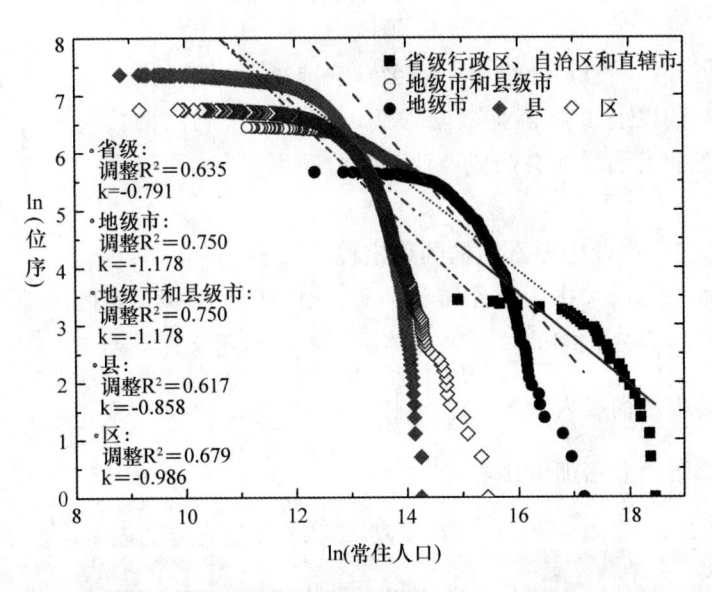

图 3-18 不同空间尺度下的中国城市人口规模与 Zipf 准则（2010 年）

注：中国台湾、香港地区和澳门地区数据缺失。

数据来源：《中国 2010 年人口普查资料》《中国 2010 年人口普查分县资料》。

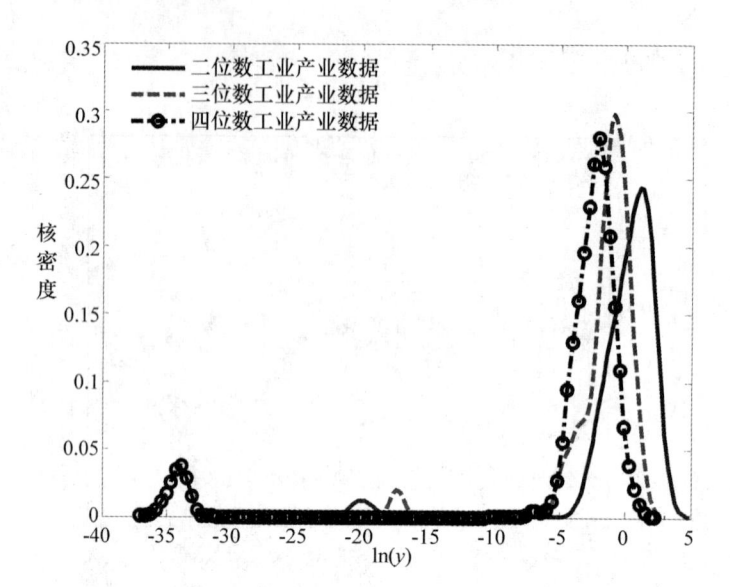

图 3-19　不同产业分类下的中国规模以上工业产出 y 核密度（2014 年）
注：中国台湾、香港地区和澳门地区数据缺失。
数据来源：《中国工业统计年鉴 2015》。

另外，随着产业细分，也会影响选择目标对象测度的精准性。以中国规模以上工业企业数据为例，当产业代码由两位逐步变为四位时，工业类别增加会造成产业产值分布逐步左移。

（二）产业中要素结构的稳定性

本书利用《中国统计年鉴》计算了 2005—2013 年的产业增加值与要素投入变化率的关系，具体数据和符号定义详见附录（二）。

要素结构投入指数：$\lambda_{it} = \dfrac{l_{it}}{k_{it}}$

相对产业增加值比率：

$$y_{it} = \frac{Y_{it}}{Y_t} \qquad (3-1)$$

式（3-1）中，λ_{it} 为要素投入结构指数，用以衡量任意产业中劳动力和资本的投入比例；y_{it} 为产业 i 在第 t 年的相对产业增加值比率，用以衡量产业增加值贡献率；Y_{it} 为产业 i 第 t 年的产业增加值；Y_t 为所

有产业第 t 年的产业增加值总额。$l_{it} = \Delta L_{it}/\Delta L_t$，$k_{it} = \Delta K_{it}/\Delta K_t$；$l_{it}$ 为产业 i 的相对就业增加值；k_{it} 为产业 i 的相对投资增加值；ΔL_{it} 为产业 i 在第 t 年的就业增加值；ΔL_t 为所有产业在第 t 年的就业增加值；ΔK_{it} 为产业 i 在第 t 年的投资增加值；ΔK_t 为所有产业在第 t 年的投资增加值。

研究结果表明，一般而言，产业发展对要素的配置偏好是稳定的，如农业、住宿与餐饮业、教育业等；但随着产业主导部门形成或产业结构调整，可能会促使要素使用结构变化，如金融业、建筑业等；中国2005—2015年建筑业，金融业，教育，卫生和社会工作，公共管理、社会保障和社会组织偏向于劳动力要素的使用；而采矿业，交通运输、仓储与邮政业，房地产业，水利、环境和公共设施管理业，文化、体育和娱乐业偏向于资本要素的使用；除农业就业人员流失较大呈负数外，其他大类产业劳动力和资本使用基本

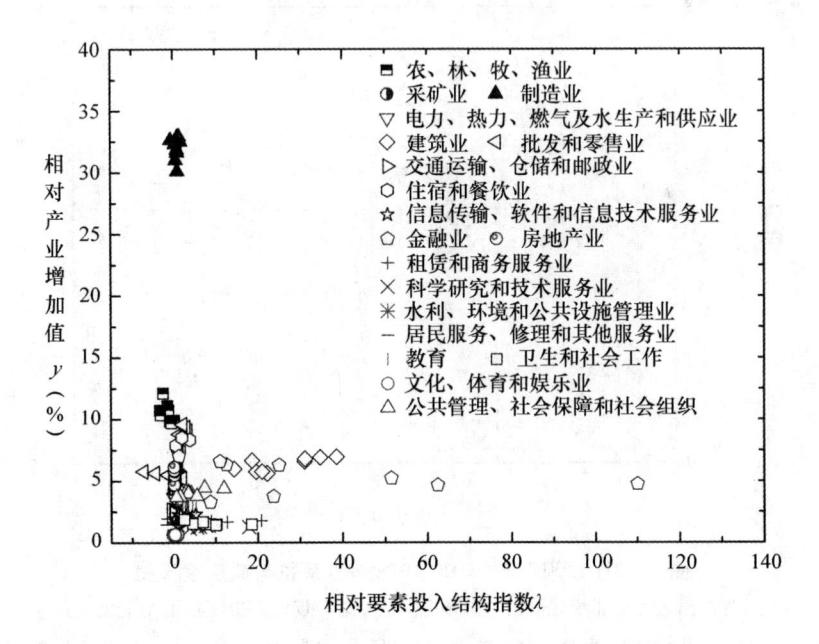

图 3-20 中国"产业谱"

注：①$\lambda_{it} = l_{it}/k_{it}$，$l_{it} = \Delta L_{it}/\Delta L_t$，$k_{it} = \Delta K_{it}/\Delta K_t$，$y_{it} = Y_{it}/Y_t$；价格已按照《中国统计年鉴》中价格指数修正。②根据《国民经济行业分类》（GB/T 4754—2011）划分产业。

数据来源：历年《中国统计年鉴》。

持平。其中，制造业对于中国经济增长的贡献份额最大，但产业增加值贡献却逐步降低，2005年后中国制造业要素投入结构指数逐渐降低，表明制造业越来越倾向于使用资本要素。建筑业倾向于使用劳动力要素，并在2005年后呈现上升趋势。2005年后金融业要素结构中劳动力使用逐步降低，资本使用偏好逐步增加。

另外，从要素投入—产业结构来看，本书通过2007年和2012年的中国投入产出表发现，随着时间变化，产业的前后向影响变化不大，同样也说明产业对要素投入结构的偏好性稳定，一般而言产业关联性只存在强弱，而不存在较大变化。煤炭采选业（代码为2）、石油和天然气开采业（代码为3）、金属矿采选业（代码为4）与非金属及其他矿采选业（代码为5）、造纸印刷及文教体育用品业（代码

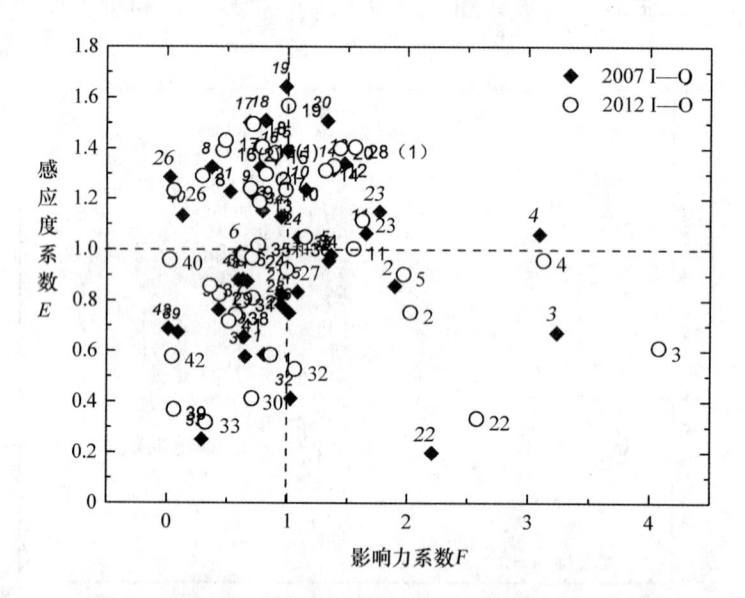

图3-21 2007年、2012年影响力系数与感应度系数

注：I-O产出表中产业统计口径与国标分类（GB/T 4754—2011）不完全吻合，本书为保证2007年数据与2012年的进行对比，采取2007年产业统计口径不变，2012年数据进行增补的办法。例如2012年产业统计口径中通用设备与专用设备分开统计，采取合并处理，分别为16（1）和16（2）。2007年中的综合技术服务业并入2012年的科学研究和技术服务业中。具体产业代码参见附录（三）。

数据来源：中国投入产出学会提供的2007年与2012年投入产出表。

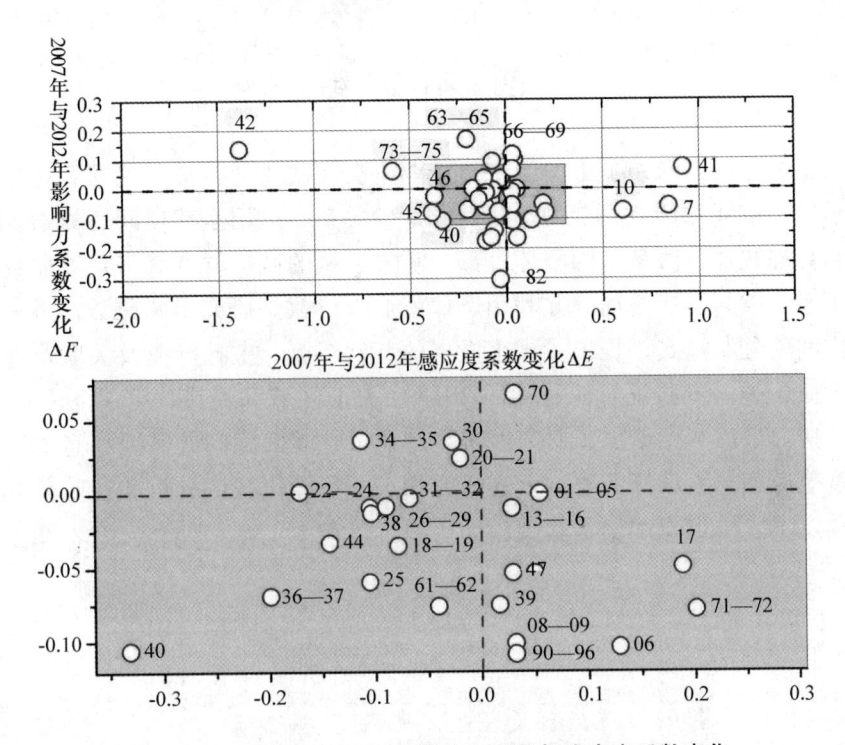

第三章　中国经济与产业的空间演化及发展现状研究 / 97

图 3-22　2007 年、2012 年影响力系数与感应度系数变化

注：I-O 产出表中产业统计口径与国标分类（GB/T 4754—2011）不完全吻合，本书为保证 2007 年数据与 2012 年的进行对比，采取 2007 年产业统计口径不变，2012 年数据进行增补的办法。例如 2012 年产业统计口径中通用设备与专用设备分开统计，采取合并处理，分别为 16（1）和 16（2）。2007 年中的综合技术服务业并入 2012 年的科学研究和技术服务业中。具体产业代码参见附录（三）。

数据来源：中国投入产出学会提供的 2007 年与 2012 年投入产出表。

为 10）、石油加工（代码为 11）、废品废料处理（代码为 22）、电力与热力生产和供应业（代码为 23）、金属压延（代码为 14）等产业影响力系数较大，对其他产业带动力强。从感应度系数来看，纺织业（代码为 8）、造纸业（代码为 10）、通用设备制造业（代码为 16）、交通设备制造业（代码为 17）、电气机械制造业（代码为 18）、仪表制造业（代码为 20）、建筑业（代码为 26）对经济发展需求灵敏度强。

四 本章小结

本章系统回顾了中国经济与产业—空间演化的特征及现状，梳理了经济空间和产业发展的动态匹配逻辑关系，运用全球夜间灯光数据和数理统计方法从中国整体、部分重点区域的城市群及城市尺度研究了经济空间发展格局，并利用产业就业人口数据研究了两位数产业—空间的分布模式，提出了城市发展的基础产业、主导产业及关联产业规律，进一步验证了陈栋生（2013）关于区域和城市内产业分类的方法。最后本章给出了研究经济与产业—空间匹配问题需要注意的尺度效应和要素偏好问题。上述研究为进一步深化理论分析和经验研究奠定了思维逻辑和现状基础。

第四章 产业—空间匹配机制的识别与测度

第二章的理论与实证研究揭示了区域经济增长在产业选择、要素配置结构和城市规模等方面存在"匹配效应",其中产业结构和产业关联为要素配置结构和城市规模、市场规模等外部性因素提供了经济联系,并由此决定区域经济增长模式,系统回应了"何地发展何种产业,规模最优"。那么产业的空间集聚与扩散的动力机制又是什么,产业集聚的政府作用与市场机制应该如何合理协同呢?本章将继续在前文研究的基础上进一步构建产业与空间的匹配机制,为后续章节不同类别产业的匹配机制经验研究提供理论分析框架,并以此以回应"何种产业布局在何地,效率最高"。

一 产业—空间集聚或扩散的动力机制

对于产业—空间集聚或扩散,已有研究主要从新古典经济学、行为经济学和制度经济学(胡安俊等,2014)、要素禀赋理论(Ohlin,1933)、产品生命周期理论(Vernon,1966)、"点—轴"开发理论与空间一体化(Friedmann,1966;陆大道,2001)、新经济地理学中的垂直产业关联模型(Krugman,Venables,1995;Venables,1996)和资金外部性引发的产业扩散模型(Puga,Venables,1996)、演化经济地理学(Hidalgo,2007;贺灿飞,2009;贺灿飞等,2016)等不同研究视角来对产业转移等空间动力机制进行阐述。

（一）理论分析与经验研究机理解释

尽管研究侧重点有所不同，但总体来说，目前已有研究对产业—空间集聚与转移的动力机制的解释主要来源于生产供给（Krugman, Venables, 1995; Puga, Venables, 1996; Puga, 1999; Amiti, 2005; 胡安俊、孙久文，2014; He 等，2015）和消费需求（Markusen, Venables, 2000; Melitz, 2003; Behrens, Ottaviano, 2007; Melitz, Ottaviano, 2008; Pais, Pontes, 2008; Okubo 等，2010; Ottaviano, 2012; Picard, Okubo, 2012; 赵曌等，2012）两个基本视角。

1. 生产供给的视角

从生产供给的视角来看，产业关联度、要素结构及成本、产业替代性是影响产业—空间转移的重要因素。相关研究表明，即便没有产品流动，垂直产业间联系仍会引起产业集聚（Venables, 1996），而产业关联度较小的产业先转移，而产业关联度较大的产业后转移（Krugman, Venables, 1995）。从产业关联的要素投入结构来看，产品生命周期（Vernon, 1966）、边际产业扩张引发的产业梯度转移规律进一步表明劳动力密集型产业也先转移，资本和技术密集型产业后转移（刘红光等，2014）。不同产业存在替代弹性，胡安俊和孙久文（2014）通过研究中国制造业的空间转移机制，认为产业转移的条件为产业替代弹性逆序转移，高替代弹性的产业先转移，低替代弹性产业后转移。另外，企业规模较小，产业—空间转移也较易发生（Puga, 1999）。

从要素成本来看，劳动力成本存在临界工资，当达到临界工资时，产业转移发生。当一国的工业部门扩张时，劳动力工资发生变化，使得产业开始转移，并提高了其他国家的工资水平，并产生再次向其他国家转移的趋势（Puga, Venables, 1996）。在考虑要素价格成本的基础上，根据要素禀赋比较优势和采用嵌入 H-O 模型分析框架，Amiti（2005）研究了垂直关联的制造业企业区位随运输成本变化的问题，结果表明贸易自由化并不总使产业布局倾向于具有比较优势的地区，劳动力主导企业倾向于集聚在资本富集地区，而资本主导企业倾向于集聚在劳动力富集地区，其认为引起这种差异的主要因素是贸易自由化带来的要素价格均等化，当制造业在消费中份额足够高时，一个国家只需要生产制造业产品便可实现生产的成本联系和市场接近的需求联系。

从演化经济地理学的角度出发，产业集聚与要素配置结构和技术关联水平有关。依赖于自然资源禀赋的相关产业地理集聚程度较低，而依赖于中间产品的资本密集型产业和技术密集型产业地理集聚程度较高（贺灿飞、潘峰华，2011）；根据 Hidalgo 等（2007）对技术关联的界定，He 等（2015）认为产业间的技术关联是引发相关技术产业—空间集聚的主要原因，但产业技术关联的界定需要进一步研究。刘鑫和贺灿飞（2016）的研究进一步揭示了产业特征与区域特征之间存在技术关联的作用，但不同产业和区域的这种技术关联性存在显著差异。从演化经济地理学的研究可以看出，产业与空间存在要素结构、技术关联等关系。

2. 消费需求的视角

从消费需求的视角来看，主要是产品间贸易需求引起产业围绕市场区的集聚和扩散。贸易联系引起的产业—空间集聚主要体现在产业内不同生产效率企业的构成、产品附加值、产品需求异质性等方面。

从异质性企业的角度来看，异质性导致企业存在"空间选择"的过程，即异质性企业通过选择不同区位来应对市场一体化，尤其是降低贸易成本使有效率的企业在更大的市场区集聚（Syverson，2004；Foster 等，2008；Okubo 等，2010）。相反，成本较高的企业力图寻求较小的市场区位，来避免过度的竞争，但当市场空间分割并不能成为应对外来竞争的有效保护时，高成本企业将选择较大的市场区（Okubo 等，2010）。贸易联系会对不同生产效率的企业产生分类效应，效率较高的企业进入出口市场，而效率较低的企业仅选择国内市场，而贸易量的持续增加会引起企业集群形成（Melitz，2003）。市场规模内的竞争增强，将引发多样性的产品形成，竞争将导致"技术门槛"形成（Melitz，Ottaviano，2008），位于"技术门槛"之下的产业倾向于发生转移（Behrens，Ottaviano，2007）。

市场规模较大的区位一般要素使用成本较高，造成产业或企业的生产成本也较高（Markusen，Venables，2000），因而市场规模较大的空间区位对技术水平密集度、产品附加值都较高的产业更具吸引力，其受运输成本和通信技术等因素的影响较低（Pais, Pontes, 2008）。另外，不同市场对产品的需求也存在异质性（Picard, Okubo, 2012）。需求量较大的企业倾向于选择市场规模较大的空间区位，并降低了劳动力等要素的区域移动，导致要素不均衡分布。

供给与消费区位的决定因素也并不绝对。产业及企业区位依赖于生产成本和对消费市场的接近性。当交通成本较高时，产业集聚必须靠近消费市场；当交通成本比较低时，产业集聚靠近要素价格较低的区位。当运输成本位于中间时，不完全竞争下的企业区位选择则倾向于市场接近（Venables, 1996）。赵璺等（2012）在研究中国制造业部门空间分布情况时也发现，交通成本对产业部门空间分布影响较大，存在市场邻近和供给邻近的制造业空间分布特征。

（二）产业的空间集聚或扩散的测度

总体来说，测度产业—空间集聚或扩散的研究思路可归为两种。第一，利用区域间投入产出表（石敏俊等，2012；刘红光等，2014）。通过省级空间单元下产业关联的变动来构建产业转移矩阵，直接表示产业转移是否发生，矩阵中数值正数为产业净转出，负数为产业净转入。尽管区域间投入产出表能够准确地反映空间单位的产业关联与要素投入关系，但是由于投入产出表更新较慢，同时最新的区域间投入产出表推出也存在时间滞后和空间尺度较大等特点，因此，采用区域间投入产出表来测度产业集聚或扩散可能面临数据获取的挑战。

第二，通过构建产业集聚指标的变化来识别（Ellison, Glaeser, 1997；Maurel, Sédillot, 1999；覃成林、熊雪如，2013；胡安俊、孙久文，2014；Mori, Smith, 2015）。覃成林和熊雪如（2013）通过产业就业人员数区位商的差分来表示产业转移是否发生。胡安俊等（2014）利用2003年与2009年制造业总产值份额和从业人员相对份额的变化来测度产业集聚和扩散的转移是否发生，但无论是区位商，还是产业总产值和就业人员的增加或减少幅度，由于这些指标可能受外部市场环境变化、技术改变、劳动力供给变化等其他因素影响，造成产业集聚原因难以精确隔离。利用企业数据，Ellison 和 Glaeser

(1997)、Maurel 和 Sédillot (1999) 构造了 E-G 指数等指标来测度制造业集聚,这对微观数据的准确性要求很高,同时也未反映出空间规模等因素。近年来 Mori 和 Smith (2015) 以日本制造业数据为例,建立了"双指标体系",即产业全局指标 GE (Global Extent) 和产业地方化密度 LD (Local Density),前者衡量产业集聚的空间扩张规模,后者测度产业集群内部每个产业的份额。

可以看出,数据指标选取与测度方法对结论影响较大。研究结果的差异性表明,对产业集聚或扩散进行测度的指标体系应合理规避掉其余内生性因素的影响。此外,已有研究中对产业集聚的本质尚未把握得足够清楚,需要进一步区分产业或企业的生产区位选择与市场需求的不同影响机理。

二 产业或要素集聚的测度方法

构建产业—空间匹配机制测度双指标体系(ME 和 MQ)具体涉及产业或要素的集聚水平测度,因此有必要回顾已有研究中对产业或要素集聚的经典测度方法。本章总结了常用的典型集聚的测度方法,如表 4-1 所示。

表 4-1　　　　　　　　产业或要素集聚的常用测度方法

方法类别	测度方法	备注
基于经济总量	产业集中度 CR	单产业或单要素
	区位商 LQ	
	赫芬达尔指数 H、赫芬达尔—赫希曼指数 HHI	
	空间基尼系数	产业间集聚
	E-G 指数、M-S 指数	产业间、区域规模、产业集中
基于空间距离	K 函数	空间尺度
	D-O 指数	随机算法
	M 函数	累积算法
空间统计方法	全局 Moran's I	单产业或单要素
	局部 Moran's I	
	Moran's I 散点图	

数据来源:作者根据已有研究总结。

在结合已有研究的基础上（Ellison，Glaeser，1997；Maurel，Sédillot，1999），Duranton 和 Overman（2005）在研究产业集聚时指出，测度集聚需满足五个准则：（1）产业间指数具有可比性；（2）产业总体集聚程度可控；（3）能够控制产业集中程度；（4）空间尺度与产业分类下指数具有无偏性；（5）可以通过检验指数的显著性。经典测度集聚水平的指标（Ellison 等，2010；Mori，Smith，2011，2014，2015）都采取产业或企业数据来测度，其中关于使用产业增加值或就业数据来测度产业和要素的集聚程度，白重恩（2004）的研究表明，二者相关程度较高，不存在本质上的区别。因此，指标数据的选取主要由研究问题和数据的获得性来决定。另外，在构建产业的空间测度指标时，还需考虑空间尺度效应。若不考虑空间单元尺度问题，常引起目标偏误（Dartboard bias）和可变面积单元问题（Modifiable Areal Unit Problem，简称 MAUP），而且空间尺度引发的测度偏误比空间形状引起的问题更大（Briant 等，2010；Mori，Smith，2015）。因此，在考虑集聚水平测度时应合理规避空间尺度带来的测度范围偏误。

三 已有对匹配机制测度的研究

现有关于匹配测度的国外研究，主要是在理论模型或计量模型中界定与分析要素匹配效率或匹配质量，具体如表 4-2 所示。总的来说，目前的匹配测度方法主要分为两种，分别从理论描述与实际指标测度两方面来进行研究（邓仲良、张可云，2017），但仍主要集中于测度异质性劳动力与企业或城市的匹配关系、知识扩散与企业家能力匹配等方面。

（一）理论单位圆模型

理论描述为从单位圆空间模型（Unit Circle model）来研究异质性劳动力与企业的匹配关系（邓仲良、张可云，2017），该类相关研究延续了 Salop（1979）的研究视角，刻画了异质性劳动力技能与企业需求的理论空间距离。

表4-2　　　　　　　已有研究中产业—空间匹配的测度

要素匹配类型	匹配测度方法	文献来源
劳动力与企业	$m(x,y) = \alpha - \beta|x-y|$	Helsley, Strange (1990)
	$M = a(U + \varphi S^e + \varphi S^m)^{\eta_1} V^{\eta_2}$	Van Ours (1995)
	$M(v_t, u_t) = v_t^{1-\alpha} u_t^{\alpha}$	Chassamboulli (2013)
	$M(s,v) = M_0 v^\alpha s^\beta$	Calcagnini 等 (2015)
	$M(U_s, V_s) = \theta_s(\pi_{11} V_s + \pi_{01} W_s)$	Liu (2013)
	$M_n = A U_n^\alpha V_n^\beta$	Haller, Heuermann (2016)
	$f(\theta, \phi) = (\theta\phi)^\sigma$	Bombardini 等 (2015)
	$\mathrm{cov}(q_{i(j)}, k_j) = \frac{1}{n}\sum_{j=1}^n q_{i(j)} k_j - \bar{q}\bar{k}$	Wheeler (2001)
知识扩散	$\beta(\delta_k, U) = \alpha(U)\left(\dfrac{\int_{R(k)} U dk}{U}\right)$	Berliant (2000)
创新与企业家能力	$m_{rt} = m\left[\dfrac{C_{rt} f_{rt}}{v} \exp\left(\delta_0 + \sum_j \delta_j \ln(z)_{rtj}\right), s_{rt}\right]$, $z_{rt} = (KPF_{rt}, CD_{rt}, AE_{rt})$	Modrego 等 (2015)

注：为保证和原文献一致，未对符号做统一标定。① α 为单位劳动力匹配生产效率；β 为空间错配引起的单位劳动力效率损失；y 为实际劳动力在单位圆的技能水平；$\Omega(x)$ 为企业雇佣的工人数目。② a 为匹配效率；S^e 为城市中劳动力就业人数。S^m 为城乡移民的就业人数。③ v_t 为职位空缺数；u_t 为失业工人人数。④ s 为正在寻找科研合作的研究人员；v 为企业中剩余的研究项目数。⑤ E 为就业人数；U 为未就业人数；V 为可生产的剩余岗位；W 为无生产的剩余岗位。⑥ U 为失业率；V 为空余职位；A 为匹配效率。⑦ θ 是劳动力类型；φ 是企业类型，$g(\theta)$ 是0—1之间均匀分布的密度函数；$h(\varphi)$ 是0—1之间均匀分布的密度函数；$\sigma > 0$。⑧ n 为企业和劳动力总数；k 为企业有效资本；q 为劳动力技能；$q_{i(j)}$ 为企业 j 资本配置下就业人员 i 的生产效率。⑨ $\alpha(U)$ 为部门间个人信息传递所需要的时间；第二项的分子是个人 k 倾向于进行知识匹配的群体规模；U 为经济体中未参与匹配的总人数。⑩ C_{rt} 为科研人员数；f_{rt} 为搜寻努力程度，并符合 Poisson 分布；k_n 为知识创造。

数据来源：作者根据研究文献总结。

在 Salop (1979)、Brueckner 等 (2002) 的单位圆空间模型基础上，Helsley 和 Strange (1990；2014) 将匹配问题看作集聚经济下

"不完全信息下技能匹配问题",并明确将单位圆模型中劳动力技能水平与企业需求的不匹配差值引起的生产率损失作为匹配质量的度量指标,将劳动力与不同技能需求的企业匹配后的企业产值作为衡量匹配效率的方法,Helsley 和 Strange 的研究表明不同技能的异质性劳动力集聚可以增强劳动力要素的互补性,进而提高与企业需求的匹配程度,对企业生产效率和劳动力工资都有正向作用,但相关研究都是基于完全市场竞争、劳动力空间均匀分布等假定。Amiti 和 Pissarides (2005) 进一步提出了开放型经济体的假设,验证了不同技能水平的异质性劳动力和异质性需求的企业具有匹配效应,但劳动力异质性容易造成企业垄断,高新技术产业的企业集聚大于其他一般制造业,随着开发经济贸易成本降低和技术专业化程度增加,具有特定技能需求的产业集聚效应还会加剧。总体来看,企业和劳动力规模或市场密度增大均有利于本地劳动力市场的匹配质量提高。大城市利于集聚更大的、更高效率的企业,劳动力的规模效应增加了就业人员和企业的匹配质量,当市场规模增大,企业或个人搜寻具备某种特定特征的匹配对象的成功概率就越高(Helsley,Strange,1990)。

理论假设尽管能够揭示异质性要素与企业等生产单位的匹配现象,但单位圆的线性空间仍与"真实世界"差异较大,需要实际指标来进行验证补充。

(二) 要素匹配的函数

实际指标测度采用了不同函数形式或指标来界定匹配效率或匹配质量的具体含义(邓仲良、张可云,2017)。

在企业与劳动力匹配质量的研究方面,Berliant 等(2000)利用概率模型来研究城市中知识匹配概率对产业集聚的影响,研究表明适度的知识异质性利于增强产业—空间集聚。Wheeler(2001)将匹配质量界定为企业有效资本与不同劳动力技能的相关性系数与其平均值的差值。Andersson 等(2007)采用企业工资成本与劳动力技能水平来定义匹配质量,Mion 和 Naticchioni(2009)则用企业规模与就业人口来度量匹配质量。由于匹配质量含义界定和计量方法不同等原因,上述关于企业与劳动力匹配质量与市场规模的关系存在空间分异,后续将仔细讨论。考虑技能差异下城乡劳动力流动，面对1996—2008年中国劳动力较高失业率与企业岗位高需求并存现象，Liu（2013）构建了失业率与企业岗位需求指数化的多项式匹配函数，测度了1996—2008年的中国就业匹配效率，研究表明该时期中国劳动力与就业匹配效率下降的原因主要是企业对就业岗位高技能劳动力需求的增加、企业生产率提高、就业搜寻成本较高等。Melo 和 Graham（2014）以英格兰和威尔士为例，采用固定效应下劳动力和企业的平均相关系数来衡量企业与劳动力的匹配质量，研究也验证了劳动力市场密度和规模增大会提高劳动力市场中企业和劳动力就业的匹配质量。

在研究劳动力就业率对企业生产效率的影响时，劳动力技能和生产效率排序的相关关系也可作为衡量匹配质量的测度指标，相关研究也证实了劳动力市场规模与企业和劳动力的匹配质量是正相关的类似结论。但劳动力的匹配质量受空间边界效应影响较大，受到地理临近性的影响（Torfs, Zhao, 2015）。Bombardini 等（2015）从供给的角度，利用法国企业数据研究贸易企业与非贸易企业的"劳动力—企业"匹配关系时，采用不同的劳动力和企业的配对效率来衡量总产出，并由此定义最大产出下的最优匹配效率。研究表明，随着贸易壁垒下降，出口企业可通过高就业工资和国外需求形成固定劳动力结构，有效降低劳动力的搜寻成本。

已有研究也通过用 Cobb-Douglas 函数来测度劳动力就业与企业生产的匹配质量（Chassamboulli, 2013；Calcagnini 等, 2015；Haller, Heuermann, 2016）。Chassamboulli（2013）认为就业需求岗位与失业率之间的配对速度即为"搜寻—匹配"模型中的匹配效率，研究表明高失业率与企业需求和劳动力就业求职的不匹配情况是相关的。当经济衰退时，企业雇佣或留用工人的门槛降低，就业机会变少，失业率增加，匹配效率也降低。而匹配效率降低抵消了保留职位的正效应，进一步加剧了经济衰退时的职位空岗现象。Calcagnini 等（2015）也用柯布—道格拉斯函数建立了一个考虑劳动力异质性的大学研究人员与相关产业企业的匹配理论模型，研究表明，在技术交易市场中，"双边贸易"外部性提高了技术转移的预期激励，降低了搜寻等隐形交易成本，则匹配机会提高。在欧盟 NUTS3 的空间尺度下，Haller 和 Heuermann（2016）利用空间杜宾模型（SDEM）研究了德国劳动力市场就业匹配过程和外溢机制，研究进一步表明劳动力就业搜寻行为存在聚类效应，即失业率的外溢效应仅限于本地劳动力市场。Modrego 等（2015）通过构建知识匹配函数（knowledge matching function，KM 函数）来研究科研与企业家技能匹配质量对区域创新的作用机制，但其未考虑要素异质性和空间相关性等因素。

四 产业—空间匹配机制的来源与识别

随着对产业与空间关系研究的深入，我们发现产业的空间集聚或扩散的动力来源于产业对要素使用的偏好（贺灿飞、潘峰华等，2011）、产业的投入产出的垂直关联（Krugman, Venables, 1995; Venables, 1996）、区域与城市阶段性特征（Duranton, Puga, 2004; Venables, 2011）、劳动力临界工资等要素成本（Puga, Venables, 1996）、产业的技术关联（贺灿飞，2016）、市场需求（Picard, Okubo, 2012; 赵曌等，2012）、市场规模（Baldwin 等，2006; Pais, Pontes, 2008; Melitz, Ottaviano, 2008; Okubo 等，2010）。那么产业或企业对空间的区位选择依据于何种准则来匹配呢？回答这一问题，必须系统综合考虑上述因素。

（一）产业—空间匹配机制

由第二章城市中产业匹配的理论模型可知，对于两区域×三产业模型，城市中分为主导产业（d）、关联产业（m）和基础产业（b），其中主导产业为城市中具有比较优势的制造业，关联产业可为投入产出垂直关联和横向关联的产业，例如产业上下游企业或生产性服务业，基础产业为零售业、教育、卫生、医疗及公共管理产业等消费性服务业和公共基础性服务业。区域或城市间的主导产业能作为最终产品跨区移动，关联产业和基础产业不能跨区移动。借鉴 Venables（1996）三产业模型思路，假设基础产业为完全竞争，主导产业和关联产业为不完全竞争且相互关联，与之不同的是，本书假设了城市中产业均使用劳动力 L 与资本 K 进行生产，但满足要素配置结构的假设，即城市 r 的对基础产业的要素分配为 λ_i^b（Takatsuka，Zeng，2012），其中 i 为不同地区代号（假设为城市 r 和城市 s，即 i = r, s）。

城市 r 中主导产业中的产业 i 的产品价格 p_r^d 为：

$$p_r^d(i) = \varphi_r \left[\frac{\eta(1-\lambda_r^b)L_r}{1-\alpha_d-\eta\alpha_m} \right]^{\frac{\eta}{1-\sigma_m}} w_r(i)^{1-\alpha_d+\left(\frac{\eta\alpha_m\sigma_m}{1-\sigma_m}\right)} r_r(i)^{\alpha_d-\left(\frac{\eta\alpha_m\sigma_m}{1-\sigma_m}\right)}$$

(4-1)

城市 r 的主导产业 i（一般为制造业）产品需求量为：

$$X_r^d(i) = \mu [p_r^d(i)]^{-\sigma_d} [(G_r^d)^{\sigma_d-1} Y_r + (G_s^d)^{\sigma_d-1} \tau_d^{1-\sigma_d} Y_s] \quad (4-2)$$

城市中最终制成品为：

$$X_r^d = N_r^d \mu (G_r^d)^{\sigma_d-1} Y_r (1+\phi^d \tau_d^{1-\sigma_d}) \varphi_r^{-\sigma_d} w_r^{-\sigma_d}$$

$$\left[\frac{\eta(1-\lambda_r^b)L_r}{1-\alpha_d-\eta\alpha_m} \right]^{\frac{\eta\sigma_d}{\sigma_m-1}} (k_r)^{\frac{\eta\sigma_d\alpha_m\sigma_m}{\sigma_m-1}+\sigma_d\alpha_d} \quad (4-3)$$

为更清楚地表示城市 r 中主导产业总产出关系，本书借鉴 Venables（1996）的表示方法，采取用城市 r 相对于经济体总量的产出 x^d 为：

$$x^d = \frac{X_r^d}{X^d} = n^d \underbrace{\frac{\varphi^d + \tau_d^{1-\sigma_d}}{1+\tau_d^{1-\sigma_d}\phi^d}}_{\text{企业规模和市场规模}} \underbrace{(\gamma^d)^{-\sigma_d} (\rho_w)^{-\sigma_d}}_{\text{经济联系成本和劳动力成本}}$$

$$\underbrace{(\rho_k)^{\sigma_d\left(\frac{\eta\alpha_m\sigma_m}{\sigma_m-1}+\alpha_d\right)} (\delta^d)^{\frac{\eta\sigma_d}{\sigma_m-1}}}_{\text{要素结构与产业关联}} \underbrace{\xi_L^{\frac{\eta\sigma_d}{\sigma_m-1}}}_{\substack{\text{城市规模与}\\\text{产业关联}}} \quad (4-4)$$

式（4-4）中，n^d 为相对企业规模，衡量了城市主导产业的相对产业集聚情况；δ^d 为城市非基础产业的要素份额比值，ρ_k 为单位劳动力资本比值，ρ_w 为劳动力工资比值；γ^d 为城市内经济运行或联系成本；ξ_L 为城市就业规模比值；ϕ^d 为城市 r 的相对市场规模，参数含义同第二章描述。对上式取对数，则：

$$\ln x^d = \ln n^d + \ln\varphi^d + \ln\tau_d + \ln\varphi^d\tau_d + (-\sigma_d)\ln\gamma^d + (-\sigma_d)$$

$$\ln\rho_w + \sigma_d\alpha_d\ln\rho_k + \frac{\eta\alpha_m\sigma_m\sigma_d}{\sigma_m-1}\ln\rho_k + \frac{\eta\sigma_d}{\sigma_m-1}\ln\delta^d + \frac{\eta\sigma_d}{\sigma_m-1}\ln\xi_L$$

(4-5)

由式（4-5）可以看出，城市中主导产业份额受到集聚规模（企业规模为 n^d、市场规模为 ϕ^d、城市就业规模为 ξ_L）、要素配置（δ^d、ρ_w、ρ_k）和产业投入产出关联（η）的影响，其中产业投入产出关联（η）与要素结构（δ^d 和 ρ_k）、城市规模（ξ）相互耦合影响，产业最优产出存在不同匹配类型。

1. 产业类型与要素结构的匹配

产业对要素配置结构具有不同的偏好，劳动密集型、资本密集型和技术密集型产业可能受益于不同要素结构配置 ρ_k 和 $\eta \times \ln\rho_k$，前者为要素投入类型，以区分不同要素使用类型产业；后者为要素结构的增长效应，表示产业关联与要素结构的匹配关系。进一步可以通过公式推导得到关联产业总产出与主导产业总产出比例为：

$$\frac{X_r^m}{X_r^d} = \eta\varphi_r \left[\frac{\eta(1-\lambda_r^b)L_r}{1-\alpha_d-\eta\alpha_m}\right]^{\frac{\eta}{1-\sigma_m}-1} (k_r)^{-\alpha_d + \frac{\eta\alpha_m\sigma_m}{1-\sigma_m}} \quad (4-6)$$

由式（4-6）可以看出，当产业关联性增加时，城市中关联产业提供的中间产品和服务比重增大；当其他条件不变时，$1-\sigma_m<0$，则 $-\alpha_d+\eta\alpha_m\sigma_m/(1-\sigma_m)<0$，要素配置结构 k_r 大于1，即 $K/L>1$，随着城市资本集聚和对产业投入的增加大于劳动力投入水平，即主导产业属于资本密集型产业，关联产业提供的中间产品比重会降低。而当 k_r 小于1，即 $K/L<1$，主导产业属于劳动密集型产业，关联产业提供的中间产品比重会提高。因此可以看出，产业对要素配置偏好影响了主导产业（制造业）和关联产业（如服务业）的集聚程度，资本密集型产业导致关联产业集聚程度降低；劳动密集型产业导致关联产业集聚程度增加。

2. 区域或城市规模与产业关联的匹配

城市就业规模与产业关联（$\eta \times \ln\xi_L$）会存在匹配关系，当以常住人口来表示时，还会存在城市规模二次耦合关系（$\eta \times \ln\xi^2$），具体分析可详见第二章相关内容。

3. 市场规模与产业结构匹配

不同市场规模与运输成本（$\phi^d \times \tau_d$）耦合影响了产业产量，尤其是对于制造业而言，不同类型制造业对运输成本敏感程度不同。运输成本较高，且产品附加值较大的产业，通常集聚于市场规模较大的区位

(Puga, Venables, 1996; Venables, 1996); 同时已有研究也表明, 制造业与服务业存在协同集聚 (Pais, Pontes, 2008; Ellison, Glaeser, 2010; 江曼琦、席强敏, 2014; 陈国亮、陈建军, 2012; Helsley, Strange, 2014), 尤其是对制造业和生产性服务业而言。另外, 生活性服务业和公共基础性服务业的发展与城市人口规模相匹配 (李善同、华香, 2014)。因此, 市场规模与产业结构也存在匹配关系。

(二) 匹配机制的识别

1. 匹配效率

通过第二章城市 (空间维度) 经济增长和本章产业集聚 (产业维度) 的匹配机制研究可以看出, 产业与空间的匹配机制都体现在产业类型与要素结构、城市规模与产业关联、市场规模 (也称市场潜能) 与产业结构三方面。当匹配机制交叉项系数非负时, 则表明该类匹配机制有效; 系数越大, 则表明匹配机制的有效性越高, 因而可以定义匹配效率 (ME) 如:

$$ME^i = \begin{cases} \frac{\partial y^i}{\partial (\eta^i \times \ln\rho_k^i)} > 0 \text{ 和} \frac{\partial y^i}{\partial (\eta^i \times \ln\delta^d)} > 0 & \text{第一类匹配:要素结构} \\ \frac{\partial y^i}{\partial (\eta^i \times \ln\xi_L)} > 0 \text{ 或} \frac{\partial y^i}{\partial (\eta^i \times \ln\xi_N^2)} > 0 & \text{第二类匹配:城市规模} \\ \frac{\partial y^i}{\partial (\varphi_c \times \tau_i)} > 0 & \text{第三类匹配:市场潜力} \end{cases}$$

(4-7)

式 (4-7) 中, y^i 为产业 i 的产值相对值 (相对于全国平均水平), 其余指标同上。不同产业集聚特征不同, 可能匹配于不同的区域特征 (贺灿飞、潘峰华等, 2011), 通过要素结构、城市规模和市场潜力的不同匹配准则识别, 可以更加精准地识别产业集聚的微观机理。同时, 还可以看出, 匹配效率界定的是城市经济或产业增加值的增加效率, 当城市 c 中产业 i 的匹配效率越高时, 则经济效率越高, 则越易形成产业的空间集聚现象。不同城市或产业的经济增长引起的经济集聚和产业集聚效应可以通过要素结构、产业结构与产业关联、

城市市场规模来进一步界定,进而为回答"何种产业布局在何地,效率最高"提供定量判断依据。因此,本书提出产业集聚的假设:

假设Ⅰ:匹配效率越高,区域经济效率越高,则越容易形成经济集聚现象。产业对要素结构、产业匹配和集聚规模的匹配效率越高,则越容易形成产业集聚。

2. 匹配质量

对于匹配质量(Matching quality,简称 MQ),本书借鉴 Helsley 和 Strange (1990) 以及 Wheeler (2001) 对匹配质量研究的思路,从匹配效率发挥的有效性与稳健性来衡量产业的匹配质量。借鉴 Helsley 和 Strange (1990) 以及 Amiti (2005) 研究劳动力与企业匹配问题的思路,认为匹配质量为企业对技能需求与劳动力技能空间分布的理论差值,因此,定义产业的匹配质量如下:

$$MQ_{ij} = |y_{ij} - \lambda_{ij}(\eta^i, \rho_k^i, \xi_L, \varphi_c, \tau_i) y_{ij}| \qquad (4-8)$$

由匹配质量界定来看,匹配质量指产业实际产值与潜在地区平均产值的差距,地区平均产值用产业集聚水平对实际产值进行折减,λ_{ij} 与产业产值 y_{ij} 乘积代表了不同地区 i 的产业 j 的全国平均水平,而地区实际产值 y_{ij} 与地区平均产值之差则代表了产业的潜在相对优势,MQ 值越大,则表明产业—空间匹配质量越好,产业的空间集聚水平是稳定的;反之则相反。当集聚规模负外部性增加时,产业增长的拥挤效应和成本效率抵消了集聚的正效应,城市经济或产业—空间集聚变得不稳定,产业匹配质量较低则使得产业转移发生。基于以上分析,进一步提出:

假设Ⅱ:就产业的空间区位选择而言,匹配质量较高的产业—空间关系可以实现长期稳定的产业集聚,经济增长稳定;而匹配质量较差的产业—空间关系,产业则容易扩散,经济增长波动性较大。

(三) 要素集聚空间特征

1. 劳动力流动偏好

消费者的效用也可相应地变为间接效用函数 V_r,消费者间接效用与城市价格指数成反比,与城市收入和固定资本成正比;同时,还可以看出劳动力流动面临对城市基础产品和最终产品的选择。

$$U_r = \mu^\mu (1-\mu)^{1-\mu} \frac{Y_r}{(G_r^d)^\mu (P_r^b)^{1-\mu}} = \frac{w_r L_r + r_r K_r}{(G_r^d)^\mu (P_r^b)^{1-\mu}} \quad (4-9)$$

$$\nu^L = \frac{V_r}{V_s} = \frac{w_r}{w_s} \frac{L_r}{L_s} \left(\frac{1 + \frac{r_r}{w_r} k_r}{1 + \frac{r_s}{w_s} k_s} \right) \left(\frac{G_s^d}{G_r^d} \right)^\mu \left(\frac{P_s^b}{P_r^b} \right)^{1-\mu} \quad 0 < \mu < 1$$

$$(4-10)$$

式（4-10）所示，对比城市 r 与城市 s 的消费者相对间接效用 ν^L，可以看出劳动力流动倾向于流向最终消费品和基础产业公共品购买力较高的城市，同时，劳动力工资与城市规模也影响了劳动力流动偏好。可以看出，城市劳动力集聚机制来源于：（1）价格指数效应。产业集聚引起的价格指数效应降低了最终消费品价格；（2）城市工资与规模效应。高工资与较大城市规模加剧了城市中劳动力的集聚。（3）城市基础产业效应。城市的基础设施、教育、卫生、公共管理水平也对劳动力流动有集聚效应。

2. 要素集聚与产业关联

城市中主导产业与关联产业的就业人口、资本之间的关系为：

$$\frac{L_r^d}{L_r^m} = \frac{1-\alpha_d - \eta}{(1-\alpha_m)\eta} \quad \frac{K_r^d}{K_r^m} = \frac{\alpha_d}{\alpha_m \eta} \quad \frac{L_r^d}{L_r^b} = \frac{(1-\alpha_d - \eta)\mu}{\alpha_b (1-\mu)}$$

$$(4-11)$$

进一步可以推出主导产业和关联产业的要素集聚特征：

$$\frac{L_r^m}{L_r^d + L_r^m} = \frac{(1-\alpha_m)\eta}{1-\alpha_d - \eta\alpha_m} \quad \frac{K_r^m}{K_r^d + K_r^m} = \frac{\alpha_m \eta}{\alpha_m \eta + \alpha_d} \quad (4-12)$$

通过简单数值算例可以看出，随着资本要素消耗比重增加，城市关联产业要素份额占比逐步增大。当资本占比消耗超过 0.8 时，其对产业关联的弹性也逐步增加，并发生分叉（现实世界中小于 0 的要素占比不存在），资本密集度较高的产业集聚时，增加产业关联，会引发制造业要素劳动力配置降低，劳动力就业流入关联产业。从主导产业对关联产业的要素比值来看，随着资本要素投入占比增加，主导产业的劳动力、资本要素份额也是降低的。

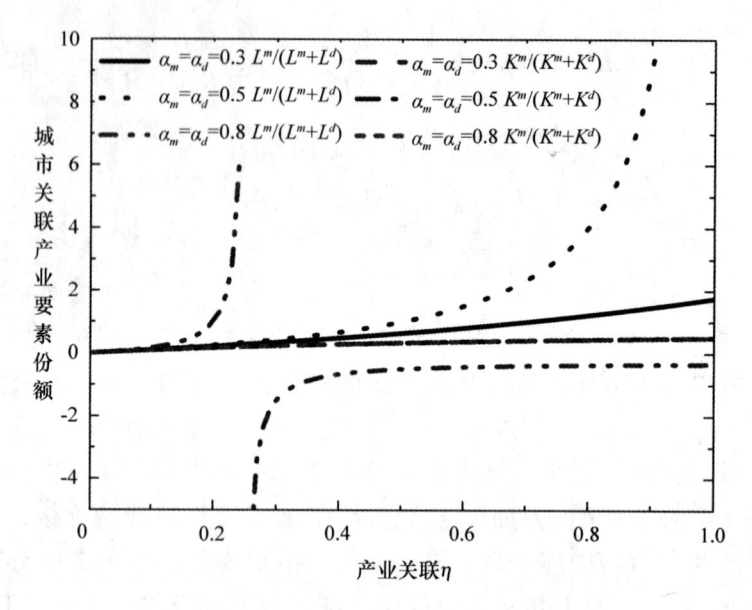

图 4-1 城市关联产业要素份额

数据来源：作者计算。

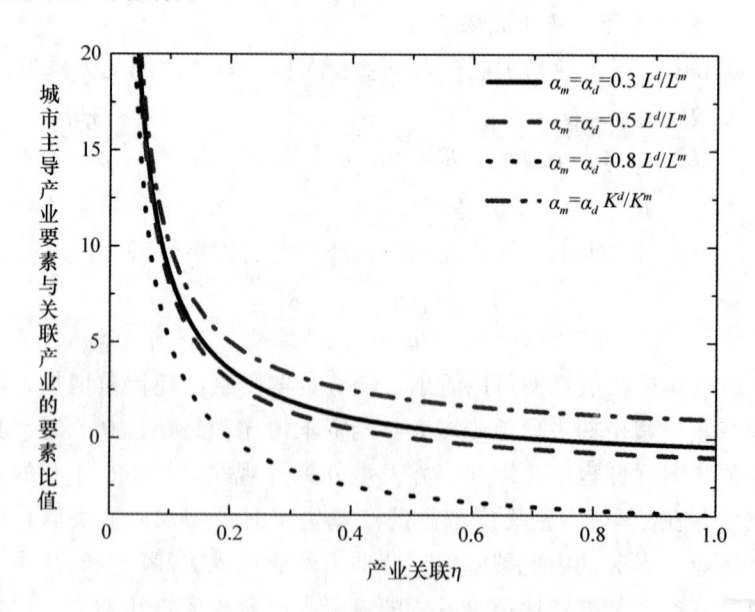

图 4-2 城市中主导产业与关联产业要素比值

数据来源：作者计算。

五 本章小结

　　本章通过总结产业—空间集聚和扩散的动力机制、集聚的测度方法和匹配机制的相关概念，为构建产业—空间匹配机制的识别和测度提供了研究背景。在此基础上，构建了针对产业对要素结构、城市规模和市场潜力的三种匹配机制的识别方法，并据此界定了匹配效率和匹配质量，提出了匹配视角下的产业集聚和扩散的微观机理。研究认为，产业集聚发展是一种产业与空间相互选择、识别的动态现象，要素结构匹配为产业集聚提供了基础，城市规模和市场潜力等外部性为产业集聚提供演化动力，匹配效率越高，则产业集聚越容易发生；产业集聚是否稳定，则取决于匹配质量，产业产值与要素结构、城市规模和市场潜力的相关性越高，则该产业的匹配质量越高，产业集聚则越稳定，反之，产业与空间匹配质量越低，则产业越容易扩散，地区经济增长动力则不足。简而言之，本章通过匹配效率来解释产业集聚，通过匹配质量来解释产业扩散，为后续不同产业的空间匹配机制实证研究提供了理论分析框架。

第五章 经济增长的产业—空间匹配机制研究：基于空间经济增长视角

城市群发展需要以区域中心城市为核心，带动周边中小城市协调发展，"以城市群为主体形态"，通过产业的空间布局优化来提升经济整体增长的效率与质量。那么，产业—空间布局究竟是如何影响城市经济增长的呢？以超大、特大城市为代表的区域中心城市是如何带动周边中小城市发展的？这些问题需要系统回答。本章以城市为空间维度来研究地区经济增长的产业—空间匹配机制。

一　城市发展与产业选择

城市发展与产业选择既息息相关，也相互影响，似乎存在某种合意的匹配关系。一方面，不同产业选择导致城市发展格局迥异；另一方面，不同的城市发展阶段与城市规模特征同时也影响了不同类型产业的空间区位选择，进而呈现不同的城市经济增长模式。

那城市发展与产业选择的这种匹配关系究竟在多大程度上影响了城市经济增长？本书选取了中国地级市的经济数据，构建了城市产业结构特征 ψ [$(Y_3/Y_2)/(Y_2/Y_1) = Y_1Y_3/Y_2^2$[①]] 来初步分析城市产业结构对经济总量的作用机制，如图5-1和图5-2所示。首先，可以发现1990年以来中国城市产业结构变化的差异性较大。北京、天津、广州等城市产业结构波动较小，成都、重庆、武汉等城市的第三

[①] Y_i为产业 i 产值占城市经济总量比值或产业 i 就业人数占城市总就业人数比值（i = 1，2，3分别代指三大产业类别）。本书选取各产业经济指标来度量产业结构特征值。

第五章 经济增长的产业—空间匹配机制研究：基于空间经济增长视角 / 117

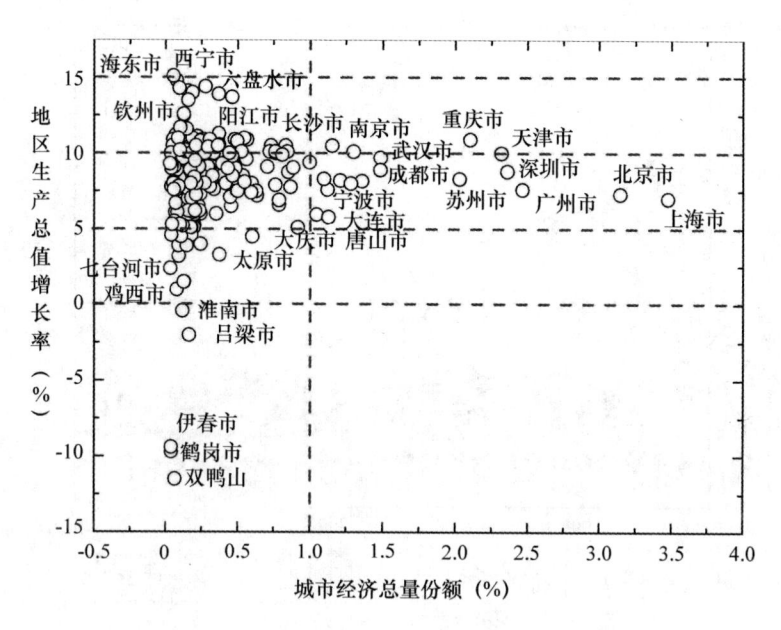

图 5-1 中国城市经济总量与增长率（2014 年）

注：图中未标注被符号覆盖城市。

数据来源：《中国城市统计年鉴 2015》；各城市统计年鉴。

产业比重逐步上升，但经济增速较高的城市都保持了制造业与服务业的合理规模。其次，在以超大、特大城市[①]为代表的区域中心城市中，既存在第三产业远高于第二产业的北京、广州，也存在着第三产业与第二产业基本持平的天津、深圳、重庆等城市[②]，同样也有具有类似产业结构、经济总量占比较高，但增速逐步放缓的大连（5.78%）、沈阳（5.95%）等城市，如图 5-3 所示。这不禁让人产生疑问，产业结构对城市经济增长的作用机制是否稳定呢？不同城市的城市化进程和发展阶段不同，产业结构调整对城市经济增长的作用机制或许不同。

---

① 城市规模划分依据来源于国务院《关于调整城市规模划分标准的通知》（国发〔2014〕51 号），划分口径为城区常住人口。

② 2015 年北京市地区生产总值第三产业占比约为 79.7%，第二产业为 19.7%；同期上海第三产业占比为 67.8%，第二产业为 31.8%，广州第三产业占比约为 67.1%，第二产业为 31.6%。2015 年天津、深圳和重庆第二产业占比分别为 49.4%、41.2%、45%，第三产业占比分别为 45.0%、58.8%、47.7%。参见各城市历年统计年鉴。

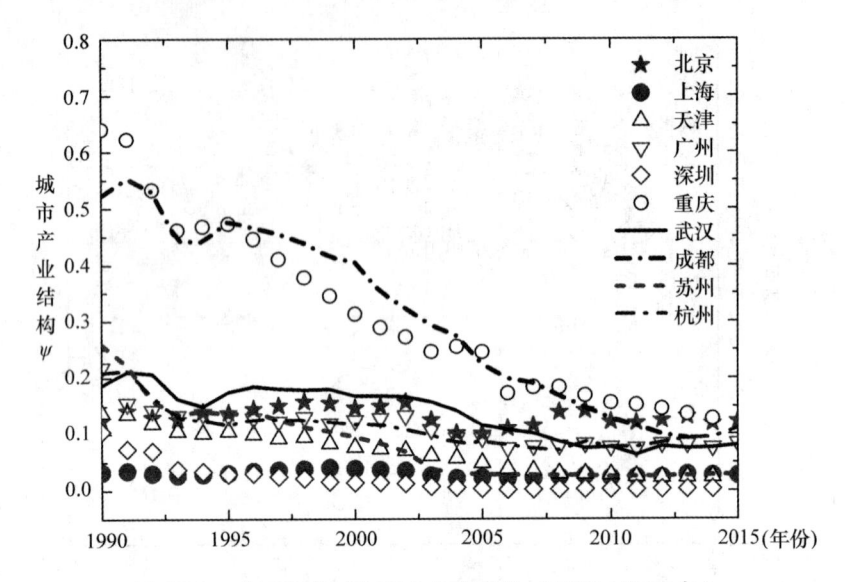

118 / 从集聚到均衡：中国经济增长的产业与空间匹配机制研究

图 5-2 中国部分城市产业结构变化（1990—2015 年）

注：图中未标注被符号覆盖城市。

数据来源：《中国城市统计年鉴2015》；各城市统计年鉴。

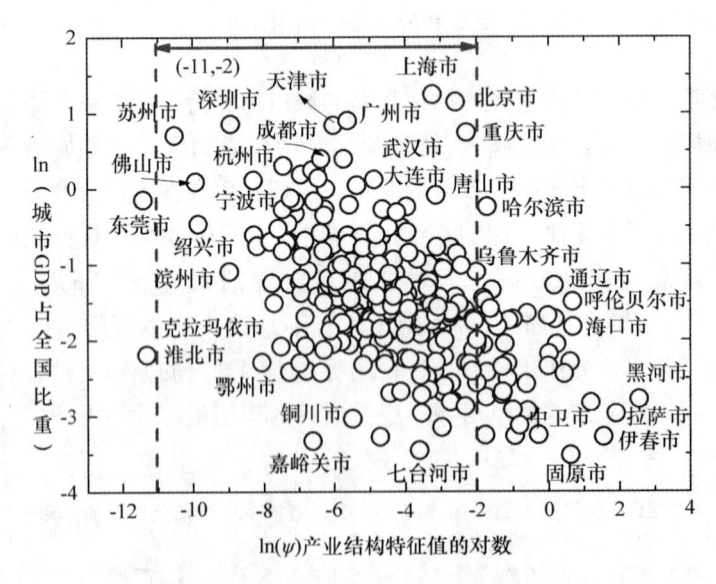

图 5-3 中国城市经济增长与产业结构特征（2014 年）

数据来源：《中国城市统计年鉴2015》；世界银行世界发展指标（WDI）数据库。

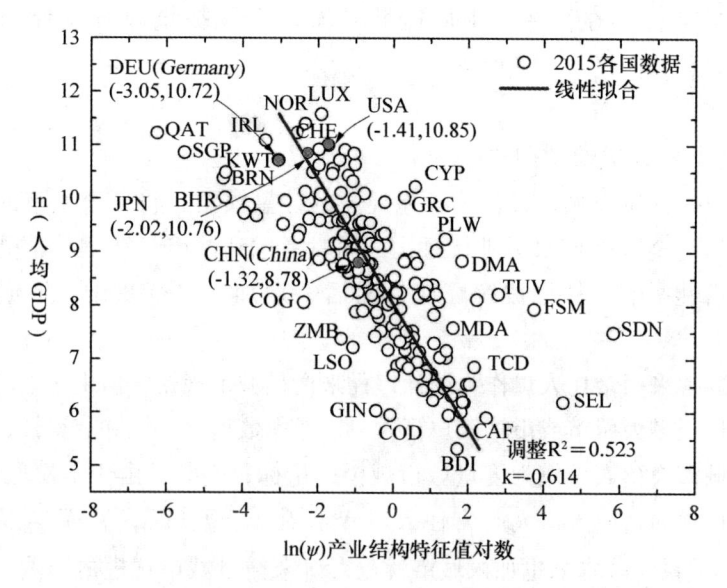

图 5-4　世界各国经济增长与产业结构特征（2015 年）

数据来源：《中国城市统计年鉴 2015》；世界银行世界发展指标（WDI）数据库。

本书利用中国城市经济数据与世界银行世界发展指标（WDI）数据库进一步进行了分析，结果表明，经济总量较大的国家、地区与城市都保持了制造业与服务业的合理规模，但相同产业规模结构下的经济增长差异却较大。对国内城市而言，相同产业结构特征值下既存在经济总量占比较大的北京、上海等城市，也存在相同大类产业结构下经济总量较小的铜川、中卫、七台河等城市。同时，服务业占比过高，而缺乏相应制造业的国家或城市都表现出较小地区经济总量和经济增速，因而单纯追求产业结构偏向服务业，容易造成产业结构空心化，反而不利于地区经济增长，例如中国固原、中卫等城市，南苏丹等国，如图 5-4 所示，可见产业结构服务业化与城市经济显著增长并非单纯正相关关系。

二　实证研究设计与数据选取

利用第二章的理论模型构建计量模型进行实证分析，检验三种匹配机制是否存在,并为中国区域和城市发展提供政策设计的理论依据。

(一) 计量模型构建

为提供研究城市经济增长差异 v^d 的计量模型,将各个城市的各项指标均与全国平均水平进行对比,同时考虑到城市经济增长也受到前期滞后性影响,故将被解释变量滞后一期加入自变量中,形成动态模型。

通常采用常住人口作为统计口径来衡量城市规模,但由于之前中国统计口径多为城市或市辖区户籍人口,考虑数据统一性和获得性,本书采用城市户籍人口作为度量城市规模的指标;同时,由于本模型设定,城市规模的就业人口 L_c 与常住人口 N_c 存在 $L_c = f(N_c, N_c^2) = N_r - 1/2\theta_r N_r^2$ 关系,故本书也加入城市就业人口来衡量城市规模的影响,可以看出,城市经济增长受到了就业人口一次项与产业关联性耦合的影响;要素配置结构(ρ_k 与 ρ_w)与产业结构及关联性共同影响了城市经济增长。因此,本书计量基准模型分别为:

$$V_1 = \ln v_t^d = \beta_0 + \beta_1 \ln v_{t-1}^d + \beta_2 \ln n_t^d + \beta_3 \eta \ln \delta_t^d + \beta_4 \ln \rho_{kt} + \beta_5 \eta \ln \rho_{kt} + \beta_6 \ln \rho_{wt} + \beta_7 \ln \gamma_t^d + \beta_8 \eta \xi_{Lt} + \beta_9 f(\phi_t^d, \tau_t) \quad \xi_{Lt} = L_c/L \tag{5-1}$$

而当利用城市户籍人口时,城市规模存在二次项,如下:

$$V_2 = \ln v_t^d = \beta_0 + \beta_1 \ln v_{t-1}^d + \beta_2 \ln n_t^d + \beta_3 \eta \ln \delta_t^d + \beta_4 \ln \rho_{kt} + \beta_5 \eta \ln \rho_{kt} + \beta_6 \ln \rho_{wt} + \beta_7 \ln \gamma_t^d + \beta_8 f(\eta, \xi_{Nt}, \xi_{Nt}^2) + \beta_9 f(\phi_t^d, \tau_t) \tag{5-2}$$

$$f(\eta, \xi_{Nt}, \xi_{Nt}^2) = \eta \ln\left[\left(N_r - \frac{1}{2}\theta_r N_r^2\right) \Big/ \left(N_s - \frac{1}{2}\theta_s N_s^2\right)\right] \tag{5-3}$$

$$f(\varphi_t^d, \tau_t) = \ln\left(\frac{\phi^d + \tau_d^{1-\sigma_d}}{1 + \tau_d^{1-\sigma_d}\phi^d}\right) \tag{5-4}$$

其中,L_c 为城市 c 就业人口;L 为全国总就业人口;参数为 $\beta_0 = \ln n^d$;β_1 为被解释变量滞后项系数;$\beta_2 = \beta_9 = 1$;$\beta_3 = (1-\sigma_d)/(1-\sigma_m)$;$\beta_4 = (\sigma_d - 1)\sigma_d$;$\beta_5 = (1-\sigma_d)\alpha_m\sigma_m/(1-\sigma_m)$;$\beta_6 = \beta_7 =$

$(1-\sigma_d)$；$\beta_8 = (1-\sigma_d)/(1-\sigma_m)$；$\beta_9 = 1$。

本书的计量模型为：

(1) 模型中采用就业人口：

$$V_1 = \ln v_{it}^d = \beta_0 + \beta_1 \ln v_{t-1}^d + \beta_2 \ln n_{it}^d + \beta_3 \eta \ln \delta_{it}^d + \beta_4 \ln \rho_{kit} + \beta_5 \eta \ln \rho_{kit} + \beta_6 \ln \rho_{wit} + \beta_7 \ln \gamma_{it}^d + \beta_8 \eta \ln \xi_{Lit} + \beta_9 \ln \varphi_{it}^d + \beta_{10} \ln \tau_{it} + u_i + \varepsilon_{it}$$

(5-5)

(2) 模型中采用户籍人口：

对于 V_2 模型而言，城市规模通过二次项与产业关联性耦合①：

$$f(\eta, \xi_{Nt}, \xi_{Nt}^2) = \eta \ln \frac{N_r}{N_s} + \eta \ln \frac{1 - \theta_r N_r/2}{1 - \theta_s N_s/2} \approx 2\eta \ln \frac{N_r}{N_s} = \eta \ln \xi_{Nt}^2$$

$$\xi_{Nt} = N_r/N_s \qquad (5-6)$$

计量模型为：

$$V_2 = \ln v_{it}^d = \beta_0 + \beta_1 \ln v_{t-1}^d + \beta_2 \ln n_{it}^d + \beta_3 \eta \ln \delta_{it}^d + \beta_4 \ln \rho_{kit} + \beta_5 \eta \ln \rho_{kit} + \beta_6 \ln \rho_{wit} + \beta_7 \ln \gamma_{it}^d + \beta_8 \eta \ln(\xi_{iNt}^2) + \beta_9 \ln \varphi_{it}^d + \beta_{10} \ln \tau_{it} + u_i + \varepsilon_{it}$$

(5-7)

可以看出，当利用常住或户籍人口，而非就业人口来度量城市规模时，城市相对规模是以二次项的对数值与产业关联性进行耦合的。这与理论分析中城市规模对经济总量（$\partial v^d / \partial N_r$）存在倒"U"形关系也是吻合的。其中 u_i 为个体异质性的截距项，ε_{it} 为扰动项，后续实证分析将同时考虑这两种计量模型的差别。需要说明的是由于本书关注的是城市经济总量的差异，故选取全市而非市辖区范围内的经济指标。

（二）计量技术选择

考虑到固定效应或随机效应等常规面板数据估计方法可能导致有偏、非一致估计值，从而导致统计检验结论失准；同时，由于内生性、组内自相关以及异方差等原因，例如城市要素配置结构与企业规模等因素不可能完全不相关，存在不可避免的内生性问题，本书采用

---

① 利用泰勒展开即可证明，也可通过理论公式利用城市年鉴数据直接计算验证。

系统 GMM 方法（Arellano，Bond，1991），通过增加矩条件提高估计效率，能够增加工具变量有效性。在使用系统 GMM 时，还需要检验动态模型设定是否恰当以及工具变量是否有效等问题，即：（1）模型差分的残差是否序列相关；（2）工具变量是否过度识别。前者可运用差分 n 阶序列统计量来进行检验，通过 AR（1）和 AR（2）检验残差中是否存在一阶和二阶序列相关，系统 GMM 估计一致性要求差分残差的二阶序列不相关。对工具变量的过度识别问题，通常运用 Hansen 和 Sargan 估计来进行检验[①]。因为 Sargan 检验仅对一步、非稳健估计有效，在随机扰动项 ε_{it} 存在异方差或自相关时失效[②]，在稳健估计时只能用 Hansen 统计量来进行工具变量过度识别检验。另外，为消除异方差问题，本书在估计时均使用 Robust 稳健标准误差处理。

（三）数据来源与统计分析

本书使用 2004—2014 年中国 277 个地级市的城市数据[③]。主要数据来源于历年《中国城市统计年鉴》，价格指数取值来自历年《中国统计年鉴》。

1. 城市产业划分

城市的主导产业和基础产业通常易于识别，前者可由产业增加值获取；后者主要指城市基础设施、科研、教育、卫生、公共管理等产业部门。本书选取制造业中的电力、热力、燃气及水生产和供应业，服务业中的水利、环境与公共设施管理业，居民服务、修理和其他服

[①] AR（1）的零假设（H_0）为差分后的残差项不存在一阶序列相关，但需满足 AR（2）检验，AR（2）的零假设（H_0）为差分后残差项不存在二阶序列相关，因此系统 GMM 有效的前提是 AR（2）检验通过。Hansen-Sargan 检验的零假设（H_0）工具变量的过度识别约束是有效的。

[②] 参见 Stata 中 xtabond2 帮助文件和 Roodman（2009）的解释。

[③] 需要说明的是，为保障研究指标统一性和数据完整性，本书对以下城市数据进行了剔除：（1）行政区划调整频繁，如宁夏回族自治区固原市、安徽省巢湖市（2011 年撤销）；（2）数据不完全，如西藏自治区拉萨市、青海省海东市、海南省三沙市、丽江市（2003 年成立）、普洱市（2007 年成立）、临沧市（2004 年成立）、定西市（2003 年成立）、陇南市（2004 年成立）、崇左市（2003 年成立）、中卫市（2008 年成立）、毕节市和铜仁市（2010 年成立）。另外，由于数据缺失，本书也未包括中国香港、澳门、台湾地区。

务业，教育，卫生和社会工作，文化、体育和娱乐业，公共管理、社会保障和社会组织作为城市的基础产业部门。由于投入产出关联的复杂性，关联产业通常难以精确界定。对产业关联性的度量，一般采用以下几种方法：（1）投入产出表的消耗系数；（2）同一地区出口产品的条件概率来定义产业关联；（3）关联产业增加值与主导产业增加值的比值[①]。

对关联产业，本书根据2012年投入产出表计算的影响力系数与感应度系数平均值来确定关联产业的选取[②]，根据计算结果，本书取租赁和商务服务，交通运输、仓储与邮政业，科学研究和技术服务业，金融业，住宿和餐饮业，信息传输、软件和信息技术服务业作为城市中的关联产业，产业关联性（η）具体界定为上述关联产业的就业人数与城市总就业人数比值[③]。可以看出本书定义的产业关联性为城市主导产业生产中使用关联产业提供的中间产品的比例，包括了投入产出纵向与横向关联。但由于目前欠缺地级市层面产业投入产出表，产业关联性的投入产出纵向关联无法准确度量；而如果使用省级投入产出表来度量省域要素投入产出关系也不能考虑细分空间尺度下各城市产业中要素配置的空间异质性。因此，考虑数据真实与获得性，本书采用产业投入产出横向关联（即产业间关联）来衡量产业

---

① Hidalgo 等（2007）使用同一地区出口产品的条件概率来定义产业关联，Guo 和 He（2015）依据 Hidalgo 等（2007）的方法，利用区位商来衡量地区比较优势，通过不同产业间位于同一空间的条件概率来刻画产业关联 ϕ_{ij} = min {P（RCA_{ci} >1 | RCA_{cj} >1），P（RCA_{cj} >1 | RCA_{ci} >1）}，式中 RCA 为采用产业就业人数表示的区位商；陈国亮和陈建军（2012）借鉴投入产出表的消耗系数原理定义了产业关联性指标 $Link_i$ = $\delta P/M$，δ 为修正系数，P 和 M 分别为生产性服务业和制造业的产业增加值。上述方法都存在数据完整性和精度的不同要求。

② 为综合考虑产业的前向和后向拉动力，以全国2012年投入产出表计算影响力系数和感应度系数的平均值来衡量产业关联性水平。

③ 已有研究对产业间关联，尤其是第二、第三产业协同集聚或生产性服务业与制造业关联等研究，陈建军等（2011）及江曼琦和席强敏（2014）都选取产业两位数代码51—62和68—78为关联产业，即：（1）交通运输、仓储和邮政业；（2）信息传输、软件和信息技术服务业；（3）金融业；（4）房地产业；（5）租赁和商务服务业；（6）科学研究和技术服务业。柯善咨和赵曜（2014）选取2007年投入产出表中制造业消耗系数较高的产业，即：（1）交通运输、仓储及邮政业；（2）批发业与零售业；（3）信息传输、软件与信息技术服务业；（4）金融业；（5）租赁和商务服务业；（6）住宿和餐饮业；（7）科学研究和技术服务业作为七类生产性关联性产业。

关联，暂不考虑技术关联。

2. 分析变量选取

本书被解释变量为相对于全国水平的城市经济总量（v^d）。由于产业关联性（η）以解释变量的指数形式存在，故除产业关联性指标外，其余计量变量数据处理时均折算为全国水平的相对值。

对城市的相对要素配置结构（ρ_k），本章采用各个城市归一化后的固定资本存量与劳动力就业人数比值的全国水平相对值来确定[①]。劳动力就业人数可直接选取《城市统计年鉴》中的年末从业人员数目与全国总就业人数的比值。对于资本存量，由于初始资本存量、价格指数、折旧率、投资序列与项目建设周期的理解差异和不同假定条件，中国始终没有公布每个城市的固定资本存量，需要进一步估算。目前国内对城市资本存量进行估算的研究主要来自柯善咨和向娟（2012）的研究，他们考虑3年城市平均建设周期和不同部门折旧年限，依据永续存盘法进行的城市资本存量估算，但并未提供详细城市数据。本章参考柯善咨和向娟（2012）的做法，利用永续存盘法来估算城市固定资本存量。

考虑城市平均建设期为3年，资本相对效率满足几何递减，并假定城市固定投资价格指数与省级相同，则城市固定资本存量计算方法为：

$$K_t = K_{t-1}(1-\delta) + (I_t/d_t + I_{t-1}/d_{t-1} + I_{t-2}/d_{t-2})/3 \quad (5-8)$$

I_0' 为初始基期的固定资产不变价投资额，本章以2000年为基期，初始资本存量 K_0 为：

$$K_0 = I_0'(1+g)/(g+\delta) \quad (5-9)$$

由于直接采用固定资产直接投资可能忽略了资本重置率，容易造成资本存量虚高，因此需考虑固定资产投资实际交付率（或新增固定资本存量），本章参照柯善咨和向娟（2012）的做法，假设城市的资本投资与存量比重（投资—存量比）与省份相同，通过对固定资产投资进行价格修正，可以得到各城市的固定资产存量。中国277个地级市固定资产投资额估算见附录（一）所示，2014年中国部分地级及

---

① $\rho_{ki} = (K_i/L_i)/(K/L) = (K_i/K)/(L_i/L)$，$i$ 为各个城市。

第五章 经济增长的产业—空间匹配机制研究：基于空间经济增长视角 / 125

以上城市的固定资本存量如图5-5所示。其中，δ为年均资本重置率，参照张军等（2004）取9.6%；I_t为第t年固定资产形成额或固定资产投资额；g为不变价I_t的平均增长率。

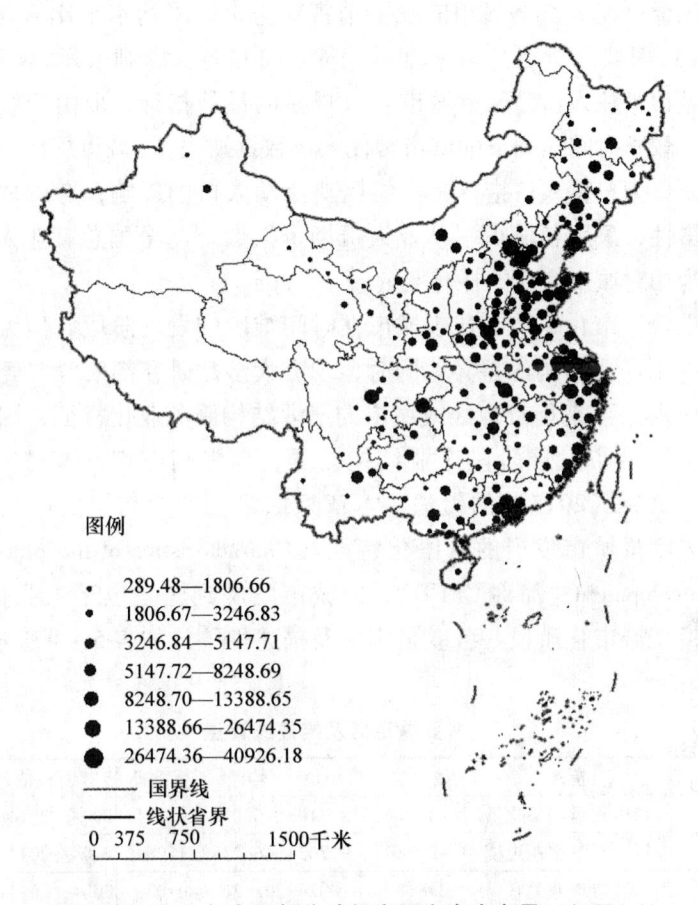

图例
- 289.48—1806.66
- 1806.67—3246.83
- 3246.84—5147.71
- 5147.72—8248.69
- 8248.70—13388.65
- 13388.66—26474.35
- 26474.36—40926.18
- —— 国界线
- —— 线状省界

0   375   750   1500千米

图5-5　2014年中国部分地级市固定资本存量（亿元）

注：中国台湾、香港地区和澳门地区数据缺失；限于篇幅，各城市2004—2014年的固定资本存量并未全部列出。

数据来源：作者计算。

由于城市基础产业包括了城市基础设施、科研与教育等，非基础产业要素占比（δ_d）采用这类产业劳动力就业比重与全国层面的相对比值来衡量。城市企业规模（n_d）采取规模以上工业企业数来测度，城市相对劳动力成本（ρ_w）用各城市的劳动力工资与全国平均工资比值来表示，劳动力工资用各城市的全市职工平均工资来表示。城市内生产组织联系成本（γ_d）用为城市道路面积与全国平均水平比值来度量。市场规模（ϕ_d）为各城市的社会销售额与全国平均水平比值。运输成本（τ）用城市货运总量来度量，货运总量越大，则表示运输成本越低。城市常住人口是衡量城市人口规模的最佳指标，但由于统计口径变化，较长时间序列下的城市常住人口数据缺失。《城市统计年鉴》中城市人口为户籍人口指标，不能反映流动人口的影响；考虑现行数据的获得性，采用各城市"从业人员期末人数"与全国总就业人口的比值作为相对城市规模的补充变量。

尽管城市化率能够代表城市在时间维度的发展阶段，但无法反映城市内生产业结构的差异，同时，现有大多数研究都采取"经济结构服务业占比"来衡量地区或城市的产业结构服务业化特征，因此，为考虑不同城市发展阶段产业结构差异，参考柯善咨和赵曜（2014）以及于斌斌（2015）的做法，本章采取第三产业与第二产业产值的比值来度量城市发展的阶段化特征（Characteristics of the phase of urban development，简称 CPUD），即城市发展到底是位于工业化阶段，还是位于城市化阶段。各变量定义及描述性统计如表 5-1 所示。

表 5-1　　　　　各变量定义及描述统计量

变量符号	指标	最大值	最小值	均值	标准差	面板估计区间
v_{it}^d	城市相对经济总量	-3.054	-8.210	-6.058	0.871	2004—2014 年每年值
n_{it}^d	城市相对企业规模	-2.880	-9.762	-6.238	1.081	2004—2014 年每年值
η_{it}	城市产业关联	2.843	0.002	0.126	0.070	2004—2014 年每年值
δ_{it}^d	城市非基础产业要素占比	0.346	-8.217	-0.219	0.211	2004—2014 年每年值
ρ_{kit}	劳均资本相对比值	1.656	-2.731	-0.095	0.479	2004—2014 年每年值
ρ_{wit}	城市职工平均工资相对值	2.014	-1.057	-0.183	0.243	2004—2014 年每年值
γ_{it}^d	城市道路面积相对值	-2.636	-10.175	-6.133	0.940	2004—2014 年每年值
N_{it1}	城市户籍人口相对值	-3.623	-8.858	-5.858	0.691	2004—2014 年每年值
N_{it2}	城市就业人口相对值	-2.406	-7.919	-5.995	0.784	2004—2014 年每年值
N_{it3}	城市常住人口相对值	-3.112	-9.289	-5.219	0.711	2010—2013 年每年值

续表

变量符号	指标	最大值	最小值	均值	标准差	面板估计区间
ϕ_{it}^d	城市相对市场规模	-3.068	-8.985	-6.147	0.971	2004—2014 年每年值
τ_{it}	城市货运量相对值倒数	-1.181	2.207	16.721	1.015	2004—2014 年每年值
$CPUD_{it}$	城市发展阶段指标	3.757	0.094	0.785	0.381	2004—2014 年每年值
DN_{it}	夜间灯光灰度平均值	4.068	2.121	2.845	0.256	2004—2013 年每年值

注：除产业关联、城市发展阶段指标外，其余指标均为对数值。由于各城市数据均换算为全国水平的相对值，故取对数后存在负值。

三 城市经济增长的匹配机制实证研究

（一）数据平稳性检验

本书涉及中国 277 个地级市 2004—2014 年的数据，面板内存在时间序列，有必要进行数据平稳性的检验。如果时间序列数据不满足"稳定性"的假定，则将会导致虚假回归或伪回归，由此而做出的预测可能是无效的，通过对模型中时间序列变量进行单位根检验来确定数据是否平稳。满足平稳性假定的条件后，为保障研究长期均衡的有效性，仍需要进行协整检验（Cointegration），检验时间序列变量的数据是否存在长期均衡关系。经面板数据 LLC 单位根检验，表明本书数据为 I（0）（零阶平稳序列），即都为同阶单整，因而数据都是平稳的。笔者认为，由于在数据处理时，本书都将各指标进行了以各年全国水平的折算，这有

表5-2　面板数据协整检验——Pedroni 检验结果（一）

名称	$\ln n^d$	$\eta \times \ln\delta^d$	$\ln\rho_k$	$\eta \times \ln\rho_k$	$\ln\rho_w$	$\ln\gamma^d$	$\eta \times \ln\xi_L$	$\eta \times \ln(\xi_N)^2$	$\ln\phi^d$	$\ln\tau_d$
面板 rho	-10.001 (0.000*)	-9.390 (0.000*)	-9.234 (0.000*)	-9.340 (0.000*)	-10.370 (0.000*)	-11.65 (0.000*)	-7.280 (0.000*)	-6.973 (0.000*)	-12.932 (0.000*)	-10.047 (0.000*)
面板 PP	-23.921 (0.000*)	-25.530 (0.000*)	-21.741 (0.000*)	-22.890 (0.000*)	-27.634 (0.000*)	-28.07 (0.000*)	-19.83 (0.000*)	-19.882 (0.000*)	-28.022 (0.000*)	-23.90 (0.000*)
面板 ADF	-25.442 (0.000*)	-12.474 (0.000*)	-10.728 (0.000*)	-23.915 (0.000*)	-27.680 (0.000*)	-28.65 (0.000*)	-20.96 (0.000*)	-20.781 (0.000*)	-27.561 (0.000*)	-24.767 (0.000*)

注：表中数值为统计量值（P 值），* 为 5% 水平下显著。

表5-3　　　　面板数据协整检验——Pedroni 检验结果（二）

名称	$\ln n^d$	$\eta \times \ln \delta^d$	$\ln \rho_k$	$\eta \times \ln \rho_k$	$\ln \rho_w$	$\ln \gamma^d$	$\eta \times \ln \xi_L$	$\eta \times \ln (\xi_N)^2$	$\ln \phi^d$	$\ln \tau_d$
组 rho	-2.041 (0.022*)	-1.807 (0.035*)	-1.983 (0.024*)	-2.002 (0.023*)	-2.744 (0.003*)	-2.795 (0.003*)	-0.854 (0.004*)	-0.665 (0.002*)	-3.53 (0.002*)	-2.842 (0.002*)
组 PP	-30.90 (0.000*)	-31.182 (0.000*)	-28.81 (0.000*)	-30.95 (0.000*)	-37.26 (0.000*)	-35.89 (0.000*)	-28.29 (0.000*)	-29.38 (0.000*)	-35.41 (0.000*)	-33.19 (0.000*)
组 ADF	-27.91 (0.000*)	-29.885 (0.000*)	-27.47 (0.000*)	-28.762 (0.000*)	-34.35 (0.000*)	-31.52 (0.000*)	-26.64 (0.000*)	-27.71 (0.000*)	-30.45 (0.000*)	-29.18 (0.000*)

注：表中数值为统计量值（P 值），* 为5% 水平下显著。

可能保证了本书数据的良好平稳性。数据平稳性检验结果表明城市相对经济总量与本书的其余解释变量存在协整关系①。

（二）空间维度（一）：全国城市的整体回归检验结果

本书主要采取一步系统 GMM 估计技术，为了检验 GMM 估计有效性，参考 Roodman（2009），依据本书计量技术选取原则，主要对比 GMM 估计的解释变量一阶滞后项系数与混合 OLS、面板 FE 估计值进行比较。同时还分别检验 GMM 使用条件与工具变量的过度识别问题。

由表5-4 可知，系统 GMM 估计被解释变量一阶滞后项位于面板 FE 估计值与混合 OLS 范围内，以 V1 模型中的城市户籍人口为例，系统 GMM 的自回归系数为0.890 和0.893，位于 FE 的0.627、0.629 和混合 OLS 的0.935、0.936 之间。Arellano-Bond 检验拒绝了一阶差分自相关 AR（1）（p = 0.001 和0.002），而接受了 AR（2）（p = 0.362 和0.410）不存在二阶序列自相关的原假设。根据 Hansen 检验结果 [V1 模型（p = 0.417）；V2 模型（p = 0.908）]，可知工具变量的过度识别是有效的。Difference-in-Hansen 检验也表明 GMM 工具变量的外生性都满足要求。通过上述统计判别，系统 GMM 工具变量选择是合适的。因此，本书后续研究以系统 GMM 的分析结果为主。

---

① 对于面板协整检验，本书采用了 Pedroni 检验结果 [假设条件为 H_0：ρ = 1，不存在协整关系；H_1：$(\rho_i = \rho)$ < 1，存在协整关系]。

表 5-4 计量模型 V_1、V_2 固定面板 FE、混合 OLS 和系统 GMM 回归结果

$\ln v_t^d$	模型 V1-1 FE 就业	模型 V2-1 FE 户籍	模型 V1-2 混合 OLS 就业	模型 V2-2 混合 OLS 户籍	模型 V1-3 系统 GMM 就业	模型 V2-3 系统 GMM 户籍
$\ln v_{t-1}^d$	0.629 *** (50.66)	0.629 *** (50.67)	0.935 *** (54.47)	0.936 *** (54.77)	0.890 *** (33.87)	0.893 *** (28.91)
$\ln n_t^d$	0.0850 *** (12.15)	0.0851 *** (12.16)	0.00724 * (1.77)	0.00756 * (1.85)	0.0212 ** (2.16)	0.0186 * (1.68)
η_t	-0.992 *** (-2.91)	-0.351 *** (-2.88)	-0.0628 * (-1.71)	-0.111 ** (-1.82)	-1.772 *** (-2.71)	-0.203 *** (-2.49)
$\eta_t \times \ln \delta_t^d$	0.0441 (1.27)	0.0572 (1.33)	0.0813 * (1.62)	0.0805 ** (1.91)	0.179 *** (3.22)	0.117 (1.78)
$\ln \rho_{kt}$	0.0242 *** (2.47)	0.0233 *** (2.38)	0.0289 *** (2.61)	0.0273 *** (2.48)	0.0555 *** (2.65)	0.0488 ** (2.16)
$\eta_t \times \ln \rho_{kt}$	-0.136 ** (-2.09)	-0.132 ** (-1.99)	-0.126 * (-1.90)	-0.117 * (-1.75)	-0.243 ** (-1.96)	-0.240 ** (-1.95)
$\ln \rho_{wt}$	0.0556 *** (4.41)	0.0556 *** (4.41)	0.0382 *** (3.46)	0.0375 *** (3.34)	0.0672 *** (3.24)	0.0638 ** (2.39)
$\ln \gamma_t^d$	0.0157 *** (3.20)	0.0157 *** (3.21)	0.00578 (1.40)	0.00565 (1.36)	0.0171 (1.57)	0.00978 (1.08)
$\ln \xi_{Lt}$	0.0992 *** (7.13)	—	0.068 *** (4.50)	—	0.0232 *** (3.36)	—
$\ln (\xi_{Nt})^2$	—	0.00746 *** (3.12)	—	0.00073 (1.47)	—	0.00324 (1.31)
$\eta_t \times \ln \xi_{Lt}$	0.00409 (0.99)	—	0.00246 (0.61)	—	0.00385 (0.45)	—
$\eta_t \times \ln (\xi_{Nt})^2$	—	0.00175 (0.77)	—	0.0000910 (0.04)	—	0.00257 (0.38)
$\ln (\phi_t^d)$	0.0195 *** (2.12)	0.0195 *** (2.71)	0.0267 *** (2.55)	0.0262 *** (2.52)	0.0339 *** (2.13)	0.0358 ** (1.96)
$\ln (\phi_t^d \times \tau_{dt})$	0.0195 ** (2.00)	0.0195 ** (2.33)	0.0267 *** (2.55)	0.0262 *** (2.52)	0.0783 *** (3.13)	0.0772 *** (3.00)
常数项	-1.465 *** (-15.49)	-1.464 *** (-15.47)	-0.0750 *** (-4.40)	-0.0755 *** (-4.41)	-0.0234 *** (-2.61)	-0.104 *** (-2.28)
城市/时间	控制	控制	控制	控制	控制	控制
F 统计值	221.36	221.31	18399.25	18601.50	—	—

续表

$\ln v_t^d$	模型 V1-1 FE 就业	模型 V2-1 FE 户籍	模型 V1-2 混合 OLS 就业	模型 V2-2 混合 OLS 户籍	模型 V1-3 系统 GMM 就业	模型 V2-3 系统 GMM 户籍
R^2	0.9893	0.9893	0.9934	0.9934	—	—
AR(1) P值	—	—	—	—	0.001	0.003
AR(2) P值	—	—	—	—	0.362	0.410
Hansen P	—	—	—	—	0.417	0.608
N	2770	2770	2770	2770	2770	2770

注：括号中的数值为 t 检验结果；$p^* < 0.1$，$p^{**} < 0.05$ 和 $p^{***} < 0.01$ 分别表示在 10%、5% 和 1% 的水平下通过了显著性检验，余表同。除产业关联 η 外，城市规模 ξ、市场规模 ϕ^d 的一次项系数均为正，下表同。

对中国 277 个地级市的经济指标整体检验结果可知，从自变量显著性来看，变量系数符号与理论分析结果一致。城市要素配置结构 ρ_{kt} 与城市经济增长 v_t^d 显著正相关，即人均资本存量越大，则越有利于城市经济增长，但城市的相对要素配置结构 ρ_k 与产业关联性 η 对城市经济增长呈负效应。结合前述理论机理分析，可能由于中国目前城市总体要素配置结构存在资本与劳动力配比较小，大多数城市劳动力集聚水平大于资本集聚水平，同时，产业结构与要素配置整体可能尚未最佳匹配，导致了产业关联与要素结构协同性不高，从而表现为 $\eta_t \times \ln\rho_{kt}$ 系数为负，这也验证了理论假说 I，为中国城市要素配置与产业关联优化提供了参考。

同时，尽管城市经济运行成本 γ_t^d 系数符号与理论一致，但指标统计量并不显著。这表明，尽管提高城市内交通水平来增进经济联系有利于城市经济增长，但总体来看显著性并不高。再者，城市相对规模与产业关联性的一次项和二次项系数符号与理论一致。提高就业人口与城市规模总体有利于城市经济增长，但效果也并不显著。变量不显著的原因我们认为主要可能有以下原因：（1）与衡量城市规模的指标选取有关，通常衡量城市规模对经济增长的作用时，选取常住人口是较为客观和准确的，但由于统计口径变化，中国历年城市常住人口数据缺失较多。（2）尽管中国城市的规模效应能够促进产业关联性提高，但二者协同机制效果并未充分发挥，导致了显著性水平仍然不高，这无论从就业人口规模还是城市户籍人口上都可以看出。

(三) 空间维度 (二): "四大区域板块"内的不同城市

由于不同区域要素集聚水平和城市规模不同，本书还将以"四大板块"①为划分依据来研究不同区域中城市经济增长趋异的原因，表5-5列出了东部、中部、西部和东北地区的回归结果。

表5-5 "四大板块"的计量模型 V_2 系统 GMM 回归结果

$\ln v^d$	东部地区		中部地区		西部地区		东北地区	
	就业	户籍	就业	户籍	就业	户籍	就业	户籍
$\eta_t \times \ln\delta_t^d$	0.492*** (2.82)	0.431*** (2.68)	0.402*** (2.32)	0.316* (1.79)	0.0251 (0.35)	0.0314 (0.44)	-0.107 (-0.56)	-0.104 (-0.55)
$\ln\rho_{kt}$	0.0531*** (3.52)	0.0535*** (3.34)	-0.0546* (-1.94)	-0.0828*** (-2.65)	-0.0844*** (-3.87)	-0.0812*** (-3.68)	0.00337 (0.03)	0.00229 (0.08)
$\eta_t \times \ln\rho_{kt}$	0.205*** (2.13)	0.186*** (2.37)	-0.439*** (-2.33)	-0.672*** (-2.82)	-0.443*** (-2.72)	-0.437*** (-2.58)	0.208 (0.84)	0.195 (0.77)
$\eta_t \times \ln\xi_{Lt}$	0.0314*** (3.76)	—	0.0330*** (2.36)	—	-0.0131** (-2.14)	—	-0.0317 (-0.87)	—
$\eta_t \times \ln(\xi_{Nt})^2$	—	0.0184*** (3.21)	—	0.0354*** (2.35)	—	-0.0525** (-1.92)	—	-0.0200 (-1.06)
$\ln(\phi_t^d)$	0.0308*** (3.51)	0.0288*** (3.29)	0.0202** (1.95)	0.0160** (1.95)	0.0150 (1.95)	0.0198 (1.13)	0.0409 (1.49)	0.0316 (1.22)
$\ln(\phi_t^d \times \tau_{dt})$	0.0158*** (2.96)	0.0128*** (2.64)	0.0302* (1.74)	0.0282* (1.85)	-0.0388* (-1.87)	-0.0388** (-1.99)	0.0378 (1.34)	0.0420 (1.20)
城市/时间	控制	控制	控制	控制	控制	控制	控制	控制
AR(1) P值	0.000	0.000	0.001	0.001	0.002	0.003	0.001	0.001

---

① 东部地区: 河北、北京、天津、山东、江苏、上海、浙江、福建、广东、海南，由于数据缺失，未包括台湾、香港和澳门地区; 中部地区: 山西、河南、安徽、湖北、江西、湖南; 西部地区: 陕西、四川、云南、贵州、广西、甘肃、青海、宁夏、西藏、新疆、内蒙古、重庆; 东北地区: 黑龙江、吉林、辽宁。

续表

$\ln v^d$	东部地区		中部地区		西部地区		东北地区	
	就业	户籍	就业	户籍	就业	户籍	就业	户籍
AR(2) P值	0.617	0.808	0.327	0.398	0.548	0.549	0.349	0.345
Hansen P	0.805	0.911	0.892	0.971	0.892	0.970	0.982	0.998
N	870	870	800	800	760	760	340	340

注：为节约篇幅，略去 ρ_{wt}、n_t^d、δ_t^d、ϕ_t^d 等部分控制变量及常数项的检验结果，下表同。

可以发现，不同区域的城市经济增长机制不同。第一，城市要素配置结构不同区域的城市经济增长总体影响机制相同，且都呈正相关，但西部地区城市的正向效应并不显著；从产业内要素结构与产业关联来看，东部地区和西部地区要素结构对经济增长贡献显著，但与产业关联性匹配程度不高，压低了经济增长潜力；中部地区要素配置结构与产业关联匹配程度较好。第二，对于城市内经济运行成本，东部和中部地区城市总体都呈现正相关，西部地区城市却是负相关关系。第三，东部地区和中部地区的城市规模与产业关联并不匹配，西部地区城市规模与产业关联性对经济增长正向效应。这也印证了本书理论假说Ⅱ，城市规模与产业关联耦合地影响了城市经济增长，存在着相对最优的城市规模。对东北地区而言，尽管通过了内生性检验和工具变量过度识别检验，AR（2）P值为0.349和0.345，Hansen P值为0.982和0.998，但变量系数回归结果大多都不显著。我们认为可能由于东北地区地级市数据样本较小①。其次，东北地区的要素配置结构与产业关联、城市规模的匹配程度较低，系数均为负，同时由于市场规模较小，交通成本系数为负，这也进一步验证了理论假说Ⅲ。

另外，上述结果可以从我国产业梯度来解释，由东向西，中国产业结构呈现"U"形分布模式，东部沿海地区以研发、高端产业和最终产品

---

① 截至2014年年底，东北地区有34个地级市，东部地区（87个）、西部地区（76个）与中部地区（80个）。

市场区,而加工制造环节由于产业转移集中于中西部地区,而以中部地区为主,因此中部地区产业关联与要素结构匹配程度相对较好,但要素配置结构仍有优化改进空间。从城市规模与产业关联匹配来看,东、中部地区城市的匹配程度不高,西部地区由于城市规模总体较小,东、西部地区位于产业分工两端,尽管要素集聚水平较高(东部地区资本存量占优,西部地区劳动力占优),在实现合理产业选择的基础上,仍存在着通过优化城市规模来提高经济总量的空间,东部地区需优化产业结构,实现产业关联;西部地区仍具有提高城市规模的条件。尽管东北地区固定资本存量仍较高,但由于产业关联与要素结构的匹配程度较低,城市规模也相对较小,东北经济总量占比较低。

(四) 时间维度:不同发展阶段城市的回归估计分析

根据钱纳里的思路和城市产业结构服务业化的指标界定,本书依据工业化阶段(CPUD<1)和城市化阶段(CPUD≥1)对面板数据进行了划分,并进行回归检验,如图5-6所示,可知不同发展阶段的城市经济增长机制不同,这也验证了本书最初的疑问。

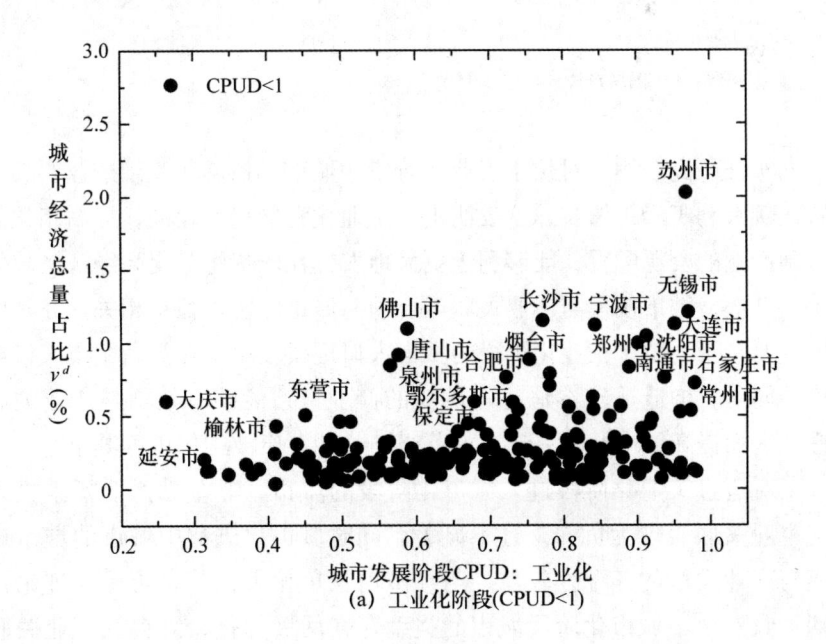

(a) 工业化阶段(CPUD<1)

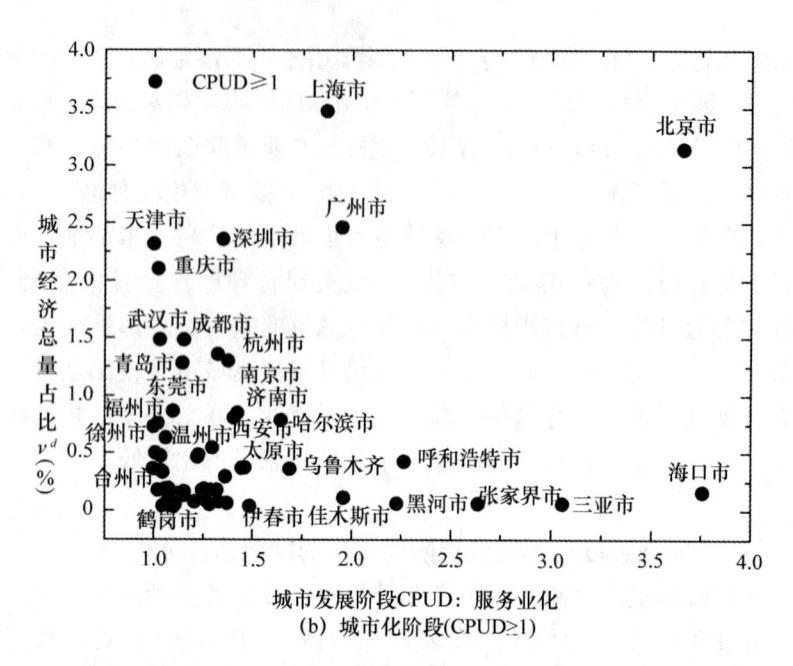

图 5-6　2014 年城市经济总量与城市发展阶段的关系

注：考虑数据统一性和获得性，根据前述剔除原则剔除了陇南、固原、三沙等城市。2014 年工业化阶段城市个数为 218 个，城市化阶段城市个数为 59 个，这表明中国城市整体上仍位于工业化阶段。

数据来源：《中国城市统计年鉴 2015》。

　　实证研究表明，对位于工业化阶段的城市，提高非基础产业要素配置比例有利于经济增长，这表明由于工业化程度仍然较高，提高相关非基础产业的资源配置，能够利于更大地发挥比较优势，提高经济增长效率；其次，城市规模与产业关联耦合项与城市经济增长正相关。究其原因主要在于，位于工业化阶段的城市人口规模较小，在提高城市人口规模的同时，构造适于本地比较优势的产业链，能够有效增强产业关联性，进而提高城市经济总量，如苏州、长沙、宁波、佛山等城市。

　　对迈过工业化阶段进入城市化阶段的城市，非基础产业要素投入与产业关联表现为负向，且不显著。同时城市化进程中城市的城市规模与产业关联的匹配性较差，与经济增长负相关，其余指标与理论预期一致。由于城市化阶段城市的类型存在两极分化，既存在产业关联性较高、城市规模较大的大城市,也存在一些规模较小、经济总量占比较低的中小城市,如张家界、伊春市。另外还有一些产业结构高度"服务化"的城市,如三亚,如图5-6所示,特大与超大城市占比较大,在剔除中小城市后,再进行回归,仍发现城市规模与产业关联呈负相关,同时要素配置与产业关联尽管系数符号不变,但显著性降低。

从上述分析结果表明中国现目前城市总体存在着不同程度的要素错配,产业内要素配置与产业关联呈现负相关。这不仅存在于工业化阶段的城市,也存在与位于城市化阶段的城市,因此,提高要素配置效率和增强产业关联性对不同发展阶段的城市都有必要,但优化产业结构和要素结构的方式存在不同。对于工业化阶段城市,由于要素配置在非基础产业与经济增长正相关,这表明提高要素配置在制造业部门仍具有较大经济增长潜力,当要素配置在服务性行业反而会拉低经济总量增长,因而工业化阶段城市应以提高产业关联性和工业生产效率,以培育"有效供给"为主;而对于位于城市化阶段的城市,需要合理要素结构与良好产业关联的保障,通过将要素从制造业向服务业转移,由于城市化经济与多样性匹配原理,提高基础产业要素配置比例(科学研究、基础设施等产业)更有利于城市经济增长;同时增强生产服务性产业对制造业的产业关联性,控制特大城市人口规模,增强城市内经济联系,减低城市运行成本,可以进一步释放产业结构升级"结构红利"。上述分析验证了本书的理论假说Ⅲ,与于斌斌(2015)等研究结论也一致。

表5-6　　　　不同城市发展阶段的系统 GMM 回归分析

$\ln v_t^d$	工业化阶段 (CPUD<1)		城市化阶段 (CPUD>1)			产业结构高端化 AIIS	
	就业	户籍	就业	户籍	常住人口	大城市	中小城市
$\ln v_{t-1}^d$	0.625*** (15.74)	0.707*** (21.03)	0.692*** (11.17)	0.747*** (12.73)	0.781*** (13.22)	0.841*** (27.43)	0.745*** (21.22)
$\eta_t \times \ln \delta_t^d$	0.335*** (2.66)	0.351** (2.29)	-0.589* (-1.86)	-0.295* (-1.81)	-0.325* (-1.77)	-0.0766 (-1.74)	0.0621 (1.64)

续表

$\ln v_t^d$	工业化阶段 (CPUD<1)		城市化阶段 (CPUD>1)			产业结构高端化 AIIS	
	就业	户籍	就业	户籍	常住人口	大城市	中小城市
$\ln\rho_{kt}$	-0.0419** (-2.05)	-0.0446** (-1.96)	0.0419 (-2.10)	0.0352 (1.02)	0.0251 (1.03)	0.0381*** (1.21)	-0.0122** (2.88)
$\eta_t \times \ln\rho_{kt}$	-0.287*** (-2.81)	-0.104** (-2.33)	0.291** (2.00)	0.171*** (2.77)	0.124*** (3.10)	0.127*** (3.31)	-0.092*** (-2.52)
$\ln\xi_{Lt}$	-0.219* (-1.91)	-0.172 (-1.61)	0.764* (1.88)	0.915*** (2.91)	1.008** (2.01)	1.547*** (3.31)	-1.431** (-2.11)
$\eta_t \times \ln\xi_{Lt}$	-0.0137** (-1.99)	—	0.0652* (1.68)	—	0.0134** (1.96)	0.00617*** (2.51)	-0.00715*** (4.51)
$\eta_t \times \ln(\xi_{Nt})^2$	—	-0.0261** (-2.05)	—	0.0225*** (2.71)	—	—	—
$\ln(\phi_t^d)$	0.0146 (1.01)	0.0124 (1.26)	0.0139** (1.95)	0.0251** (1.86)	0.0272** (1.99)	0.0814** (3.29)	0.0228 (1.26)
$\ln(\phi_t^d) \times \tau_{dt}$	0.165 (1.17)	0.169 (1.27)	0.0912*** (4.36)	0.133*** (4.13)	0.487*** (5.61)	0.0816*** (3.56)	0.0262 (1.56)
城市/时间	控制	控制	控制	控制	控制	控制	控制
AR(1) P值	0.000	0.000	0.000	0.000	0.000	0.002	0.000
AR(2) P值	0.174	0.432	0.754	0.214	0.332	0.852	0.796
Hansen P	0.559	0.504	0.765	0.761	0.812	0.825	0.794
N	2081	2081	544	544	544	426	118

注：为节约篇幅，部分指标结果未列出。

四 稳健性检验

为保障分析结论可靠性，本书进行了以下两项稳健性检验：（1）移除被解释变量一阶滞后项。若理论模型正确、分析方法可靠，则自变量回归结果的系数符号不会变化；（2）改变数据样本时间区间。本书以国际金融危机爆发的2008年为分界点，将样本时间区间划分为2004—2008年和2009—2014年两个时间段。表5-7和表5-8的稳健性检验表明，不论移除解释变量一阶滞后项，还是改变样本时间区间，全面层面城市的回归检验中各变量系数符号和显著性均保持和前述分析结果保持一致，变量系数未发现明显显著变化，说明在全国层面本书研究结论是稳健可靠的，验证了结论的稳健性。此外，Hansen检验和AR（2）检验均通过，说明回归的工具变量选取也是合适的，GMM估计有效。另外还可以看出，面板固定效应（FE）来检验可能导致系数符号的扭转，而用系统GMM结果很稳健。

表5-7 稳健性检验Ⅰ：不含被解释变量一阶滞后项的固定面板和系统GMM

$\ln v_t^d$	模型 V_1 FE—就业	模型 V_2 FE—户籍	模型 V_1 系统GMM—就业	模型 V_2 系统GMM—户籍
$\ln n_t^d$	0.112*** (11.81)	0.112*** (11.84)	0.113** (2.26)	0.120** (2.37)
$\eta_t \times \ln\delta_t^d$	0.116* (1.70)	0.135** (1.98)	0.526** (2.17)	0.576** (2.54)
$\ln\rho_{kt}$	0.0861*** (5.79)	0.0809*** (5.43)	0.254** (2.47)	0.232** (2.27)
$\eta_t \times \ln\rho_{kt}$	-0.265*** (-2.66)	-0.229** (-2.26)	-0.447* (-1.68)	-0.366* (-1.56)
$\ln\rho_{wt}$	0.122*** (6.37)	0.121*** (6.35)	0.517*** (4.42)	0.529*** (4.37)
$\ln\gamma_t^d$	0.0297*** (4.10)	0.0298*** (4.11)	0.146* (1.86)	0.150* (1.89)
$\eta_t \times \ln\xi_{Lt}$	0.00443 (0.68)	—	0.0834 (1.33)	—
$\eta_t \times \ln(\xi_{Nt}^2)$	—	0.000583 (0.46)	—	0.0253 (0.93)
$\ln\phi_t^d$	0.126*** (9.84)	0.126*** (9.84)	0.495*** (5.00)	0.487*** (4.82)
$\ln\tau_{dt}$	0.0186*** (3.65)	0.0186*** (3.65)	0.0910* (1.76)	0.0929* (1.79)
常数项	-4.275*** (-41.22)	-4.277*** (-41.23)	-0.708*** (-3.53)	-0.700*** (-3.44)

续表

$\ln v_t^d$	模型 V_1	模型 V_2	模型 V_1	模型 V_2
	FE—就业	FE—户籍	系统 GMM—就业	系统 GMM—户籍
城市/时间	控制	控制	控制	控制
AR (1) P 值	—	—	0.000	0.000
AR (2) P 值	—	—	0.740	0.777
Hansen P 值	—	—	0.651	0.712

表 5-8　　　　稳健性检验 Ⅱ：改变样本时间区间

$\ln v_t^d$	2004—2008 年		2009—2014 年	
	系统 GMM 就业	系统 GMM 户籍	系统 GMM 就业	系统 GMM 户籍
$\ln v_{t-1}^d$	0.631*** (5.10)	0.679*** (4.06)	0.838*** (22.06)	0.840*** (22.20)
$\ln n_t^d$	0.0560*** (3.65)	0.0623*** (3.82)	0.0187** (2.97)	0.0177** (2.92)
$\eta_t \times \ln \delta_t^d$	2.121*** (3.18)	2.222*** (6.58)	0.0279** (2.36)	0.0429*** (2.56)
$\ln \rho_{kt}$	0.0886*** (3.35)	0.185** (3.05)	0.110*** (2.92)	0.106*** (2.79)
$\eta_t \times \ln \rho_{kt}$	-0.618 (-0.51)	-0.627 (-0.52)	-0.850*** (-3.03)	-0.837*** (-2.91)
$\ln \rho_{wt}$	0.0977*** (3.05)	0.0738*** (3.61)	0.0739** (2.01)	0.0812*** (3.11)
$\ln \gamma_t^d$	0.0727*** (1.12)	0.0167** (2.47)	0.0225** (2.92)	0.0231** (2.94)
$\eta_t \times \ln \xi_{Lt}$	0.00627** (2.85)	—	0.0225** (2.25)	—
$\eta_t \times \ln (\xi_{Nt}^2)$	—	0.0437** (2.84)	—	0.0114** (2.03)
$\ln \phi_t^d$	0.142* (1.73)	0.0899** (2.13)	0.0492* (1.69)	0.0496* (1.72)

续表

$\ln v_t^d$	2004—2008 年		2009—2014 年	
	系统 GMM 就业	系统 GMM 户籍	系统 GMM 就业	系统 GMM 户籍
$\ln \tau_{dt}$	0.0283 *** (3.44)	0.0352 *** (3.69)	0.0581 *** (2.87)	0.0572 *** (2.84)
常数项	-0.100 *** (-3.85)	-0.272 ** (-2.12)	-0.0490 ** (-0246)	-0.0448 ** (-2.42)
城市/时间	控制	控制	控制	控制
AR (1) P 值	0.004	0.006	0.000	0.000
AR (2) P 值	0.698	0.757	0.831	0.903
Hansen P 值	0.527	0.263	0.372	0.359
N	1108	1108	1385	1385

五　本章小结

为更好地实现"优化经济结构"和"缩小区域差距"的目的，中国政府通过积极推动"优化产业—空间布局"来作为实现"功能疏解"与"协同发展"良好匹配的重要手段。但由于目前对城市产业选择、要素集聚和城市经济差异性的系统研究不足，造成面对不同区域与城市发展阶段中的现实政策需求总显得力不容心。基于此，本书利用中国 277 个地级及以上城市 2004—2014 年统计数据对第二章和第四章的理论模型进行实证研究，主要结论如下所示。

第一，总体来看，城市要素配置结构、集聚规模（企业规模、市场规模与城市规模）与产业关联性交互影响了城市经济增长。从实证结论来看，人均资本存量和市场规模与经济总量增长显著正相关，但城市的相对要素结构与产业关联性的匹配程度不高，整体来看资本与劳动力要素与产业结构尚未达最佳匹配；城市规模与产业关联相互耦合，存在相对最优城市规模，当城市规模较大时，提高产业关联性，大力发展城市基础产业与生产性服务性产业，有利于城市经济增长；反之，当城市规模低于最优规模时，过度追求产业结构"高端化"反而会拉低城市经济总量。

第二，从不同区域来看，产业匹配、集聚规模和要素结构的作用机制存在空间分异。从产业内要素结构与关联性来看，尽管要素结构单独与经济增长正相关，但东部与西部地区的产业关联性不高，而中部地区由于承接东部产业较多，产业关联性与要素结构的匹配程度优于东、西部地区。其次，东部与中部地区的城市规模与产业关联匹配性不高，这表明在东、中部地区，通过提高城市规模并不能有效增进经济总量，而应将城市经济重心放在提高产业关联性，优化城市产业—空间布局上来；西部地区仍具有城市规模经济效应，但效果并不显著，城市内联系成本高于全国平均水平，因而西部地区在合理提高城市规模的同时，也需理顺产业—空间格局，优化城市产业分工。另外，要素结构合理化有利于提高城市经济总量，但西部地区的正效应却并不显著。

第三，对于不同城市发展阶段，城市产业选择、要素结构的影响机理也并非统一，应实施差别化的经济政策。对于工业化比例较高的城市，城市规模通常都不大，要素配置在制造业部门仍具有明显经济优势，城市产业政策应当重点培育"有效供给"，通过提高非基础产业的要素配置、城市规模与产业关联耦合性，可以优化产业—空间组织与要素配置效率。对位于城市化阶段的城市，由于"两极分化"明显（如2014年北京和海口的第三产业/第二产业比值几乎相同），总体来看存在不同程度的要素匹配和规模不经济（系数指标为负），可以通过提高产业关联、控制合理城市规模，提高基础产业要素投入来释放更多产业升级的"结构红利"，而在产业选择、要素配置等政策制定上，不同城市更应考虑更符合地区实际情况的差异化政策。

第六章 经济增长的产业与空间匹配机制研究：基于工业增长与集聚

关于工业集聚（主要为采矿业与制造业）与区域经济增长的关系，尤其是对制造业集聚的相关研究成果较多，可谓浩如烟海。由于工业产品的生产与消费空间不统一，工业空间集聚与有着内在的理论逻辑，即成本需求与市场需求，而且不同类别工业的集聚机制不同。随着产业结构升级和经济空间优化，工业结构变迁势必促使产业—空间集聚与扩散机制继续不断演化，已有研究多从产业集聚的空间测度和经济效应来考虑，未对产业—空间集聚、扩散的内涵做进一步解释，且较少系统研究区域、城市的产业增长、集聚效应与要素结构配置机制的关系[1]；同时也鲜有从匹配的视角来探讨要素生产组织的空间效应。面对城市功能疏解背景下的"何种产业可以疏解转移，何种产业承接到哪里"的实际政策需求，往往面临理论分析结论差异化的矛盾（Behrens 等，2014；Eeckhout 等，2014）。

本章及后续章节分别从要素集聚、产业结构和城市规模等外部性

---

[1] 现有关于"要素匹配、配置失当"（又称"要素错配"）的研究主要集中在对经济增长或 TFP 的影响机理上，都不同程度地揭示了资本和劳动力在不同产业中存在错配问题，并造成效率损失（Hsieh，Klenow，2009；龚关、胡关亮，2013；叶文辉、楼东玮，2014；姚毓春等，2014；张建华、邹凤明，2015；周新苗、钱欢欢，2017）。近年来也有学者开始研究产业—空间集聚对要素配置的改善作用（季书涵等，2017），但仍主要集中在利用 Hsieh 和 Klenow（2009）的研究框架对产业中要素配置结构改善的讨论，并较少涉及城市等空间异质性对产业要素配置和经济增长的作用机理，因此本书第二章和第四章构建的考虑要素配置结构、产业与城市异质性的产业—空间集聚或扩散的分析框架可为这类问题提供一个新的分析视角。

的视角来系统研究工业、服务业①的匹配机制,以期为地区经济增长与产业选择关系提供更为细致、全面的分析。

一 工业的产业类型与空间特征

工业主要涉及采矿业,制造业,电力、热力、燃气及水生产和供应业以及建筑业,由于建筑业与电力热力供应业等基础工业存在着与市场需求与人口规模相适应的状态,本章主要以采矿业和制造业为例。需要说明的是,尽管采矿业中的煤炭、石油开采等产业存在着自然资源禀赋的空间依赖,但由于仍然存在着以资源开采为地区主导产业的资源型地区或城市,而且制造业中也有石油加工等相关产业,因此,本书在研究中同时涵盖了制造业和采矿业。

(一)工业的产业特征分类

由于工业产品的生产特性,工业通常可依据要素投入结构分为劳动密集型、资本密集型和技术密集型三大类,但这种分类也并非绝对,也存在同时具备资本和技术投入要求较高的工业类型。本书利用单位劳动人均资本($k = K/L$)来表示产业的要素投入结构:

$$k_i = \frac{K_i}{L_i} = \frac{K_i^* / \sum_{i=1}^{N} K_i^*}{L_i^* / \sum_{i=1}^{N} L_i^*} \quad K_i = \frac{K_i^*}{\sum_{i=1}^{N} K_i^*} \quad L_i = \frac{L_i^*}{\sum_{i=1}^{N} L_i^*} \quad (6-1)$$

其中,K 分别采取资产总额和固定资产折算值来衡量,L 为企业平均用工人数折算值,二者均按照当年规模以上工业企业总数折算;K_i^*、L_i^* 分别为经济普查和工业统计年鉴中的(资产总额或固定资产)、和企业平均用工人数的实际数据值。当 $k > 1$ 时,则表明产业为资本密集型产业;当 $k < 1$ 时,则为劳动密集型产业;当 $k = 1$ 时,产业同时偏重资本和劳动力要素。需要再补充说明的是,已有研究多采

---

① 由于第一产业中农业、畜牧业等产业类型集聚主要依赖于自然资源禀赋或地理特征,故本书不涉及。

第六章 经济增长的产业与空间匹配机制研究：基于工业增长与集聚 / 143

用固定资产净值（聂辉华等，2012；范剑勇等，2014；杨汝岱，2015）来作为衡量产业资本投入的指标，为对比资产统计口径的变化的影响，本书以2015年工业产业数据计算了固定资产与资本总量（固定资产+流动资产），如图6-1所示，采用二者来度量产业资本投入相差不大，为与已有研究统一，本书采用固定资产净值来衡量产业中资本要素投入。

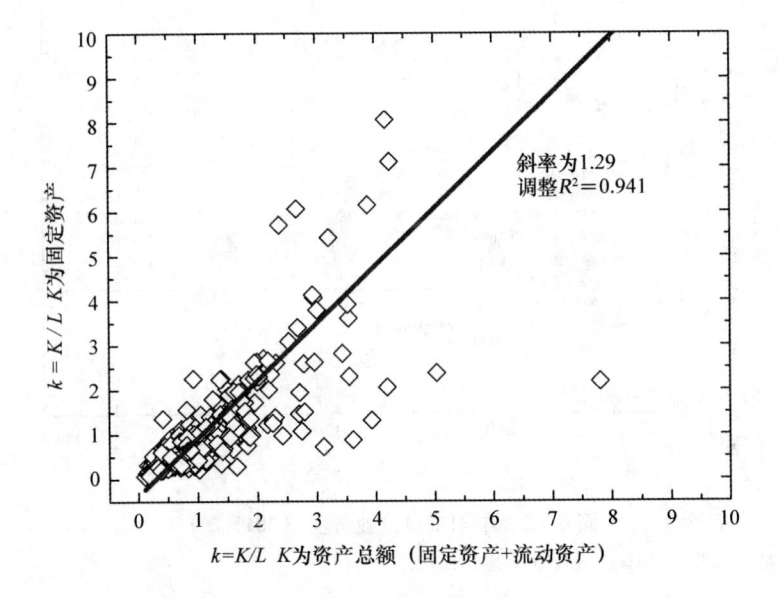

图6-1 中国工业中要素结构差异（2015年）

数据来源：《中国工业统计年鉴2016》。

对于技术密集型产业，本书依据中国《高技术产业（制造业）分类（2013）》[①]来界定，采用产业的技术研发投入经费占主营业务收入比重（re_y）来衡量产业技术投入水平，当$re_y>0.6$时，则表明产业技术投入比重较大，为技术密集型产业。科技投入数据来源于历年《中

---

① 高技术产业指国民经济行业中R&D投入强度（即R&D经费支出占主营业务收入的比重）相对较高的制造业行业，包括医药制造业，航空、航天器及设备制造业，电子及通信设备制造业，计算机及办公设备制造业，医疗仪器设备及仪器仪表制造业，信息化学品制造业六类。

国科技统计年鉴》。另外,本书根据国务院依据第三次全国经济普查发布的《中国经济普查年鉴2013》对2016年工业产业的要素投入进行了补充核算,发现要素结构变化不大,因此本章后续研究均采用此划分方式。中国工业产业类型划分详见图6-2和表6-1所示。

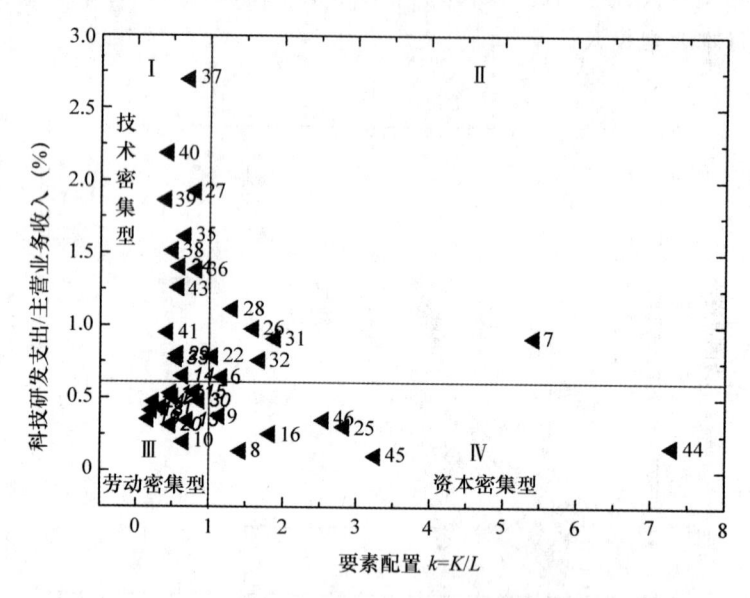

图6-2 中国工业产业分类(2015年)

数据来源:《中国工业统计年鉴2016》。

表6-1   中国工业产业分类

产业分类	分类标准	产业名称
劳动密集型产业	$k<1$	10、13、14、15、17、18、19、20、21、22[1]、23、24、30
资本密集型产业	$k>1$	8、9、16、25、44、45、46
技术密集型产业	$re_y>0.6$	6[c]、7[c]、15、17、22、23、26[c]、27、28[c]、29、31[c]、32[c]、33、34、35、36、37、38、39、40、41、43

注:①技术密集型产业划分依据采取《高技术产业(制造业)分类(2013)》中R&D经费支出占主营业务收入的比重($re_y = Out_{yr}/In_y$),依据高技术产业科技支出实际计算值,取 re_y 大于 0.6 的产业作为技术密集型产业。②技术密集型产业中也存在资本投入占比较高的产业,本书采取在产业代码右上角加 c 注明,例如 6[c]、7[c];同理,对技术与技术要求均较高的产业,在产业代码右上角加 l 注明,例如 22[1]。

可以看出，中国工业产业主要为纯劳动密集成产业（如非金属矿选、农副食品加工）、纯资本密集型产业（如黑色金属矿选、石油加工炼焦、燃气与电力供应业）、劳动和技术密集型产业（如医药制造业、仪器制造业、汽车制造业、计算机及通信电子设备制造业等）、资本和技术密集型产业（如石油和天然气开采、有色金属压延、化学纤维制造）。通过对产业要素配置结构进行的初步划分为后续产业的空间匹配机制研究奠定了基础。产业分类名称详见《国民经济行业分类（GB/T 4754—2011）》[①]。

（二）工业的产业—空间集聚

由于产业要素结构空间不均衡和产业关联特性，不同类别工业集聚存在空间分异。本书使用空间基尼系数和地区专业化指数来对比产业—空间分布和产业的地区专业化程度。空间基尼系数详见第四章相关定义。参考 Krugman（1991）以及孙久文和姚鹏（2017）对地区专业化水平的界定，本书采用地区专业化指数来衡量地区间产业结构的差异程度：

$$K_i = \sum_{k=1}^{M} |S_i^k - \bar{S}_i^k| \qquad (6-2)$$

$$\bar{S}_i^k = \sum_{i \neq j}^{N} E_i^k / \sum_{k=1}^{M} \sum_{i \neq j}^{N} E_i^k \qquad S_i^k = E_i^k / \sum_{k=1}^{M} E_i^k \qquad (6-3)$$

[①] 6 为煤炭开采和洗选业；7 为石油和天然气开采业；8 为黑色金属矿采选业；9 为有色金属矿采选业；10 为非金属矿采选业；11 为开采辅助活动；12 为其他采矿业；13 为农副食品加工业；14 为食品制造业；15 为酒、饮料和精制茶制造业；16 为烟草制品业；17 为纺织业；18 为纺织服装、服饰业；19 为皮革、毛皮、羽毛及其制品和制鞋业；20 为木材加工和木、竹、藤、棕、草制品业；21 为家具制造业；22 为造纸和纸制品业；23 为印刷和记录媒介复制业；24 为文教、工美、体育和娱乐用品制造业；25 为石油加工、炼焦和核燃料加工业；26 为化学原料和化学制品制造业；27 为医药制造业；28 为化学纤维制造业；29 为橡胶和塑料制品业；30 为非金属矿物制品业；31 为黑色金属冶炼和压延加工业；32 为有色金属冶炼和压延加工业；33 为金属制品业；34 为通用设备制造业；35 为专用设备制造业；36 为汽车制造业；37 为铁路、船舶、航空航天和其他运输设备制造业；38 为电气机械和器材制造业；39 为计算机、通信和其他电子设备制造业；40 为仪器仪表制造业；41 为其他制造业；42 为废弃资源综合利用业；43 为金属制品、机械和设备修理业；44 为电力、热力生产和供应业；45 为燃气生产和供应业；46 为水的生产和供应业。具体代码标准详见《国民经济行业分类（GB/T 4754—2011）》。

其中，K_i 为区域或城市 i 的地区专业化指数；E_i^k 为地区 i 的产业 k 的工业产值或就业人数；S_i^k 为地区 i 的产业 k 产值或就业与本地区所有产业产值或就业的比值；$\bar{S}_i^k$ 为区域内除地区 i 外所有地区的产业 i 产值或就业与整个区域经济体内的产值或就业人数之比，其衡量了地区间的产业结构差异程度；各省就业人口数据来自《中国人口和就业统计年鉴》，各省就业人口数由国有单位、城镇集体单位及其他单位就业人口进行加总。M 为区域数，N 为产业数。

由式（6-3）可以得到中国地区专业化程度，本节首先对比地区专业化水平与地区产业的基尼系数进行对比。从地区专业与地区空间基尼系数的关系可以看出（见图6-3），除山西省（由于煤炭开采业集中分布，且产业专业化程度较高）之外，其余省份的专业化程度与地区工业分布情况近似呈现出线性关系，地区专业化程度越高，则地区基尼系数也越高，即区域内产业分布更加倾向于空间集聚；而地区

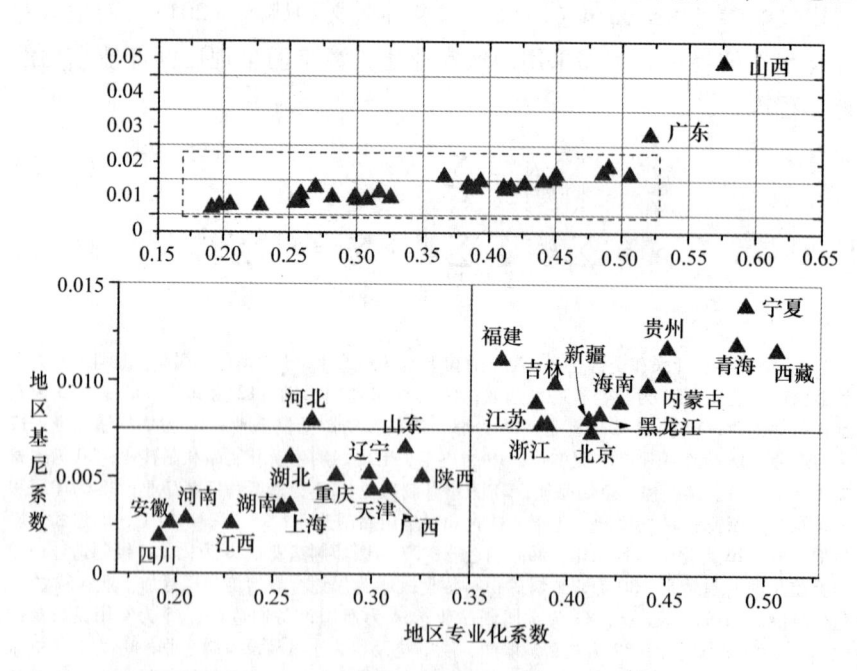

图6-3 中国区域工业产业结构（2015年）

注：中国台湾、香港地区和澳门地区产业数据缺失。

数据来源：《中国工业统计年鉴2016》。

第六章 经济增长的产业与空间匹配机制研究：基于工业增长与集聚 / 147

专业化程度越低，则地区基尼系数也越低，即区域内产业分布更倾向于空间分散。中国地区专业化程度与产业—空间集聚呈反比的情况基本不存在。其次，从产业演化角度来看[①]，采矿业空间集聚水平基本变化不大，如煤炭开采和石油天然气开采。与采矿业相关的下游制造业，如石油加工和炼焦产业的空间集聚变化不大。除计算机、通信设备制造业外，技术密集型产业—空间集聚程度变化稳定。从2009年开始计算机通信业集聚程度逐步增加，而且逐步向东部地区集聚，如江苏和广东。

图6-3和图6-4列出了部分省（市）的地方专业化水平，中间

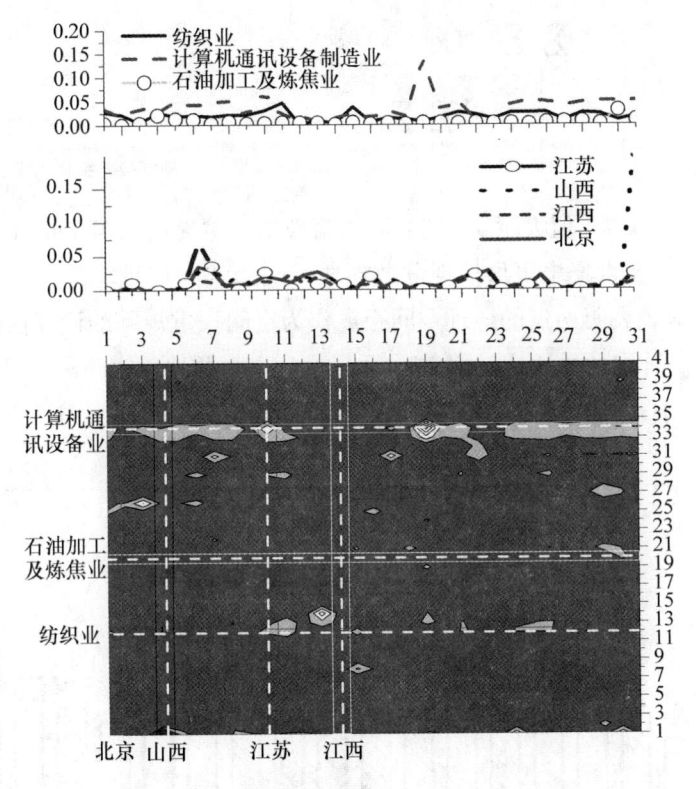

图6-4 中国工业地区专业化（2015年）

注：为制图方便，产业代码序号同附录（五），省（市）按照统计年鉴的排序，如地区1指北京、地区4指山西。

数据来源：《中国工业统计年鉴2016》。

---

① 详见附录（四）和附录（五）。

图形为地区代码和相对应产业的地区专业化系数的矩阵，通过不同行列便可以分别看出不同地区、不同产业的地区比较优势。以计算机通信设备制造业为例，江苏（地区代码19）的专业化水平最高，四川、贵州、山西、上海、吉林、沈阳等地的计算机设备制造业专业水平也相对较高。我们还发现相邻地区之间同种产业存在着空间关联，因此有必要进行空间相关性分析。

以2000—2016年地级市的工业产业增加值为例计算工业的空间相关性，本书采用全局Moran's I，如：

$$\text{Moran's I} = \frac{\sum_{i=1}^{N}\sum_{j\neq i}^{N}w_{ij}(x_i - \bar{x})(x_j - \bar{x})}{S^2\sum_{i=1}^{N}\sum_{j\neq i}^{N}w_{ij}} \quad S^2 = \frac{1}{N}\sum_{i=1}^{N}(x_i - \bar{x})^2$$

(6-4)

当Moran's I值大于0，则表明集聚现象占主导；当Moran's I值小于0，则表示要素集聚更加呈现分散现象。w_{ij}为空间权重矩阵，本书采用外生的地表表明两点的地理空间距离作为空间权重矩阵的计算依据，空间权重矩阵取两地距离的倒数，即$D_{ij} = 1/d_{ij}$，两地地表距离d_{ij}为：

$$d_{ij} = R\arccos[\sin\nu_i\sin\nu_j + \cos\nu_i\cos\nu_j\cos(\theta_i - \theta_j)] \quad (6-5)$$

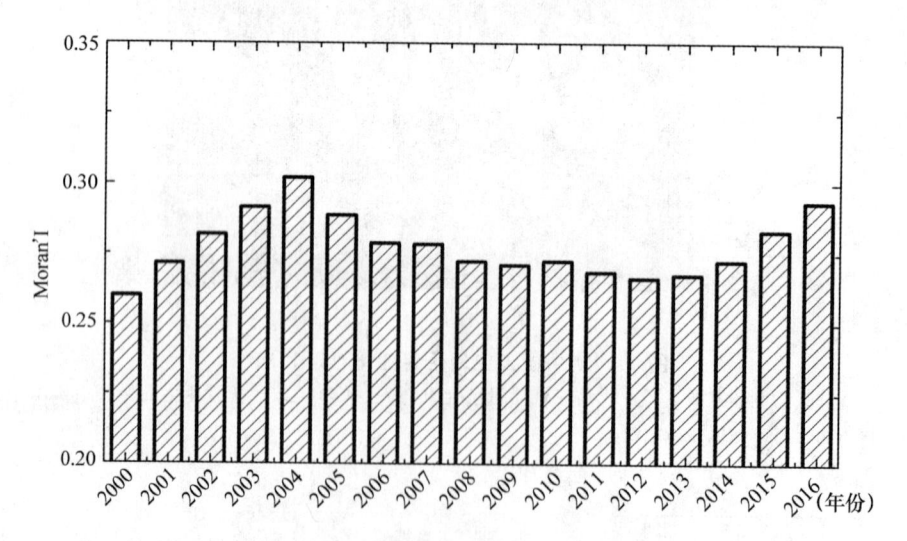

图6-5 中国工业产值的Moran'I值

其中，R 为地球近似半径（6371 千米），θ 为经度；ν 为维度。

表6-2　　　　　中国城市工业集聚情况（2015 年）

低工业产出与高工业产出城市（LH）	高工业产出与高工业产出城市（HH）
承德、廊坊、贺州、韶关、宜宾	天津、唐山、沧州、上海、苏州、无锡、常州、嘉兴、广州、东莞、惠州、深圳
低工业产出与低工业产出城市（LL）	高工业产出与低工业产出城市（HL）
大同、兰州、西宁、银川、新疆及西藏、四川的甘孜阿坝州、云南昆明、临沧、普洱、保山、丽江	重庆、成都

注：其余地级市工业产出的 LISA 值不显著。

表6-2 可以看出中国工业产值存在显著的空间关联。LISA 局部相关分析见表6-2 所示，工业产值高—高（HH）集聚的城市主要集中在京津冀、长三角和珠三角地区，中西部地区大多数城市工业产值都为低—低（LL）集聚，成都和重庆工业产值高于周边地区，呈现为高—低（HL）集聚，承德、广州北部部分地级市及四川宜宾呈现为低—高（LH）集聚。其余各地级市 LISA 局部空间相关不显著。

二　工业—空间匹配机制的经济增长效应

利用第二章和第四章的理论基础，本章运用工业产业数据和经济普查数据（2004、2008、2013）对工业与空间匹配机制的经济增长效应和集聚效应进行实证研究。由于工业统计口径存在变化，为保障数据连贯性，本书选取 2007—2014 年的工业类别的产业数据进行实证研究。

表6-3　　　　　实证研究中工业产业类型选取

产业分类	产业名称
产业分类	产业名称
劳动密集型产业	非金属矿采选业10、农副食品加工业13、食品制造业14、酒、饮料和精制茶制造业15、纺织业17、造纸及纸制品制造业22
资本密集型产业	黑色金属矿采选业8、有色金属矿采选业9、烟草制品业16、石油加工、炼焦和核燃料加工业25

续表

产业分类	产业名称
技术密集型产业	煤炭开采和洗选业 6°、石油和天然气开采业 7°、化学原料和化学制品制造业 26°、医药制造业 27、化学纤维制造业 28°、通用设备制造业 34、专用设备制造业 35、电气机械和器材制造业 38、计算机、通信和其他电子设备制造业 39、仪器仪表制造业 40

注：工业产业类型划分详见表 5-1 所示。

（一）计量模型、变量和数据说明

为界定产业的空间匹配机制，在第二章和第四章的基础上，提出匹配效率对经济总量的基准模型：

$$\ln Y_{it} = \beta_0 + \beta_1 \eta_{it} + \beta_2 \ln k_{it} + \beta_3 \eta_{it} \times \ln k_{it} + \beta_4 \eta_{it} \times \ln N_{it} + \beta_5 \ln(Q_{it} \times \tau_{it}) \quad (6-6)$$

其中，Y_{it} 为产业产值；η_{it} 为产业关联性；k_{it} 为产业中单位人均劳动资本，$k_{it} = K_{it}/L_{it}$，借鉴聂辉华等（2012）、杨汝岱（2015）采用的固定资产净值来衡量资本投入，K_{it} 为产业的固定资本存量净值（固定资本原值减去折旧量），L_{it} 为产业的平均用工数；N_{it} 为区域或城市的人口规模；Q_{it} 为市场规模；τ_{it} 为交通运输成本，β_0—β_5 为变量系数。

与第二章的产业投入产出横向关联不同，对于产业内匹配机制的产业关联的界定需要进一步深入明确。对于单个产业来说，由于产业关联涉及了投入产出的垂直关联（产业内关联）、投入产出横向关联（产业间关联），前者受共同技术的 Marshall 外部性集聚影响，后者则受益于 Jacobs 外部性的多样性集聚的影响。采用 Hidalgo 等（2007）以及 Guo 和 He（2015）来界定产业关联中的产业内关联 η_1，而采用生产性服务业[①]与工业比值来界定产业间关联 η_2，前者为产业内关联，体现产业专业化关联；后者为产业间关联。具体表达式如下：

$$\eta_{1ij} = \varphi_{ij} = \min\{P(LQ_{ci} > 1 \mid LQ_{cj} > 1), P(LQ_{cj} > 1 \mid LQ_{ci} > 1)\} \quad (6-7)$$

$$\eta_{2c} = P_c^3/P_c^2 \quad (6-8)$$

---

① 生产性服务业选择同第二章。

其中，φ_{ij}为产业间关联性，采用条件概率的方式来衡量产业共聚，$P(LQ_{ci}>1 \mid LQ_{cj}>1)$是产业$i$和产业$j$都集聚在同一空间区位$c$的条件概率，当$p = n_i(LQ>1)/n$（$n$为所有$LQ>1$产业数）较小时，则表明产业$i$和产业$j$产业关联较高，反之则相反。由于$LQ$为区位商，测度产业的集聚水平，如式（6-9），$E_{ci}$为地区$c$产业$i$的产业产值或就业就业人数，本书选取就业人数来衡量产业集聚水平[1]。

$$LQ_{ci} = (E_{ci}/\sum_{i=1}^{N}E_{ci})/(\sum_{c=1}^{M}E_{ci}/\sum_{c=1}^{M}\sum_{i=1}^{N}E_{ci}) \qquad (6-9)$$

其中，P_c^2、P_c^3分别为工业和生产性服务业的就业人数。市场规模仍采用各地区社会销售额来表示。运输成本仍采用区域的货运量来表示，货运量越大，则表明运输成本越低。

大城市由于生产效率较高进而集聚了高效率企业和产业（Okubo等，2010；Venables，2011；Behrens等，2014），但已有研究并未说明生产效率较高的空间内部产业集聚是均衡还是集中的。为明晰生产效率对产业集聚和扩散的作用机制，本书对2015年中国31个省份要素配置效率y[2]及地区中产业基尼系数进行了研究（见图6-6）。可以发现，当不同区域的要素生产效率越高，则产业—空间基尼系数越低，即区域内的产业—空间分布越均匀；反之当区域或城市空间的产业要素生产效率越小，区域内的产业—空间分布越倾向于集聚，由此提出本书对工业空间匹配机制的假说Ⅰ：生产效率越高的产业，产业扩散速度较快。在后续实证研究中，本书还利用TFP替换劳均资本产出y，进一步进行研究。

工业扩散还受到政府主导与市场化程度的影响（金煜等，2006），对于当制造业份额较大且垂直联系紧密的上下游制造业企业，贸易自由化将使其倾向于集聚（Amiti，2005）。中国从西部大开发战略开始便一直推行产业转移，力图通过产业转移带动经济空间均衡发展。借鉴已有实证研究，本书采用非公经济比例来衡量市场化程度，

---

[1] 2013年工业企业的平均用工人数数据缺失，无法准确测度2012年产业的要素配置结构，采取相邻年份线性插值确定。

[2] 初步分析中采用劳均资本产出$y=Y/k$来衡量要素配置效率，后续研究采用TFP，劳均资本$k=K/L$。

152 / 从集聚到均衡：中国经济增长的产业与空间匹配机制研究

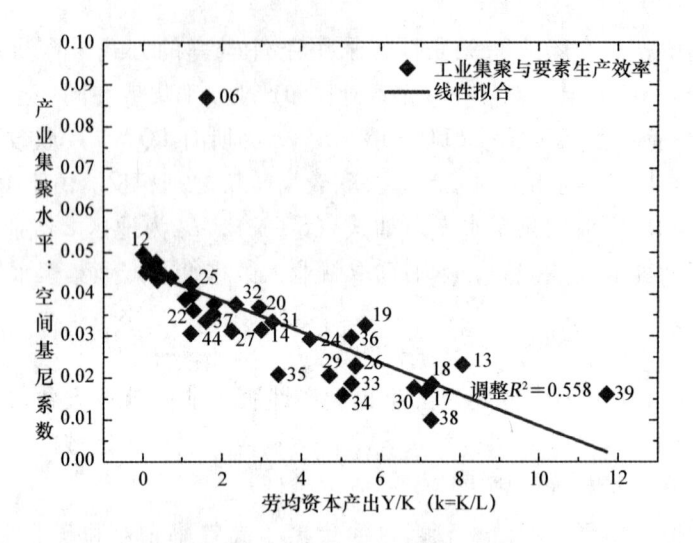

图6-6　工业集聚与产业劳均资本效率关系（2014年）

注：产业代码详见《国民经济行业分类（GB/T 4754—2011）》。

数据来源：《中国工业统计年鉴2015》。

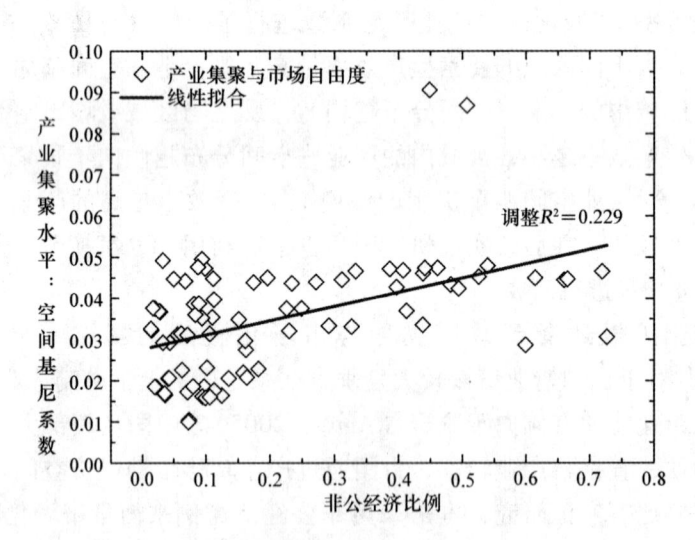

图6-7　工业集聚与市场化程度（2013—2014年）

注：产业代码详见《国民经济行业分类（GB/T 4754—2011）》。

数据来源：《中国工业统计年鉴2015》。

第六章 经济增长的产业与空间匹配机制研究：基于工业增长与集聚 / 153

具体实证指标选取非国有和集体资本投资相对比例来替代，并进一步考察市场化程度对产业集聚的影响（见图6-7）。可知市场化程度越高（非公经济比例越高），则产业的空间基尼系数越大，即产业的空间集聚特征越明显。由此，提出本章的假说Ⅱ：市场化程度越高，产业越倾向于集聚。

为进一步界定政府对经济干预程度，采用政府支支出占国民生产总值比重来衡量产业—空间转移中的政府作用。由于产业产值采用了工业销售产值来测度，因而对于不同年份和地区产业产值，还需通过价格指数来进行折减，价格指数选取《中国统计年鉴》中的工业生产者出厂价格指数，并以2007年作为基期来进行折算。综上所述，可得到用于计量检验的模型如下：

$$\ln Y_{it} = \beta_0 + \beta_1 \eta_{it} + \beta_2 \ln k_{it} + \beta_3 \eta_{it} \times \ln k_{it} + \beta_4 \eta_{it} \times \ln N_{it} +$$
$$\beta_5 \ln(Q_{it} \times \tau_{it}) + \beta_6 mar_{it} + \beta_7 gov_{it} + \beta_8 tech_{it} + u_i + \varepsilon_{it}$$

(6-10)

其中，mar为市场化程度；gov为政府作用，$tech$为地区技术水平，采用各地区专利受理的相对量来衡量技术投入比例来度量要素投入的技术水平，相应系数则衡量了地区技术储备与产业中技术投入的匹配关系；u_i为固定效应；ε_{it}为误差项。系数β_3、β_4、β_5分别表明了要素结构与产业关联的第一类匹配机制、城市规模与产业结构的第二类匹配机制和市场规模和产业选择的第三类匹配机制，当其系数大于0时，则表明该类匹配机制的匹配效率具有有效性。

各变量定义及描述性统计指标详表6-4所示，由于工业产业类别较多，仅以采矿业的煤炭开采和细选业和制造业的计算机、通信设备制造业为例进行说明，产业关联η_i详见图6-8和图6-9所示。可以看出，前者产业关联性增加较多，该类产业产值增加取决于产业关联和要素投入；而后者产业关联性变化不大，产值更取决于其他因素，例如技术进步提高全要素生产率。

表6-4　　　工业匹配机制模型中变量定义及描述统计量

变量符号	指标	最大值	最小值	均值	标准差	变异系数
$\ln Y_{it}$	工业的产业产值	8.72	-0.95	4.991	2.383	0.477
$\ln k_{it}$	产业的劳动人均资本 K/L	1.929	-2.120	-0.278	0.695	-2.499
η_{1it}	产业内关联	0.331	0.000	0.0539	0.0707	1.311
η_{2it}	产业间关联	0.910	0.482	0.691	0.0898	0.124
$\ln N_{it}$	区域或城市人口规模	9.27	5.67	8.089	0.856	0.106
$\ln \phi_{it}$	区域或城市市场规模	10.14	3.72	8.107	1.110	0.137
$\ln \tau_{it}$	交通运输成本	12.97	5.915	11.187	1.132	0.101
mar_{it}	市场化程度	0.829	0.257	0.656	0.111	0.169
gov_{it}	政府作用	1.291	0.0874	0.242	0.184	0.749
$tech_{it}$	区域或城市技术投入	0.247	0.0009	0.0315	0.0465	1.379

注：ln（·）的变量为对数值。$\ln Y_{it}$、$\ln k_{it}$、η_{1it}仅以煤炭开采与洗选业为例。

数据来源：2007—2014年工业经济数据；价格指数和市场规模来自历年《中国统计年鉴》；就业人口数据来自历年《中国人口和就业统计年鉴》；技术研发投入来自历年《中国科技统计年鉴》。

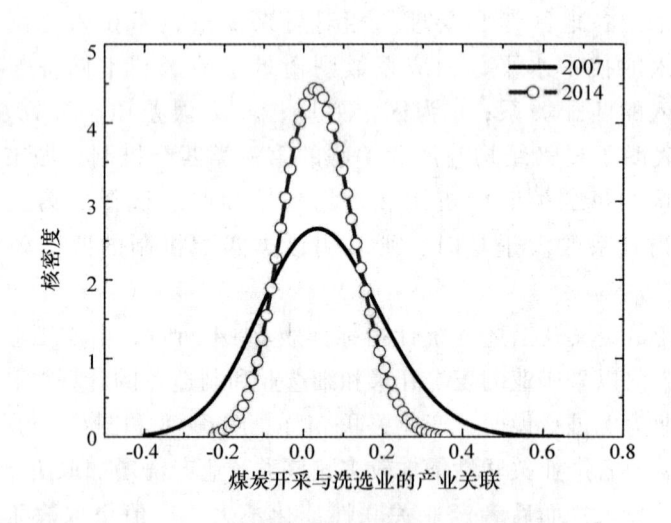

图6-8　煤炭开采与洗选业的产业关联

数据来源：依据历年《中国工业统计年鉴》计算。

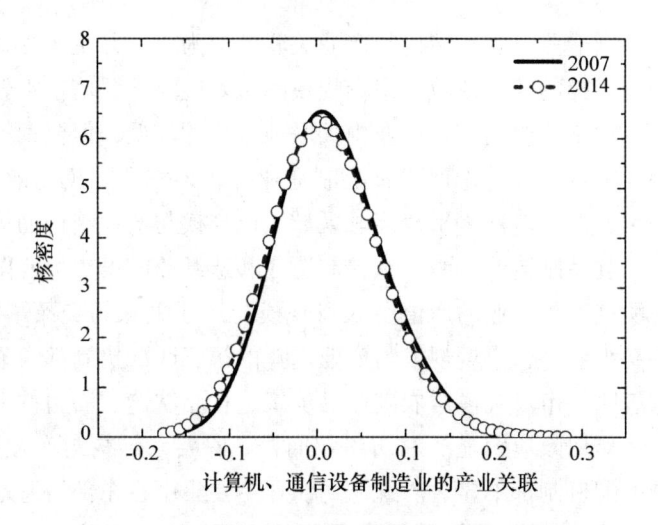

图 6-9 计算机与通信设备制造的产业关联
数据来源：依据历年《中国工业统计年鉴》计算。

（二）工业—空间匹配机制与产业产值

对于面板模型，通常使用 Hausman 检验判断随机效应还是固定效应，现分别对不同产业进行匹配机制的计量检验，以进一步明晰不同类别工业对地区经济增长和产业—空间集聚、扩散的作用机理①。

1. 产业内关联下经济增长效应：劳动密集型工业

首先采用产业内关联 η_1 研究匹配机制的作用机理，对劳动密集型工业来说，计量检验结果如表 6-5 所示。

第一，对工业中的采矿业而言，除市场规模与产业选择的匹配机制不显著之外，其余指标显著性都较高。采矿业的产业内关联和要素结构项的系数均显著，且系数为正；其次城市规模与产业关联项的匹配机制的系数为负，表明采矿业并不适合形成人口规模较大的地区或城市。对

---

① 面板模型中固定效应指残差项 u_i 与解释变量相关，成为固定效应模型（FE），当残差项 u_i 与所有解释变量 x_{it} 均不相关，则为随机效应模型（RE），通常通过 Hausman 检验来进行判定，Hausman 检验基本原理是比较不同估计系数之间差，原假设 H0 为：不论固定效应还是随机效应，系数估计值都是一致的；备择假设 H1 为随机效应下估计的系数是不一致的，但固定效应的估计系数仍然是一致的。简而言之，H0 为随机效应系数估计值有效，H1 为固定效应系数估计值有效。因此当二者相差较大时，则表明需采用固定效应模型，反之则应采用随机效应模型（赵国庆，2014）。

劳动密集型制造业，要素结构与产业关联效应为正，并主要受益于市场规模与产业选择的匹配效应，市场规模的正效应显著置信水平较高。

第二，对制造业而言，产业内关联项显著性较低，但要素结构与产业关联的匹配机制显著，但除食品制造业外，第一匹配机制效率不高，系数都为负，但显著性水平较高。区域人口规模与产业结构的第二匹配都不显著。食品制造业、酒与饮料制造业和造纸业的第二类匹配机制不高，这表明这三类产业的产值受人口规模与产业关联的交叉影响较小。另外，除纺织业外，市场规模与产业选择的第三匹配机制都为显著的正效应。这表明，市场规模对农副产品加工、食品制造、酒与饮料和造纸产业的经济作用效应明显。对纺织业而言，除要素结构与产业关联外，其余两种匹配机制都不显著。这与纺织业主要集中在东部沿海地区和中东部地区，从2014年纺织业的产业区位商可以看出河北（1.18）、山东（2.29）、江苏（2.03）、浙江（2.61）、福建（1.34）、湖北（1.53）、河南（1.21）和西部的陕西（1.33）[①]，尽管城市规模与产业关联能够提高纺织业产业产值，但该项匹配机制并不显著；市场规模与产业选择对应的匹配机制尚未发挥增长潜力。其余市场化程度、政府作用和技术投入对产业产值的正向效应检验符合理论预期。

表6-5　　　　产业内关联 η_1 匹配效应：劳动密集型

产业代码	非金属矿选10	农副食品加工13	食品制造14	酒与饮料15	纺织业17	造纸22
指标	产值 Y1	产值 Y1	产值 Y1	产值 Y1	产值 Y1	产值 Y1
η_1	-41.44** (2.36)	-0.453 (-0.09)	-6.863 (0.93)	-2.622 (0.15)	-10.09 (-0.38)	-19.57 (1.64)
$\ln(k)$	0.362*** (3.12)	0.518*** (3.80)	-0.0612*** (-3.33)	0.318** (2.40)	0.147* (1.73)	0.367*** (4.80)
$\eta_1 \times \ln k$	-4.515*** (-2.81)	-6.086** (-2.35)	-0.0138** (-2.03)	-4.207** (-2.18)	-2.402* (-1.03)	-1.771*** (-2.81)
$\eta_1 \times \ln \xi$	-5.007** (-2.35)	0.206 (0.30)	-0.643 (-0.71)	-0.564 (-0.27)	1.149 (0.38)	-1.918 (-1.32)

---

① 中国工业区位商详见附录（五）。

续表

产业代码	非金属矿选10	农副食品加工13	食品制造14	酒与饮料15	纺织业17	造纸22
指标	产值Y1	产值Y1	产值Y1	产值Y1	产值Y1	产值Y1
$\ln(\phi \times \tau)$	0.152 (0.97)	0.669*** (6.90)	0.509*** (4.70)	0.322*** (3.39)	0.0350* (1.84)	0.310** (2.37)
mar	5.795*** (6.77)	5.155*** (9.86)	4.508*** (7.64)	4.098*** (7.88)	3.831*** (6.89)	4.041*** (5.80)
gov	4.283*** (5.63)	-5.610*** (12.36)	-4.780*** (9.67)	-4.729*** (10.48)	-3.963*** (7.43)	-4.300*** (7.23)
tech	9.698** (2.54)	8.354*** (3.46)	6.167** (2.33)	8.438*** (3.32)	7.640*** (2.98)	6.770** (2.13)
常数项	-1.257 (-1.38)	3.095*** (5.51)	2.313*** (3.72)	1.982*** (3.55)	1.195** (2.00)	1.521** (2.01)
时间/省份	控制/控制	控制/控制	控制/控制	控制/控制	控制/控制	控制/控制
调整R^2	0.4270	0.7052	0.6486	0.6268	0.4505	0.4573
F	19.28	62.49	48.23	43.88	21.68	22.01
N	248	248	248	248	248	248

注：①括号中的数值为t检验结果；$p^* < 0.1$，$p^{**} < 0.05$ 和 $p^{***} < 0.01$ 分别表示在 10%、5%和1%的水平下通过了显著性检验，其余表格相同。②本书的调整R^2均为总体值。③本表仅对时间和样本双向固定效应进行汇报，其余单项固定效应的匹配机制检测项规律一致。

2. 产业内关联下的经济增长效应：资本密集型工业

对于资本密集型产业，本书以黑色金属矿选产业、有色金属矿选业、烟草制品业和石油加工炼焦和核燃料加工业为例进行显著性检验。

计量结果分析表明，第一，从产业关联和要素配置结构系数分别可以看出，资本密集型产业的产业关联效应明显，但要素结构和产业关联存在产业分异。有色金属矿选与石油加工、炼焦业的第一匹配机制明显，而黑色金属矿选业和烟草制品业要素结构与产业关联的匹配机制不明显。第二，从区域人口规模来看，采矿业与产业结构匹配机制系数为负，表明采矿业对人口规模外部性需求较低；而烟草制品业和石油加工、炼焦业受益于人口规模和产业关联的匹配。截至2014

年年底,烟草制品业主要集聚在中西部地区,如安徽(1.86)、江西(1.11)、湖南(3.41)、贵州(2.61)、云南(9.87),而石油加工和炼焦业主要集聚在天津(1.03)、河北(1.66)、山西(4.81)、内蒙古(3.31)、辽宁(2.97)、黑龙江(2.15)、山东(1.88)、陕西(2.20)、甘肃(2.26)等中西部地区,主要以东北和中西部地区为主。第三,市场规模与产业选择匹配机制都显著正相关,市场需求对资本密集型产业的经济增长效应明显。

表6-6　　　　产业内关联 η_1 匹配效应:资本密集型

产业代码	黑色金属矿选业8	有色金属矿选业9	烟草制品业16	石油加工、炼焦业25
指标	产值 Y1	产值 Y1	产值 Y1	产值 Y1
η_1	-13.65*** (2.69)	-9.910*** (2.74)	-10.90* (1.52)	-20.09** (2.34)
$\ln(k)$	0.320*** (3.55)	0.00872** (2.11)	0.0100** (3.11)	0.182*** (4.07)
$\eta_1 \times \ln k$	1.012 (0.50)	3.077** (2.30)	0.988 (0.77)	1.075** (2.28)
$\eta_1 \times \ln \xi$	-1.755** (-2.29)	-1.511*** (-2.63)	1.284* (1.50)	2.772** (2.50)
$\ln(\phi \times \tau)$	0.866*** (4.44)	0.0134*** (3.12)	0.783*** (5.63)	0.430*** (3.39)
mar	5.340*** (4.82)	4.263*** (6.64)	2.681*** (3.44)	3.116*** (4.42)
gov	4.246*** (4.44)	2.100*** (3.67)	1.804*** (2.92)	4.071*** (6.94)
tech	8.147* (1.67)	6.907** (2.45)	1.855*** (3.55)	4.002*** (4.29)
常数项	1.809* (1.55)	0.115* (1.17)	4.456*** (5.30)	4.061*** (5.41)
时间/省份	控制/控制	控制/控制	控制/控制	控制/控制
调整 R^2	0.4335	0.3618	0.3375	0.4316
F	19.99	14.81	13.31	19.84
N	248	248	248	248

另外，资本密集型产业都收到政府作用和市场化程度的正相关影响，但相对制造业而言，如烟草制品和石油加工炼焦，采矿业的技术研发的显著性较低。

3. 产业内关联下的经济增长效应：技术密集型工业

从技术密集型工业来看，第一，产业关联和要素结构的显著性存在差异性。采矿业（煤炭和石油天然气开采业）的产业关联性的经济增长效应为负，表明该类产业适宜于专业化发展。而制造业的产业关联性对经济增长效应为正相关，仅有制造业的仪器仪表制造业的产业关联不显著性。第二，从要素结构与产业关联的匹配机制来看，技术密集型工业存在第一类匹配机制，采矿业的显著性较低。第三，从人口规模与产业结构来看，采矿业和多数制造业的经济增长效应与城市规模的匹配机制负相关，仅化学原料和化学制品、通用制造业、计算机通信设备制造业、仪器仪表制造业是正相关的关系，专用设备制造业、医药制造业、化学纤维制造业对城市规模外部性的匹配机制效率为负。这表明技术密集型工业的规模经济的匹配机制也是产业分异的。第四，除煤炭开采之外，石油开采及其他制造业受市场规模匹配机制显著。第五，石油天然气开采受政府作用机制较大，其市场化程度与经济增长效益负相关。其余产业的产值与市场化程度和政府作用都显著正相关。另外，煤炭开采产业的产值增长受技术研发贡献较小，其余产业技术研发是显著正相关的。

（三）工业与服务业协同集聚的经济增长效应

本节继续考虑生产性服务业与工业协同集聚对经济增长效应的作用机理。

1. 产业间关联下的匹配机制：劳动密集型工业

从产业间关联的匹配效应分析结果可以看出，第一，劳动密集型采矿业对产业间关联和要素结构都显著正相关，但对产业间协同集聚的第一、第二类匹配机制显著负相关，市场规模的第三类匹配机制是正相关，但不显著，这表明采矿业适宜于专业化发展，协同集聚对产业产值的经济增长效应不显著。第二，制造业中的农副食品加工、食品

表6-7　产业内关联 η_1 匹配效应：技术密集型（一）

产业代码	煤炭开采业06	石油和天然气开采07	化学原料和化学制品26	医药制造业27	化学纤维制造业28	通用设备制造34	专用设备制造35	电气机械38	计算机、通信等电子39	仪器仪表制造业40
指标	产值Y1	产值Y1	产值Y1	产值Y1	产值Y1	产值Y1	产值Y1	产值Y1	产值Y1	产值Y1
η_1	-24.65 (1.16)	-23.01 (1.58)	-4.956* (1.84)	-15.65*** (2.64)	-26.23* (1.790)	-13.47*** (4.24)	-10.27*** (5.60)	-15.83** (2.45)	-14.97** (2.23)	-68.76 (0.99)
$\ln(k)$	0.415** (2.55)	0.295*** (5.31)	0.353*** (3.28)	0.00152 (0.01)	0.120** (2.33)	0.612*** (6.00)	0.185* (1.81)	0.371*** (3.61)	0.281** (2.12)	0.0490* (1.75)
$\eta_1 \times \ln k$	0.780 (0.53)	2.017* (1.97)	4.463** (2.52)	2.604* (1.90)	4.872** (-2.15)	8.620* (1.81)	3.783** (2.90)	1.295** (2.13)	7.500*** (4.76)	0.192** (2.06)
$\eta_1 \times \ln \xi$	-3.165 (-1.23)	-3.068 (-1.63)	0.511 (0.37)	-2.180*** (-2.80)	-2.948 (-0.62)	2.114 (0.33)	-1.086* (-1.93)	-1.335* (-1.82)	1.501** (3.19)	8.773 (1.02)
$\ln(\phi \times \tau)$	0.215 (1.41)	0.490*** (2.68)	0.407*** (4.69)	0.650*** (7.12)	0.649*** (3.43)	0.304* (1.70)	0.447*** (4.02)	0.614*** (5.00)	0.577*** (2.78)	0.601*** (3.10)
mar	3.227*** (3.85)	-0.0258 (-0.03)	4.303*** (9.28)	4.008 (7.83)	2.399** (2.30)	1.999** (2.07)	4.252*** (6.84)	4.859*** (7.23)	5.798*** (5.20)	2.757*** (2.62)
gov	4.256*** (6.13)	0.770** (2.91)	3.857*** (9.97)	4.113*** (9.80)	1.893** (2.17)	2.179*** (2.71)	3.082*** (5.99)	3.301*** (5.71)	2.429*** (2.59)	2.317*** (2.62)
tech	4.521 (1.20)	2.686** (2.59)	6.724*** (3.18)	7.823*** (3.47)	10.71** (2.29)	2.300 (0.52)	9.576*** (3.38)	9.426*** (3.06)	15.78*** (2.98)	12.98*** (2.62)

续表

产业代码	煤炭开采业06	石油和天然气开采07	化学原料和化学制品26	医药制造业27	化学纤维制造业28	通用设备制造34	专用设备制造35	电气机械38	计算机、通信等电子39	仪器仪表制造业40
指标	产值 Y1	产值 Y1	产值 Y1	产值 Y1	产值 Y1	产值 Y1	产值 Y1	产值 Y1	产值 Y1	产值 Y1
常数项	2.171** (2.37)	4.763*** (4.45)	3.718*** (7.48)	3.419*** (6.28)	1.598** (1.92)	4.508*** (4.36)	2.801*** (4.28)	3.252*** (4.50)	2.003* (1.67)	2.552** (2.24)
时间/省份	控制/控制	控制/控制	控制/控制	控制/控制	控制/控制	控制/控制	控制/控制	控制/控制	控制/控制	控制/控制
调整 R^2	0.3380	0.2183	0.6786	0.6817	0.1963	0.2327	0.4798	0.5382	0.3767	0.3203
F	19.72	9.21	53.93	55.94	6.90	7.92	24.10	30.45	10.20	6.27
N	248	248	248	248	248					

制造、酒与饮料和造纸产业主要受益于要素结构的增长效应,与产业间关联呈现负相关,第一类匹配机制明显,而第二类匹配机制不明显。劳动密集型工业中的纺织业与产业间关联正相关,但第一类匹配机制作用不显著,与城市规模的第二类匹配机制负相关,且均不显著。第三,对劳动密集型工业来看,市场化程度和政府作用以及技术投入均能提高产业的增长效应。

表6-8　　　　　　　产业间关联 η_2 匹配效应：劳动密集型

产业代码	非金属矿选10	农副食品加工13	食品制造14	酒与饮料15	纺织业17	造纸22
指标	产值 Y1	产值 Y1	产值 Y1	产值 Y1	产值 Y1	产值 Y1
η_2	21.73** (2.53)	-5.162 (-0.93)	-21.94*** (-3.63)	-1.545 (-0.29)	9.330 (1.60)	-13.47 (-1.55)
$\ln(k)$	0.982*** (4.61)	1.281*** (4.52)	0.0395 (0.89)	0.852*** (3.83)	0.0870 (0.43)	0.757*** (3.45)
$\eta_2 \times \ln k$	-1.281*** (-4.09)	-1.328*** (-3.20)	-0.149** (-2.59)	-1.156*** (-3.41)	0.0439 (0.16)	-0.557* (-1.85)
$\eta_2 \times \ln \xi$	-2.538** (-2.48)	0.744** (2.13)	2.572*** (3.58)	0.273* (1.43)	-0.974 (-1.40)	1.506** (2.47)
$\ln(\phi \times \tau)$	0.182 (1.11)	0.514*** (4.93)	0.410*** (3.68)	0.329*** (3.21)	-0.0493 (-0.44)	0.249* (1.75)
mar	6.038*** (7.25)	4.856*** (9.27)	4.366*** (7.66)	4.491*** (8.49)	3.711*** (6.64)	3.932*** (5.54)
gov	7.073*** (7.60)	6.361*** (11.05)	4.062*** (7.17)	4.779*** (9.41)	4.541*** (7.47)	3.939*** (5.72)
tech	10.18*** (2.74)	7.032*** (2.87)	6.758*** (2.62)	7.916*** (3.23)	7.178*** (2.84)	7.047** (2.19)
常数项	-2.999** (-2.32)	2.140*** (2.66)	3.257*** (3.19)	1.196* (1.91)	0.0569** (3.01)	2.554** (2.31)
时间/省份	控制/控制	控制/控制	控制/控制	控制/控制	控制/控制	控制/控制
调整 R^2	0.4952	0.7104	0.5809	0.4829	0.3186	0.6605
F	21.15	64.08	52.68	34.21	22.44	20.70
N	248	248	248	248	248	248

2. 产业间关联下的匹配机制：资本密集型工业

产业间关联下的资本密集型工业匹配机制检验中如表6-9所示。研究结果表明，第一，资本密集型采矿业产值对产业间关联和要素结构都显著正相关，但其第一类匹配机制不显著，呈现负相关关系；城市规模对应的第二类匹配机制显著负相关，其主要受益于市场规模的第三类匹配机制，同时黑色金属矿选业的技术研发正效应不显著，这一结论与劳动密集型工业相符合。第二，烟草制造业的要素结构与产业管理不显著。尽管产业间关联对烟草业产值正相关，但要素结构与产值为负相关，这表明单纯资本增加，并不能提高烟草制造业的产值。第三，石油加工、炼焦业对产业间关联和要素结构均呈正相关；同时，要素结构和人口规模的匹配机制也正相关，但不显著，市场规模下的第三匹配机制显著正相关。第四，除黑色金属采矿业外，其余产业与市场化程度、政府作用和技术进步都是正相关的。

表6-9　产业间关联 η_2 匹配效应：资本密集型

产业代码	黑色金属矿选业 8	有色金属矿选业 9	烟草制品业 16	石油加工、炼焦业 25
指标	产值 Y1	产值 Y1	产值 Y1	产值 Y1
η_2	25.17 ** (2.13)	6.977 ** (1.99)	16.91 ** (2.24)	0.147 (0.02)
$\ln(k)$	0.211 ** (1.94)	0.506 *** (-3.99)	-0.0399 (-0.27)	0.0363 (0.37)
$\eta_2 \times \ln k$	-0.150 (-0.36)	-1.054 *** (-5.13)	0.115 (0.50)	0.169 (1.15)
$\eta_2 \times \ln \xi$	-2.952 ** (-2.09)	-0.694 ** (-1.91)	1.806 ** (2.00)	-0.237 (-0.27)
$\ln(\phi \times \tau)$	0.927 *** (4.10)	0.0209 ** (2.17)	0.751 *** (5.15)	0.254 * (1.76)
mar	5.920 *** (5.29)	4.131 *** (6.74)	2.688 *** (3.71)	2.257 *** (3.09)
gov	4.129 *** (3.83)	3.930 *** (6.08)	2.693 *** (3.83)	4.056 *** (5.94)

续表

产业代码	黑色金属矿选业 8	有色金属矿选业 9	烟草制品业 16	石油加工、炼焦业 25
指标	产值 Y1	产值 Y1	产值 Y1	产值 Y1
tech	7.651 (1.51)	5.977 ** (2.16)	0.648 *** (3.20)	4.015 ** (2.26)
常数项	0.614 (0.35)	-1.298 (-1.38)	2.403 ** (2.14)	2.685 ** (2.46)
时间/省份	控制/控制	控制/控制	控制/控制	控制/控制
调整 R^2	0.3906	0.4002	0.5310	0.4140
F	16.74	17.43	14.73	18.46
N	248	248	248	248

3. 产业间关联下的匹配机制：技术密集型工业

对产业间关联下技术密集型工业匹配机制检验如表 6-10 和表 6-11 所示。可以看出，第一，对于采矿业而言，要素结构与产业间关联的匹配机制对产业经济增长效应的效率较高，且显著正相关，这一趋势与产业内关联相同。但区域或城市规模与产业结构的匹配机制为负。石油天然气开采业的产值与市场化程度仍未负相关关系，政府作用机制的促进作用较强。第二，对于技术密集型制造业，产业间关联与通用设备制造业、专用设备制造业和电器机械制造业的产值增加为负相关，其余制造业为正相关关系；单独要素结构对产业产值也并非单调的正相关关系，表明，对于技术密集型制造业，资本和劳动力投入并非影响产值的决定性因素。第三，在区域人口规模的匹配机制下，通用设备制造业、专用设备制造业和电器机械制造业都为正相关，但不显著，其余技术密集型产业受益于人口集聚和产业关联的匹配机制。另外，其余指标的显著性与产业内关联的影响机制相同。

再者，对于技术密集型制造业，产业间关联与通用设备制造业、专用设备制造业和电器机械制造业的产值增加为负相关，其余制造业为正相关关系；单独要素结构对产业产值也并非单调的正相关关系，这表明，对于技术密集型制造业，资本和劳动力投入并非影响产值的决定性因素。在区域人口规模的匹配机制下，通用设备制造业、专用

第六章 经济增长的产业与空间匹配机制研究：基于工业增长与集聚 / 165

表6-10 产业间关联 η_2 匹配效应：技术密集型（一）

产业代码	指标	煤炭开采业06 产值Y1	石油和天然气开采07 产值Y1	化学原料和化学制品26 产值Y1	医药制造业27 产值Y1	化学纤维制造业28 产值Y1	通用设备制造34 产值Y1	专用设备制造35 产值Y1	电气机械38 产值Y1	计算机、通信等电子39 产值Y1	仪器仪表制造业40 产值Y1
	η_2	-11.42 (-1.37)	9.310 (0.85)	11.00** (2.33)	8.733* (1.72)	1.766 (0.16)	-2.233** (-2.23)	-5.295** (1.85)	-6.603*** (2.86)	6.052 (0.53)	14.21 (1.26)
	$\ln(k)$	-1.941*** (-4.19)	0.0958 (1.10)	0.238 (1.15)	-0.759 (-1.46)	0.757 (1.49)	0.701*** (5.98)	-0.319 (-1.04)	-0.152 (-0.75)	-0.674 (-1.55)	0.124 (0.87)
	$\eta_2 \times \ln k$	2.199*** (3.45)	0.379** (2.52)	0.450 (1.51)	1.034 (1.50)	-0.904 (-1.33)	-0.472 (-1.56)	0.819* (1.96)	0.959*** (3.24)	1.391** (2.31)	-0.0962 (-0.42)
	$\eta_2 \times \ln \xi$	-1.169** (1.97)	-1.288*** (-2.98)	1.531*** (2.71)	1.348** (2.22)	0.180 (0.14)	0.633 (0.53)	0.923 (1.23)	0.968 (1.07)	0.296*** (4.22)	1.620** (2.21)
	$\ln(\phi \times \tau)$	0.332** (2.10)	0.540*** (2.65)	0.282*** (3.13)	0.466*** (4.77)	0.783*** (3.66)	0.140 (0.73)	0.294** (2.50)	0.421*** (3.22)	0.289 (1.30)	0.656*** (3.11)
	mar	3.287*** (4.13)	-0.109 (-0.11)	4.095*** (8.91)	4.082*** (8.35)	1.667 (1.59)	2.067** (2.17)	3.797*** (6.37)	4.558*** (7.00)	4.952*** (4.47)	2.650** (2.50)
	gov	3.555*** (4.62)	1.144* (1.94)	3.508*** (7.85)	4.171*** (8.68)	2.230** (2.21)	2.428*** (2.64)	2.957*** (5.11)	3.556*** (5.60)	2.850*** (2.67)	2.990*** (2.90)
	$tech$	6.557* (1.79)	4.416** (2.94)	6.222*** (2.97)	8.568*** (3.81)	8.935* (1.88)	2.886 (0.67)	9.785*** (3.59)	11.13*** (3.73)	14.37*** (2.86)	11.21** (2.31)

续表

产业代码	煤炭开采业06		石油和天然气开采07		化学原料和化学制品26		医药制造业27		化学纤维制造业28		通用设备制造34		专用设备制造35		电气机械38		计算机、通信等电子39		仪器仪表制造业40	
指标	产值Y1		产值Y1		产值Y1		产值Y1		产值Y1		产值Y1		产值Y1		产值Y1		产值Y1		产值Y1	
常数项	4.163***	(3.38)	5.501***	(3.48)	2.625***	(3.76)	1.178	(1.56)	-3.881**	(-2.36)	1.834	(1.26)	1.121	(1.22)	1.924*	(1.90)	-1.065	(-0.63)	1.869	(1.14)
时间/省份	控制/控制		控制/控制		控制/控制		控制/控制		控制/控制		控制/控制		控制/控制		控制/控制		控制/控制		控制/控制	
调整 R^2	0.3618		0.1807		0.5311		0.4976		0.1711		0.2560		0.3972		0.5589		0.3147		0.1928	
F	14.81		8.03		56.78		59.48		6.92		8.99		26.87		33.10		12.00		6.25	
N	248		248		248		248		248		248		248		248		248		248	

设备制造业和电器机械制造业都为正相关，但不显著，其余技术密集型产业受益于人口集聚和产业关联的匹配机制。另外，其余指标的显著性与产业内关联的影响机制相同。

（四）不同产业产值下匹配机制检验

对于不同产值水平上匹配机制显著性水平需要采用分位数回归进行研究。由于面板回归、OLS 回归主要考察解释变量对被解释变量条件期望，本质上为均值回归 $E(y\mid x)$，当条件分布 $y\mid x$ 不为对称正态分布时，条件期望 $E(y\mid x)$ 则无法反映数据全貌，因此必须进行不同分位数下的分位数回归（陈强，2014）。分位数回归（Quantile Regression，QR）采取残差绝对项的加权平均，能够较为真实、全面地反映出条件分布的数据信息。本节对三种要素结构下的工业匹配机制进行 QR 回归检验。

1. 产业产值分位数回归：劳动密集型工业

劳动型工业以食品制造业和纺织业为例，如表 6 - 13 和表 6 - 14 所示。

可以看出，随着产业产值增加，食品制造业匹配机制发挥效果不同。第一，在 50% 分位数，产业对要素结构和产业关联的匹配机制显著性与均值 OLS 回归相同，食品制造业并不受益于要素结构与产业关联的第一类匹配机制，食品制造业产值中位数的要素结构与产业关联的匹配机制更为明显，而较低产值或较高产值对产业要素配置结构的匹配不显著，但总体来看，要素结构与产业关联并非提高食品制造业产值的决定因素，而主要取决于市场规模的第三类匹配机制。第二，市场化程度越高，食品制造业产值越高，更受益于市场自由而非政府作用。第三，对于食品制造业，技术投入对产值增加存在正效应，但显著性水平不高，对随着产值增加，技术投入过多反而拉低产值增加。

同样，对于纺织业而言，在 OLS 回归中第一类匹配机制显著，与面板回归结果一致，但只对低产值为显著相关。其次，区域人口规模也仅对低产值地区正相关，随着产值增加，区域人口规模与产业结构的匹配机制效率逐渐降低。对于分位数 50% 的市场规模匹配机制显著。再者，相比较政府作用的负向效应，纺织业产值也受益于市场化程度的提

表 6-11　不同地区产值对匹配机制的影响：劳动密集型产业（一）

食品制造业 14	OLS Y1-LQ	25% Y1-LQ	50% Y1-LQ	75% Y1-LQ	纺织业 17	OLS Y1-LQ	25% Y1-LQ	50% Y1-LQ	75% Y1-LQ
η_1	−14.02 (−1.38)	−8.650 (−0.40)	−18.84 (−1.05)	−26.55* (−1.92)	η_1	−63.29 (1.12)	−0.460 (0.00)	−45.25 (1.17)	−57.51 (1.25)
$\ln(k)$	−0.153*** (−3.87)	−0.212*** (−4.34)	−0.167*** (−5.38)	−0.110*** (−3.03)	$\ln(k)$	0.0359 (0.22)	0.184 (1.02)	0.136 (0.62)	0.525*** (2.83)
$\eta_1 \times \ln k$	−0.547** (−2.58)	−0.620 (−0.38)	−0.254*** (−3.18)	−0.683 (−0.44)	$\eta_1 \times \ln k$	−13.59** (−2.02)	−14.03* (−1.58)	−5.631 (−0.65)	−1.371 (−0.14)
$\eta_1 \times \ln \xi$	2.854** (2.31)	2.101 (0.83)	3.425 (1.58)	4.455*** (2.70)	$\eta_2 \times \ln \xi$	−4.863 (−0.74)	2.741 (0.06)	−2.882 (−0.66)	−5.614 (−1.06)
$\ln(\phi \times \tau)$	0.312*** (3.70)	0.271*** (2.97)	0.252** (2.21)	0.415** (2.25)	$\ln(\phi \times \tau)$	−0.339** (−2.48)	−0.463 (−1.15)	−0.433** (−2.18)	0.213 (1.22)
mar	3.527*** (5.66)	2.506 (1.31)	4.451*** (5.82)	3.922*** (3.56)	mar	6.167*** (6.03)	8.013*** (3.51)	8.217*** (5.76)	7.105*** (8.87)
gov	−4.227*** (−10.84)	−4.617*** (−4.80)	−3.611*** (−7.15)	−4.382*** (−6.02)	gov	−3.110*** (−4.92)	−3.037* (−1.95)	−2.067* (−1.85)	−3.683*** (−5.37)
tech	1.996 (1.62)	3.115** (2.01)	0.274 (0.27)	−1.156 (−0.39)	tech	13.90*** (5.88)	10.13 (0.52)	9.901*** (4.18)	9.966*** (7.04)
常数项	4.443*** (7.68)	4.543*** (2.94)	3.611*** (5.09)	5.137*** (4.87)	常数项	−0.0292 (−0.03)	−2.207** (−2.17)	−1.703 (−1.21)	2.385*** (3.05)
时间/省份	—	控制/控制	控制/控制	控制/控制	时间/省份	—	控制/控制	控制/控制	控制/控制
调整 R^2	0.7641	0.5287	0.4967	0.4571	调整 R^2	0.7229	0.5109	0.5166	0.5500
F	101.03	77.21	79.33	81.93	F	81.56	78.92	71.99	88.15
N					N	248	248	248	248

高，且显著正相关。另外，相比较食品制造业，随着产值增加，技术投入对纺织业产值的正向效应越来越明显，在置信水平1%均显著。

2. 产业产值分位数回归：资本密集型工业

对于资本密集成产业不同产值匹配机制的效果如表6-15和表6-16所示。可以看出，第一，资本密集型工业更受益于要素结构与产业关联的匹配机制。烟草制造业更倾向于产业关联，而石油加工炼焦业更依赖于资本投入，二者匹配机制内涵不同，但总体第一类匹配机制效率较高。第二，资本密集型产业对区域产业规模与产业关联的匹配机制一致，烟草制造业显著性水平更高，且随着产值增加，变量显著性也增加。第三，市场规模匹配机制只对中位数产值显著正相关。对于产值分位数25%和75%的资本密集型工业，市场规模匹配机制的正向效应并不明显。从市场化程度和政府作用上来看，产值越低，烟草密集型和石油加工越依赖于这政府作用，随着产值增加，市场化程度的正向效应显著性水平才增加。

3. 产业产值分位数回归：技术密集型工业

对于技术密集型工业，以医药制造业和计算机通信设备制造业为例，计量检验结果如表6-17和表6-18所示。

研究结果表明，第一，要素结构与产业关联匹配机制在置信水平5%总体显著负相关。二类技术密集型工业对要素结构（$\ln k$）的贡献都为负相关，对于技术密集型工业，要素配置结构对产值贡献不明显，但随着产值增加，显著性水平才提高，这表明，对低产值地区匹配机制效率不高，而技术投入项（$tech$）均在置信水平1%下显著正相关。第二，与劳动和资本密集型工业不同，技术密集型工业的人口规模和产业关联的匹配机制仍然存在差异性，医药制造业对区域人口规模和产业关联的匹配效应不明显，计算机、通信设备制造业的第二类匹配机制显著正相关，且随着产值增加，正向效应显著性水平越高。第三，技术密集型工业都受益于市场规模的匹配机制，市场对不同产值地区的同种技术密集型工业显著性水平都较高。第四，市场化程度对技术密集型工业的正向效应明显，而受制于政府作用。市场化程度的正向效应也是随着产值增加而增加的，对低产值地区显著性不高。

表 6-12　不同地区产值对匹配机制的影响：资本密集型产业（一）

烟草制品业 16	OLS Y1-LQ	25% Y1-LQ	50% Y1-LQ	75% Y1-LQ	石油加工、炼焦 25	OLS Y1-LQ	25% Y1-LQ	50% Y1-LQ	75% Y1-LQ
η_1	-98.73*** (3.52)	-99.21*** (3.41)	-99.86** (2.46)	-70.00* (1.91)	η_1	-27.69*** (-2.73)	-21.38 (-1.44)	-33.97*** (-3.49)	-37.85** (-2.48)
$\ln(k)$	0.0191 (0.12)	0.225 (0.82)	0.126 (0.45)	0.165 (0.73)	$\ln(k)$	0.419*** (6.67)	0.417*** (2.91)	0.328*** (3.36)	0.517*** (4.17)
$\eta_1 \times \ln k$	7.811*** (2.97)	6.034* (1.71)	7.535* (1.81)	10.21*** (3.16)	$\eta_1 \times \ln k$	2.960** (2.10)	-2.417* (-1.89)	1.796* (-1.83)	0.0781*** (3.03)
$\eta_1 \times \ln \xi$	13.81*** (4.09)	13.58*** (3.92)	13.73*** (2.85)	10.27** (2.25)	$\eta_1 \times \ln \xi$	4.481*** (3.47)	3.566* (1.87)	5.235*** (3.91)	5.729*** (2.96)
$\ln(\phi \times \tau)$	0.654*** (5.10)	0.444 (1.59)	0.621** (2.09)	0.363 (1.17)	$\ln(\phi \times \tau)$	0.204* (1.88)	0.132 (0.92)	0.249*** (4.41)	0.188 (1.54)
mar	0.786 (0.81)	-0.648 (-0.33)	1.268 (0.89)	1.799 (1.37)	mar	2.876*** (3.53)	3.500 (1.56)	2.706*** (2.82)	2.258** (2.09)
gov	5.009*** (-8.52)	6.476*** (-3.66)	4.296*** (-4.00)	4.114** (2.46)	gov	-5.016*** (-9.96)	-4.668*** (-4.75)	-5.039*** (-10.38)	-5.447*** (-9.46)
tech	8.043*** (4.24)	8.307*** (4.81)	6.033*** (2.48)	5.008* (1.82)	tech	5.549*** (3.64)	5.721*** (3.15)	2.652** (2.19)	3.052* (1.72)
常数项	6.263*** (6.87)	5.521** (2.54)	5.959*** (3.40)	5.342*** (3.14)	常数项	5.440*** (7.13)	4.190** (2.44)	5.968*** (8.20)	6.556*** (6.18)
时间/省份	控制/控制	控制/控制	控制/控制	控制/控制	时间/省份	控制/控制	控制/控制	控制/控制	控制/控制
调整 R^2	0.6222	0.4272	0.3732	0.3376	调整 R^2	0.7149	0.5016	0.4259	0.3665
N	248	248	248	248	N	248	248	248	248

表6-13　不同地区产值对匹配机制的影响：技术密集型产业（一）

医药制造业27	OLS Y1-LQ	25% Y1-LQ	50% Y1-LQ	75% Y1-LQ	计算机、通信39	OLS Y1-LQ	25% Y1-LQ	50% Y1-LQ	75% Y1-LQ
η_1	-30.35*** (-3.25)	-26.77* (-1.68)	-28.08*** (-2.79)	-44.60*** (-3.57)	η_1	-167.3*** (-3.39)	-119.1 (-1.37)	-173.1* (-1.95)	-103.8*** (-2.63)
$\ln(k)$	-0.664*** (-3.77)	-0.858* (-2.86)	-1.019** (-2.50)	-0.560*** (-2.60)	$\ln(k)$	-0.400** (-2.02)	-0.461* (-1.69)	-0.696** (-2.57)	-0.286 (-1.24)
$\eta_1 \times \ln k$	7.654** (1.93)	11.05 (1.32)	8.388 (1.15)	10.68** (1.92)	$\eta_1 \times \ln k$	-32.17** (-2.02)	-18.17 (-0.90)	-30.11 (-1.24)	-31.36* (-1.74)
$\eta_1 \times \ln \xi$	-4.188*** (-3.56)	-3.934* (-1.96)	-3.662*** (-3.07)	-5.808*** (-3.52)	$\eta_1 \times \ln \xi$	-19.42*** (-3.08)	-12.94 (-1.18)	-20.04* (-1.73)	-11.29** (-2.20)
$\ln(\phi \times \tau)$	0.484*** (5.25)	0.342** (2.24)	0.553** (2.42)	0.421** (2.23)	$\ln(\phi \times \tau)$	1.193*** (7.32)	1.542*** (5.48)	1.022*** (3.51)	0.866*** (2.75)
mar	4.369*** (6.77)	2.923* (1.95)	4.487*** (6.03)	4.842*** (7.14)	mar	2.651** (2.20)	-1.448 (-0.72)	3.604* (1.99)	4.809*** (4.48)
gov	-2.439*** (-6.13)	-2.687*** (-2.70)	-2.448*** (-4.63)	-2.098*** (-5.04)	gov	-6.763*** (-9.01)	-9.524*** (-5.29)	-5.743*** (-3.14)	-5.067*** (-5.39)
tech	4.920*** (3.89)	6.352*** (3.72)	3.823** (2.19)	3.089** (2.10)	tech	22.14*** (6.13)	18.35*** (3.70)	19.73** (2.35)	15.28*** (3.71)
常数项	4.195*** (6.79)	4.260*** (3.04)	4.545*** (4.10)	4.200*** (4.13)	常数项	8.022*** (6.92)	11.61*** (5.19)	6.899*** (3.04)	6.370*** (3.71)
时间/省份	控制/控制	控制/控制	控制/控制	控制/控制	时间/省份	控制/控制	控制/控制	控制/控制	控制/控制
调整 R^2	0.7199	0.5059	0.4824	0.4843	调整 R^2	0.7355	0.5281	0.5167	0.4966
N	248	248	248	248	N	248	248	248	248

三 工业—空间匹配机制与工业集聚效应

工业与空间的匹配机制能够影响产业产值，形成不同规模的产业集聚区。那不同类型工业集聚又受到匹配机制的何种影响呢？

（一）计量模型及数据说明

1. 产业集聚效应与匹配效率

本书仍采用区位商来计算产业集聚情况，数据来源于历年《中国工业统计年鉴》，2014年中国31个省份的工业区位商参见附录（五）。不同时间历程下产业集聚是变化的，本书定义了产业集聚的变化率测度，构建产业集聚和扩散的判别指数。

$$LQR_{it} = (LQ_{i,t} - LQ_{i,t-1})/LQ_{i,t-1} \qquad (6-11)$$

当 $LQR_{it} > 0$，则表明产业 i 在空间存在集聚；当 $LQR_{it} < 0$，则产业 i 在空间是扩散的。为进一步构建可供检验的计量模型，由于非线性面板的 Probit 模型无法解决伴生参数问题①，本书使用 Logit 模型。对被解释变量 $LQR_{it} > 0$ 时，则取其为1，反之则为0。与第五章第二节理论模型一致，本节主要谈谈产业集聚和产业扩散的静态与动态演化中匹配机制的有效性，考虑产业中企业不可能对政府政策或市场信号迅速做出反应；其次，使用当期自变量可能存在内生性问题，将自变量取一年时滞。另外，对于自变量的多重共线性和异方差问题，前者通过相关系数检验、方差膨胀因素（VIF）进行检验；后者则通过 Logit 模型的似然比检验（LR）进行判别②。在前文的基础上，综合考虑指标选择，本章对产业集聚与扩散的计量模型如下，模型的其余指标定义同第六章第二节。

---

① 伴生参数问题是在非线性面板中，对于 u_i 不一致估计会影响变量系数 β 的估计，导致 β 估计值不一致。

② 似然比检验（LR）H0 假设为同方差假设，H1 为拒绝同方差假设，即为异方差。其中 $\ln\sigma_i^2 = z_i'\delta$ 为假设条件。

$$LQR_{it}(1\mid 0) = \beta_0 + \beta_1\eta_{it-1} + \beta_2\ln k_{it-1} + \beta_3\eta_{it-1}\times\ln k_{it-1} + \beta_4\eta_{it-1}\times$$
$$\ln N_{it-1} + \beta_5\ln(Q_{it-1}\times\tau_{it-1}) + \beta_6 mar_{it-1} + \beta_7 gov_{it-1} + \beta_8 tech_{it-1} + u_i + \varepsilon_{it}$$
$$(6-12)$$

对被解释变量为离散变量，本书为二值选择（Binary Choice）模型，在进行非线性面板回归时，线性面板方法将不适用，Logit 模型估计通常使用最大似然估计（MLE），但仍需对固定效应、随机效应和混合效应进行 Hausman 检验，检验原理参见第六章第二节。对应二值选择行为，ε_{it} 符合逻辑分布，则 Logit 模型被解释变量分布为：

$$P(LQR_{it}=1\mid X_{it}\beta,u_i) = \frac{e^{X_{it}\beta+u_i}}{1+e^{X_{it}\beta+u_i}} \qquad (6-13)$$

需要注意的是，Logit 回归估计中变量系数的解释不再为普通线性面板的边际效应值，而是相对概率比，即效应产生的概率相对增大值（陈强，2014），例如 $\beta_j=0.03$，则表示 x_j 单位变化引起相对效应增加 3%。

2. 产业集聚、扩散与匹配质量

采用产业产值对数值与区位商的乘积来反映产业集聚情况（本书称作产业集聚产值），数据分析表明产业集聚产值较高的区域，其产业比较优势明显，见附录（五）和附录（六）。借鉴 Helsley 和 Strange（1990）对匹配质量的定义[①]，取各地区产业产值对数值与产业集聚产值的差值：

$$MQ_{ij} = |\ln y_{ij} - LQ_{ij}\ln y_{ij}| \qquad (6-14)$$

其中，y_{ij} 为区域 i 的产业 j 的产值；LQ_{ij} 为区域 i 的产业 j 的区位商。MQ_{ij} 值越大，则表明区域 i 的产业 j 的匹配质量越高。本书进行分析匹配机制稳定性，即匹配质量对产业集聚和扩散的影响机理，分析目的主要检验产业匹配质量与匹配机制的对产业—空间集聚的影响。

（二）工业集聚、扩散与匹配机制关系

本节将在理论模型的基础之上检测匹配效率和匹配质量对产业集聚和扩散的影响，并通过实证研究回应本章关于产业集聚扩散的

[①] Helsley 和 Strange（1990）对匹配质量的定义为企业对技能需求与劳动力异质性在理论上的距离。

假说：

假说Ⅰ：匹配效率越高的产业越容易集聚，反之则扩散。

假说Ⅱ：匹配质量越高的产业越容易稳定集聚，不易发生扩散；而匹配质量不高的产业容易发生扩散。

假说Ⅲ：生产效率越高的产业，产业扩散速度较快。

假说Ⅳ：市场化程度越高，产业越倾向于集聚。

对非线性面板进行混合面板，随机效应和固定效应的选择依据为Hausman检验，现分别对不同要素结构的产业进行产业集聚检验。对指标的检验采用逐步回归法（stepwise）进行检验，具体如下。

对劳动密集型工业、资本密集型工业和技术密集型工业的产业匹配机制计量检验结果如表6-19至表6-22所示。由结果可知，第一，对采矿业而言，要素结构配置促进了产业转移发生，要素结构与产业关联的匹配机制显著，但对技术密集型工业显著性较劳动和资本密集型工业，后者均在1%置信水平显著。从人口规模与产业结构的匹配机制可以看出，采矿业集聚和扩散并不依赖于人口规模，这与采矿业的集聚主要取决于自然资源禀赋等现实情况一致。另外，市场需求限制了采矿业集聚和扩散，$\ln(\phi \times \tau)$的系数项要么不显著，要么显著性水平较低。从市场化程度、政府作用来看，市场化程度对采矿业集聚、扩散作用不统一，非金属矿选业的集聚主要取决于市场机制，但市场化程度越高，产业扩散概率增加；而黑色金属、有色金属矿选业、煤炭采矿业和石油天然气的集聚开采受政府作用机制明显，这些结论验证了假设Ⅳ。另外，技术研发也能促进产业转移。

第二，对制造业来说，要素结构的空间异质性是多数制造业发生集聚或扩散的原因。要素结构与产业关联的匹配机制存在产业分异。食品制造业、酒有饮料制造业、纺织业、造纸业、烟草制造业、石油加工炼焦业、化学纤维制造业、通用与专用设备制造业、计算机通信制造和电气制造业受其匹配机制影响较大，偏向于集聚，而人口规模与产业结构关联的第二匹配机制作用效率也显著；农副食品加工、化学原料和化学制品、医药制造业等受要素结构与产业关联匹配机制影响，倾向于扩散，此时相应的人口规模的第二匹配机制为负相关。这些结论验证了假设Ⅰ。其次，除烟草制造业和计算机、通信设备制造业外，市场规模与产业选择的匹配机制能够促进绝大多数制造业扩散,市场规模对应的系数为负,发生产业扩散概率较大。烟草制品业和计算机、通信设备制造业受市场化程度影响明显,这也再次验证了假说Ⅳ。另外,还可以看出政府作用对产业集聚、扩散存在分异的现象。

表6-14　　　　产业内关联 η_1 匹配效应:劳动密集型

产业代码	非金属矿选10	农副食品加工13	食品制造14	酒与饮料15	纺织业17	造纸22
指标	Y4-LQR	Y4-LQR	Y4-LQR	Y4-LQR	Y4-LQR	Y4-LQR
η_1	-35.26* (-1.80)	-147.5* (-1.93)	16.15 (0.40)	-73.89 (-1.34)	-9.158** (-2.40)	-67.61* (-1.81)
$\ln(k)$	0.311** (2.66)	1.288** (2.36)	-0.243 (-0.54)	-1.724** (-2.28)	-0.428 (-0.48)	-0.309 (1.04)
$\eta_1 \times \ln k$	5.605** (-2.66)	-4.029 (-0.36)	1.991 (0.20)	21.02* (1.94)	1.326** (2.08)	8.833* (1.80)
$\eta_1 \times \ln \xi$	4.285 (1.39)	17.65* (1.96)	-2.019 (-0.41)	9.819 (1.48)	0.849** (2.10)	8.249* (1.78)
$\ln(\phi \times \tau)$	-0.598* (-1.94)	-0.0205 (-0.07)	-0.240 (-0.91)	-0.0855 (0.32)	-0.209 (-0.75)	-0.236 (-0.79)
mar	-4.235** (-2.07)	2.304 (1.11)	-0.583 (-0.31)	-2.096 (-1.05)	-2.136 (-1.05)	-0.475 (-0.22)
gov	-0.982 (-0.73)	0.235 (0.19)	0.604 (0.49)	0.173 (0.12)	2.317 (1.57)	-5.098** (-2.29)
tech	-2.142 (-0.48)	-11.11** (-2.54)	-8.260* (-1.87)	-11.48** (-2.06)	-11.95** (-2.21)	-10.11** (-2.13)
MQ	0.00624*** (2.88)	0.1607* (1.76)	0.1197** (2.21)	0.0362* (1.89)	0.0391*** (2.89)	0.232** (2.21)
常数项	0.815 (0.44)	-0.998 (-0.54)	-0.292 (-0.17)	1.545 (0.84)	1.990 (0.61)	0.842 (0.40)
对数似然值	-137.52	-77.17	-143.44	-133.19	-138.52	-138.35
Wald检验	13.63**	22.72***	11.74**	24.00***	15.68**	13.07*
固定/随机	随机效应	固定效应	随机效应	随机效应	随机效应	随机效应
N	217	217	217	217	217	217

注:括号中的数值为 t 检验结果;$p^* < 0.1$,$p^{**} < 0.05$ 和 $p^{***} < 0.01$ 分别表示在10%、5%和1%的水平下通过了显著性检验,其余表格相同。

第三，技术投入促进了产业转移。从结果可以看出，基本所有产业的技术投入项（tech）系数为负，大多都显著，仅化学原料与制品、医药制造业和化学纤维制造业不显著，但负相关关系是存在的。

第四，从匹配质量来看，采矿业与制造业的集聚、扩散与产业的空间匹配质量显著正相关。本书定义的匹配质量为产业产值与产业集聚产值的差值，本质是地区生产优势，当地区生产优势较大时，自然也就能形成稳定的集聚。计量结果也定量地论证了这一结论。还可以进一步看出，采矿业的匹配质量显著性水平都由于制造业，这与采矿业的产业有关，一旦地区产矿业进行生产，发生扩散的可能性较低。而制造业则受到了市场环境、贸易量等市场及政府作用的影响。

表6–15　　　　　产业内关联 η_1 匹配效应：资本密集型

产业代码	黑色金属矿选业8	有色金属矿选业9	烟草制品业16	石油加工、炼焦业25
指标	Y4-LQR	Y4-LQR	Y4-LQR	Y4-LQR
η_1	-16.67 (-2.31)	-3.438** (0.44)	-6.545 (-0.65)	-38.73 (-0.69)
$\ln(k)$	0.133** (2.59)	0.960** (2.29)	-0.281 (-0.82)	0.165 (1.12)
$\eta_1 \times \ln k$	5.788*** (-3.02)	0.231*** (3.04)	7.786* (1.86)	3.054* (1.91)
$\eta_1 \times \ln \xi$	0.185 (0.12)	-0.0384 (-0.02)	4.648 (0.65)	2.104 (0.69)
$\ln(\phi \times \tau)$	0.0460 (0.17)	-0.617* (-1.68)	0.0276 (0.10)	-0.363 (-1.30)
mar	-0.322 (0.17)	-0.563 (0.24)	2.907** (1.93)	-1.150*** (2.58)
gov	-0.786** (-2.53)	-3.163** (-2.34)	-5.442*** (-2.67)	-1.936 (-1.17)
tech	-6.539** (-2.64)	-4.708* (-1.90)	-3.310 (-0.80)	-6.498 (-1.58)
MQ	0.416*** (3.21)	0.291*** (2.82)	0.0926*** (3.36)	0.141*** (4.57)

续表

产业代码	黑色金属矿选业 8	有色金属矿选业 9	烟草制品业 16	石油加工、炼焦业 25
指标	Y4-LQR	Y4-LQR	Y4-LQR	Y4-LQR
常数项	0.249 (0.15)	-1.881 (-0.85)	2.730 (1.43)	-1.602 (-0.87)
对数似然值	-144.95	-134.56	-130.96	-140.33
Wald 检验	16.82***	16.35***	10.52**	15.43**
固定/随机	随机效应	随机效应	随机效应	随机效应
N	217	217	217	217

（三）工业—空间匹配与全要素生产率（TFP）

为进一步检验工业全要素生产率与匹配机制的关系，现以煤炭开采和洗选业（技术资本密集采矿业）、食品制造业（劳动密集型制造业）、医药制造业（技术密集型制造业）、计算机和通信设备制造业（技术密集型制造业）为例进行说明。

1. 工业全要素生产率（TFP）

全要素生产率（TFP）可以度量劳动、资本及技术等因素的影响，国内外对 TFP 研究越来越深入，总结现有研究中，TFP 测算一般可以分为参数法、非参数法和半参数法（聂辉华、贾瑞雪，2011；杨汝岱，2015）。

参数法主要包括索罗余值法，假定生产函数，利用成本最小化原理或 OLS 回归求得索罗残值，缺点主要由于生产函数假定可能与实际产业产出存在误差，但这一缺点在其他方法也存在。非参数方法包括数据包络分析（DEA）和随机生产前沿法（SFA）（聂辉华、贾瑞雪，2011）[①]，二者都是利用线性规划的方法对已有数据构造生产边界，然后针对每个产业或企业对生产边界的欧氏距离作为衡量生产效率的方法，进而可以衍生出规模效率、要素配置效率和技术进步效率等指标。但线性规划并非产业中所有地区都达到最优，仅仅为生产约束边界条件的次优条件。同时 DEA 方法得到效率为相对值，尽管 SFA 方法可以得

---

① 目前国内主要通过国外提供的 DEAP 2.1 和 Frontier 4.1 软件进行计算。

表6-16 产业内关联 η_1 匹配效应：技术密集型（一）

产业代码	煤炭开采业 06	石油和天然气开采 07	化学原料和化学制品 26	医药制造业 27	化学纤维制造业 28	通用设备制造 34	专用设备制造 35	电气机械 38	计算机、通信等电子 39	仪器仪表制造业 40
指标	Y4-LQR	Y4-LQR	Y4-LQR	Y4-LQR	Y4-LQR	Y4-LQR	Y4-LQR	Y4-LQR	Y4-LQR	Y4-LQR
η_1	-10.46 (0.35)	-5.732 (0.14)	-130.5 (1.14)	-0.559 (-0.15)	-87.49 (-0.89)	-18.43 (-0.23)	28.33 (0.56)	-860.1* (-1.92)	-6.256 (-0.05)	-27.25 (0.29)
$\ln(k)$	0.433 (1.20)	0.0749 (0.35)	2.762** (2.39)	4.003 (1.14)	-0.193 (-0.71)	-0.317 (-0.80)	-0.0333 (-0.07)	0.799* (1.87)	0.148 (0.33)	0.0944 (0.36)
$\eta_1 \times \ln k$	0.809*** (3.21)	16.98** (2.11)	-47.54** (-2.54)	-4.116 (-0.89)	5.442 (0.76)	63.31* (1.93)	17.65* (1.92)	135.6** (2.40)	9.404 (0.27)	3.591 (0.28)
$\eta_1 \times \ln \xi$	-1.186 (-0.32)	-0.804 (-0.15)	-17.40 (-1.25)	-0.456 (-1.09)	11.34 (0.92)	-0.115 (-0.01)	-4.078 (-0.66)	100.3* (1.92)	0.400** (2.03)	-4.996 (-0.42)
$\ln(\phi \times \tau)$	0.186 (0.48)	-0.150 (-0.31)	-0.473 (-0.52)	-0.0820 (-0.30)	-0.0433 (0.13)	-1.031*** (-3.15)	-0.356 (-1.26)	-0.362 (-1.08)	0.0938 (0.22)	-0.283 (-1.01)
mar	-2.623 (-1.17)	-1.320 (-0.41)	-2.008** (-2.41)	-2.313** (2.19)	-2.314*** (-3.97)	0.811 (0.39)	2.980 (1.39)	3.574* (1.68)	7.217** (2.39)	5.399*** (2.69)
gov	-3.695** (-2.20)	-2.794* (-2.10)	-3.743 (-1.03)	2.769* (1.74)	-6.344** (-2.32)	-6.732*** (-2.91)	-5.411** (-2.24)	-3.523* (-1.79)	-2.392 (-0.99)	-2.412 (-1.28)
tech	-15.44** (-2.50)	-2.749** (-2.40)	-24.95 (-1.25)	-1.911 (-0.42)	-5.582 (-0.98)	-0.139 (-0.03)	-2.940 (-0.65)	-26.48*** (-2.73)	-17.06* (-1.87)	-4.360 (-0.64)

第六章 经济增长的产业与空间匹配机制研究：基于工业增长与集聚 / 179

续表

产业代码	煤炭开采业06	石油和天然气开采07	化学原料和化学制品26	医药制造业27	化学纤维制造业28	通用设备制造34	专用设备制造35	电气机械38	计算机、通信等电子39	仪器仪表制造业40
指标	Y4-LQR	Y4-LQR	Y4-LQR	Y4-LQR	Y4-LQR	Y4-LQR	Y4-LQR	Y4-LQR	Y4-LQR	Y4-LQR
MQ	0.242*** (2.83)	0.304*** (3.82)	0.224** (2.20)	0.336*** (3.82)	0.255*** (3.11)	0.0343* (1.78)	0.0491* (1.84)	0.0384* (1.77)	0.521*** (4.62)	0.0326** (2.03)
常数项	3.473 (1.58)	0.199 (0.06)	—	−4.858 (−1.55)	2.395 (1.07)	−2.205 (−1.12)	−2.048 (−1.04)	−2.214 (−1.06)	−3.207 (−1.13)	−3.469* (−1.89)
对数似然值	−137.67	−127.91	−85.36	−144.37	−130.76	−130.28	−135.52	−118.69	−128.50	−131.25
Wald检验	13.44**	19.26***	—	10.13**	12.97**	24.28**	13.50*	27.58**	15.62**	26.39***
固定/随机	随机效应	随机效应	固定效应	随机效应	随机效应	随机效应	随机效应	随机效应	随机效应	随机效应
N	217	217	217	217	217	217	217	217	217	217

到TFP绝对值,但其也需要提前确定前沿生产函数形式,仍无法避免人为对生产函数及误差分布的假定。

第三类半参数方法以OP方法(Olley, Pakes, 1996)和LP方法(Levinsohn, Petrin, 2003)。OP和LP方法通过引入资本投资决策函数和中间投入决策函数实现对微观企业决策行为模拟[①],能够解决方程联立问题和样本选择等内生性问题,近年来国内学者应用较广(聂辉华、贾瑞雪,2011;鲁晓东、连玉君,2012;范剑勇等,2014;杨汝岱,2015)。但是OP半参数方法会导致损失约38%的样本数据,同时市场要素配置扭曲也会制约OP方法的使用准确性[②]。另外,OP等半参数估计方法考虑了企业决策跨期性和样本选择问题,能够相对较好地测度企业TFP值,但仍然针对产业整体而言,无法考虑不同地区产业的TFP分布情况。因此,本书仍采用索罗余值法研究工业TFP,但进一步考虑中间投入品贡献后的TFP估计。

一般而言,通常采用Cobb-Douglas形式来表示生产函数:

$$Y_{it} = A_{it} L_{it}^{\alpha} K_{it}^{\beta} \qquad (6-15)$$

其中,Y_{it}为产业i在时刻t的产出;L_{it}和K_{it}分别表示劳动和资本的投入;A_{it}为通常意义上的全要素生产率(TFP),即"索罗余值",α和β为劳动力、资本的投入份额。通常对上式可以取对数,进而获得计算TFP的估计值,如:

$$\ln Y_{it} = \alpha \ln L_{it} + \beta \ln K_{it} + \gamma \ln A_{it} \qquad (6-16)$$

更一般地,采取式(6-18)表示对TFP的估计:

$$\ln Y_{it} = \alpha \ln L_{it} + \beta \ln K_{it} + u_{it} \qquad (6-17)$$

其中,u_{it}表示了全要素生产率的对数形式。由于决策的同期性,造

[①] OP方法以投资额作为代理变量;而LP方法是以中间投入品作为不可观测因素的代理变量。

[②] 范剑勇等(2014)指出样本数量损失原因来源于企业数据缺失(不是所有企业每年都有数据)和金融市场不健全(利率管制和贷款所有制歧视)。聂辉华和贾瑞雪(2011)使用OP方法计算了制造业TFP;范剑勇等(2014)则选择了LP方法。鲁晓东和连玉君(2012)、杨汝岱(2015)则同时使用了OP方法和LP方法,综合研究表明,该两种方法并无孰优孰劣,都存在不同假定下的误差。

第六章 经济增长的产业与空间匹配机制研究：基于工业增长与集聚 / 181

成计量残差项与因变量是相关的，进而使得 OLS 产生偏误[1]，同时，为更好地区分出 TFP 与计量残差项，通常对误差项 u_{it} 作以下拆分：

$$u_{it} = \Omega_{it} + e_{it} \qquad (6-18)$$

$$\ln Y_{it} = \alpha \ln L_{it} + \beta \ln K_{it} + \gamma \Omega_{it} + e_{it} \qquad (6-19)$$

其中，Ω_{it} 为 TFP，e_{it} 为真正的残差项。考虑中间产品投入 M，则产业产出存在如下关系：

$$\ln Y_{it} = \alpha \ln L_{it} + \beta \ln K_{it} + \gamma \Omega_{it} + \chi M_{it} + e_{it} \qquad (6-20)$$

借鉴聂辉华和贾瑞雪（2011）、杨汝岱（2015）对产业中资本界定，本书仍采用固定资本净值来衡量资本投入 K，劳动力 L 用企业平均用工人数来衡量，中间投入采用主营业务成本衡量，相关数据来源历年《中国工业统计年鉴》。工业品出厂价格指数进行价格对工业销售额和中间投入进行价格平减，价格指数来源历年《中国统计年鉴》。

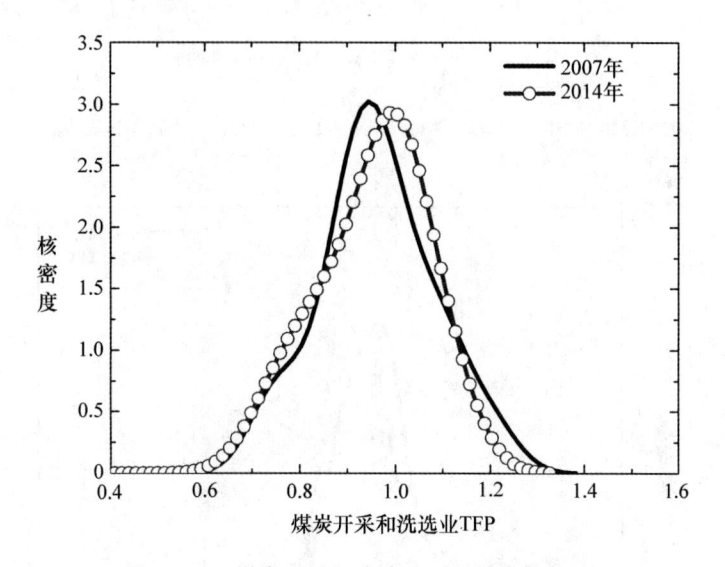

图 6-10　煤炭开采和洗选业 TFP 核密度估计

注：作者根据"索罗余值法"计算。

数据来源：历年《中国工业统计年鉴》，本节其余部分相同，不再单独说明。

---

[1] 关于样本选择偏误（Selectivity and attrition bias）和决策同期性（Simultaneity）造成计量偏误的详细解释可参见聂辉华和贾瑞雪（2012）。

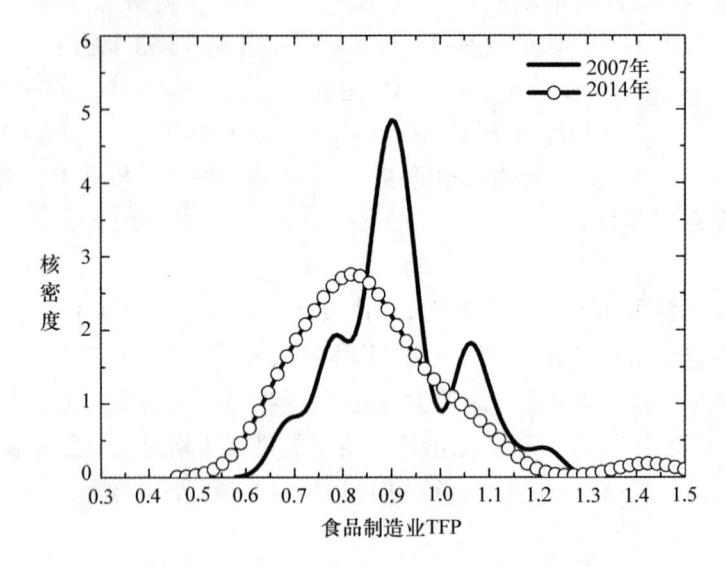

图 6-11　食品制造业 TFP 核密度估计

注：作者根据"索罗余值法"计算。

数据来源：历年《中国工业统计年鉴》，本节其余部分相同，不再单独说明。

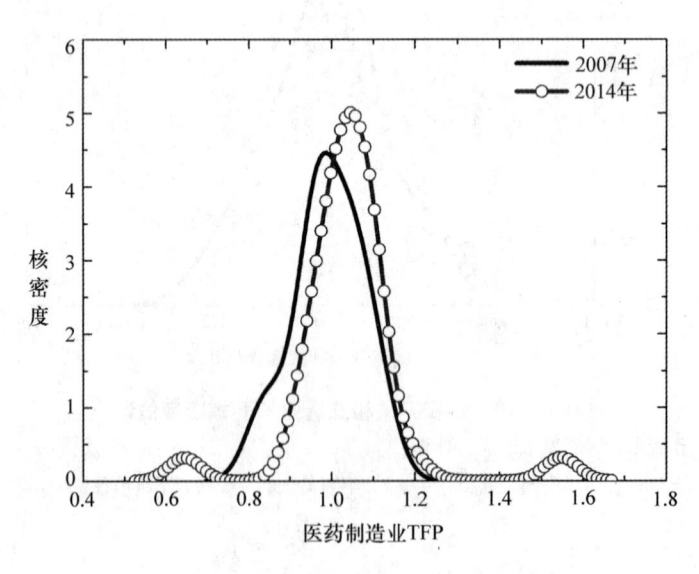

图 6-12　医药制造业 TFP 核密度估计

第六章 经济增长的产业与空间匹配机制研究：基于工业增长与集聚 / 183

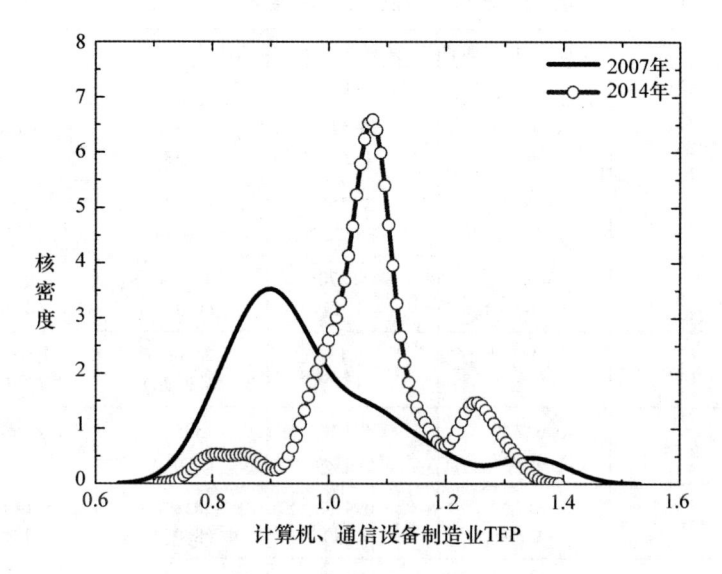

图 6-13 计算机、通信设备制造业 TFP 核密度估计

通过回归分析可以得到 TFP 值，本书列出了煤炭开采和洗选业、食品制造业、医药制造业、计算机和通信设备制造业 2007 年与 2014 年 TFP 值的核密度估计值。可以看出，煤炭开采和细选业 TFP 变化较小，技术进步提高较为缓慢；食品制造业分布逐步均衡；医药制造业效率逐步增长，且产业内高效率地区逐步增多；计算机、通信设备制造业 TFP 提高明显，效率较 2007 年有较大提升。

2. 全要素生产率与匹配机制

引入 TFP 作为匹配质量的替代变量，对上述四种产业进行计量检验，可得，第一，产业产值与 TFP 显著正相关。第二，匹配机制与前述检验符号一致，通过 TFP 替换匹配质量指标并未改变匹配机制的有效性。对产业集聚仍采用 Logit 非线性面板进行回归检验，结果如表 6-23 所示。可以看出，TFP 能够提高产业转移概率，显著正相关，验证了假说Ⅲ，其余匹配机制与第六章第三节第（一）小节结论一致。

表6-17　　　　　产业经济增长效应：匹配机制与TFP检验

产业代码	煤炭开采和洗选业	食品制造业	医药制造业	计算机、通信
产业产值	Y1	Y1	Y1	Y1
η_1	-4.481 (-0.23)	15.45 (1.24)	-15.60** (2.53)	-6.309 (0.09)
$\ln(k)$	-0.362** (-2.36)	-0.155 (-1.22)	-0.0172 (-0.14)	0.171 (1.14)
$\eta_1 \times \ln k$	0.943 (-0.69)	-4.270 (-1.49)	0.704 (0.25)	3.965 (0.40)
$\eta_1 \times \ln \xi$	-0.524 (0.22)	-2.132 (-1.42)	-2.200*** (-2.76)	1.080** (2.13)
$\ln(\phi \times \tau)$	0.627*** (4.20)	0.473*** (4.44)	0.535*** (5.81)	0.217 (0.81)
mar	2.857*** (3.59)	3.694*** (6.19)	4.028*** (8.04)	5.140*** (3.93)
gov	3.711*** (5.84)	3.652*** (7.27)	3.975*** (10.03)	5.782*** (3.01)
tech	6.579* (1.91)	2.098 (0.84)	6.233*** (2.94)	10.40* (1.86)
TFP	1.378*** (6.81)	0.685*** (5.11)	0.686*** (2.92)	0.509** (2.09)
常数项	2.604*** (3.02)	2.398*** (4.00)	2.444*** (3.87)	0.645 (0.44)
产业效率与TFP相关性	0.8170***	0.2436***	0.0582**	0.0221***
调整 R^2	0.4929	0.6668	0.6978	0.2764
F	19.29	39.37	45.41	21.28
固定/随机	固定效应	固定效应	固定效应	固定效应
N	248	248	248	248

表6-18　　　　　产业集聚效应：匹配机制与TFP检验

产业代码	煤炭开采和洗选业	食品制造业	医药制造业	计算机、通信
LQR	Y4	Y4	Y3	Y4
η_1	15.83 (0.63)	16.25 (0.40)	-60.82 (-1.58)	-5.949 (0.06)

续表

产业代码	煤炭开采和洗选业	食品制造业	医药制造业	计算机、通信
LQR	Y4	Y4	Y3	Y4
$\ln(k)$	0.702** (2.08)	-0.266 (-0.59)	0.750 (1.32)	0.111 (0.26)
$\eta_1 \times \ln k$	3.267*** (3.95)	1.905 (0.19)	-1.256 (0.09)	9.220 (0.28)
$\eta_1 \times \ln \xi$	-2.161 (-0.69)	-2.006* (-1.71)	-7.038*** (-3.50)	1.687** (2.12)
$\ln(\phi \times \tau)$	0.432 (1.24)	-0.251 (-0.94)	-0.00301 (-0.01)	-0.114 (-0.28)
mar	-2.788 (-1.34)	-0.982 (-0.50)	1.850 (0.92)	7.584*** (2.71)
gov	-1.918 (-1.16)	0.494 (0.40)	1.695 (1.30)	-0.263 (-0.10)
$tech$	-11.04** (-2.15)	-8.139* (-1.86)	-4.764 (-1.20)	-15.36* (-1.82)
TFP	2.944*** (3.62)	0.595* (1.70)	4.639** (2.15)	0.575*** (2.63)
常数项	1.288 (0.61)	-0.661 (-0.36)	-6.265** (-2.12)	-3.911 (-1.41)
匹配质量与TFP相关性	0.2178**	0.0599**	0.0848**	0.0209**
对数似然值	-128.00	-143.68	-140.92	-123.67
Wald 检验	26.32	11.98	14.21	15.95
N	217	217	217	217

四 匹配机制的稳健性检验

为进一步检验匹配机制的有效性，需进行稳健性检验。本书采取三种方法进行稳健性检验：采用区位商作为被解释变量，分别从产业内关联和产业间关联检验匹配机制有效性；采用系统 GMM 方法进行估计；进一步使用空间计量方法进行检验。

（一）稳健性检验Ⅰ：以产业区位商作为被解释变量

当采用产业区位商替代产业产值作为被解释变量，分别以劳动密集型工业的纺织业、资本密集型的石油加工炼焦业和技术密集型的计算机、通信设备制造业为例进行说明，使用普通面板估计方法和系统GMM分别进行估计。

显著性检验如所表6-19所示，第一，匹配机制的系数与前述研究

表6-19 匹配机制与经济增长效应的稳健性检验（一）：
以区位商为被解释变量

代表产业	劳动密集型 纺织业17		资本密集型 石油加工、炼焦25		技术密集型 计算机、通信39	
指标	Y2-η_1	Y2-η_2	Y2-η_1	Y2-η_2	Y2-η_1	Y2-η_2
η	-44.67*** (-3.33)	7.845** (2.41)	-3.745 (0.24)	28.00** (2.02)	-102.1*** (-4.21)	11.44** (2.46)
$\ln(k)$	0.0605 (1.17)	0.123 (1.10)	0.398*** (4.87)	0.868*** (4.70)	0.00747 (0.00)	0.0428 (-0.24)
$\eta \times \ln k$	-5.672*** (-4.85)	0.211 (1.39)	5.797*** (3.76)	0.389 (1.40)	3.527*** (3.95)	0.0802*** (2.33)
$\eta \times \ln \xi$	5.285*** (3.48)	-1.014*** (-2.60)	0.347 (0.17)	-2.841* (-1.71)	13.30*** (4.48)	1.503*** (2.70)
$\ln(\phi \times \tau)$	0.212*** (4.16)	-0.102 (-1.63)	0.263** (2.13)	-0.494* (-1.81)	0.0824 (1.06)	0.0272 (0.30)
mar	1.336*** (4.80)	1.361*** (4.36)	2.187* (1.69)	0.668 (0.48)	0.461 (1.10)	0.681 (1.52)
gov	-0.0574 (-0.22)	0.425* (1.85)	1.770* (1.95)	2.850** (2.20)	0.157 (0.44)	0.578 (1.34)
tech	-1.364 (-1.06)	0.278** (2.20)	5.105*** (2.90)	3.316 (0.55)	6.892*** (3.47)	5.509*** (2.71)
常数项	-0.857*** (-2.87)	-0.446 (-0.92)	-1.974 (-1.44)	5.360** (2.58)	-0.300 (-0.67)	0.366 (0.53)
时间/省份	控制/控制	控制/控制	控制/控制	控制/控制	控制/控制	控制/控制
调整R^2	0.2908	0.1455	0.3655	0.3265	0.7752	0.1922
F	10.71	5.84	16.95	12.66	5.78	3.97
N	248	248	248	248	248	248

基本保持一致,仅存在显著性差异,这表明匹配机制是稳健的。纺织业更受益于人口规模与产业结构的匹配机制,资本密集型的石油加工炼焦业更受益与要素结构与产业关联的匹配。计算机和通信设备制造业同时受益于要素结构与产业关联匹配、人口规模与产业结构匹配,这与技术创新受益于 Jacobs 外部性机理相同。

第二,不同产业的产业内关联和产业间关联对匹配机制作用不同。纺织业产业集聚更受到产业间关联的影响,尽管这种匹配机制并不显著。资本密集型产业更受益于产业内关联的正向效应。技术关联性产业,如计算机与通信业产业内和产业间关联作用机制较为统一。

第三,从产业集聚来看,市场化程度和政府作用对不同产业作用机制不统一。市场化程度增加均能不同程度地促进产业集聚,但正向效应显著性不同。政府作用对资本密集型产业作用显著,对劳动密集型工业和技术密集型工业作用不显著。

(二)稳健性检验Ⅱ:系统 GMM 方法

表6-20　匹配机制与经济增长效应的稳健性检验(二):系统 GMM

代表产业	劳动密集型 纺织业 17		资本密集型 石油加工、炼焦 25		技术密集型 计算机、通信 39	
指标	Y2-η_1	Y2-η_2	Y2-η_1	Y2-η_2	Y2-η_1	Y2-η_2
L.Y_2	0.967*** (50.61)	1.003*** (44.48)	0.479*** (7.47)	0.766*** (16.69)	0.834*** (12.16)	0.954*** (40.48)
η	-13.12*** (-3.15)	-0.392* (-1.78)	-27.84** (2.31)	3.365*** (2.79)	-20.83 (-1.32)	-0.645** (-2.31)
ln(k)	-0.0188** (-2.00)	-0.00973 (-0.29)	0.120*** (3.13)	0.0624 (-0.84)	-0.0358* (-1.65)	-0.0147 (-0.55)
$\eta \times \ln k$	1.200 (1.42)	0.0202 (0.48)	12.03*** (3.23)	0.225*** (2.74)	2.418*** (2.59)	0.01000*** (3.28)
$\eta \times \ln \xi$	1.694*** (3.31)	0.0409** (2.11)	-2.640 (-1.64)	-0.269** (-2.34)	2.952 (1.36)	0.0229 (1.52)
ln($\phi \times \tau$)	0.00596 (0.58)	0.0190 (1.41)	0.0504*** (3.49)	-0.195** (-2.35)	0.0188 (1.05)	0.0183 (1.36)
mar	0.188*** (3.30)	0.163** (2.11)	0.404 (0.60)	-0.640 (-1.04)	0.156 (1.25)	0.0455 (0.48)

续表

代表产业	劳动密集型		资本密集型		技术密集型	
	纺织业 17		石油加工、炼焦 25		计算机、通信 39	
指标	Y2-η_1	Y2-η_2	Y2-η_1	Y2-η_2	Y2-η_1	Y2-η_2
gov	0.0216 (0.84)	0.104 ** (2.21)	0.281 (0.61)	-1.226 *** (-2.59)	-0.0809 (-1.22)	0.0894 (1.44)
tech	-1.320 *** (-4.92)	-1.280 *** (-2.93)	1.224 (0.83)	3.054 ** (2.47)	-0.306 (-0.40)	-1.105 (-1.53)
常数项	-0.0781 (-1.43)	0.00589 (0.03)	-0.267 (-0.41)	-0.581 (-0.61)	0.0463 (0.45)	0.395 (1.43)
时间/省份	控制/控制	控制/控制	控制/控制	控制/控制	控制/控制	控制/控制
Hansen-p	0.882	0.891	0.874	0.912	0.917	0.982
AR (1)	0.005	0.009	0.025	0.011	0.005	0.008
AR (2)	0.334	0.461	0.187	0.143	0.603	0.562
N	186	186	186	186	186	186

(三) 稳健性检验Ⅲ：空间杜宾模型

由于工业产值存在空间自相关性，为进一步考虑产业的空间关联效应，同时研究三种匹配机制对产业产值的经济增长效应和产业集聚效应的作用机理，在考虑变量的空间依赖性、空间异质性、匹配机制外部性及其他不确定问题，构建一般的空间杜宾模型（SDM）①：

$$y_{it} = \rho \sum_{j=1}^{M} W_{ij} y_{jt} + \theta \sum_{j=1}^{M} W_{ij} X_{jt} + \beta X_{it} + u_i + \lambda_t + \varepsilon_{it} \quad (6-21)$$

其中，y_{it} 为被解释变量，即产业产值对数形式或区位商；ρ、θ 分别被解释变量的空间关联系数；β 为不包括空间效应的变量，X_{it} 同前文；u_i 为区域固定效应，λ_t 为时间固定效应；ε_{it} 为残差项，W_{ij} 为空间权重矩阵，Lesage 和 Pace（2014）认为只要空间权重矩阵为稀疏矩阵，则计量结果不受权重矩阵设定影响，即是稳健的。本书采用相邻矩阵：

$$W_{ij} = \begin{cases} 1 & i,j \text{ 相邻} \\ 0 & i,j \text{ 不相邻} \end{cases} \quad (6-22)$$

采用最大似然估计（MLE）方法进行估计，回归结果如表 6-27

---

① 同时考虑空间误差（SEM）和空间自回归模型（SAR）。

第六章 经济增长的产业与空间匹配机制研究：基于工业增长与集聚 / 189

表6-21 匹配机制与经济增长效应的稳健性检验（三）：
空间计量方法（SDM）

	劳动密集型		资本密集型		技术密集型	
代表产业	食品制造业14	纺织业17	烟草制造16	石油加工25	医药制造业27	计算机39
产业产值	Y1-η_1	Y1-η_1	Y1-η_1	Y1-η_1	Y1-η_1	Y1-η_1
η	-3.558 (0.54)	-5.245 (-0.21)	-20.26* (1.72)	-14.31** (-2.45)	-6.712** (2.12)	-18.94 (0.98)
ln(k)	-0.0144 (-0.48)	0.0206 (-0.20)	0.0451 (0.98)	0.129** (2.07)	0.0565 (0.94)	0.196 (0.68)
$\eta \times \ln k$	-0.0834* (-1.21)	-0.645* (-1.11)	1.946** (2.33)	0.189** (2.17)	0.166** (2.14)	3.734** (1.89)
$\eta \times \ln \xi$	-0.239 (-0.30)	0.720 (0.25)	2.697* (1.82)	2.106*** (2.79)	0.876** (2.13)	3.259*** (2.38)
ln($\phi \times \tau$)	0.0781** (2.50)	0.325*** (3.40)	0.582** (2.11)	0.0215 (0.20)	0.0246* (1.49)	0.242* (1.80)
mar	2.422*** (3.26)	1.523** (2.17)	1.227** (2.28)	0.975 (1.31)	0.488 (1.61)	1.999 (1.19)
gov	-0.492 (-0.68)	1.165* (1.76)	-2.119** (-2.40)	-2.378** (-2.14)	-1.066*** (-3.64)	-0.486 (-0.45)
tech	4.768*** (2.68)	6.111** (2.24)	2.983 (1.46)	4.480*** (2.88)	5.316*** (4.68)	15.15*** (2.82)
$W \times \eta$	-21.78 (-1.23)	-82.52 (-1.19)	-33.94 (-0.77)	-2.915 (-0.12)	32.38*** (2.85)	123.5*** (3.15)
$W \times \ln(k)$	-0.0753 (-1.43)	0.495* (1.69)	-0.120 (-0.86)	-0.0221 (-0.23)	-0.00129 (-0.01)	-0.156 (-0.55)
$W \times \eta \times \ln k$	1.241** (2.08)	22.06* (1.85)	-6.776** (-1.88)	-3.451** (-2.28)	-0.613* (-1.295)	28.95*** (6.99)
$W \times \eta \times \ln \xi$	2.684 (1.35)	9.616 (1.22)	3.430 (0.68)	0.303 (0.10)	-3.865*** (-2.77)	-15.15*** (-3.60)
$W \times \ln(\phi \times \tau)$	0.244 (1.34)	0.147 (0.62)	0.288* (1.72)	0.220 (1.18)	0.362*** (3.58)	0.424 (1.18)
$W \times mar$	1.937 (1.58)	1.233* (1.69)	0.343 (0.48)	4.050*** (3.67)	0.652 (1.41)	4.813** (2.00)
$W \times gov$	4.099*** (2.90)	0.688 (0.33)	3.721*** (3.75)	7.475*** (2.72)	2.575*** (6.22)	2.894** (2.26)

续表

代表产业	劳动密集型		资本密集型		技术密集型	
	食品制造业 14	纺织业 17	烟草制造 16	石油加工 25	医药制造业 27	计算机 39
产业产值	$Y_1-\eta_1$	$Y_1-\eta_1$	$Y_1-\eta_1$	$Y_1-\eta_1$	$Y_1-\eta_1$	$Y_1-\eta_1$
$W \times tech$	0.251 (0.09)	4.208 (0.76)	2.905 (0.55)	2.827 (0.54)	3.013* (1.74)	2.262 (1.05)
ρ	0.407*** (4.27)	0.315*** (4.17)	0.226*** (2.58)	0.141** (2.07)	0.670*** (14.55)	0.365*** (5.00)
时间/省份	控制/控制	控制/控制	控制/控制	控制/控制	控制/控制	控制/控制
调整 R^2	0.3012	0.2594	0.3325	0.3182	0.8919	0.6916
σ^2	0.0516***	0.0479***	0.110***	0.0957**	0.0155***	0.274***
Log-L	-70.83	-78.52	-144.41	-138.58	54.39	-258.93

注：本表略去常数项估计和其他固定效应结果。

至表6-28所示。通过研究结果可知，引入空间效应后，各种产业匹配机制稳健性较好，ρ在置信水平1%条件显著表明，不同产业的工业产值存在的空间自相关。产业匹配机制都不同程度地受到周边区域匹配机制的影响，存在着周边区域匹配机制与本地匹配机制的相反效应，即周边匹配机制与本地的工业产值多为负相关关系，或拉低了本地匹配机制的显著性。

其次，劳动密集型产业产值更受益于市场规模的匹配机制，而资本密集型产业的要素结构与产业关联匹配机制显著性水平较高，技术密集型产业则对要素结构、人口规模的匹配机制显著相关。另外，要素结构与产业关联匹配机制的空间效应都为显著，这也与要素流动比人口规模、市场规模的变化更为灵敏。

从产业集聚和转移来看，三种匹配机制的稳健性也较高。从产业集聚空间自相关系数ρ发现，不同产业集聚特性不同。第一，纺织业和石油加工业集聚在置信水平1%下显著，前者为正相关，后者为负相关。第二，食品制造业空间集聚与周边区域存在正相关关系，但不显著。第三，资本密集型工业的烟草制造业与技术密集型工业的医药制造业、计算机设备制造业的空间自相关系数为负，这表明，该类产业集聚对周边空间关联性总体较低。从匹

表6-22 匹配效率与集聚效应的稳健性检验（四）：空间计量方法（SDM）

代表产业	劳动密集型		资本密集型		技术密集型	
	食品制造业14	纺织业17	烟草制造16	石油加工25	医药制造业27	计算机39
区位商LQ	LQ-η_1	LQ-η_1	LQ-η_1	LQ-η_1	LQ-η_1	LQ-η_1
η	8.695 * (-1.75)	-52.92 *** (-3.89)	-37.95 *** (-2.92)	-14.89 (1.29)	-7.840 ** (1.96)	-98.68 *** (-5.54)
$\ln(k)$	0.0126 (0.24)	0.0541 (1.08)	-0.211 *** (-3.68)	0.324 *** (4.47)	-0.113 (-1.58)	0.0206 (0.41)
$\eta \times \ln k$	3.070 *** (2.64)	-1.306 (-0.58)	1.210 ** (2.48)	5.873 *** (4.20)	-4.534 *** (-2.77)	2.710 *** (3.81)
$\eta \times \ln \xi$	1.242 ** (2.06)	6.303 *** (4.06)	4.746 *** (2.99)	-0.814 (-0.55)	0.917 * (1.78)	13.39 *** (6.14)
$\ln(\phi \times \tau)$	0.0190 ** (2.44)	0.110 ** (-2.20)	0.0843 ** (2.90)	0.617 *** (3.90)	0.0181 (0.33)	0.0420 (0.59)
mar	0.909 *** (3.28)	1.400 *** (4.15)	0.982 * (1.66)	-0.943 (-0.79)	0.390 (1.12)	0.498 (1.07)
gov	-0.129 (-0.52)	-0.0366 (-0.12)	-0.325 (-0.61)	0.0713 (0.09)	-0.381 (-1.30)	-0.0882 (-0.25)
$tech$	0.829 (0.97)	-1.855 (-1.43)	-0.218 (-0.11)	0.775 (0.33)	1.054 *** (2.96)	8.328 *** (6.38)
TFP	0.326 *** (5.61)	0.375 *** (4.52)	0.382 *** (3.97)	0.377 *** (4.91)	0.386 *** (2.62)	0.396 ** (2.21)
$W \times \eta$	-15.81 (-1.60)	14.81 (0.42)	10.11 (0.35)	-125.4 *** (-3.35)	-15.96 (-1.12)	-0.710 (-0.02)
$W \times \ln(k)$	-0.265 ** (-2.35)	0.201 * (1.83)	0.249 ** (2.11)	0.358 *** (2.71)	0.297 * (1.82)	0.157 (1.42)
$W \times \eta \times \ln k$	4.928 ** (2.03)	9.871 ** (2.10)	-0.824 (-0.46)	6.981 * (1.74)	1.486 (0.46)	1.814 (0.45)
$W \times \eta \times \ln \xi$	1.876 (1.62)	-1.437 (-0.36)	-0.874 (-0.25)	16.74 *** (3.57)	2.269 (1.31)	-0.0770 (-0.02)
$W \times \ln(\phi \times \tau)$	0.0148 (0.17)	-0.139 (-1.41)	-0.172 (-0.91)	-0.261 (-0.73)	0.176 (1.59)	-0.257 (-1.59)
$W \times mar$	1.189 *** (2.65)	-0.804 * (-1.72)	1.187 (1.34)	6.211 *** (3.58)	0.736 (1.43)	0.121 (0.18)

续表

代表产业	劳动密集型		资本密集型		技术密集型	
	食品制造业 14	纺织业 17	烟草制造 16	石油加工 25	医药制造业 27	计算机 39
区位商 LQ	LQ-η_1	LQ-η_1	LQ-η_1	LQ-η_1	LQ-η_1	LQ-η_1
$W \times gov$	0.911*** (2.63)	-0.473 (-1.02)	1.686** (2.31)	2.962** (2.49)	0.0115 (0.03)	0.196 (0.39)
$W \times tech$	-2.289* (-1.81)	-3.332* (-1.67)	-2.556 (-0.94)	-0.530 (-0.16)	-1.164 (-0.77)	3.414* (1.69)
$W \times TFP$	-0.0306 (-0.32)	-0.0416 (-0.41)	-0.0512 (-0.82)	-0.0611 (-0.56)	-0.288 (-1.04)	-0.169 (-0.50)
ρ	0.0765 (0.79)	0.202** (2.13)	-0.177 (-1.58)	-0.346*** (-2.84)	-0.0713 (-0.75)	-0.0203 (-0.24)
时间/省份	控制/控制	控制/控制	控制/控制	控制/控制	控制/控制	控制/控制
调整 R^2	0.3779	0.3539	0.2553	0.6069	0.2481	0.8318
σ^2	0.0117***	0.0146***	0.0489***	0.320***	0.0186***	0.0454***
Log-L	106.47	95.79	64.08	218.11	60.06	92.51

注：本表略去常数项估计和其他固定效应结果。

配机制来看，食品制造业、烟草制造业、石油加工炼焦业和计算机通信设备制造业对要素结构与产业关联的匹配机制较为稳健，而劳动密集型产业和资本密集型产业中的消费品业，例如烟草制造，对人口规模匹配机制的集聚效应更为显著，而石油化工、医药制造对人口规模匹配机制不显著。技术密集型工业的市场规模匹配机制不显著，但区域的技术投入项对该类产业集聚是显著正相关的。

另外，从生产全要素生产率来看，TFP 与产业集聚水平正相关，但存在空间关联的扩散效应，这表明要素效率越高的企业越容易发生集聚，但存在产业扩散的趋势，并且是负相关的。这进一步验证了假设Ⅰ和Ⅲ。

五　本章小结

本章以工业产值的经济增长效应和工业集聚效应为对象，利用

第六章　经济增长的产业与空间匹配机制研究：基于工业增长与集聚　/　193

2007—2014年工业数据对"要素结构与产业关联""区域或城市规模与产业结构""市场规模与产业选择"三个匹配机制进行了细分产业检验，研究表明，不同类别工业对三种匹配机制响应特征不同，存在着匹配机制的产业及空间分异现象。

第一，从产业产值的经济增长效应来看，采矿业主要依赖于要素结构与产业关联的匹配机制。制造业由于要素结构不同，匹配机制发挥的匹配效率也不同。市场规模的匹配机制对农副产品加工业，食品制造业、酒与饮料和精制茶制造业的匹配效率较高。化学原料和化学制品业、通用制造业、计算机通信设备制造业、仪器仪表制造业对区域或城市人口规模与产业结构匹配机制响应的显著性水平较高。专用设备制造业、医药制造业、化学纤维制造业更综合依赖于要素结构和市场规模的匹配机制。再者，产业间关联对技术密集型产业的匹配机制发挥效率显著性水平较高。

第二，从产业集聚效应来看，本书运用Logit非线性面板分析方法对产业集聚水平和产业集聚/扩散动态变化的匹配机制进行了实证研究。分析结果表明，食品制造业、酒有饮料制造业、纺织业、造纸业、烟草制造业、石油加工炼焦业、化学纤维制造业、通用与专用设备制造业、计算机通信制造和电气制造业等产业集聚和扩散态势受要素结构与产业关联的匹配机制影响，倾向于产生集聚；而农副食品加工业、化学原料和化学制品业、医药制造业受要素结构匹配机制影响，却倾向于扩散。其次，除烟草制造业和计算机、通信设备制造业外，市场规模与产业选择的匹配机制能够促进绝大多数制造业扩散。另外，技术投入促进了产业转移。采矿业与制造业的集聚、扩散与产业的空间匹配质量显著正相关。进一步验证了"匹配质量越高的产业越容易稳定集聚，不易发生扩散；而匹配质量不高的产业容易发生扩散""生产效率越高的产业，产业扩散速度较快"等研究假说。

第三，从产业—空间关联来看，工业产值存在显著空间相关性；但产业集聚水平（本书以区位商度量）石油加工和纺织业产业存在空间相关，而其余制造业产业—空间关联性不高，存在着周边区域对产业集聚的负向效应，产业集聚的稳定性不高。其次，还通过分位数（QR）回归对不同产值和集聚水平的部分产业进行了实证检验，研究表明，不同产值和集聚水平下，匹配机制显著性不同，存在由低分位数水平向高分位数水平变化的规律。此外，还利用改变被解释变量和改变分析方法等手段对匹配机制进行了稳健性分析，验证结果表明，不同产业经济增长效应和集聚效应的匹配机制的稳健性较好。

第七章 经济增长的产业与空间匹配机制研究：基于服务业增长与集聚

随着中国城市化进程的加快，越来越多的地区或城市步入"后工业化"的加速城市化阶段，经济增长模式也由工业主导型向服务业主导型转变。因此，如何把握工业与服务业的关系，尤其是不同类别服务业与制造业等工业的关系，对中国优化经济结构以及推动不同发展阶段的区域和城市经济转型至关重要。但是由于服务业异质性及地区差异性，现有研究关于服务业的经济增长机理和集聚效应并无统一分析框架，且国内专门系统的理论与实证研究不多，存在着对实际问题不同观点的学术争论，因此也有必要总结及理清。本书在第六章工业空间匹配机制的基础上，继续对服务业的空间匹配机制的经济增长效应和集聚效应进行系统研究，以期为不同地区经济增长转型和产业结构优化提供政策依据。

一 服务业的产业分类、经济增长与集聚

现有产业分类标准下服务业类别较多，服务业经济的产业异质性特征明显，且具有与工业截然不同的产业特性（江小涓等，2014）：（1）服务业经济产出一般为无形的，难以精确定价；（2）服务业经济供给与消费具有同时性，空间贸易概率较小；（3）服务业产业异质性较强。另外，与工业不同，服务业不仅提供中间产品和服务，如科学研究、通信技术，也提供最终产品和消费性服务，如餐饮业、酒店业和娱乐业等。正是由于服务业特殊性，服务业的经济增长效应存在诸多争议，因此有必要针对不同类别服务业的内部结构差异进行系

统研究。

(一) 服务业的不同分类

与以要素结构划分的工业不同，服务业类别的划分主要依据产业产品或服务的面向对象来进行划分，服务业一般都被分为生产性服务业（Producer services，PS）[①]、消费性服务业（也称生活性服务业，Consumer service，CS）和公共基础性服务业（Public basic service，PBS）[②]。

表 7-1　　　　　　　　　　服务业分类

服务业类型	具体产业
生产性服务业	交通运输、仓储与邮政业；信息传输、软件和信息技术服务业；金融业；租赁和商务服务业；科学研究和技术服务业
消费性服务业	批发与零售业；住宿和餐饮业；房地产业；居民服务、修理和其他服务业；文化、体育和娱乐业
公共基础性服务业	水利、环境和公共设施管理业；教育；卫生和社会工作；公共管理、社会保障和社会组织

注：产业分类来自于《国民经济行业分类（GB/T 4754—2011）》和《生产性服务业分类（2015）》。

Greenfield（1966）最早提出生产性服务业的概念（Producer service），认为金融、技术、法律等知识密集型产业提供工业的中间投入品。但如何界定何种服务业为生产性、消费性还是公共基础性存在不同的观点。其一，投入产出法。利用投入产出表，将中间投入品需求部分界定为生产性服务业，其余为消费性服务业。Goodman 和 Steadman（2002）将服务业中中间需求高于 60% 的部门界定为生产性服务业，中间需求低于 40% 的部门为消费性服务业，40%—60% 的为混合型服务业，该方法尽管逻辑清楚，但对数据完整性要求较高，而且也存在人为主观假定。其二，产业分类法。中国国家统计局 2015 年

[①] 国家统计局《生产性服务类（2015）》。
[②] 服务业四分法主要为增加了流通行业，如运输业，但运输业主要为生产服务，故三分法也将运输业划到生产性服务业中。

提供了《生产性服务业分类（2015）》标准，将为生产活动提供研发、设计等技术服务和运输、邮政、信息、金融、商务、经纪等服务的产业列为生产性服务业。借鉴已有研究中对服务业分类（丁守海等，2014；李善同、李华香，2015），本书也采用产业分类法，具体如表7-1所示。

生产性服务业是作为其他产业和服务的中间投入，是面向为生产服务的，而并非提供市场化的最终产品，如交通运输、物流仓储、批发、信息与商务服务、科学与技术研发、金融业等。消费性服务业直接提供物质或精神消费的产品、服务，多为最终产品，如零售业、住宿、旅游、文化娱乐等。公共基础性服务业多为政府提供的公共品。服务业既包括劳动密集型产业，批发、商务服务业，也包括技术与资本密集型产业，技术研发和金融保险业。同时，产业既有完全市场竞争性的零售、餐饮产业，也有垄断竞争的电信、金融，也有政府公共品，因此，应针对研究重点对不同类型服务业有所区分。

表7-2　　　　　　不同类型服务业发展的影响因素

产业类别	生产性服务业	消费性服务业	公共基础性服务业
影响因素	制造业需求、信息化水平、知识密集度、国有化程度、本地市场规模、工业企业规模、交易成本、生产性服务业专业化程度、市场竞争程度、本地中间品需求、城市内联系成本	本地市场需求、市场交易成本、劳动力禀赋、技能溢价效应、市场规模效应、政府管控门槛	经济规模、本地市场需求、城市化水平、政府财政支出、政府公共服务偏好、财政分权
部分研究学者	盛龙、陆根尧，2013；宣烨，2013；席强敏等，2015；姚洋洋等，2015	李惠娟，2013；郝宏杰、付文林，2015	夏怡然、陆铭，2015；刘军等，2015

数据来源：作者根据相关研究总结。

对已有研究发现，中国不同类型服务业发展受到不同因素的影响，如表7-2所示。对生产性服务业而言，生产性服务业倾向于与制造业协同集聚（陈国亮、陈建军，2012），因而其受到制造业需求的影响（Venables，1996；金煜等，2006）和其他中间产品需求影响（李惠娟，2013），当信息化水平较高，生产性服务业的空间外溢半径会增加，进而增加相关产业集聚（盛龙、陆根尧，2013）。其次，生产服务业发展还受到地区市场交易效率和交易制度的影响（宣烨，2013；姚洋洋等，2015）。另外，服务业 FDI 和服务业集聚存在长期稳定均衡关系，但服务业集聚并不一定吸引服务业 FDI 进入，当服务业企业规模集聚明显，且垄断程度较低，则有利于吸引服务业 FDI（李文秀，2012）。张艳等（2013）研究也表明服务贸易自由化也能促进制造业企业生产效率，对东部地区使用较多服务中间投入的企业、外商投资企业和出口企业，服务贸易自由化的正向效应更明显。

消费性服务业则主要受到本地市场最终产品需求的影响（李惠娟，2013），随着劳动力技能水平提高，技能水平不同劳动力工资成本不同，高技能劳动者就业比重增加带了技术进步，生产率提高产生的成本溢价效应促使消费性服务业增长。而不同地区或城市的公共基础性服务业受到地区经济总量、城市化水平、政府对公共基础服务业的投入和政府的公共服务偏好等因素的影响（刘军等，2015）。此外，公共基础性服务业发展较好的城市，例如具有教育、医疗及电力等基础设施的城市，通常能够长期吸引劳动力，因此发展公共服务业，推行均等化公共服务能够在一定程度上影响劳动力流向（夏怡然、陆铭，2015），但劳动力流动还收到工资等收入因素影响，因此公共基础服务均等化的正向效应可能受工资收入等其他因素削弱。

（二）服务业经济增长机制

中国自改革开放以来，工业一直作为经济增长主导型产业，但随着经济规模不断扩大，工业核心技术创新不足、地方工业重复建设不断制约中国工业结构升级，造成长期以来工业低端产能过剩，高端技术研发产业化进展缓慢。2010 年以来中国经济进入转型的"新常态"，工业对经济增长的带动力逐步下降，而服务业的经济贡献率持续提升（见图 7-1），服务业产值持续增加能直接为整体经济下行有效托底，保证经济整体平稳运行。同时，通过推动供给侧结构性改革、实施创新驱动对经济结构优化和有效核心供给形成需要增加生产性服务业的中间品投入,间接提高人力资本积累和知识创新对工业技术升级的支撑作用,进而降低要素配置成本。通过消费性服务业对就业带动作用,提高劳动者收入水平,能够缓解区域间发展差距,因此,从中国实际经济情况和理论分析可以看出,服务业具有经济增长的直接与间接效应。

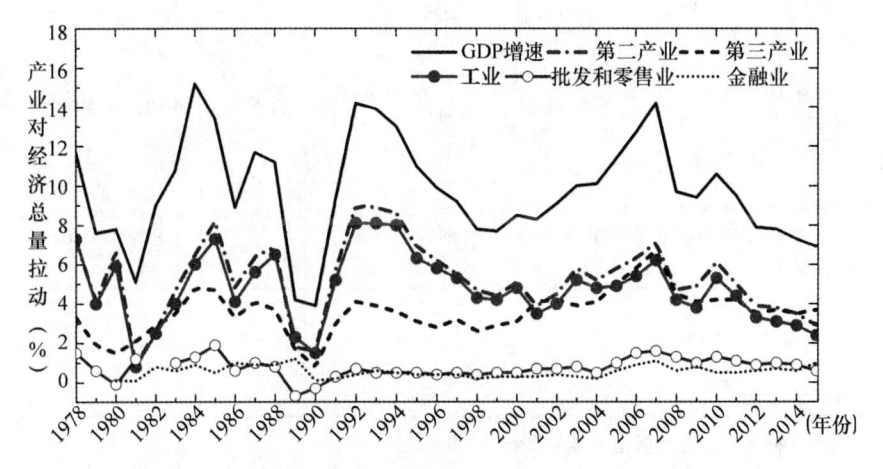

图7-1 中国经济增长与不同产业拉动率(1978—2015年)
数据来源:《中国统计年鉴2016》。

1. 服务业经济增长效应

对服务业是否具有经济增长效应,国内外学术界存在较多争论,尤其是"鲍莫尔—富克斯"假说(Baumol-Fuchs)在中国是否存在的争议。该假说假定经济体中存在技术进步的制造业和技术停滞的服务业,服务业不存在生产率提高,则两部门经济体存在非均衡的增长模式,随着资本和技术增加,制造业部门工资上涨,而服务业难以低效劳动力成本上涨,导致服务业提供的产品或服务的价格上涨,进而引发"成本病",反过来服务业进一步吸纳就业,促使劳动力就业由工业向服务业迁移,造成服务业就业人口聚集与整体经济增长下降的局面(Baumol,1966;Fuchs,1968)。但由于历史条件限制,"鲍莫尔—富克斯"假说未考虑服务业内部结构,并没有考虑生产性服务业的 TFP 进步。现实世界中并非所有服务业都是低效率，除公共基础性服务业和部分消费性服务业外，运输、通信和金融等生产性服务业具有明显的技术进步，随着生产率逐步提高，服务业"成本病"有可能被抑制。

表 7-3　　　　国内关于服务业经济增长效应研究争论

服务业是否具有经济增长效应	生产性服务业	消费性服务业	公共基础性服务业	部分研究学者
服务业有经济增长效应，可以克服"成本病"	人力资本与技术资本积累、增加产业中间联系	提高就业份额、消费结构替代升级	长期正向作用	程大中，2006，2010；袁富华等，2016；宁吉喆，2017
服务业带动就业增长，就业与经济增长正相关	吸纳就业力弱	吸纳就业力强	介于二者之间	丁守海等，2014
仅为"经济稳定器"，服务业技术进步对 GDP 影响较小				渠慎宁、吕铁，2016

数据来源：作者根据相关研究总结。

以中国为例，如表 7-3 所示，国内已有研究的一种观点认为，服务业具有经济增长效应，通过生产性服务业对人力资本与技术资本的累积，可以增强产业间联系，提高制造业等关联产业的生产效率（席强敏等，2015；余泳泽等，2016；宣烨、余泳泽，2017），具有间接的经济增长效应（顾乃华，2011；谭洪波，2015；刘奕等，2017）；同时，生产性服务业部分产业生产率增强，如计算机与信息服务业，也有利于产业产值的提高。其次，消费性服务业可以增加本地市场消费规模，集聚就业人口（丁守海等，2014），对长期经济增长具有直接和间接作用。再者，教育和健康服务业等公共基础性服务业也有利于人力资本集中和累积，因而对整体经济具有长期增长效应（程大中，2010）。

另外一种观点则认为服务业仅具有"经济稳定器"的功能。服务业占 GDP 比重提高将会降低工业技术创新对 GDP 增长的贡献程度，同时服务业技术创新并不会对 GDP 增长产生影响，工业技术创新与进步对经济增长外部性影响强于服务业（渠慎宁、吕铁，2016）。但由于并未对服务业内部异质性进行分析，服务业的经济增长效率可能被低估。

服务业发展，尤其是生产性服务业能够显著提高本地工业的 TFP（顾乃华，2011）。但服务业既存在效率较高的生产性服务业，也存在效率较低的消费性服务业和公共基础性服务业，产业异质性显著，且不同地区主导的服务业类别具有差异化。在发达地区，生产性服务业是带动服务业的主导力量，但在欠发达的中西部地区，零售、餐饮等消费性服务业的经济增长效应更为突出（宁吉喆，2017）。为克服低效率服务业形成的鲍莫尔"成本病"，袁富华等（2016）认为服务业发展需要进一步创新要素配置结构，通过知识与人力成本累积的服务业要素化减弱低端服务业无效扩张，促使消费结构升级，提高知识密集型产业发展，保障工业与服务业协调发展。宁吉喆（2017）也认为通过发展生产性服务业，促进人力资本、技术资本累积与升级，并增加与制造业的产业间联系，有利于制造业等工业体系结构优化升级。因此，根据已有研究和经济增长现实数据，本书认为服务业具有直接和间接的经济增长效应，前者主要指消费性服务业和部分生产性服务业的经济增长产值，表现为短期经济增长；后者则主要指生产性服务业与制造业的协同增长效应以及公共基础性服务业对长期增长的人力和知识资本的累积效应，这些都有助于经济长期增长。

尽管目前中国生产性服务业经济占比较低，其 TFP 也不高（谭洪波、郑江淮，2012），但生产性服务业增加率较快，从服务业发展现阶段来看，服务业的经济增长效应已经逐步显现，同时电子商务新兴业态和不同产业融合蓬勃发展，服务业创新可能引发新的商业模式。如何把握服务业空间集聚及与制造业关系，需要进一步利用相关产业数据进行实证研究。

2. 服务业 TFP 是高还是低？

与工业相比，服务业 TFP 到底孰高孰低，存在不同研究视角的争议（见表 7-4）。大多数研究都认为，现目前中国服务业 TFP 较低。相关研究表明，1980—2006 年中国服务业 TFP 总体水平偏低，且呈现以资本为主的要素推动（杨勇，2008）。谭洪波和郑江淮（2012）在研究中国经济增长和服务业发展滞后的矛盾问题时，认为中国生产性服务业TFP增长率较低，对整体服务业贡献不足，从而造成中国服务业发展滞后。刘兴凯和张诚（2010）运用Malmquist指数方法测算1978—2007年中国服务业TFP变化情况，研究表明服务业TFP增长逐步趋缓，但技术效应贡献明显。不同地区服务业发展并非均衡的，中国服务业TFP增长具有明显空间异质性，服务业TFP对服务业增长贡献率较低，由于服务业TFP增长源泉为技术进步，因此中国服务业增长仍有较大余地（王恕立等，2015）。

表7-4　　　　　　　　　国内对服务业TFP研究争论

服务业TFP是否低下	基本观点	部分研究学者
服务业TFP较低	服务业总体水平低；资本要素推动为主，TFP贡献率较低，增长之后，技术效率不显著	杨勇，2008；刘兴凯、张诚，2010；谭洪波、郑江淮，2012；王恕立、胡宗彪，2012；王恕立等，2015
服务业TFP较高	服务业生产率高于工业；服务业TFP稍低，但增势较强	庞瑞芝、邓忠奇，2014

数据来源：作者根据相关研究总结。

另外一种观点，当考虑环境因素后，尽管服务业TFP稍低于工业，但服务业生长率增长高于工业，因此现阶段中国并不存在鲍莫尔"成本病"。工业的资本和劳动力生产率都高于服务业，但当考虑环境因素后，工业能耗和污染物排放高于服务业，工业能源生产率远低于服务业，在绿色框架下服务业生产率高于工业。服务业TFP低于工业的原因，主要在于工业技术进步快率服务业，但近年来服务业TFP增长率逐渐提高，可能超过工业（庞瑞芝、邓忠奇，2014）。

（三）服务业集聚空间效应

与工业（尤其是制造业）的市场需求和成本需求的集聚机制不

同，服务业集聚动机对企业间技术与知识外溢，不同产业集聚的作用机理也不同。一般地，服务业在商业化程度较高，市场化程度较高的地区集聚水平较高，而市场规模和制度环境对服务业集聚具有显著正相关关系，而服务业集聚与地区要素配置结构的关系不大（胡霞，2008）；其次，制造业需求、地区信息化程度、知识密集度和产业国有化程度对生产性服务业集聚具有显著影响（盛龙、陆根尧，2013）。但投资并不能引发服务业集聚，相关研究表明服务业集聚对FDI具有主要的吸引作用，但后者并不能诱发服务业集聚区的形成（李文秀，2012）。但不同地区的市场交易效率和交易制度对生产性服务业集聚影响较大（姚洋洋等，2015）。

服务业集聚可以对相关产业产生促进作用，尤其是生产性服务业。生产性服务业集聚可以有效支持制造业升级，市场交易成本和需求规模对制造业呈现间接正向效应，而要素结构和制度政策对制造业升级是直接正向效应（刘奕等，2017）；同时还能提高劳动生产率，但集聚效应存在明显空间差异，仅东部和西部地区正向效应明显，中部地区由于生产性服务业集聚水平较低而呈现负向效应（惠炜、韩先锋，2016）。

生产性服务业可以由单一专业化向多样化转变，多样性程度越高的生产性服务业对周边工业劳动生产率空间溢出效应越显著，尽管生产性服务业多样化集聚可以提高技术交流与合作，提高技术扩散效率（于斌斌，2017），但交易成本与人际面对面沟通会对拉低空间外溢效应，因而对于不同城市规模，大城市生产性服务业应选择多样化发展模式来促进工业效率提升；中小城市则应构建专业化生产性服务业部门，提高本地工业效率（席强敏等，2015；宣烨、余泳泽，2017）。余泳泽等（2016）也证明了我国生产服务业空间集聚对制造业生产效率提高的空间外溢效应明显，但存在空间逐步衰减。

生产性服务业集聚对制造业生产率的影响效应受到行业结构、地区差异和城市规模的约束，高端生产性服务业（信息传输、计算机服务和软件业，金融业，科学研究与技术服务业）能够提高制造业生产效率，而低端生产性服务业（交通运输和邮政业、批发与零售业、租赁和商务服务业）抑制制造业生产率，西部地区影响最大，并能对高端生产性服务业和制造业产生明显挤出效应,从而阻碍制造业效率提高。提高人力资本和信息化水平能够有效改善不利影响(于斌斌,2017)。

1. 服务业的空间集聚

综合已有研究结论,本书首先利用已有最新数据对我国不同类别服务业进行现状性研究。以省级地理空间尺度为例,2015年中国服务业的区位商空间分布情况如图7-2所示(实线为等高线),可以看出,中国服务业存在明显集聚现象。北京(地区代码1)、上海(地区代码9)和江苏(地区代码10)的服务业集聚水平在两位数服务业

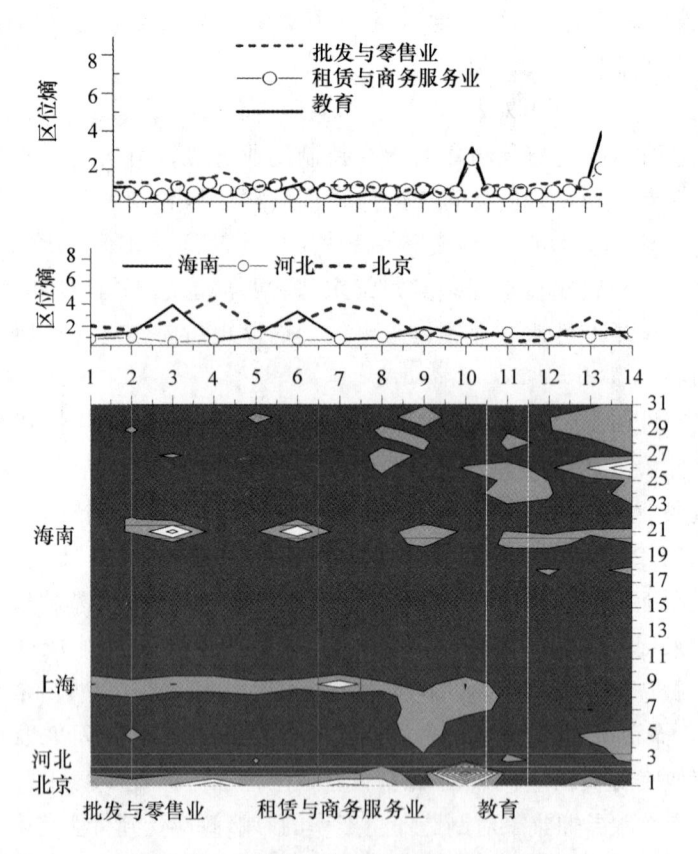

图7-2 中国地区服务业集聚(2015年)

注:为制图方便,产业代码序号同附录(五),省(市)按照统计年鉴的排序,1—31为省份代码,如地区1指北京、地区4指山西。

数据来源:《2016年中国第三产业统计年鉴》。

第七章　经济增长的产业与空间匹配机制研究：基于服务业增长与集聚　/　205

产业代码1—10（批发和零售业，交通运输和邮政业，金融业，科学研究和技术服务业等）集聚优势明显；四川（地区代码23）、甘肃（地区代码28）、青海（地区代码29）、宁夏（地区代码30）服务业集聚连续性不高，存在某种特定服务业集聚水平较高，如产业代码11—14（教育、公共管理和社会组织），可以看出地区经济水平较高的地区服务业完整程度较高，且生产性服务业和消费性服务业集聚水平明显；欠发展地区仅公共基础性服务业集聚水平较高。

从不同服务业类别来看，本书计算了2004—2015年生产性服务业、消费性服务业和公共基础性服务业的空间基尼系数变化情况，同时也列举了相应地洛伦兹曲线（Lorenz curve），如图7-3至图7-6所示。可以看出，自2004年以来，中国生产性服务业和消费性服务业集聚程度逐步增加，2015年比2004年分别增加21.39%和12.87%，其中批发和零售业、交通运输和邮政业、信息技术服务业、租赁和商务服务业、科学研究和技术服务业分别增加19.13%、20.71%、41.70%、12.96%、25.40%。相反，公共基础性服务业集

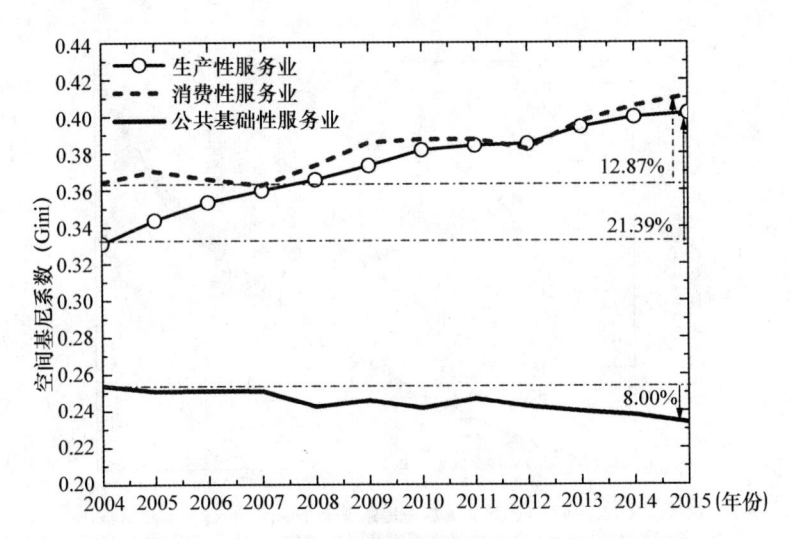

图7-3　中国不同类型服务业集聚变化（2004—2015年）

注：城镇单位就业人口进行统计。产业就业人数来自历年《中国第三产业统计年鉴》，大类产业就业总人数来自历年《中国统计年鉴》，二者就业总人数能够吻合。

数据来源：作者根据历年《中国第三产业统计年鉴》和《中国统计年鉴》计算。

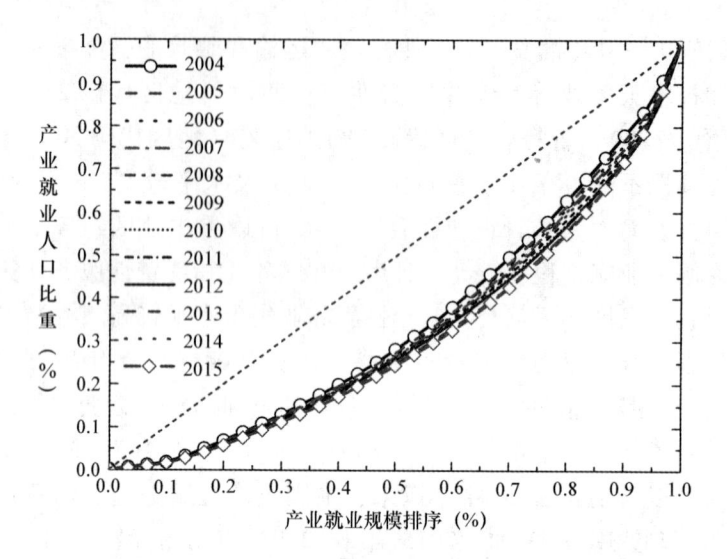

图 7-4　中国生产性服务业洛伦兹曲线（2004—2015 年）

注：城镇单位就业人口进行统计。产业就业人数来自历年《中国第三产业统计年鉴》，大类产业就业总人数来自历年《中国统计年鉴》，二者就业总人数能够吻合。

数据来源：作者根据历年《中国第三产业统计年鉴》和《中国统计年鉴》计算。

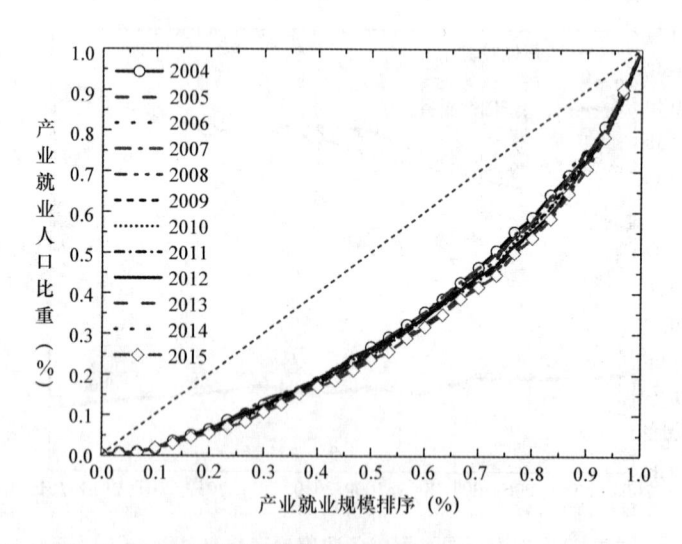

图 7-5　中国消费性服务业洛伦兹曲线（2004—2015 年）

注：城镇单位就业人口进行统计。产业就业人数来自历年《中国第三产业统计年鉴》，大类产业就业总人数来自历年《中国统计年鉴》，二者就业总人数能够吻合。

数据来源：作者根据历年《中国第三产业统计年鉴》和《中国统计年鉴》计算。

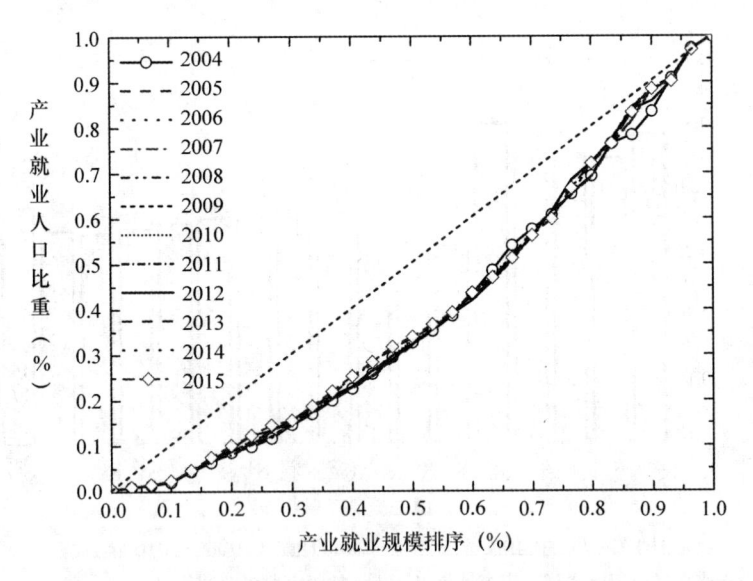

图 7-6 中国公共基础性服务业洛伦兹曲线（2004—2015 年）

注：城镇单位就业人口进行统计。产业就业人数来自历年《中国第三产业统计年鉴》，大类产业就业总人数来自历年《中国统计年鉴》，二者就业总人数能够吻合。

数据来源：作者根据历年《中国第三产业统计年鉴》和《中国统计年鉴》计算。

聚程度下降，2015 年比 2004 年下降约 8%，公共管理和社会组织下降约 23.59%，地区之间均衡性增加。具体两位数代码服务业空间基尼系数详见附录（四）。

2. 服务业空间相关性

采用各城市服务业产值来说明服务业的空间相关性，计算 2000—2016 年的服务业产值 Moran' I 指数，空间权重矩阵取两地距离的倒数，即 $D_{ij}=1/d_{ij}$，两地地表距离 d_{ij} 为：

$$d_{ij} = R\arccos[\sin\nu_i\sin\nu_j + \cos\nu_i\cos\nu_j\cos(\theta_i-\theta_j)] \quad (7-1)$$

其中，R 为地球近似半径（6371 千米），θ 为经度；ν 为维度。

可以看出，中国服务业产值存在显著的空间关联性。对于不同类别服务业的集聚特征来说，本书对不同服务业的区位商的空间相关性进一步分析。生产性服务业集聚的空间关联性较弱，存在不稳定波动；消费性服务业和公共基础性服务业集聚存在显著空间关联性。

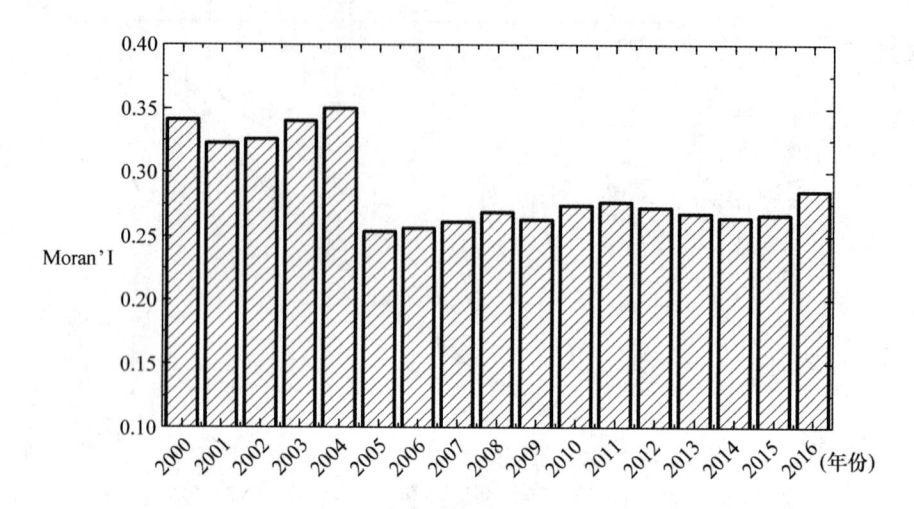

208 / 从集聚到均衡：中国经济增长的产业与空间匹配机制研究

图 7-7 中国服务业产值 Moran'I 值（2000—2016 年）

数据来源：历年《中国城市统计年鉴》中各地级市服务业产值。

表 7-5 不同类别服务业 Moran'I（2010—2015 年）

年份	生产性服务业	消费性服务业	公共基础性服务业
2010	0.0479	0.2933	0.2645
2011	0.0745	0.2136	0.2539
2012	0.0644	0.2296	0.2354
2013	0.0500	0.1233	0.2541
2014	0.0356	0.1718	0.2742
2015	0.0713	0.1115	0.2638

不同类别的服务业 LISA 局部相关分析如表 7-6 至表 7-8 所示。对生产性服务业集聚而言，服务业产值高—高（HH）集中在京津冀、长三角和珠三角地区，而低—低（LL）地区主要集中在中部地区，生产性服务业的经济增长效应更受益于高—高集聚。消费性服务业中高—高（HH）集中在海南和云南玉溪，低—低（LL）集聚比较分散，东北地区的鸡西、七台河以及四川等地。消费性服务业局部集聚水平与地区经济增长的相关性目前尚不明显。公共基础性服务业局部集聚相关性高—高（HH）主要集中在地区经济增长较低的地区，如

石嘴山、永州、昭通等地；而低—低（LL）集聚显著性水平较高的地区经济都较发达。

表7-6　　中国城市生产性服务业局部集聚情况（2015年）

低集聚与高集聚城市（LH）	高集聚与高集聚城市（HH）
邢台市、玉溪	天津、张家口、沧州、保定、杭州、苏州、深圳、广州
低集聚与低集聚城市（LL）	高集聚与低集聚城市（HL）
郑州、邯郸、洛阳、南阳、商丘、濮阳、菏泽、安阳、济宁、阳江、茂名	宁波、福州、赣州、昆明、东营、信阳

注：其余地级市工业产出的LISA值在置信水平5%下不显著。

表7-7　　中国城市消费性服务业局部集聚情况（2015年）

低集聚与高集聚城市（LH）	高集聚与高集聚城市（HH）
张掖、邯郸、阜阳、雅安	三亚、海口、玉溪
低集聚与低集聚城市（LL）	高集聚与低集聚城市（HL）
呼伦贝尔、七台河、鸡西、太原、忻州、石家庄、盐城、南通、宁波、舟山、南昌、乐山、柳州	桂林、龙岩、扬州、淮安、西宁

注：其余地级市工业产出的LISA值在置信水平5%下不显著。

表7-8　　中国城市公共基础性服务业局部集聚情况（2015年）

低集聚与高集聚城市（LH）	高集聚与高集聚城市（HH）
齐齐哈尔、钦州、西宁、张掖、河池	秦皇岛、赤峰、锡林浩特、石嘴山、银川、吴忠、昆明、宜宾、湛江、茂名、北海、玉林、柳州、梧州、桂林、永州、河池、昭通
低集聚与低集聚城市（LL）	高集聚与低集聚城市（HL）
上海、无锡、苏州、杭州、宁波、常州、南通、扬州、南京、济宁、莆田、漳州	遵义、营口

注：其余地级市工业产出的LISA值在置信水平5%下不显著。

二 服务业经济与中国经济增长关系

为准确解释服务业经济增长效应,本书进一步通过利用时间序列Granger检验来研究服务业与我国经济增长的关系。

(一)服务业经济结构

三大类服务业的产业产值及其相对占比如图7-8至图7-9所示,可以看出服务业产值逐年上升,其中生产性服务业与消费性服务业产值占比较大,但前者仍低于后者,二者的差距在2011年后逐年缩小;公共基础性服务业经济增长效应较小。服务业对GDP贡献在2012年首次超过工业对经济总量增长的贡献率,在服务业经济结构内部,消费性服务业的产值贡献长期以来一直高于生产性服务业,2009年后中国生产性服务业对服务业整体贡献率逐年增加,而消费

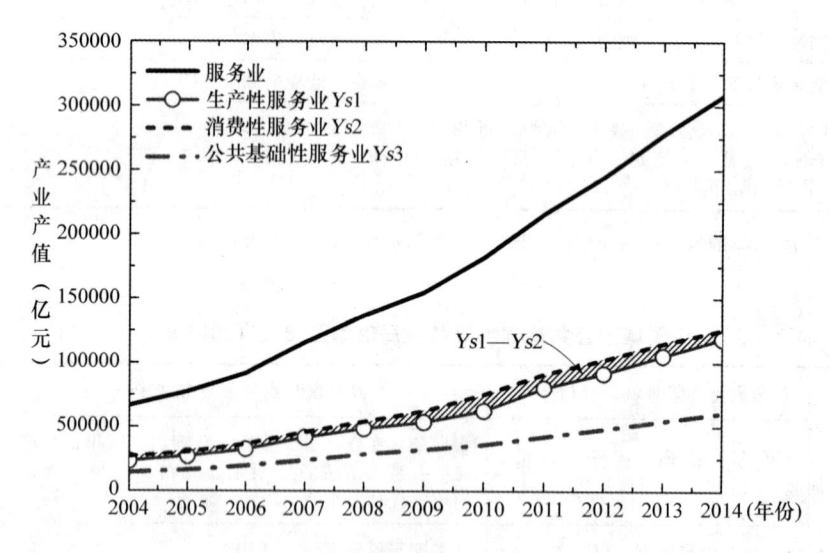

图7-8 服务业经济增长(2004—2014年)

注:①2004年服务业细分产业统计口径有变化,仍参照表7-1计算;②产业产值为当年价格。

数据来源:历年《中国统计年鉴》。

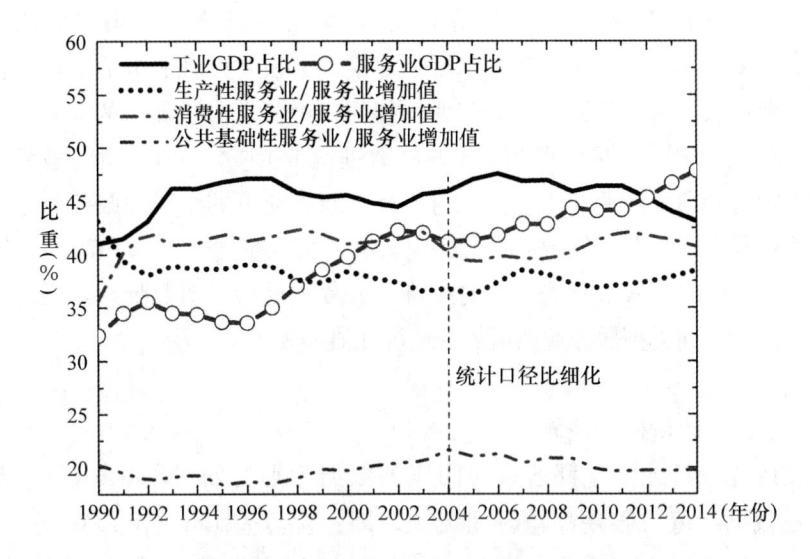

第七章　经济增长的产业与空间匹配机制研究：基于服务业增长与集聚 / 211

图7-9　不同类型产业产值比重（1990—2014年）

注：①2004年服务业细分产业统计口径有变化，仍参照表7-1计算；②产业产值为当年价格。

数据来源：历年《中国统计年鉴》。

性服务业在2011年后对服务业整体贡献率逐步下行；公共基础性服务业对服务业整体贡献率不高，1990—2014年，一直在20%左右波动。

表7-9　服务业产业增加值及经济增长数据（1990—2014年）

统计特性	最大值	最小值	平均值	标准差	变异系数
国内生产总值（Y）	10.031	9.513	9.547	0.347	0.0364
工业产值（Y_i）	8.765	8.410	8.418	0.265	0.0315
服务业产值（Y_s）	8.988	8.390	8.366	0.425	0.0509
生产性服务业产值（Y_{s1}）	8.034	7.088	7.293	0.456	0.0625
消费性服务业产值（Y_{s2}）	8.091	7.171	7.362	0.481	0.0652
公共基础性服务业产值（Y_{s3}）	7.367	6.446	6.642	0.492	0.0740

注：上述数据为对数值。

数据来源：历年《中国统计年鉴》和《中国第三产业统计年鉴》。

由于不同年份存在价格波动，需要对不同产值进行相应价格平减，以获得不变价产值，在此基础上才准确分析生产性服务业、消费性服务业和公共基础性服务业的产业增加值与经济总量增加值的关系。经济总量（GDP）依据 GDP 指数平减指数进行了折减，工业和服务业分别依据第二和第三产业产值指数进行折减，服务业下的生产性服务业等细分产业根据服务业产值指数进行相应折减，折减基期选取为 1978 年。同时为避免异方差及数据变动，对经济增长数据进行了对数处理。经济增长总量和不同类型服务业产值的变量统计值如表 7-9 所示。

（二）计量检验逻辑

传统计量经济学都假设时间序列数据为平稳的（Stationary），即变量数据均值与方差都与时间无关，即：协方差 Cov (X_t, X_{t+k}) = γ_k，γ_k 是只与时间间隔 k 有关，与时间 t 无关的常数。当数据平稳性假设不满足时，将会导致虚假回归（Spurious regression），或称作伪回归，由此分析的计量结果或政策建议是存在偏误，甚至是谬误的（李子奈、潘文卿，2010）。因此有必要对时间序列数据首先进行数据平稳性分析。当数据平稳性条件满足时，再利用协整（Cointegration）分析方法，可以检验时间序列变量是否存在长期均衡关系。对通过数据平稳性检验和协整分析的变量，可采用格兰杰因果关系检验（Granger causality test）确定时间序列变量之间是否存在因果关系。

（三）数据平稳性检验

本书采用 ADF（Augmented Dickey Fuller）单位根检验来对数据平稳性进行检验[①]。可以看出，在产值为非对数情况下，经济总量增长、工业与服务业产值以及三大类服务业的属于一阶单整 $I(1)$，具体分析如表 7-10 所示，这表明上述指标都是同阶单整的，可以进行协整分析和格兰杰因果检验。

[①] 为了保证 DF 检验中随机误差项的白噪声特向，DF 检验进行扩充形成了 ADF（Augmented Dickey Fuller）单位根检验。ADF 单位根检验原假设 H0：存在单位根，即数据是非平稳的。

为避免数据差异过大及减小异方差的影响，本书对经济增长的对数形式也进行了验证，经济总量增长、工业产值及服务业产值为零阶单整 I (0)，但细分的生产性服务业、消费性服务业及公共基础性服务业的产值是一阶单整 I (1)，这表明，当使用对数形式进行分析时，可以对经济总量增长、工业与服务业产值进行协整分析，而不能与细分的服务业产值对数形式进行协整分析，后三者之间则可以进行协整分析。

表7-10　服务业与经济增长 ADF 单位根检验：非对数形式

变量 （一阶差分）	ADF	5%临界值	模型形式 （C T K）	D.W检验 统计量	结论
Y	-3.292	-3.644	(C N 1)	1.883	非平稳
Y_i	-2.842	-3.622	(C N 1)	2.271	非平稳
Y_s	-3.217	-3.644	(C N 1)	1.708	非平稳
Y_{s1}	-1.175	-3.612	(C N 1)	2.058	非平稳
Y_{s2}	-1.168	-3.612	(C N 1)	1.895	非平稳
Y_{s3}	-1.921	-3.612	(C N 1)	2.112	非平稳
ΔY	-2.747	-2.632	(C N 1)	1.982	$\Delta Y \sim I$ (1)
ΔY_i	-2.261	-1.956	(N N 1)	2.011	$\Delta Y_i — I$ (1)
ΔY_s	-2.998	-2.526	(C N 1)	1.950	$\Delta Y_s — I$ (1)
ΔY_{s1}	-5.031	-3.622	(C N 1)	2.021	$\Delta Y_{s1} — I$ (1)
ΔY_{s2}	-4.682	-3.622	(C N 1)	1.994	$\Delta Y_{s2} — I$ (1)
ΔY_{s3}	-5.487	-3.622	(C N 1)	2.050	$\Delta Y_{s3} — I$ (1)

注：①检验类型中的 C、T、K 分别表示单位根检验中的常数项、时间趋势项和滞后阶数；N 表示不包括 C 或 T，Δ 表示差分；②括号中的数值为 t 检验结果；③Y_{s1}、Y_{s2} 和 Y_{s3} 分别为生产性服务业、消费性服务业和公共基础性服务业产值。

表7-11　服务业与经济增长 ADF 单位根检验：对数形式

变量 （一阶差分）	ADF	5%临界值	模型形式 （C T K）	D.W检验 统计量	结论
$\ln Y$	-5.731	-3.644	(C N 1)	2.017	$\ln Y — I$ (0)
$\ln Y_i$	-4.158	-3.653	(C N 1)	2.169	$\ln Y — I$ (0)
$\ln Y_s$	-7.011	-3.644	(C N 1)	1.905	$\ln Y — I$ (0)
$\ln Y_{s1}$	-2.078	-3.612	(C N 1)	1.821	非平稳
$\ln Y_{s2}$	-2.840	-3.612	(C N 1)	1.631	非平稳
$\ln Y_{s3}$	-2.573	-3.612	(C N 1)	1.887	非平稳

续表

变量 （一阶差分）	ADF	5%临界值	模型形式 （$C\ T\ K$）	D.W检验 统计量	结论
$\Delta\ln Y_{s1}$	-4.748	-3.622	（C N 1）	2.002	$\Delta\ln Y_{s1}$—I（1）
$\Delta\ln Y_{s2}$	-4.543	-3.622	（C N 1）	2.112	$\Delta\ln Y_{s2}$—I（1）
$\Delta\ln Y_{s3}$	-5.208	-3.622	（C N 1）	2.028	$\Delta\ln Y_{s3}$—I（1）

注：①检验类型中的 C、T、K 分别表示单位根检验中的常数项、时间趋势项和滞后阶数；N 表示不包括 C 或 T，Δ 表示差分；②括号中的数值为 t 检验结果；③Y_{s1}、Y_{s2} 和 Y_{s3} 分别为生产性服务业、消费性服务业和公共基础性服务业产值。

（四）服务业与经济增长的协整关系

在进行协整分析时还需确定最优滞后阶数 p。因为若滞后阶数 p 太小，计量结果的残差可能存在自相关，并导致参数估计的非一致性。当增加滞后变量个数，则可以消除残差的自相关问题，但当 p 过大时，参数过多将引起自由度降低，从而影响模型系数估计的有效性。本书利用多种判别准则可以得到最优滞后期 $p=2$①，如表 7-12 和表 7-13 所示。

通过确定的最优滞后阶数便可进行协整检验。对于多变量的协整检验，本书采用 Johansen 检验②，具体结果如表 7-14 和表 7-16 所示，可以看出，对产值非对数形式和对数形式的变量，都至少存在 2 个协整关系。本书还对服务业经济比重的变量也进行了协整检验，研究也表明至少存在 1 个协整关系。

表 7-12 最优滞后期的信息准则比较（5%置信水平）：非对数形式

滞后期	LogL	LR	FPE	AIC	SC	HQ
0	-881.900	—	1.37e+26	77.209	77.505	77.283
1	-736.533	202.251	1.14e+22	67.699	69.772	68.220
2	-674.403	54.026*	2.58e+21*	65.426*	69.277*	66.395*

注：①*指由准则选取的滞后阶数；②LR：序列修正 LR 检验统计量（each test at 5% level）；FPE：最后估计误差；AIC：Akaike 信息准则；SC：Schwarz 信息准则；HQ：Hannan-Quinn 信息准则。

---

① 确定最优滞后期 p 值的方法与原则是在增加 p 值的过程中，使 AIC 和 SC 值同时最小。
② Johansen S, Juselius K., "Maximum Likelihood Estimation and Inference on Cointegration—With Applications to the Demand for Money", *Oxford Bulletin of Economics & Statistics*, 1990, 52（2）：169—210.

表 7-13　最优滞后期的信息准则比较（5%置信水平）：对数形式

滞后期	LogL	LR	FPE	AIC	SC	HQ
0	226.274	—	1.94e-16	-19.154	-18.858	-19.079
1	356.987	181.86	5.783-20	-27.390	-25.317	-26.868
2	443.183	74.952*	1.61e-21*	-31.755*	-27.904*	-30.787*

注：①*指由准则选取的滞后阶数；②LR：序列修正 LR 检验统计量（each test at 5% level）；FPE：最后估计误差；AIC：Akaike 信息准则；SC：Schwarz 信息准则；HQ：Hannan-Quinn 信息准则。

表 7-14　服务业与经济增长的 Johansen 协整关系个数
（5%置信水平）：非对数形式

数据趋势	无	无	线性	线性	二次方程
检验形式	无截距 无趋势	有截距 无趋势	有截距 无趋势	有截距 有趋势	有截距 无趋势
迹检验	4	6	3	4	3
最大特征根检验	2	3	3	4	3

注：根据 MacKinnon-Haug-Michelis（1999）计算的临界值的判断。

表 7-15　服务业与经济增长的 Johansen 协整关系个数
（5%置信水平）：对数形式

数据趋势	无	无	线性	线性	二次方程
检验形式	无截距 无趋势	有截距 无趋势	有截距 无趋势	有截距 有趋势	有截距 无趋势
迹检验	2	3	3	4	4
最大特征根检验	2	3	3	3	4

注：根据 MacKinnon-Haug-Michelis（1999）计算的临界值的判断。

表 7-16　服务业与经济增长的 Johansen 协整关系个数
（5%置信水平）：经济占比

数据趋势	无	无	线性	线性	二次方程
检验形式	无截距 无趋势	有截距 无趋势	有截距 无趋势	有截距 有趋势	有截距 无趋势
迹检验	4	5	4	5	4
最大特征根检验	1	1	1	1	1

注：根据 MacKinnon-Haug-Michelis（1999）计算的临界值的判断。

(五) 服务业增长与经济总量增长的格兰杰 (Granger) 因果关系

协整检验表明变量之间存在长期均衡关系，但是否存在彼此因果关系则需进一步通过 Granger 检验进行确定。实现方法为估计无约束和有约束的回归模型。

无约束回归模型 (u):

$$Y_t = \beta_0 + \sum_{i=1}^{p} \beta_i Y_{t-i} + \sum_{i=1}^{q} \beta_i X_{t-i} + \varepsilon_t \qquad (7-2)$$

有约束回归模型 (r):

$$Y_t = \beta_0 + \sum_{i=1}^{p} \beta_i Y_{t-i} + \varepsilon_t \qquad (7-3)$$

$$F = \frac{(RSS_r - RSS_u)/q}{RSS_u/(n-p-q-1)} F(q, n-p-q-1) \qquad (7-4)$$

其中，β_i 为变量系数，ε_t 为白噪声。利用上面两式的残差平方和 RSS_u 和 RSS_r 构造 F 统计量，当 $F > F_\alpha (q, n-p-q-1)$，则拒绝原假设 H0：$X$ 不是引起 Y 变化的 Granger 原因；反之则不能拒绝 H0。

对经济增长、工业与服务业产值以及三大类服务业产值进行 Granger 因果检验（见表 7-17 和表 7-18）①。从产值关系看，工业产值与服务业产值均不是经济总量长期增长的 Granger 原因，工业与服务业长期来看并无相互促进的因果关系。而在 10% 置信水平条件下，对数形式的服务业产值为经济总量增长和工业增长的单向原因。生产性服务业 Y_{s1}、消费性服务业 Y_{s2} 为服务业产值的 Granger 原因；公共基础性服务业是经济总量、工业产值和服务业产值的 Granger 原因。可以看出，尽管生产性服务业产值增加较快，但是尚未形成对经济增长和工业产值的明显驱动效应。

表 7-17　Granger 因果检验结果 (一)：经济增长的因果关系

原假设	F 统计量	概率 P	结论
Y_i does not Granger Cause Y	0.594	0.5621	Y_i 不是 Y 的 Granger 原因
Y does not Granger Cause Y_i	0.782	0.4721	Y 不是 Y_i 的 Granger 原因

---

① 本书仅列举了部分结果，其余未列出的均为非 Granger 原因。

续表

原假设	F 统计量	概率 P	结论
Y_s does not Granger Cause Y	1.297	0.2976	Y_s 不是 Y 的 Granger 原因
Y does not Granger Cause Y_s	0.246	0.7844	Y 不是 Y_s 的 Granger 原因
Y_s does not Granger Cause Y_i	1.125	0.3463	Y_s 不是 Y_i 的 Granger 原因
Y_i does not Granger Cause Y_s	0.349	0.7100	Y_i 不是 Y_s 的 Granger 原因
Y_{s3} does not Granger Cause Y	3.894	0.0393**	Y_{s3} 为 Y 的 Granger 原因
Y_{s3} does not Granger Cause Y_i	3.364	0.0574*	Y_{s3} 为 Y_i 的 Granger 原因
Y_{s1} does not Granger Cause Y_s	2.838	0.0734*	Y_{s1} 为 Y_s 的 Granger 原因
Y_{s2} does not Granger Cause Y_s	2.582	0.0902*	Y_{s2} 为 Y_s 的 Granger 原因
Y_{s3} does not Granger Cause Y_s	3.891	0.0394**	Y_{s3} 为 Y_s 的 Granger 原因
$\ln Y_i$ does not Granger Cause $\ln Y$	1.446	0.2616	$\ln Y_i$ 不是 $\ln Y$ 的 Granger 原因
$\ln Y_s$ does not Granger Cause $\ln Y$	2.630	0.0995*	$\ln Y_s$ 为 $\ln Y$ 的 Granger 原因
$\ln Y_s$ does not Granger Cause $\ln Y_i$	2.766	0.0897*	$\ln Y_s$ 为 $\ln Y_i$ 的 Granger 原因

注：$p^* < 0.1$、$p^{**} < 0.05$ 分别表示在 10%、5% 的置信水平下通过了显著性检验。

表 7-18　Granger 因果检验结果（二）：经济占比的因果关系

原假设	F 统计量	概率 P	结论
$\ln Y_{i\_}$ ratio does not Granger Cause $\ln Y$	3.382	0.0566*	$\ln Y_{i\_}$ ratio 是 $\ln Y$ 的 Granger 原因
$\ln Y_{s\_}$ ratio does not Granger Cause $\ln Y$	4.610	0.0242**	$\ln Y_{s\_}$ ratio 是 $\ln Y$ 的 Granger 原因
$\ln Y$ does not Granger Cause $\ln Y_{s\_}$ ratio	7.872	0.0036**	$\ln Y$ 是 $\ln Y_{s\_}$ ratio 的 Granger 原因
$\ln Y_{s1\_}$ ratio does not Granger Cause $\ln Y$	1.943	0.1722	$\ln Y_{s1\_}$ ratio 不是 $\ln Y$ 的 Granger 原因
$\ln Y_{s1\_}$ ratio does not Granger Cause $\ln Y_{i\_}$ ratio	1.178	0.3305	$\ln Y_{s1\_}$ ratio 不是 $\ln Y_{i\_}$ ratio 的 Granger 原因
$\ln Y_{i\_}$ ratio does not Granger Cause $\ln Y_{s\_}$ ratio	2.985	0.0759*	$\ln Y_{i\_}$ ratio 是 $\ln Y_{s\_}$ ratio 的 Granger 原因
$\ln Y_{s3\_}$ ratio does not Granger Cause $\ln Y_{s2\_}$ ratio	3.022	0.0739*	$\ln Y_{s3\_}$ ratio 是 $\ln Y_{s2\_}$ ratio 的 Granger 原因
$\ln Y_{s2\_}$ ratio does not Granger Cause $\ln Y_{s3\_}$ ratio	3.475	0.0529*	$\ln Y_{s2\_}$ ratio 是 $\ln Y_{s3\_}$ ratio 的 Granger 原因

注：$p^* < 0.1$、$p^{**} < 0.05$ 分别表示在 10%、5% 的置信水平下通过了显著性检验。

从产值比重来看，工业和服务业比重都是经济增长的 Granger 原因，工业比重增加有利于服务业比重提升。但从中国1990—2014年的数据来看，生产性服务业比重提升并未带来经济总量增长和工业经济增长；消费性服务业比重和公共基础性服务业比重互为Granger原因，其中消费性服务业比重增加带来的经济增长效应较高。

三 服务业—空间匹配机制的经济增长效应

服务业，尤其是生产性服务业对经济增长的间接效应逐步显现，但面临空间发展不均衡的现实条件，服务业的经济增长效应的空间匹配机制的效率如何呢？产业异质性较强的服务业又是否具备统一的匹配机制呢？

（一）服务业增长典型事实

公共基础性服务业能够有利于人力资本积累，生产性服务业能够增加产业间联系，提高产业协同效应（谭洪波，2015），具有间接经济增长效应（席强敏等，2015；宣烨、余泳泽，2017）。而消费性服务业具有直接经济增长效应，能够有效容纳就业。居民消费水平直接影响了消费性服务业的发展，而城市化进程则影响了不同服务业的空间集聚，那服务业经济增长是否具有这些典型特征呢？本书利用中国经济数据研究了服务业比重、居民消费水平和城市化率等因素对服务业经济增长的影响。

从图7-10可知，服务业产值比重与人均GDP正相关程度较高，而从不同地区来看，地区经济总量增长却与服务业比重负相关，这与中国改革开放以来经济增长模式为工业主导性有关。服务业对工业占比负相关程度大于与地区经济总量相关，这表明工业对经济增长的贡献仍较高，尤其是中西部地区，工业对地区经济增长贡献较大。其次，居民消费水平与地区服务业产值呈现显著的正相关关系。这表明居民收入水平影响了服务业发展。再次，从不同城市的城市化率来看，2015年中国291个地级及以上城市的城市化率与服务业经济比重正相关程度也较高，这表明提高城市化率有助于服务业经济比重的提升。

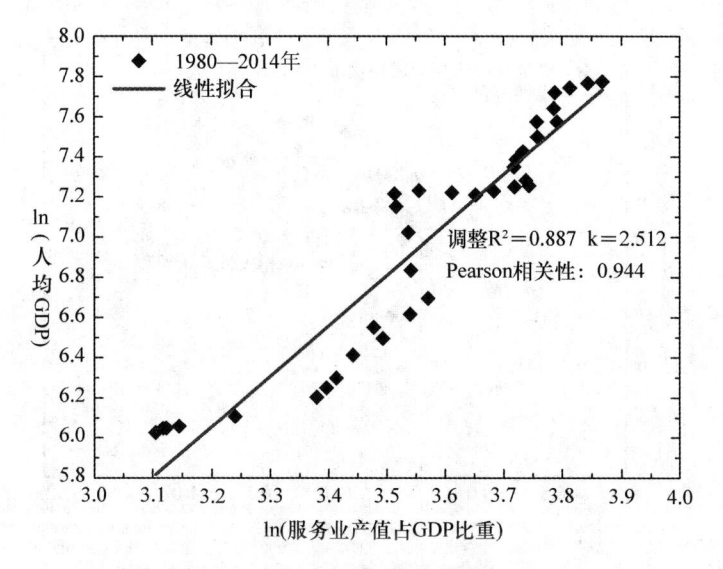

第七章 经济增长的产业与空间匹配机制研究：基于服务业增长与集聚 / 219

图 7-10 中国人均 GDP 与服务业比重关系（1980—2014 年）

注：人均 GDP 按 1978 年价格基期折算。

数据来源：《中国统计年鉴 2016》《中国城市统计年鉴 2016》。

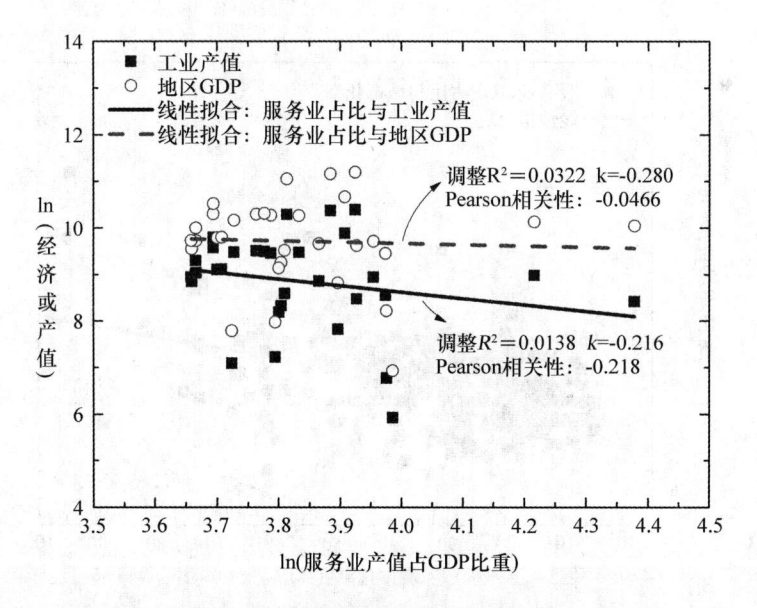

图 7-11 不同地区经济增长与服务业比重关系（2015 年）

注：人均 GDP 按 1978 年价格基期折算。

数据来源：《中国统计年鉴 2016》《中国城市统计年鉴 2016》。

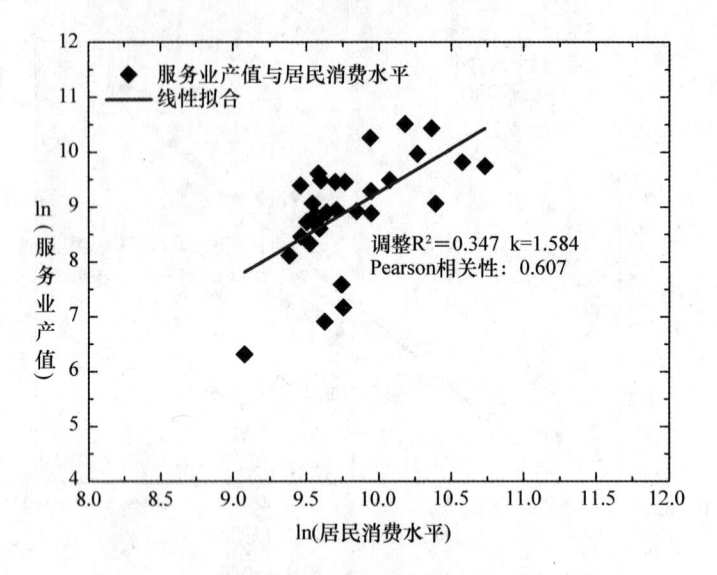

图 7-12 居民消费水平与服务业产值（2015年）

注：人均GDP按1978年价格基期折算。

数据来源：《中国统计年鉴2016》《中国城市统计年鉴2016》。

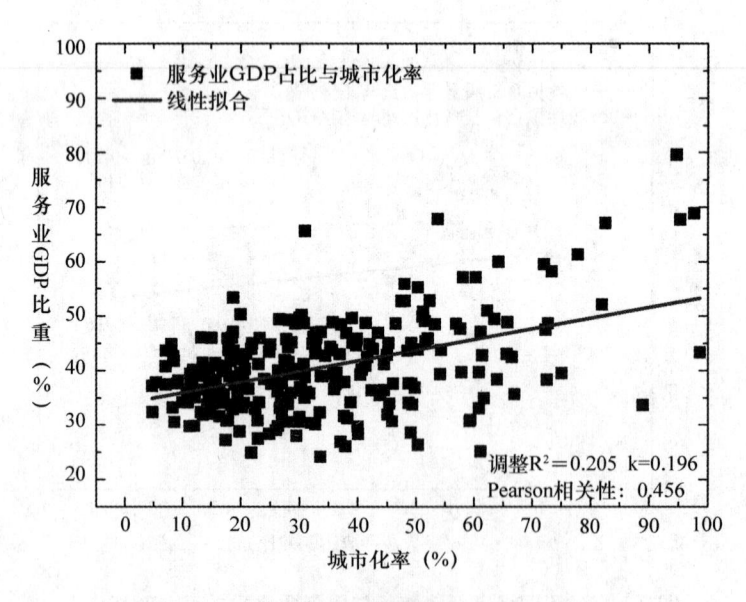

图 7-13 服务业比重与城市化率（2015年）

注：人均GDP按1978年价格基期折算。

数据来源：《中国统计年鉴2016》《中国城市统计年鉴2016》。

(二) 计量模型和数据选择

服务业经济增长分为直接增长效应与间接增长效应，在第二章和第四章理论模型的基础上提出服务业经济增长的基准模型。

直接增长效应：

$$\ln Ys_{it} = \beta_0 + \beta_1\eta_{it} + \beta_2\ln k_{it} + \beta_3\eta_{it} \times \ln k_{it} + \beta_4\eta_{it} \times \ln N_{it} + \beta_5\ln(Q_{it} \times \tau_{it}) \quad (7-5)$$

间接增长效应：

$$\ln Y_{it} = \beta_0 + \beta_1\eta_{it} + \beta_2\ln k_{it} + \beta_3\eta_{it} \times \ln k_{it} + \beta_4\eta_{it} \times \ln N_{it} + \beta_5\ln(Q_{it} \times \tau_{it}) \quad (7-6)$$

其中，Ys_{it}为部分服务业产值，如批发零售业、交通运输和邮政业、住宿和餐饮业、金融业和房地产业等；Y_{it}为地区经济增量或工业等产业产值；η_{it}为产业关联性；k_{it}为地区单位人均劳动资本，$k_{it}=K_{it}/L_{it}$，K_{it}为地区固定资本存量，L_{it}为地区就业人数；N_{it}为区域或城市的人口规模；Q_{it}为市场规模；τ_{it}为交通运输成本，β_0—β_5为变量系数。

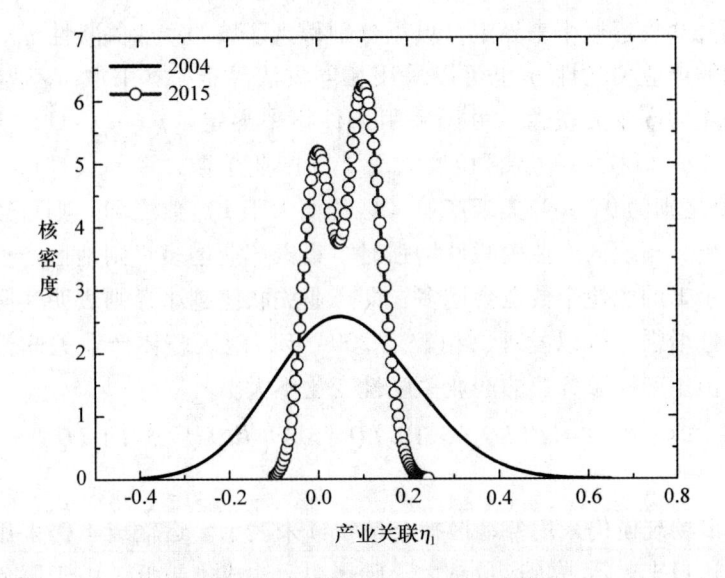

图 7-14 地区产业关联性 η_1 核密度估计

数据来源：作者依据历年《中国第三产业统计年鉴》和《中国统计年鉴》自行计算。

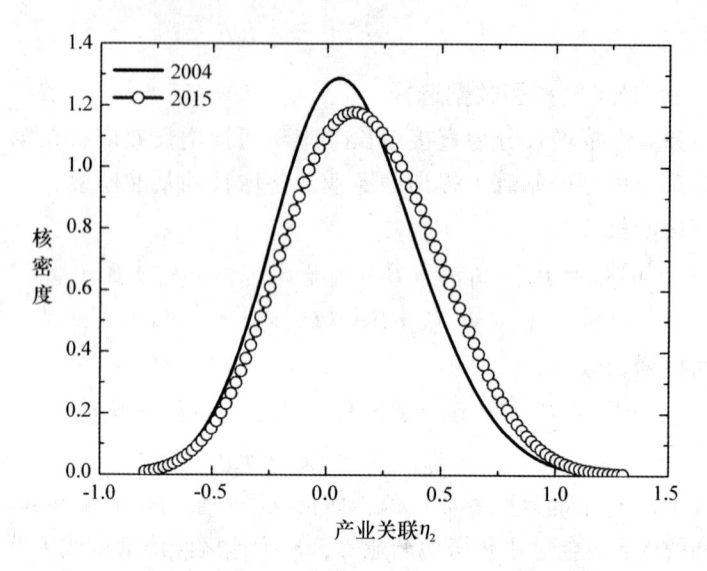

222 / 从集聚到均衡：中国经济增长的产业与空间匹配机制研究

图 7-15 地区生产性服务业产业关联性 η_2 核密度估计

数据来源：作者依据历年《中国第三产业统计年鉴》和《中国统计年鉴》自行计算。

产业关联仍采用 Hidalgo 等（2007）以及 Guo 和 He（2015）的产业公共集聚概率来界定，可以分别得到区域的产业关联性 η_1，对服务业的产业关联性 η_2 也可以采用相同方法界定，本书取 η_2 为生产性服务业的产业关联性。由于采用条件概率界定 $[p = n_i(LQ>1)/n]$，其中，$n_i(LQ>1)$ 为区位商大于 1 的产业个数，取 $n_i(LQ>1) = 1$，反之则为 0；n 为集聚产业（区位商大于 1）数之和。则可以进一步看出，当地区产业关联性增强时，集聚产业增多，则地区产业区位商大于 1 的产业个数也会增多，即产业关联值越小，则表明实际产业关联性增强。可以发现，相较之 2004 年，地区整体产业关联性增加了，但生产性服务业的产业关联性变化不大。

$$\eta_{1ij} = \varphi_{ij} = \min\{P(LQ_{ci} > 1 \mid LQ_{cj} > 1), P(LQ_{cj} > 1 \mid LQ_{ci} > 1)\} \tag{7-7}$$

市场规模仍采用各地区社会销售额来表示。运输成本仍采用区域的货运量来表示，货运量越大，则表明运输成本越低。由于服务业经济增长还与地区居民购买水平、城市化程度、人力资本累积和地区信息化程度等因素有关（盛龙、陆根尧，2013；王恕立等，2015；席强敏等，2015；惠炜、韩先锋，2016），典型事实揭示了显著的正相关关系，故引入地区居民消费水平、地区城市化率、人力资本累积和信息化水平等变量形成最终计量模型：

$$\ln Y_{it} = \beta_0 + \beta_1 \eta_{it} + \beta_2 \ln k_{it} + \beta_3 \eta_{it} \times \ln k_{it} + \beta_4 \eta_{it} \times \ln N_{it} + \beta_5 \ln(Q_{it} \times \tau_{it}) + \beta_6 \ln(e_{it}) + \beta_7 \ln(ur_{it}) + \beta_8 \ln(hc_{it}) + \beta_9 \ln(\inf_{it}) + u_i + \varepsilon_{it}$$

(7-8)

其中，e_{it} 为地区全体居民消费水平，ur_{it} 为地区城市化率，hc_{it} 为地区人力资本规模，$\inf_{it}$ 为地区信息化水平，u_i 为固定效应；ε_{it} 为误差项，其余指标同第六章。各变量的统计量如表7-19所示。

考虑2004—2015年数据统一性，由于地区全体居民人均消费支出数据仅有2013—2015年，故居民消费水平 e_{it} 选取城镇居民人均消费性支出来度量。由于地区人力资本主要由教育提供，但地区教育机构数量，尤其是高等院校及研发机构的数量变化较小，但科研从业人员却是逐步增多的，本书中人力资本采用地区"普通高等学校中专任

表7-19 服务业经济增长与集聚匹配机制模型的变量定义及描述统计量

变量符号	指标	最大值	最小值	均值	标准差	变异系数
$\ln(Y_{it})$	地区经济增长总量	11.196	5.395	9.056	1.111	0.123
$\ln(YS_{it})$	地区服务业产值增长	10.515	4.706	8.142	1.129	0.139
$\ln(YI_{it})$	地区工业产值增长	10.318	2.736	8.070	1.358	0.168
$\ln(Ysale_{it})$	批发与零售业产值	9.038	2.988	6.542	1.223	0.187
$\ln(Ytrans_{it})$	交通运输、邮政业产值	7.982	2.407	6.109	1.064	0.174
$\ln(Yhotel_{it})$	住宿与餐饮业产值	7.278	2.085	5.217	1.089	0.209
$\ln(Yfinance_{it})$	金融业产值	8.658	1.459	5.853	1.356	0.232
$\ln(Yhouse_{it})$	房地产业产值	8.541	1.548	5.733	1.285	0.224
LQs_{it}	地区服务业集聚区位商	1.764	0.632	1.062	0.195	0.183
η_{1it}	区域产业关联	0.250	0.000	0.063	0.062	0.991
η_{2it}	区域生产性服务业产业关联	0.500	0.000	0.116	0.178	1.538
$\ln(k_{it})$	地区的劳动人均资本 K/L	2.037	-1.231	0.342	0.686	2.005

续表

变量符号	指标	最大值	最小值	均值	标准差	变异系数
$\ln(N_{it})$	区域或城市人口规模	9.292	5.613	8.084	0.858	0.106
$\ln(\phi_{it})$	区域或城市市场规模	10.358	4.154	7.990	1.199	0.150
$\ln(\tau_{it})$	交通运输成本	12.97	5.892	12.187	1.121	0.100
$\ln(e_{it})$	城镇居民人均消费支出	10.517	8.574	9.385	0.416	0.044
$\ln(ur_{it})$	城市化率	4.495	3.016	3.878	0.292	0.075
$\ln(hc_{it})$	人力资本累积	2.051	-2.096	0.887	0.918	1.034
$\ln(inf_{it})$	地区信息化水平	2.799	-2.203	0.865	0.897	1.037
Reg_Gini_{it}	地区 Gini 系数	0.136	0.000	0.009	0.016	1.787
$\ln(mar1_{it})$	市场化程度1：非国有投资	4.435	2.701	4.128	0.234	0.057
$\ln(mar2_{it})$	市场化程度2：非政府消费	4.394	3.544	4.236	0.137	0.032

注：注明 ln(·) 的变量为对数值，每个变量数据为 2004—2015 年，共计 372 个。
数据来源：2007—2014 年工业经济数据；价格指数和市场规模来自《中国统计年鉴》；就业人口数据来自《中国人口和就业统计年鉴》。

教师人数"占全国比重进行衡量，规避高等教育与研发机构个数变化较小的情况。城市化水平采用城镇人口占比来衡量（惠炜、韩先锋，2016），2004 年各地区城镇人口比重数据缺失，采取总城镇人口比重依据 2005 年比重线性比例折算。地区信息化水平采用"移动电话交换机容量的地区相对比重"来衡量。对市场化程度，采用非国有和集体的固定资产投资比例和地区居民消费支出占比来分别衡量。

对于不同年份和地区产业产值，还需通过价格指数来进行折减。由于服务业中包含产值数据的只有省级空间尺度，因此在分析经济增长效应时，实证研究采用了省级数据。由于服务业类别统计口径在 2004 年之前发生变化，为保障数据完整性，仅取 2004—2014 年。2004 年之前社会服务业与卫生体育社会福利业产业增加值合并。2004 年省级服务业产值中住宿餐饮业与批发零售业合并在一起，本书采取与 2005 年地区 GDP 比值通过线性插值分别确定。另外，西藏固定资本存量等数据缺失，故将其剔除。需要特别说明的是，由于产业关联性定义原因，当 η_1 越小，则表明产业关联性越强，而与其相对应的三种匹配机制的正效应发挥，则应理解为符号均为负，即当 $\eta_1 \times \ln k$ 前系数为负时，则表明要素结构与产业关联的匹配机制是正效应，另外两个匹配机制同理，由于产业关联性定义的特殊性，故特别说明。

（三）服务业产值的空间匹配机制

利用各个细分产业和地区经济增长对服务业产值的直接与间接经济增长效应分别考察。考虑计量检验技术选用面板固定效应或随机效应模型，固定、随机效应模型的选择采用 Hausman 的 P 值检验判别。

1. 整体经济增长直接效应

以 2004—2015 年中国批发零售业、交通运输仓储与邮政业、住宿与餐饮业、金融业和房地产业为例进行说明①。首先对各个服务业细分产业的基准模型进行检验，而后分别增加居民消费水平 e_{it}、城市化水平 ur_{it}、人力资本累积 hc_{it}、地区信息化程度 inf_{it}。计量检验结果如表 7-21 至表 7-25 所示。

第一，服务业中产业异质性显著（见表 7-20）。批发零售业和

表 7-20　服务业经济增长效应匹配机制正效应与负效应

产业类别	要素结构与产业关联	城市规模与产业结构	市场规模效应
批发零售业	－	＋	＋
交通运输仓储与邮政业	－	＋	＋
住宿与餐饮业	－	＋	－
金融业	＋	＋	＋
房地产业	＋	－	＋

注："＋"为正效应；"－"为负效应。

---

① 国内现有年鉴仅包括了批发零售业、交通运输仓储与邮政业、住宿与餐饮业、金融业和房地产业的产值。

交通运输仓储邮政业的三种匹配机制都显著，但更受益于城市规模和市场规模的匹配机制为正相关效应。住宿与餐饮业产值增加仅与城市规模与产业结构的匹配机制正相关。金融业对要素结构和城市规模的匹配机制是显著正相关关系，而与市场规模负相关。房地产业的要素结构和市场规模的匹配机制是正相关，而与城市规模的匹配机制负相关。第二，除交通运输仓储和邮政业外，其余服务业产值都与居民消费水平成正比。可见提高居民收入水平，增加居民消费支出能力有利于服务业直接经济增长效应明显提高。第三，城市化率与各服务业产值均为显著正相关，即提高城市化率有助于提高服务业产业直接经济增长。第四，人力资本累积的正负效应存在产业分异。批发与零售业、交通运输仓储和邮政业、住宿餐饮业为负向关系。金融业有房地产业与人力资本累积存在正相关关系，但并不显著性。第五，地区信息化水平对服务业产业产值增加机理也存异。除批发与零售业外，其余产业均受益于地区信息化水平。其中，交通运输仓储和邮政业、金融业和房地产业是显著正相关，住宿和餐饮业正向效应不显著。

表7-21　　　经济增长效应匹配机制检验：批发与零售业

ln (Ysale)	模型（1）	模型（2）	模型（3）	模型（4）	模型（5）
η_1	-0.238 (-1.54)	-0.259 (-1.55)	-0.334* (-1.96)	-0.220 (-1.34)	-0.185 (-1.06)
ln (k)	0.186 (1.32)	0.151 (1.12)	0.138 (1.11)	0.141 (1.18)	0.135 (1.15)
ln (N)	1.498*** (4.08)	1.471*** (4.09)	1.592*** (4.55)	1.580*** (4.57)	1.540*** (4.44)
ln (ϕ)	0.961*** (3.24)	0.986*** (3.39)	0.780** (2.60)	0.889*** (2.91)	0.917*** (3.16)
$\eta_1 \times \ln k$	0.469* (1.75)	0.486* (1.81)	0.414* (1.89)	0.433* (1.76)	0.431* (1.74)
$\eta_1 \times \ln N$	-0.00926** (-2.50)	-0.00922** (-2.50)	-0.000956*** (-3.01)	-0.00133*** (-3.08)	-0.000674*** (-3.04)
ln ($\phi \times \tau$)	-0.0992** (-2.19)	-0.102** (-2.26)	-0.131** (-2.89)	-0.112** (-2.74)	-0.112*** (-2.92)

续表

ln(Ysale)	模型(1)	模型(2)	模型(3)	模型(4)	模型(5)
ln(e_{it})	—	0.217* (1.93)	0.221* (1.90)	0.136* (1.87)	0.161* (1.95)
ln(ur_{it})	—	—	0.645* (1.88)	0.766** (2.12)	0.776** (2.17)
ln(hc_{it})	—	—	—	-0.315** (-2.07)	-0.312** (-2.08)
ln(inf_{it})	—	—	—	—	-0.0349 (-0.67)
常数项	-12.61*** (-3.10)	-14.49*** (-3.48)	-16.38*** (-3.86)	-16.55*** (-3.89)	-16.67*** (-4.01)
时间/省份	控制/控制	控制/控制	控制/控制	控制/控制	控制/控制
固定/随机效应	固定效应	固定效应	固定效应	固定效应	固定效应
调整 R^2	0.8481	0.8735	0.8749	0.8888	0.8943
F	341.43	957.08	521.23	599.03	620.71
N	1165	1165	1165	1165	1165

表7-22 经济增长效应匹配机制检验：交通运输、仓储和邮政业

ln(Ytrans)	模型(1)	模型(2)	模型(3)	模型(4)	模型(5)
η_1	0.535** (2.26)	0.551** (2.32)	0.466* (1.93)	0.489** (2.01)	0.456* (1.88)
ln(k)	0.215*** (3.67)	0.235*** (3.77)	0.223*** (3.58)	0.225*** (3.60)	0.223*** (3.60)
ln(N)	0.457*** (5.41)	0.415*** (4.34)	0.487*** (4.74)	0.535*** (4.23)	0.503*** (3.95)
ln(ϕ)	0.505*** (8.56)	0.552*** (7.18)	0.474*** (5.46)	0.490*** (5.43)	0.486*** (5.40)
$\eta_1 \times \ln k$	0.292** (2.44)	0.274** (2.35)	0.238*** (3.17)	0.241*** (3.18)	0.268*** (3.32)
$\eta_1 \times \ln N$	-0.0281*** (-3.50)	-0.0277*** (-3.48)	-0.0241*** (-3.28)	-0.0238*** (-3.27)	-0.0205*** (-3.10)
ln($\phi \times \tau$)	-0.109*** (-3.30)	-0.103*** (-3.04)	-0.0871** (-2.50)	-0.0892** (-2.54)	-0.0772** (-2.18)

续表

ln($Ytrans$)	模型（1）	模型（2）	模型（3）	模型（4）	模型（5）
ln(e_{it})	—	-0.105 (-0.95)	-0.0559 (-0.49)	-0.100 (-0.75)	-0.0990 (-0.75)
ln(ur_{it})	—	—	0.306* (1.88)	0.368* (1.92)	0.321* (1.66)
ln(hc_{it})	—	—	—	-0.0727 (-0.67)	-0.135 (-1.21)
ln(inf_{it})	—	—	—	—	0.111** (2.22)
常数项	-2.063*** (-5.10)	-1.095* (-1.90)	-2.642* (-1.94)	-2.932** (-2.04)	-2.466* (-1.70)
固定/随机效应	随机效应	随机效应	随机效应	随机效应	随机效应
Hauman 检验	0.0678	0.1034	0.3795	0.2365	0.4820
调整 R^2	0.9333	0.9352	0.9401	0.9399	0.9397
N	1165	1165	1165	1165	1165

注：Hauman 检验报告为 P 值。

表 7-23　经济增长效应匹配机制检验：住宿与餐饮业

ln($Yhotel$)	模型（1）	模型（2）	模型（3）	模型（4）	模型（5）
η_1	-0.0910 (-0.47)	-0.0641 (-0.32)	-0.164 (-0.85)	-0.152 (-0.77)	-0.169 (-0.83)
ln(k)	0.212*** (4.47)	0.212*** (3.99)	0.211*** (4.09)	0.211*** (4.08)	0.213*** (4.10)
ln(N)	-0.634*** (-3.46)	-0.494** (-2.43)	-0.435** (-2.25)	-0.439** (-2.26)	-0.413** (-2.03)
ln(ϕ)	0.721*** (15.28)	1.057*** (6.85)	0.628*** (8.75)	0.633*** (8.55)	0.633*** (8.54)
$\eta_1 \times \ln k$	0.391** (2.48)	0.379** (2.36)	0.322** (2.05)	0.324** (2.06)	0.325** (2.06)
$\eta_1 \times \ln N$	-0.0407*** (-2.76)	-0.0431*** (-2.90)	-0.0313** (-2.12)	-0.0311** (-2.11)	-0.0309** (-2.09)
ln($\phi \times \tau$)	0.0151 (0.48)	0.0311 (0.97)	0.0482 (1.51)	0.0463 (1.41)	0.0471 (1.43)

续表

ln(Yhotel)	模型(1)	模型(2)	模型(3)	模型(4)	模型(5)
ln(e_{it})	—	0.0962 (0.73)	0.0536 (0.50)	-0.0636 (-0.56)	-0.0699 (-0.61)
ln(ur_{it})	—	—	0.706*** (3.69)	0.723*** (3.59)	0.715*** (3.53)
ln(hc_{it})	—	—	—	-0.0349 (-0.28)	-0.0378 (-0.30)
ln(inf_{it})	—	—	—	—	0.0179 (0.41)
常数项	4.570*** (3.27)	0.311** (2.13)	1.578* (1.97)	1.618* (1.99)	1.492* (1.89)
时间/省份	不控制/控制	控制/控制	不控制/控制	不控制/控制	不控制/控制
固定/随机效应	固定效应	固定效应	固定效应	固定效应	固定效应
调整R^2	0.4785	0.8085	0.5545	0.5268	0.5630
N	1165	1165	1165	1165	1165

表7-24　　　　经济增长效应匹配机制检验：金融业

ln(Yfinance)	模型(1)	模型(2)	模型(3)	模型(4)	模型(5)
η_1	-2.320*** (-7.04)	-1.081*** (-3.39)	-1.299*** (-4.05)	-1.330*** (-4.11)	-1.140*** (-3.18)
ln(k)	0.332*** (3.34)	0.187** (2.19)	0.150* (1.80)	0.148* (1.77)	0.199** (2.17)
ln(N)	-0.347*** (-2.68)	0.770** (2.36)	0.245* (1.85)	0.197 (1.26)	0.545 (1.52)
ln(ϕ)	1.153*** (10.89)	1.980*** (7.99)	0.584*** (5.09)	0.561*** (4.70)	0.761*** (5.81)
$\eta_1 \times \ln k$	-0.744* (-1.91)	-0.368* (-1.93)	-0.347** (-2.35)	-0.345** (-2.25)	-0.302** (-2.88)
$\eta_1 \times \ln N$	-0.0453*** (3.35)	-0.0536** (-2.25)	-0.0261 (-1.03)	-0.0265 (-1.04)	-0.0423 (-1.61)
ln($\phi \times \tau$)	0.105*** (2.62)	0.00901 (0.18)	0.00747 (0.17)	0.00720 (0.16)	0.00721 (0.12)
ln(e_{it})	—	0.804*** (3.79)	0.854*** (5.80)	0.912*** (5.30)	0.527** (2.58)

续表

ln($Y_{finance}$)	模型（1）	模型（2）	模型（3）	模型（4）	模型（5）
ln(ur_{it})	—	—	0.616*** (3.27)	0.545** (2.42)	0.365 (1.02)
ln(hc_{it})	—	—	—	0.0767 (0.59)	0.0485 (0.22)
ln(inf_{it})	—	—	—	—	0.0789* (1.92)
常数项	-0.661** (-2.44)	-22.30*** (-5.62)	-11.14*** (-6.41)	-10.90*** (-6.05)	-11.07*** (-3.75)
时间/省份	控制/控制	控制/控制	不控制/控制	控制/控制	控制/控制
固定/随机效应	固定效应	固定效应	固定效应	固定效应	固定效应
Hauman检验	0.0123	—	0.0132	0.0131	0.0069
调整R^2	0.9215	0.7612	0.9425	0.9434	0.8784
N	1165	1165	1165	1165	1165

表7-25　　经济增长效应匹配机制检验：房地产业

ln(Y_{house})	模型（1）	模型（2）	模型（3）	模型（4）	模型（5）
η_1	0.406 (1.16)	0.372 (1.22)	0.441 (1.44)	0.434 (1.39)	0.400 (1.19)
ln(k)	0.293** (2.44)	0.236*** (2.90)	0.247*** (3.04)	0.247 (1.60)	0.253 (1.69)
ln(N)	0.806* (1.90)	0.762** (2.45)	0.652** (2.06)	0.653 (1.45)	0.691 (1.52)
ln(ϕ)	1.204** (2.38)	1.244*** (5.27)	1.432*** (5.55)	1.425** (2.75)	1.399*** (2.90)
$\eta_1 \times \ln k$	-0.422*** (-4.13)	-0.396*** (-4.61)	-0.330*** (-4.34)	-0.332*** (-4.03)	-0.329*** (-4.02)
$\eta_1 \times \ln N$	0.0111** (2.32)	0.0112** (2.49)	0.00272** (2.12)	0.00265** (2.09)	0.00328** (2.11)
ln($\phi \times \tau$)	-0.00782*** (-3.11)	-0.00327*** (-3.07)	-0.0295*** (-3.58)	-0.0284*** (-3.30)	-0.0276*** (-3.29)
ln(e_{it})	—	0.349* (1.73)	0.346* (1.71)	0.351** (1.97)	0.327** (1.93)

续表

ln（Yhouse）	模型（1）	模型（2）	模型（3）	模型（4）	模型（5）
ln（ur_{it}）	—	—	0.588*** (3.78)	0.595*** (3.74)	0.605*** (3.74)
ln（hc_{it}）	—	—	—	0.0188 (0.03)	0.0158 (0.03)
ln（inf_{it}）	—	—	—	—	0.0339** (2.35)
常数项	-10.29* (-1.92)	-13.31*** (-3.52)	-11.59*** (-2.98)	-11.58* (-1.88)	-11.47* (-1.91)
时间/省份	控制/控制	控制/控制	控制/控制	控制/控制	控制/控制
固定/随机效应	固定效应	固定效应	固定效应	固定效应	固定效应
Hauman 检验	0.0147	0.0001	0.0000	0.0000	0.0000
调整 R^2	0.8762	0.8879	0.8717	0.8708	0.8660
N	1165	1165	1165	1165	1165

2. 整体经济增长间接效应

除服务业直接经济增长效应外，服务业对制造业及地区经济增长也具有间接增长作用。此外本书还测度了服务业经济本身及服务业经济比重增加受产业—空间匹配机制的影响程度，分析结果如表7-26至表7-29所示。

表7-26   经济增长效应匹配机制检验：地区经济增长

地区经济 ln（Y）	模型（1）	模型（2）	模型（3）	模型（4）	模型（5）
η_1	-0.0209 (-0.27)	-0.0359 (-0.46)	-0.0459 (-0.59)	-0.00735 (-0.09)	-0.0335 (-0.42)
ln（k）	0.191*** (9.98)	0.166*** (8.01)	0.164*** (7.91)	0.165*** (8.06)	0.172*** (8.36)
ln（N）	0.413*** (5.18)	0.393*** (4.98)	0.409*** (5.08)	0.404*** (5.08)	0.450*** (5.52)
ln（ϕ）	0.808*** (13.37)	0.825*** (13.76)	0.798*** (12.14)	0.849*** (12.63)	0.817*** (11.98)
$\eta_1 \times \ln k$	-0.0532*** (-2.84)	-0.0415*** (-2.67)	-0.0510*** (-2.81)	-0.0419*** (-2.67)	-0.0393*** (-2.63)

续表

地区经济 ln(Y)	模型（1）	模型（2）	模型（3）	模型（4）	模型（5）
$\eta_1 \times \ln N$	0.0137** (2.35)	0.0138** (2.38)	0.0150** (2.54)	0.0156*** (2.67)	0.0163*** (2.81)
$\ln(\phi \times \tau)$	-0.0985*** (-7.82)	-0.0965*** (-7.75)	-0.0927*** (-7.13)	-0.101*** (-7.69)	-0.100*** (-7.67)
$\ln(e_{it})$	—	0.154*** (3.00)	0.154*** (3.01)	0.115** (2.19)	0.0864 (1.61)
$\ln(ur_{it})$	—	—	0.0855 (1.02)	0.142* (1.66)	0.130 (1.53)
$\ln(hc_{it})$	—	—	—	0.147 (0.96)	0.151 (1.05)
$\ln(inf_{it})$	—	—	—	—	0.0403** (2.29)
常数项	-1.059** (-2.23)	-2.390** (-2.49)	-2.641*** (-2.66)	-2.723*** (-2.78)	-2.595*** (-2.66)
时间/省份	控制/控制	控制/控制	控制/控制	控制/控制	控制/控制
固定/随机效应	固定效应	固定效应	固定效应	固定效应	固定效应
Hausman 检验	0.0001	0.0001	0.0003	0.0005	0.0005
调整 R^2	0.9835	0.9854	0.9865	0.9908	0.9980
N	1165	1165	1165	1165	1165

表7-27　经济增长效应匹配机制检验：服务业经济增长

服务业经济 ln(Ys)	模型（1）	模型（2）	模型（3）	模型（4）	模型（5）
η_1	0.134 (1.29)	0.117 (1.13)	0.0945 (0.91)	0.133 (1.25)	0.129 (1.17)
$\ln(k)$	0.137*** (5.37)	0.108*** (3.90)	0.104*** (3.77)	0.105*** (3.81)	0.106*** (3.79)
$\ln(N)$	0.745*** (7.00)	0.723*** (6.83)	0.759*** (7.05)	0.755*** (7.03)	0.760*** (6.84)
$\ln(\phi)$	0.949*** (11.76)	0.969*** (12.05)	0.908*** (10.33)	0.945*** (10.42)	0.941*** (10.15)
$\eta_1 \times \ln k$	0.147* (1.75)	0.161* (1.92)	0.139* (1.65)	0.146* (1.73)	0.146* (1.73)

续表

服务业经济 ln(Ys)	模型（1）	模型（2）	模型（3）	模型（4）	模型（5）
$\eta_1 \times \ln N$	-0.00365 (-0.47)	-0.00361 (-0.47)	-0.000843 (-0.11)	-0.000424 (-0.05)	-0.000339 (-0.04)
ln($\phi \times \tau$)	0.0288* (1.71)	0.0311* (1.86)	0.0397** (2.28)	0.0334* (1.88)	0.0335* (1.88)
ln(e_{it})	—	0.177** (2.57)	0.178*** (2.60)	0.149** (2.11)	0.146** (2.00)
ln(ur_{it})	—	—	0.192* (1.71)	0.233** (2.03)	0.232** (2.01)
ln(hc_{it})	—	—	—	0.107 (1.60)	0.108 (1.60)
ln(inf_{it})	—	—	—	—	0.00452 (0.19)
常数项	-5.336*** (-4.63)	-6.867*** (-5.33)	-7.430*** (-5.60)	-7.490*** (-5.66)	-7.476*** (-5.63)
时间/省份	控制/控制	控制/控制	控制/控制	控制/控制	控制/控制
固定/随机效应	固定效应	固定效应	固定效应	固定效应	固定效应
Hausman 检验	0.0000	0.0000	0.0000	0.0000	0.0000
调整 R^2	0.9100	0.9167	0.9224	0.9285	0.9277
N	1165	1165	1165	1165	1165

表7-28 **经济增长效应匹配机制检验：工业经济增长**

地区经济 ln(Y_i)	模型（1）	模型（2）	模型（3）	模型（4）	模型（5）
η_1	-0.152 (-0.99)	-0.146 (-0.95)	-0.172 (-1.12)	-0.0273 (-0.18)	-0.0432 (-0.27)
ln(k)	0.359*** (9.62)	0.369*** (9.03)	0.365*** (8.90)	0.368*** (9.21)	0.371*** (9.17)
ln(N)	0.486*** (3.12)	0.494*** (3.16)	0.536*** (3.36)	0.521*** (3.35)	0.539*** (3.35)
ln(ϕ)	1.264*** (10.70)	1.257*** (10.58)	1.185*** (9.12)	1.324*** (10.08)	1.311*** (9.77)
$\eta_1 \times \ln k$	-0.448*** (-3.63)	-0.452*** (-3.66)	-0.477*** (-3.83)	-0.452*** (-3.71)	-0.451*** (-3.70)

续表

地区经济 ln(Y_i)	模型（1）	模型（2）	模型（3）	模型（4）	模型（5）
$\eta_1 \times \ln N$	0.0370*** (3.24)	0.0370*** (3.23)	0.0402*** (3.45)	0.0418*** (3.67)	0.0421*** (3.68)
ln($\phi \times \tau$)	-0.251*** (-10.22)	-0.252*** (-10.23)	-0.242*** (-9.42)	-0.266*** (-10.32)	-0.265*** (-10.29)
ln(e_{it})	—	-0.0613 (-0.60)	-0.0598 (-0.59)	-0.167 (-1.63)	-0.178* (-1.69)
ln(ur_{it})	—	—	0.224 (1.35)	0.377** (2.26)	0.372** (2.23)
ln(hc_{it})	—	—	—	0.400 (1.11)	0.401 (1.12)
ln(inf_{it})	—	—	—	—	0.0156 (0.45)
常数项	-6.369*** (-3.78)	-5.838*** (-3.07)	-6.495*** (-3.31)	-6.718*** (-3.51)	-6.669*** (-3.47)
时间/省份	控制/控制	控制/控制	控制/控制	控制/控制	控制/控制
固定/随机效应	固定效应	固定效应	固定效应	固定效应	固定效应
Hausman 检验	0.0000	0.0001	0.0004	0.0005	0.0006
调整 R^2	0.9473	0.9480	0.9512	0.9603	0.9603
N	1165	1165	1165	1165	1165

表7-29　经济增长效应匹配机制检验：服务业经济比重

产业产值 ln(Y_s)	模型（1）	模型（2）	模型（3）	模型（4）	模型（5）
η_1	0.0315** (2.26)	0.0305** (2.18)	0.0295** (2.09)	0.0282* (1.95)	0.0263* (1.77)
ln(k)	-0.00196 (-0.57)	-0.00367 (-0.98)	-0.00384 (-1.02)	-0.00387 (-1.03)	-0.00355 (-0.94)
ln(N)	0.0427*** (3.00)	0.0414*** (2.90)	0.0430*** (2.95)	0.0431*** (2.96)	0.0454*** (3.01)
ln(ϕ)	0.0489*** (4.53)	0.0501*** (4.63)	0.0473*** (3.98)	0.0461*** (3.74)	0.0446*** (3.54)
$\eta_1 \times \ln k$	0.0150 (1.34)	0.0158 (1.40)	0.0148 (1.30)	0.0146 (1.28)	0.0148 (1.29)

续表

产业产值 ln（Ys）	模型（1）	模型（2）	模型（3）	模型（4）	模型（5）
$\eta_1 \times \ln N$	-0.00188* (-1.80)	-0.00188* (-1.80)	-0.00175 (-1.64)	-0.00177* (-1.65)	-0.00173 (-1.61)
$\ln(\phi \times \tau)$	0.0116*** (5.15)	0.0117*** (5.21)	0.0121*** (5.15)	0.0123*** (5.10)	0.0124*** (5.11)
$\ln(e_{it})$	—	0.0105 (1.13)	0.0105 (1.13)	0.0114 (1.19)	0.0101 (1.02)
$\ln(ur_{it})$	—	—	0.00886 (0.58)	0.00756 (0.48)	0.00698 (0.45)
$\ln(hc_{it})$	—	—	—	0.00343 (0.38)	0.00326 (0.36)
$\ln(inf_{it})$	—	—	—	—	0.00195 (0.60)
常数项	3.819*** (24.80)	3.729*** (21.47)	3.703*** (20.63)	3.705*** (20.61)	3.711*** (20.59)
时间/省份	控制/控制	控制/控制	控制/控制	控制/控制	控制/控制
固定/随机效应	固定效应	固定效应	固定效应	固定效应	固定效应
Hausman 检验	0.0198	0.0001	0.0012	0.0010	0.0018
调整 R^2	0.2033	0.2156	0.2209	0.2184	0.2107
N	1165	1165	1165	1165	1165

可以看出，对地区经济而言，服务业产业关联性、地区要素结构、城市规模及市场规模对地区经济显著正相关。要素结构与服务业产业关联、市场规模与产业选择则对地区经济呈现正相关关系，而中国现有城市规模与服务业关联性的匹配机制整体呈现负相关作用，这表明尽管中国经济整体受益于服务业与要素结构和市场规模的匹配机制，但城市规模对经济整体影响与服务业关联性匹配机制尚未发挥。从其余指标来看，居民消费水平和地区信息化水平对中国经济正向效应显著，但城市化率的正向效应显著性不高；此外整体来看，中国人力资本累积尚未对中国经济增长形成明显支撑作用，正向效应不明显。

从服务业经济本身产值增加来看，匹配机制发挥效果与地区经济增长相反，服务业关联与地区要素结构、市场规模对服务业产值整体负相关，而城市规模与服务业关联呈现弱正向效应。这表明，服务业本身经济增长效应匹配机制有效性尚未完全发挥，服务业对全国经济整体增长的贡献还不高。为进一步探讨工业与服务业对经济增长的作用机制，本书对2004—2015年各地区工业产值进行了同样检验，可以看到中国工业经济增长与经济整体的匹配机制发挥效应一样，验证了从全国来看中国服务业发展优势还弱于工业对经济增长的贡献率。

除居民消费水平外，影响地区工业经济增长的其余指标的显著性与前相同，其中人力资本累积对工业经济增长的正向效应显著性水平不高（居民消费水平与工业经济增长则负相关）。从服务业经济比重来看，提高要素配置的正向效应不再存在，城市规模较大地区的服务业关联和较大的市场规模有利于提高服务业经济比重，而要素结构与产业关联匹配机制不再有效。另外，提高居民消费水平、城市化率、人力资本累积及地区信息化水平与服务业比重提升是正相关关系的。

（四）不同地区服务业经济增长效应

上节从中国整体研究了服务业的空间匹配机制对经济增长的作用机制，本节从不同地区的角度来继续分析服务业的经济增长效应。

1. 不同地区服务业经济增长的直接效应

对批发零售业、交通运输仓储与邮政业、住宿与餐饮业、金融业和房地产业而言，不同地区服务业的空间匹配机制检验如表7-30至表7-33所示。本节仅检验各地区匹配机制的空间异质性问题，不检验居民消费水平、城市化率等指标。

可以看出，中国不同地区产业的要素结构与服务业产业关联匹配机制、城市规模与产业关联的匹配机制存在一种相互替换的作用机制。具体而言，批发与零售业、交通运输仓储与邮政业和住宿与餐饮业为一组（简记为第一组服务业），另外一组为金融业和房地产业（第二组服务业），前者与后者在同一地区的要素结构与服务业产业关联、城市规模与产业关联的匹配机制相反。东部地区的批发零售业的要素结构与产业关联匹配机制为负，而金融业与房地产业为正相关；对应的第一组服务业的城市规模与产业结构匹配机制为正，而金融业等第二组匹配机制为负。类似的情况在其他地区也存在。进一步发现，东部地区资本与人力资源禀赋集中，金融业和房地产业的空间匹配机制是有效率的，但东部地区城市规模与产业结构的匹配机制低效，中部和东北地区相应的要素结构与产业关联匹配机制低效，东北地区尤为严重（相同匹配指标系数为7.967和2.141）。从市场规模与产业选择的匹配机制来看，各地区情况并不一致。总的来看，除交通运输和邮政业匹配机制无效率外，东部地区的其余服务业都具有市场规模匹配机制都有效率。中部地区只有批发零售业和房地产业的市场规模效应有效率。西部地区的批发零售业和住宿餐饮业的市场规模匹配机制有效率，而东北地区的住宿餐饮业、金融业和房地产业都具有一定市场规模效应，其中东北地区服务业的要素结构配置效应为负（所有服务业的要素结构lnk系数为负），而中部、西部地区要素结构配置效率较高，东部地区除批发零售业外其余要素结构配置也都有效率。仅看市场规模，地区不同服务业增长都受益于市场规模效应。

表7-30 东部地区不同服务业的经济直接增长效应匹配机制检验

产业产值 ln(Y_s)	批发零售业	交通运输仓储与邮政业	住宿与餐饮业	金融业	房地产业
η_1	-0.386 (-0.94)	-0.335 (-0.86)	0.342 (0.94)	-1.057 (-1.61)	-0.565 (-0.86)
ln(k)	-0.234 (-1.38)	0.220 (1.51)	0.399*** (2.65)	0.806*** (2.97)	0.223*** (2.94)
ln(N)	0.785** (2.36)	0.440** (2.57)	-0.456 (-1.54)	1.829*** (3.43)	-0.267 (-0.96)
ln(ϕ)	1.049** (2.55)	0.466*** (3.24)	1.177*** (3.22)	1.094 (1.66)	1.159*** (4.43)
$\eta_1 \times \ln k$	0.926** (2.06)	0.715** (1.92)	0.289 (0.73)	-1.166 (-1.62)	-0.719 (-1.05)
$\eta_1 \times \ln N$	-0.0500 (0.63)	-0.0645* (-1.24)	-0.0817** (-1.67)	0.0836 (-2.29)	0.0393 (1.30)

续表

产业产值 ln（Ys）	批发零售业	交通运输仓储与邮政业	住宿与餐饮业	金融业	房地产业
ln（φ×τ）	0.0944 (1.14)	-0.0833 (-1.39)	0.0710 (0.97)	0.0489 (0.37)	0.0148 (0.15)
常数项	-7.702 (-1.61)	-1.308* (-1.80)	-0.223 (-0.05)	-17.29** (-2.25)	-1.208 (-1.49)
时间/省份	控制/控制	控制/控制	控制/控制	控制/控制	控制/控制
固定/随机效应	固定效应	随机效应	固定效应	固定效应	固定效应
Hausman 检验	0.0026	0.5663	0.0110	0.0000	0.4341
调整 R^2	0.8480	0.9479	0.7698	0.6341	0.9376
N	340	340	340	340	340

表7-31 中部地区不同服务业的经济增长直接效应匹配机制检验

产业产值 ln（Ys）	批发零售业	交通运输仓储与邮政业	住宿与餐饮业	金融业	房地产业
η_1	-0.121 (-0.71)	1.094*** (3.51)	0.579* (1.78)	-0.795 (-1.62)	-0.688* (-1.74)
ln（k）	0.195** (2.09)	0.178 (1.44)	0.701*** (5.43)	0.0625 (0.23)	0.256 (1.63)
ln（N）	1.131** (2.60)	0.460*** (2.80)	0.907*** (5.29)	2.793** (2.24)	0.676*** (3.24)
ln（φ）	0.787*** (4.92)	0.565*** (4.60)	0.345*** (2.69)	1.448*** (3.15)	0.538*** (3.45)
$\eta_1 \times \ln k$	-0.401** (-2.30)	-0.932** (-2.33)	-0.691* (-1.96)	1.267** (2.53)	1.131** (2.23)
$\eta_1 \times \ln N$	0.00536 (0.39)	0.00699 (0.25)	0.120*** (4.18)	-0.107*** (-2.70)	-0.128*** (-3.66)
ln（φ×τ）	0.0750** (2.32)	-0.128*** (-3.15)	-0.0728* (-1.72)	-0.124 (-1.33)	0.00263** (2.05)
常数项	-8.859** (-2.48)	-2.776*** (-5.79)	-5.524*** (-11.04)	-28.92*** (-2.81)	-4.252*** (-6.99)
时间/省份	控制/控制	不控制/控制	控制/控制	控制/控制	控制/控制
Hausman 检验	0.0000	0.0000	0.0000	0.009	0.0000
调整 R^2	0.9409	0.9764	0.9824	0.9302	0.9614
N	220	220	220	220	220

第七章 经济增长的产业与空间匹配机制研究：基于服务业增长与集聚 / 239

表7-32 西部地区不同服务业的经济增长直接效应匹配机制检验

产业产值 ln(Y_s)	批发零售业	交通运输仓储与邮政业	住宿与餐饮业	金融业	房地产业
η_1	-0.0388 (-0.12)	1.714*** (3.36)	0.538* (1.77)	-0.618 (-1.06)	0.315 (0.56)
ln(k)	0.303*** (5.60)	0.287*** (3.29)	0.263*** (5.17)	0.364*** (3.82)	0.284*** (2.92)
ln(N)	0.539*** (5.57)	0.391*** (2.97)	0.441*** (4.76)	1.327* (1.75)	0.204 (1.45)
ln(ϕ)	0.555*** (10.21)	0.471*** (5.28)	0.551*** (10.79)	2.630*** (5.54)	0.766*** (7.65)
$\eta_1 \times \ln k$	1.171*** (3.35)	1.129** (2.00)	2.435*** (7.41)	0.353 (0.58)	-1.183* (-1.89)
$\eta_1 \times \ln N$	-0.0218 (-0.61)	-0.0951* (-1.67)	-0.0906*** (-2.69)	0.106*** (2.73)	0.0469*** (2.75)
ln($\phi \times \tau$)	0.0664 (1.39)	-0.255*** (-3.68)	0.115** (2.56)	-0.123 (-1.37)	-0.0591 (-0.81)
常数项	-2.249*** (-4.17)	-1.903*** (-3.24)	-2.368*** (-4.50)	-23.18*** (-3.60)	-2.478*** (-4.34)
时间/省份	控制/控制	控制/控制	控制/控制	控制/控制	控制/控制
Hausman检验	0.5237	0.1834	0.1128	0.0066	0.7832
调整 R^2	0.9704	0.9227	0.9413	0.9212	0.9480
N	410	410	410	410	410

表7-33 东北地区不同服务业的经济增长直接效应匹配机制检验

产业产值 ln(Y_s)	批发零售业	交通运输仓储与邮政业	住宿与餐饮业	金融业	房地产业
η_1	-1.254*** (-3.26)	-0.578 (-1.36)	-0.370 (-1.22)	-2.729** (-1.99)	0.333* (3.05)
ln(k)	-0.0704 (-0.55)	0.0521 (0.37)	-0.159 (-1.58)	-0.338 (-0.74)	-1.586** (-4.67)
ln(N)	0.563* (1.71)	0.542 (1.50)	0.458* (1.77)	0.571 (0.49)	30.28** (5.39)
ln(ϕ)	0.892*** (4.94)	0.788*** (3.96)	0.942*** (6.64)	1.644** (2.56)	9.895* (3.08)

续表

产业产值 ln(Ys)	批发零售业	交通运输仓储与邮政业	住宿与餐饮业	金融业	房地产业
$\eta_1 \times \ln k$	-4.462*** (-4.37)	-1.274*** (-3.13)	-0.0361*** (-3.04)	7.967** (2.20)	2.141 (1.08)
$\eta_1 \times \ln N$	-0.246*** (-4.02)	-0.0936 (-1.39)	-0.0199 (-0.41)	0.251** (2.15)	0.154** (2.25)
$\ln(\phi \times \tau)$	-0.0503 (-0.93)	-0.331*** (-5.58)	0.201*** (4.74)	0.160 (0.84)	0.411* (3.23)
常数项	-5.095*** (-4.25)	-5.609*** (-4.25)	-5.452*** (-5.79)	-11.72*** (-2.75)	-315.7** (-4.96)
时间/省份	控制/控制	控制/控制	控制/控制	控制/控制	控制/控制
Hausman 检验	0.1228	0.3465	0.5039	0.1875	0.0012
调整 R^2	0.9904	0.9869	0.9944	0.9626	0.9865
N	195	195	195	195	195

2. 不同地区服务业经济增长的间接效应

对不同地区服务业经济间接效应，本节仅以服务业经济增长来说明（见表7-34）。可以看出，第一，东部地区和东北地区的产业关联性较高，但后者不显著。第二，要素结构配置效应整体而言是显著正相关的，但中部地区服务业要素结构配置为负。第三，城市规模对我国服务业整体增长而言是具有正效应的。从产业—空间匹配机制来看，要素结构与产业关联匹配机制在东部地区和中部地区为有效率，城市规模与产业关联匹配机制在中、西部地区有效率，而市场规模效应对我国各地区都有效，西部地区和东北地区目前市场规模效应具备，但不显著。第四，从城市化率来看，西部地区城市化率对服务业经济增长呈负相关，同时，西部地区和东北地区的人力资本累积和地区信息化程度都滞后于其他地区，相应指标对服务业经济发展显著性不高。

表7-34 不同地区经济增长间接效应匹配机制检验：服务业经济增长

服务业经济 ln(Y)	全国整体	东部地区	中部地区	西部地区	东北地区
η_1	0.129 (1.17)	-0.171*** (-3.85)	0.236 (1.32)	0.518** (2.31)	-0.0172 (-0.06)

续表

服务业经济 ln(Y)	全国整体	东部地区	中部地区	西部地区	东北地区
ln(k)	0.106 *** (3.79)	0.188 ** (2.03)	-0.106 * (-1.83)	0.134 *** (2.97)	0.209 ** (2.32)
ln(N)	0.760 *** (6.84)	1.053 *** (5.44)	0.229 * (1.72)	0.478 * (1.69)	0.752 *** (3.12)
ln(ϕ)	0.941 *** (10.15)	0.886 *** (4.27)	0.838 *** (11.27)	0.941 *** (4.98)	0.473 ** (2.15)
$\eta_1 \times \ln k$	0.146 ** (2.13)	-0.332 ** (-2.43)	-0.276 *** (-2.63)	0.766 *** (3.28)	1.973 *** (2.68)
$\eta_1 \times \ln N$	-0.000339 ** (-2.04)	0.0434 ** (2.05)	-0.0122 *** (-2.92)	-0.0342 ** (-2.38)	0.0885 * (1.82)
ln($\phi \times \tau$)	0.0335 * (1.88)	0.120 *** (2.73)	0.00893 *** (2.51)	0.00636 (1.18)	0.0909 (1.19)
ln(e_{it})	0.146 ** (2.00)	0.106 (0.90)	0.340 *** (3.34)	0.209 (1.42)	0.0624 (0.25)
ln(ur_{it})	0.232 ** (2.01)	0.404 *** (2.52)	0.136 *** (2.63)	-0.215 (-0.74)	1.439 ** (2.34)
ln(hc_{it})	0.108 *** (2.60)	0.116 *** (3.73)	0.0856 * (1.90)	-0.208 ** (-2.32)	-0.257 (-0.89)
ln(inf_{it})	0.00452 ** (2.19)	0.0685 *** (3.40)	0.114 ** (2.49)	0.0320 (0.64)	0.114 * (1.96)
常数项	-7.476 *** (-5.63)	-9.716 *** (-3.19)	-4.006 *** (-3.42)	-4.068 (-1.54)	-7.847 *** (-3.58)
时间/省份	控制/控制	控制/控制	控制/控制	控制/控制	控制/控制
固定/随机效应	固定效应	固定效应	固定效应	固定效应	固定效应
Hausman 检验	0.0000	0.0000	0.0000	0.0000	0.0739
调整 R^2	0.9277	0.8757	0.9972	0.9707	0.9147
N	1165	340	220	410	195

（五）不同经济水平下匹配机制显著性检验

对不同经济水平的服务业经济直接与间接效应，本节以批发零售业和金融业的产值和服务业经济总量、比重为例进行检验。采用分位数回归进行检验，检验方法详见第六章或 Koenker 和 Bassett (1978) 等。

1. 不同经济水平服务业直接效应

计量检验结果如表 7-35 和表 7-36 所示。从分析结果可知，对劳动型密集型产业的批发与零售业而言，批发零售业对服务业的产业关联性要求较低，但随着经济增长，其对产业关联性要求逐步增加，因此提高地区产业关联性有助于批发零售业的产值增加。其次，批发零售业的要素结构和城市规模对服务业发展具有正效应，但提高要素

表 7-35　不同经济水平经济增长效应匹配机制检验（一）：批发与零售业

产业产值 ln(Ys)	OLS	25%	50%	75%	95%
η_1	0.0338 (0.17)	0.200 (0.71)	-0.109 (-0.55)	-0.307 (-0.93)	-0.950 (-1.31)
ln(k)	0.0989* (1.66)	0.198** (2.09)	0.0193 (0.17)	0.0901 (0.49)	-0.0624 (-0.60)
ln(N)	0.0720 (0.93)	0.235 (1.73)	0.0311 (0.21)	0.0544 (0.27)	-0.141 (-0.93)
ln(ϕ)	0.917*** (14.49)	0.797*** (7.96)	0.966*** (8.70)	0.949*** (5.81)	1.070*** (8.66)
$\eta_1 \times \ln k$	0.996*** (4.28)	1.055* (1.88)	0.659* (1.89)	1.169*** (3.87)	1.689*** (3.07)
$\eta_1 \times \ln N$	-0.000191*** (-3.01)	-0.0136**** (-3.47)	0.00798*** (3.51)	0.0307*** (2.75)	0.0593** (2.10)
ln($\phi \times \tau$)	-0.0106** (-2.43)	0.0146** (1.97)	0.0470** (2.29)	-0.0157*** (-3.31)	-0.0395*** (-3.63)
常数项	-1.450*** (-9.11)	-1.909*** (-5.43)	-1.309*** (-4.11)	-1.414*** (-2.88)	-0.606* (-1.69)
时间/省份	控制/控制	控制/控制	控制/控制	控制/控制	控制/控制
调整 R^2	0.9674	0.8381	0.8169	0.7991	0.8065

注：①调整 R^2 为总体值。②*、**、*** 分别表示在 10%、5% 和 1% 的水平下通过了显著性检验。

表7-36 不同经济水平经济增长效应匹配机制检验（二）：金融业

产业产值 ln(Ys)	OLS	25%	50%	75%	95%
η_1	-2.199*** (-6.55)	-1.984*** (-4.93)	-2.312*** (-5.80)	-1.749*** (-2.82)	-1.404*** (-3.55)
ln(k)	0.339*** (3.35)	0.368** (2.07)	0.538*** (3.15)	0.358* (1.75)	0.296** (2.52)
ln(N)	-0.300** (-2.28)	-0.248 (-1.06)	-0.00158 (-0.01)	0.339 (1.22)	0.241 (1.53)
ln(ϕ)	1.112*** (10.36)	1.040*** (5.24)	0.863*** (5.02)	1.072*** (5.47)	1.049*** (9.27)
$\eta_1 \times \ln k$	-0.720* (-1.82)	-0.365 (-0.44)	-1.272* (-1.86)	-0.121*** (-3.17)	-1.026*** (-3.38)
$\eta_1 \times \ln N$	-0.0464 (-1.34)	-0.0182 (-0.30)	0.0109 (0.14)	0.178** (2.33)	0.118*** (3.58)
ln($\phi \times \tau$)	0.0930** (2.25)	-0.0983* (-1.90)	-0.0801** (-2.44)	0.0261** (2.43)	0.0273** (2.61)
常数项	-0.898*** (-3.33)	-0.960*** (-3.54)	-1.333*** (-5.11)	0.331 (0.43)	-0.0395 (-0.08)
时间/省份	控制/控制	控制/控制	控制/控制	控制/控制	控制/控制
调整 R^2	0.9238	0.7387	0.7362	0.7348	0.7613
N	1165	1165	1165	1165	1165

配置与城市规模对产值较高的批发零售业不再具有支撑效应。从匹配机制来看，随着批发业产值增加，城市规模与产业结构、市场规模与产业选择的匹配机制存在逆转，都随产值提高负向效应增加，由此可见批发与零售业的要素结构和城市规模并非越高越好。

对于资本密集型的金融业，首先产业关联性、要素结构配置与产业产值是显著正相关，但区域人口规模、市场规模对金融业产值的作用机制随产值增加逐步由负向效应变为正向效应。要素结构与产业关联的匹配机制随产值增加正向效应的显著性逐步增加，而区域城市规模随着人口规模提高，匹配机制的有效性逐步降低。

2. 不同经济水平服务业间接效应

不同经济水平服务业经济增长间接效应计量结果见表7-37和

表7-38所示，可以看出，随着服务业产值增加，城市规模和市场规模对服务业经济增长影响的正效应逐步增加，其中城市规模、要素结构及城市规模与产业关联的正向效应不随经济增长而变化。随着服务业产值比重的提升，产业关联和要素结构的正向效应会逐步显现，而城市规模和产业结构的正向效应随服务业比重提高而逐步降低，服务业比重越大，城市规模与产业关联的匹配机制效率减低。其中，要素结构并不对服务业经济比重增加具有明显影响，市场规模与产业选择的正向效应较为稳健，也不随服务业比重提高而变化。

表7-37　　　　不同经济水平服务业经济增长效应匹配机制

产业产值 ln(Ys)	OLS	25%	50%	75%	95%
η_1	-0.494*** (-4.01)	0.438*** (3.52)	-0.592*** (-4.47)	-0.633*** (-3.36)	-0.294*** (-3.36)
ln(k)	0.0977*** (2.64)	0.0891* (1.87)	0.138*** (2.88)	0.0940 (1.24)	0.221*** (2.79)
ln(N)	0.0389 (0.80)	-0.0160 (-0.31)	0.0328* (1.78)	0.0507** (2.50)	0.124*** (3.20)
ln(ϕ)	0.912*** (23.15)	0.898*** (18.29)	0.851*** (18.23)	0.913*** (12.36)	0.795*** (10.08)
$\eta_1 \times \ln k$	0.358** (2.47)	0.288* (1.84)	0.380* (1.75)	0.277 (0.76)	0.792*** (4.94)
$\eta_1 \times \ln N$	-0.00942*** (2.74)	-0.0102** (-1.96)	-0.0180** (2.00)	-0.0554** (2.43)	-0.0616*** (2.98)
ln($\phi \times \tau$)	0.0223** (2.27)	-0.0188 (-1.00)	-0.00141 (-0.08)	0.0946** (2.18)	0.0590*** (4.37)
常数项	1.229*** (12.40)	0.949*** (15.41)	1.037*** (7.45)	1.640*** (3.86)	1.096*** (4.32)
时间/省份	控制/控制	控制/控制	控制/控制	控制/控制	控制/控制
调整 R^2	0.9852	0.8968	0.8805	0.8650	0.8829
N	1165	1165	1165	1165	1165

表7-38　　　　不同服务业经济比重的匹配机制检验

服务业比重 ln( )	OLS	25%	50%	75%	95%
η_1	-0.0148*** (-3.14)	0.0106 (0.86)	0.0199** (2.31)	-0.00182*** (-3.10)	-0.0321*** (-4.15)
ln(k)	-0.0202*** (-5.16)	-0.0178*** (-2.83)	-0.0162*** (-3.44)	-0.0278*** (-4.92)	-0.0208** (-2.30)
ln(N)	-0.0384*** (-7.52)	-0.0308*** (-4.14)	-0.0332*** (-6.17)	-0.0490*** (-6.34)	-0.0411*** (-3.49)
ln(φ)	0.0385*** (9.27)	0.0345*** (5.34)	0.0333*** (7.72)	0.0446*** (7.55)	0.0339*** (3.74)
$\eta_1 \times \ln k$	0.0166** (2.09)	0.0453** (2.42)	0.0251** (2.46)	0.0523*** (3.42)	0.0503*** (3.80)
$\eta_1 \times \ln N$	0.00162** (1.91)	-0.00368*** (-3.34)	-0.000828 (-0.48)	0.00795*** (2.77)	0.00586 (1.48)
ln(φ×τ)	0.0121*** (7.56)	0.0111*** (4.11)	0.0127*** (6.13)	0.0104*** (3.87)	0.0143*** (4.35)
常数项	4.543*** (434.32)	4.503*** (704.84)	4.543*** (327.30)	4.585*** (200.09)	4.630*** (139.23)
时间/省份	控制/控制	控制/控制	控制/控制	控制/控制	控制/控制
调整 R^2	0.7099	0.4544	0.4374	0.4816	0.6037
N	1165	1165	1165	1165	1165

四　服务业—空间匹配机制的集聚效应

既然服务业空间集聚具备经济增长效应，那么服务业集聚与扩散又受到哪些因素的影响呢？不同类别服务业空间集聚的匹配机制又是否统一呢？

（一）服务业集聚与经济增长的典型事实

服务业集聚存在如下典型事实，如图7-16至图7-19所示。当使用服务业的空间基尼系数来表示服务业的空间集聚与分散程度可以发现，服务业空间集聚程度越高（空间基尼系数越大），服务业经济占地方经济总量比重就越大，服务业集中会对地方工业经济增长产生

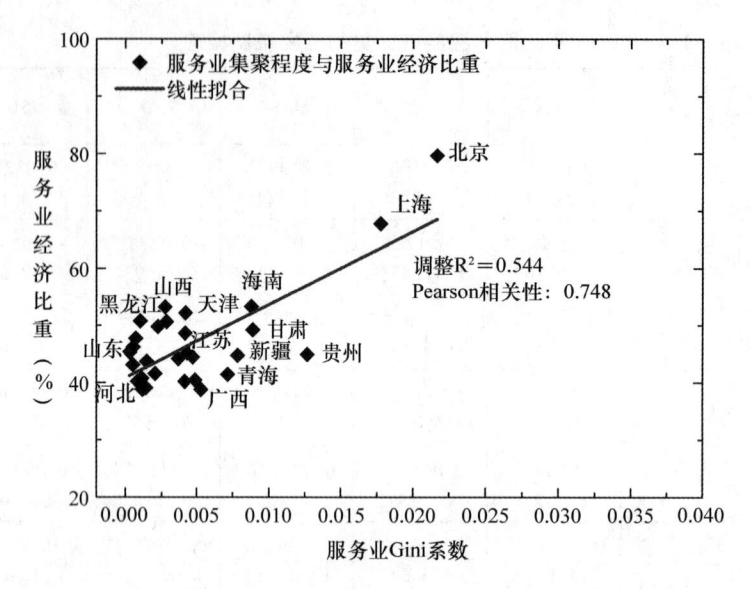

图 7-16　中国服务业集聚程度与服务业经济比重（2015 年）

注：由于西藏经济结构特殊，考虑研究一般性规律，本章对西藏数据进行了剔除。
数据来源：《中国第三产业统计年鉴 2016》《中国统计年鉴 2016》。

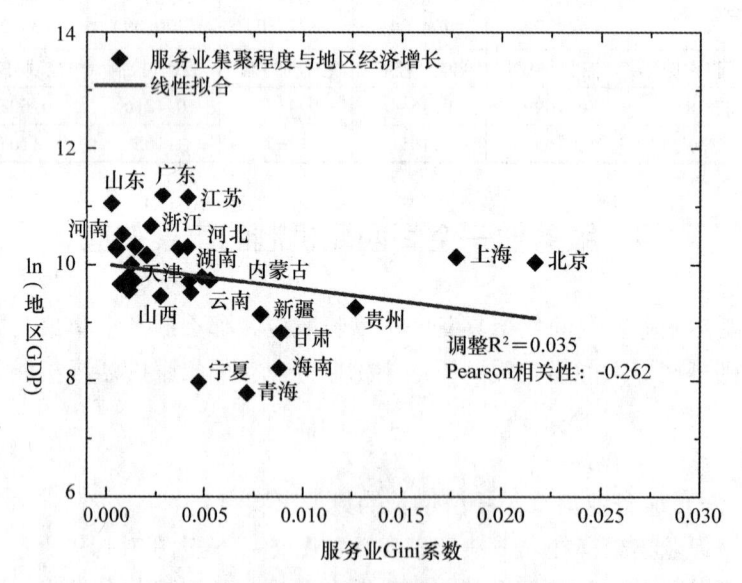

图 7-17　中国服务业集聚程度与地区经济增长（2015 年）

注：由于西藏经济结构特殊，考虑研究一般性规律，本章对西藏数据进行了剔除。
数据来源：《中国第三产业统计年鉴 2016》《中国统计年鉴 2016》。

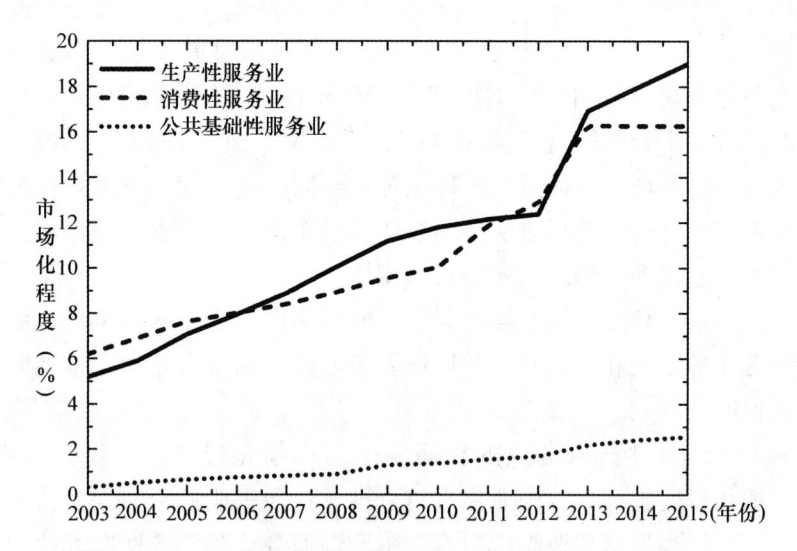

第七章 经济增长的产业与空间匹配机制研究：基于服务业增长与集聚 / 247

图 7-18 服务业市场化程度（2003—2015 年）

注：由于西藏经济结构特殊，考虑研究一般性规律，本章对西藏数据进行了剔除。
数据来源：《中国第三产业统计年鉴 2016》《中国统计年鉴 2016》。

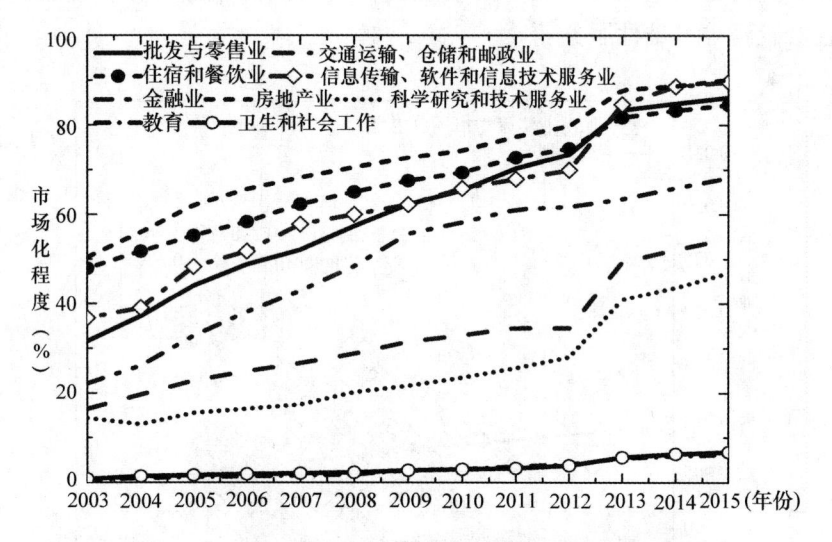

图 7-19 服务业细分产业市场化程度（2003—2015 年）

注：由于西藏经济结构特殊，考虑研究一般性规律，本章对西藏数据进行了剔除。
数据来源：《中国第三产业统计年鉴 2016》《中国统计年鉴 2016》。

"挤出效应",进而可以达到产业—空间布局调整的效果。那么中国现有服务业集聚又如何影响地区经济增长呢?本书利用2015年中国省级经济与产业数据进行截面数据分析表明,服务业基尼系数越大,地区经济总量增长反而越低,即服务业空间集聚程度与中国地区经济总量负相关,这一典型事实侧面表明目前中国大多数省份经济增长仍依赖于工业拉动,呈现工业增长模型。

产业集聚必然受到市场机制与政府作用的双重影响,本书采用城镇服务业中私人和个人就业与城镇服务业就业总量占比来度量地方市场化程度(mar),由图7-18和图7-21可知,从服务业总体看来,2004—2015年中国服务业的空间集聚与市场化程度呈弱反比关系,即市场化程度越高,服务业集聚越分散,这与工业集聚的现实情况不同。从不同类型服务业类型来看,生产性服务业和消费性服务业的空间集聚与市场化程度呈正比关系,其中消费性服务业的正相关程度显著程度大于生产性服务业;公共基础性服务业集聚与市场化程度成反比,这与公共基础服务业多由政府提供的公共品服务有关,如教育、社会管理等基础性服务业。

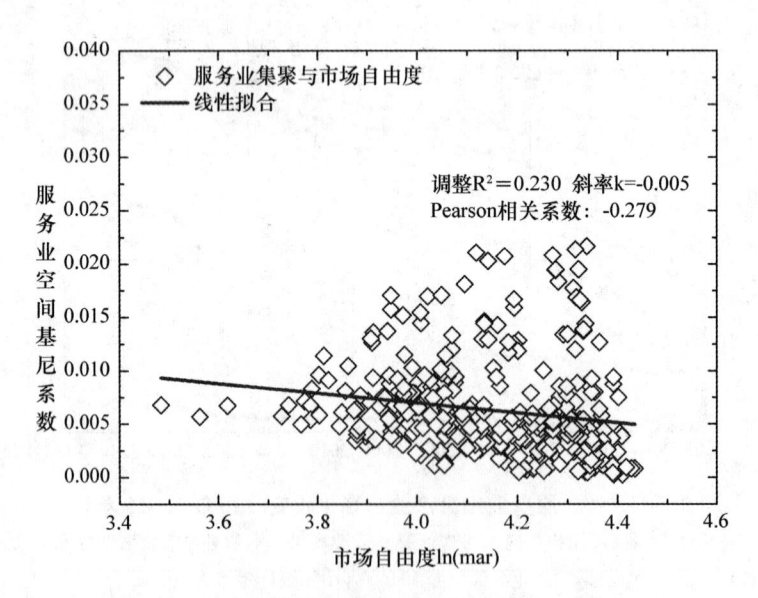

图7-20 服务业集聚与市场化程度(2004—2015年)

数据来源:《中国第三产业统计年鉴2016》《中国统计年鉴2016》。

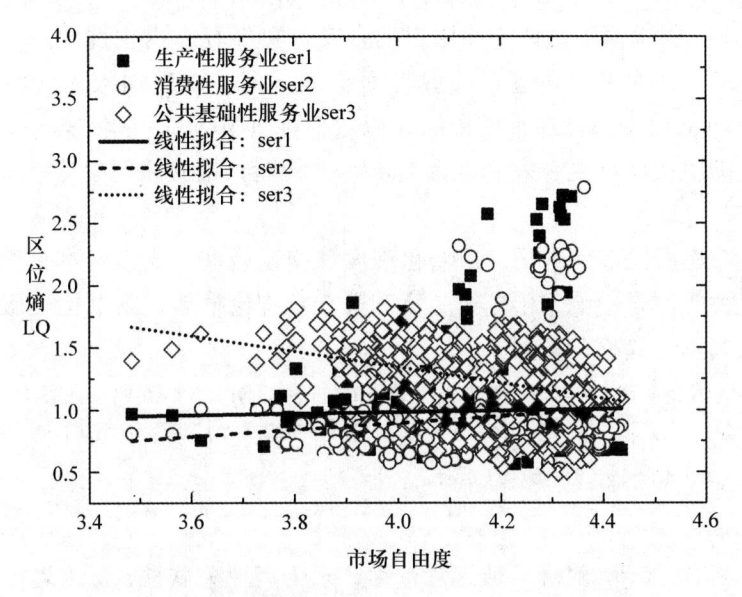

图7-21　不同类别服务业集聚与市场化程度（2004—2015年）

注：①生产性服务业：调整 R^2 为0.011，斜率 k 为0.061，Pearson 相关系数为0.031；
②公共基础性服务业：调整 R^2 为0.122，斜率 k 为 -0.628，Pearson 相关系数为 -0.351；
③消费性服务业：调整 R^2 为0.015，斜率 k 为 -0.279，Pearson 相关系数为0.131。

数据来源：《中国第三产业统计年鉴2016》《中国统计年鉴2016》。

（二）计量模型构建及数据说明

为统一研究数据口径，本章仍采用第六章工业集聚的定义，采用区位商来定义产业集聚，而通过区位商年变化率来度量产业集聚的变化率，构建产业集聚和扩散的判别指数：

$$LQR_{it} = (LQ_{i,t} - LQ_{i,t-1})/LQ_{i,t-1} \qquad (7-9)$$

当 $LQR_{it} > 0$，则表明产业 i 在空间存在集聚；当 $LQR_{it} < 0$，则产业 i 在空间是扩散的，以2004年作为基期。对服务业集聚检验，由于非线性面板的 Probit 模型无法解决伴生参数问题[①]，本章仍采用 Logit 模型，并使用非线性面板来检验服务业集聚。对被解释变量 $LQR_{it} > 0$ 时，则取其为1，反之则为0，形成了二值选择（Binary

---

[①] 伴生参数问题是在非线性面板中，对于 u_i 不一致估计会影响变量系数 β 的估计，导致 β 估计值不一致。

Choice）面板模型。由于使用当期自变量可能存在内生性问题，将自变量取一年时滞。在进行非线性面板回归时，线性面板方法将不适用，Logit 模型估计通常使用最大似然估计（MLE），但仍需对固定效应、随机效应和混合效应进行 Hausman 检验，检验原理参见第六章第二节。

考虑居民消费水平、市场化程度和交易效率、人力资本累积、城市化率等因素影响，依据第二章和第四章理论框架，本书构建服务业集聚判别计量检验模型：

$$LQR_{it}(1|0) = \beta_0 + \beta_1 \eta_{it-1} \times \ln k_{it-1} + \beta_2 \eta_{it-1} \times \ln N_{it-1} + \beta_3 \ln(Q_{it-1} \times \tau_{it-1}) + \beta_4 \ln(e_{it}) + \beta_5 \ln(ur_{it}) + \beta_6 \ln(hc_{it}) + \beta_7 \ln(\inf_{it}) + \beta_8 \ln(mar1_{it-1}) + \beta_9 \ln(mar2_{it-1}) + u_i + v_t + \varepsilon_{it}$$

(7-10)

其中，LQR_{it} 对应二值选择行为；η_{it} 为产业关联性；k_{it} 为地区单位人均劳动资本，$k_{it} = K_{it}/L_{it}$，K_{it} 为本书估计的地区固定资本存量，L_{it} 为地区从业数；N_{it} 为区域或城市的人口规模；Q_{it} 为市场规模；τ_{it} 为交通运输成本；其余指标 e_{it} 为地区全体居民消费水平，ur_{it} 为地区城市化率，hc_{it} 为地区人力资本规模，$\inf_{it}$ 为地区信息化水平，市场化程度本书分别采用非国有和集体固定资产投资比例（mar1）和非政府消费支出比例（mar2）来度量，为避免量纲变化过大和异方差问题，对上述变量都作对数处理；u_i 为固定效应，对二值选择模型，ε_{it} 符合逻辑分布，β_0—β_{10} 为变量系数。仍需注意的是 logit 模型估计变量系数为相对概率比，不再是普通线性面板的边际效应。其余指标同本章第三节指标。

模型中还考虑了服务业的空间匹配质量 MQ，对服务业匹配质量度量也采用第六章定义，取各地区的服务业产业产值对数值与产业集聚产值的差值：

$$MQ_{ij} = |\ln y_{ij} - LQ_{ij} \ln y_{ij}| \qquad (7-11)$$

其中，y_{ij} 为区域 i 的产业 j 的产值；LQ_{ij} 为区域 i 的产业 j 的区位商。MQ_{ij} 值越大，则表明区域 i 的产业 j 的匹配质量越高。本书进行分析匹配机制稳定性，即匹配质量对产业集聚和扩散的影响机理，分析目的主要检验产业匹配质量与匹配机制的对产业—空间集聚的影响。

(三) 服务业空间集聚的匹配机制测度

本章首先对服务业整体集聚变化 LQR 的空间匹配机制进行检验。

1. 全国整体服务业集聚

从全国来看，中国服务业整体的空间匹配机制有效性显著，其中要素结构与产业关联、市场规模匹配机制对服务业集聚正相关[①]，即通过调整要素结构配置能够影响服务业空间集聚，尤其对生产性服务业和消费性服务业，而公共基础性服务业集聚对要素结构匹配机制的正相关性不高。除消费性服务业外，2004—2015 年城市规模与产业结构的匹配机制对服务业集聚匹配效率较低。

表 7-39　　　全国水平整体服务业集聚的匹配机制检验

服务业集聚变化	模型 (1)	模型 (2)	模型 (3)	模型 (4)
LQR_service	服务业整体	生产性服务业	消费性服务业	公共基础性服务业
$\eta_1 \times \ln k$	-6.918** (-2.27)	-2.226*** (-2.93)	-3.079*** (-2.93)	-5.045 (-1.60)
$\eta_1 \times \ln N$	0.352** (2.36)	0.331** (1.93)	-0.587*** (-2.91)	0.416 (1.42)
$\ln(\phi \times \tau)$	0.226* (1.96)	0.107** (2.40)	0.302*** (3.50)	0.989* (1.65)
$\ln(e_{it})$	-1.026* (-1.70)	0.220 (1.44)	1.606*** (3.44)	-2.786** (-2.37)
$\ln(ur_{it})$	3.745*** (3.93)	1.087* (1.98)	0.450*** (3.12)	6.340** (2.58)
$\ln(hc_{it})$	0.303** (2.57)	0.122 (1.30)	2.345* (1.96)	1.455*** (2.61)

---

① 由于产业关联定义 η_1 为产业在同一空间出现的条件概率，因此产业关联性越大，相关协同集聚产业越多，则 η_1 越小，因此，从符号来看，η_1 为负则表示正效应，特此说明，余同。

续表

服务业集聚变化	模型（1）	模型（2）	模型（3）	模型（4）
LQR_service	服务业整体	生产性服务业	消费性服务业	公共基础性服务业
$\ln(inf_{it})$	0.219** (2.43)	0.0415*** (3.11)	0.573** (1.99)	0.113 (0.14)
MQs	0.155** (2.30)	0.0484*** (2.96)	0.0594** (2.51)	0.0976 (0.84)
$\ln(mar1_{it})$	1.130** (2.22)	1.393*** (2.68)	2.203*** (3.54)	-0.138* (-2.11)
$\ln(mar2_{it})$	0.286** (2.16)	1.529* (1.98)	4.459** (2.38)	-4.209* (-1.95)
常数项	1.421** (2.19)	-5.671** (-2.96)	—	—
对数似然值	-206.863	-228.037	-151.330	-154.515
Wald 检验	23.44	13.27	35.54	18.97
Hausman 检验	0.6275	0.5605	0.0317	0.0059
固定/随机	随机效应	随机效应	固定效应	固定效应
N	1165	1165	1165	1165

注：①括号中的数值为 t 检验结果；*、**、*** 分别表示在10%、5%和1%的水平下通过了显著性检验。②调整 R^2 均为总体值。

其次，居民消费水平整体来看对服务业产业扩散作用大于集聚作用，居民消费水平只对生产性服务业和消费性服务业集聚起显著正向作用。提高地区城市化率、人力资本积累都有利于服务业集聚，地区信息化水平与服务业集聚正相关，尤其是对于生产性服务业。市场化程度与生产性和消费性服务业集聚正相关，与公共基础性服务业负相关，这与服务业集聚典型事实相吻合。最后，匹配质量与服务业集聚也呈现显著正相关，仅公共基础性服务业正相关水平不高。

2. 不同地区服务业集聚

不同地区服务业整体集聚匹配机制检验结果如表7-40至表7-43所示。

表 7-40　不同地区服务业集聚的匹配机制检验：东部地区

服务业集聚变化	模型（1）	模型（2）	模型（3）	模型（4）
LQR_service	服务业整体	生产性服务业	消费性服务业	公共基础性服务业
$\eta_1 \times \ln k$	-14.56*** (-3.34)	-7.191*** (-3.21)	-1.798** (-2.29)	-5.077* (-1.91)
$\eta_1 \times \ln N$	1.123** (1.96)	0.972*** (2.63)	-0.425*** (-2.69)	0.551** (1.92)
$\ln(\phi \times \tau)$	0.277** (2.30)	0.894** (2.02)	0.859*** (2.99)	0.635 (0.68)
$\ln(e_{it})$	-0.180** (-2.13)	0.861*** (2.64)	1.341*** (2.98)	-2.540* (-1.65)
$\ln(ur_{it})$	3.707*** (2.91)	2.359*** (3.30)	0.729** (2.41)	1.095* (1.98)
$\ln(hc_{it})$	0.751*** (2.73)	1.638*** (3.57)	0.409** (2.39)	0.370 (1.34)
$\ln(inf_{it})$	0.257** (2.28)**	1.068*** (3.16)	-0.857** (-1.88)	-1.307 (-1.21)
MQs	0.274*** (2.93)	0.0691** (2.24)	-0.00910 (-0.03)	0.0123 (0.04)
$\ln(mar1_{it})$	3.406* (1.71)	3.350** (2.74)	2.855** (2.46)	5.026** (2.16)
$\ln(mar2_{it})$	5.966** (2.17)	7.617** (2.54)	3.934** (2.78)	5.656 (1.00)
常数项	-0.869 (-0.04)	-1.330 (-0.07)	-45.72** (-2.18)	-23.07 (-0.98)
对数似然值	-64.30	-67.52	-66.22	-63.55
Wald 检验	14.60	10.70	14.70	13.03
Hausman 检验	0.1236	0.1722	0.5821	0.5129
N	340	340	340	340

表 7-41　不同地区服务业集聚的匹配机制检验：中部地区

服务业集聚变化	模型（1）	模型（2）	模型（3）	模型（4）
LQR_service	服务业整体	生产性服务业	消费性服务业	公共基础性服务业
$\eta_1 \times \ln k$	1.231** (2.15)	-6.565*** (-3.95)	2.634** (2.33)	-6.322 (-0.96)

续表

服务业集聚变化	模型（1）	模型（2）	模型（3）	模型（4）
LQR_service	服务业整体	生产性服务业	消费性服务业	公共基础性服务业
$\eta_1 \times \ln N$	-0.903** (-2.42)	-0.544* (-1.97)	-1.241** (-2.32)	0.916* (1.84)
$\ln(\phi \times \tau)$	-0.536*** (-2.64)	-1.407* (-1.90)	0.211** (2.27)	0.539* (1.76)
$\ln(e_{it})$	-9.478** (-2.44)	1.070** (2.37)	1.819** (2.61)	-2.741* (-0.96)
$\ln(ur_{it})$	7.738** (2.05)	7.769** (1.99)	-1.923** (-2.32)	6.598* (1.79)
$\ln(hc_{it})$	1.648* (1.71)	1.912** (2.14)	-0.157** (-2.09)	-1.090 (-1.67)
$\ln(inf_{it})$	-1.387** (-2.55)	-1.666* (-1.92)	-0.414** (-1.83)	0.0413 (0.02)
MQs	1.386* (1.82)	0.802* (1.93)	-1.174* (-1.85)	0.154 (1.16)
$\ln(mar1_{it})$	4.655* (1.90)	-1.058** (-2.33)	1.780* (1.96)	1.524 (0.50)
$\ln(mar2_{it})$	1.719** (2.23)	-0.696** (-2.12)	1.199** (2.20)	4.840 (0.83)
常数项	-14.19 (-0.20)	-38.18 (-1.51)	-19.63 (-0.71)	-24.55 (-0.97)
对数似然值	-35.91	-45.75	-43.72	-46.72
Wald 检验	15.87	11.38	14.13	11.05
Hausman 检验	0.9687	0.9807	0.9372	0.9997
N	220	220	220	220

表7-42　不同地区服务业集聚的匹配机制检验：西部地区

服务业集聚变化	模型（1）	模型（2）	模型（3）	模型（4）
LQR_service	服务业整体	生产性服务业	消费性服务业	公共基础性服务业
$\eta_1 \times \ln k$	-3.686** (-2.41)	-0.893* (1.96)	-9.781* (-1.91)	-6.957 (-1.07)

续表

服务业集聚变化	模型（1）	模型（2）	模型（3）	模型（4）
LQR_service	服务业整体	生产性服务业	消费性服务业	公共基础性服务业
$\eta_1 \times \ln N$	-1.365** (-1.63)	-0.627** (-2.41)	0.472* (1.96)	-0.937* (-1.95)
$\ln(\phi \times \tau)$	-0.345 (-0.25)	0.276** (2.47)	0.369*** (2.57)	-0.0476 (-0.08)
$\ln(e_{it})$	-4.919 (-1.37)	0.113** (2.09)	1.670** (2.30)	-0.429 (-0.33)
$\ln(ur_{it})$	18.25* (1.95)	1.203* (1.85)	2.247* (1.98)	0.145 (0.06)
$\ln(hc_{it})$	-4.332 (-0.65)	-0.127* (-2.15)	0.298** (2.36)	0.294 (0.35)
$\ln(inf_{it})$	2.925 (1.57)	0.0743 (1.09)	0.592** (2.73)	-0.442 (-0.55)
MQs	-2.278** (-2.15)	-0.583 (-1.45)	-0.361 (-0.86)	-0.749* (-1.78)
$\ln(mar1_{it})$	-9.095** (-2.48)	2.573* (1.81)	-0.582 (-0.42)	-1.355 (-0.94)
$\ln(mar2_{it})$	-3.257*** (-2.63)	2.146* (1.96)	-0.756 (-0.33)	-0.466 (-0.20)
常数项	—	3.504 (0.34)	-23.27** (-2.07)	12.18 (1.10)
对数似然值	-38.90	-78.47	-66.81	-73.11
Wald 检验	24.12	11.53	13.78	14.73
Hausman 检验	0.0698	0.9977	0.1121	0.1934
N	410	410	410	410

表7-43　不同地区服务业集聚的匹配机制检验：东北地区

服务业集聚变化	模型（1）	模型（2）	模型（3）	模型（4）
LQR_service	服务业整体	生产性服务业	消费性服务业	公共基础性服务业
$\eta_1 \times \ln k$	-153.8 (-1.01)	1042.2 (1.01)	139.1* (1.90)	177.0 (0.00)

续表

服务业集聚变化	模型（1）	模型（2）	模型（3）	模型（4）
LQR_service	服务业整体	生产性服务业	消费性服务业	公共基础性服务业
$\eta_1 \times \ln N$	16.71 * (1.87)	61.76 ** (2.10)	-20.04 ** (-2.00)	23.93 (0.00)
$\ln(\phi \times \tau)$	3.350 ** (2.46)	13.16 * (1.85)	-4.345 (-0.58)	2.868 (0.30)
$\ln(e_{it})$	-15.03 (-1.24)	-24.87 (-1.61)	17.45 (1.56)	0.169 (0.01)
$\ln(ur_{it})$	99.94 (1.07)	112.1 (1.60)	-81.22 (-1.48)	16.76 (0.21)
$\ln(hc_{it})$	-21.79 * (-1.76)	-6.566 * (-1.74)	1.677 (1.14)	6.979 (0.48)
$\ln(inf_{it})$	8.012 (0.86)	-8.208 (-1.40)	12.95 (1.28)	-13.50 (-1.47)
MQs	1.724 (0.49)	3.196 (0.82)	1.564 (0.57)	-6.419 (-0.71)
$\ln(mar1_{it})$	-7.115 ** (-3.17)	24.05 ** (2.34)	-6.919 * (-1.62)	-71.50 * (-1.68)
$\ln(mar2_{it})$	-5.227 (-0.63)	31.78 * (1.84)	-24.69 * (-1.71)	40.70 (1.25)
常数项	-235.0 (-0.90)	-152.1 (-1.02)	61.66 (0.51)	81.85 (0.41)
对数似然值	-54.21	-47.28	-33.88	-59.27
Wald 检验	15.95	14.99	16.21	18.29
Hausman 检验	0.6752	0.5572	0.5520	0.8721
N	195	195	195	195

从东部地区来看，要素结构与产业关联、市场规模匹配机制对服务业集聚的有效性显著水平较高，而城市规模与产业结构仅对消费性服务业集聚正相关，而生产性服务业主要倾向于扩散。匹配质量与生产性服务业、公共基础性服务业集聚显著正相关，也进一步验证了匹

配质量与产业集聚、分散的关系，其余指标与全国水平相类似。对中部地区而言，服务业集聚受要素结构的匹配机制影响较小，消费性服务业与城市规模的匹配机制显著性较高，生产性服务业在中部地区市场规模较大地区集聚显著性水平较低，中部地区城市化率提高引起消费性服务业分散，而有利于生产性服务业集聚；而信息化水平尚未对中部地区服务业集聚起到显著影响。

从西部地区来看，要素结构与产业关联仍是影响服务业集聚的重要因素，城市规模的匹配机制整体是显著正相关的，但对消费性服务业而言，匹配机制有效性不足，这表明西部地区市场规模较小，对消费性服务业集聚影响较小。西部地区人力资本累积并不显著，服务业集聚与人力资本负相关，这表明西部地区人力资本累积对服务业集聚影响较小，尤其是生产性服务业集聚。此外，信息化程度与西部地区服务业整体是正相关的，但不显著，对生产性服务业影响显著性水平不足，仅正向影响消费性服务业集聚。从匹配质量来看，西部地区服务业匹配质量不高，都呈现显著负相关，西部地区服务业集聚不明显。再者西部地区市场化程度水平不高，服务业集聚与市场化程度呈负相关关系。

对东北地区，三种匹配机制整体而言显著性水平不高，其中生产性服务业的要素结构匹配和城市规模匹配不显著，消费性服务业的市场规模效应也不具备。其次，东北地区居民消费水平不高，与服务业集聚负相关；尽管城市化率较高，但东北地区城市化率对服务业集聚影响不显著。信息化水平和人力资本累积负向效应明显，尤其对东北地区的生产性服务业。此外，东北地区市场化程度水平不高，对服务业集聚，尤其消费性服务业集聚影响较小。

（四）服务业集聚程度与地区经济增长

由前述分析可知，服务业集聚存在着空间异质性，那不同地区服务业集聚效应对经济增长影响机制也应不同，检验如表7-44和表7-45所示。

表 7 - 44　不同地区服务业经济增长与服务业集聚分散程度检验

服务业经济 ln (YS_{it})	全国整体	东部地区	中部地区	西部地区	东北地区
$\eta_1 \times \ln k$	-0.386*** (-2.89)	-0.658** (-2.13)	-0.145* (-1.71)	0.901*** (3.58)	2.098** (2.20)
$\eta_1 \times \ln N$	-0.0108*** (-2.86)	-0.0262* (-1.87)	0.0119*** (2.65)	-0.0269*** (-2.92)	-0.122** (-2.10)
$\ln(\phi \times \tau)$	0.165*** (6.19)	0.349*** (5.81)	0.156*** (4.84)	-0.0326* (-1.86)	0.495*** (4.54)
$\ln(e_{it})$	1.226*** (26.88)	0.975*** (11.21)	1.248*** (11.40)	0.543*** (3.74)	1.150*** (5.51)
$\ln(ur_{it})$	0.856*** (5.35)	0.888*** (2.97)	0.301* (1.88)	-0.349 (-1.45)	2.738*** (3.06)
$\ln(hc_{it})$	0.197* (1.88)	0.619** (2.61)	0.357** (2.21)	0.612*** (7.55)	-0.873*** (-3.80)
$\ln(inf_{it})$	0.0872** (2.40)	0.0819 (1.12)	0.123** (2.11)	0.154*** (3.00)	0.0874 (1.21)
Reg_Gini_{it}	3.149*** (3.03)	7.850** (2.08)	33.44*** (3.92)	-3.358*** (-3.05)	-34.09*** (-3.40)
常数项	-6.307*** (-17.77)	-3.838*** (-3.87)	-3.519*** (-6.58)	2.673* (1.83)	-13.46*** (-3.88)
时间/省份	控制/控制	控制/控制	控制/控制	控制/控制	控制/控制
Hausman 检验	0.0000	0.0165	0.0000	0.3847	0.5133
调整 R^2	0.5867	0.7186	0.9727	0.9602	0.7999
N	1165	340	220	410	195

注：①括号中的数值为 t 检验结果；*、**、*** 分别表示在 10%、5% 和 1% 的水平下通过了显著性检验。②调整 R^2 均为总体值。③下表同。

表 7 - 45　不同地区经济增长与服务业比重、集聚的分散程度再检验

地区经济 ln (Y_{it})	全国整体	东部地区	中部地区	西部地区	东北地区
$\ln(Ys\_ratio_{it})$	-0.608 (-1.61)	0.606* (1.87)	-3.319*** (-5.41)	-0.386 (-0.70)	-2.618 (-1.65)
$\eta_1 \times \ln k$	-0.0266** (-2.33)	0.554*** (3.52)	-0.305*** (-2.60)	0.696*** (4.00)	0.370 (0.45)

续表

地区经济 $\ln(Y_{it})$	全国整体	东部地区	中部地区	西部地区	东北地区
$\eta_1 \times \ln N$	0.0211*** (2.80)	-0.0421*** (-2.76)	0.0376*** (3.54)	0.00695 (0.36)	0.0289 (0.60)
$\ln(\phi \times \tau)$	-0.0609*** (-3.39)	0.171*** (4.97)	-0.0373 (-1.55)	-0.108*** (-3.73)	0.132 (0.89)
$\ln(e_{it})$	0.227*** (3.35)	0.351*** (3.48)	0.281** (2.19)	0.389*** (3.24)	0.363 (1.01)
$\ln(ur_{it})$	0.552*** (5.43)	0.0757** (2.46)	0.0746** (2.26)	-0.170* (-1.72)	1.843** (2.33)
$\ln(hc_{it})$	0.00804 (0.13)	0.576*** (4.45)	-0.200* (-1.97)	0.282** (2.52)	0.377 (0.76)
$\ln(inf_{it})$	0.0561** (2.46)	0.0704* (1.79)	0.00611 (0.16)	0.0377 (0.93)	-0.0145 (-0.35)
Reg_Gini_{it}	-0.871 (-1.24)	7.830*** (-.51)	-20.66*** (-3.21)	-2.744*** (-2.84)	37.68*** (6.57)
$\ln(mar1_{it})$	-0.0855* (-1.79)	0.0304** (2.42)	-0.253*** (-3.02)	-0.0175** (2.24)	0.504* (1.93)
$\ln(mar2_{it})$	-0.241*** (-2.92)	0.0720** (2.44)	0.199 (1.34)	-0.309*** (-2.73)	-0.331 (-1.43)
常数项	7.925*** (4.28)	2.104 (0.63)	20.58*** (7.54)	7.262** (2.57)	8.536 (1.66)
时间/省份	控制/控制	控制/控制	控制/控制	控制/控制	控制/控制
固定/随机效应	固定效应	固定效应	固定效应	固定效应	随机效应
Hausman 检验	0.0000	0.0000	0.0000	0.0000	0.9997
调整 R^2	0.9620	0.8596	0.9177	0.7547	0.9485
N	1165	340	220	410	195

可以看出，三种匹配机制显著性水平较高，要素结构与产业关联仅西部地区和东部地区为负相关，中部地区的城市规模与产业结构成反比，这表明西部地区通过要素结构配置调整和提高城市规模具有促进服务业经济增长的潜力。其次，由于西部城市化率水平较低，服务业集聚效应不显著，产值不高。从服务业集聚程度来看，整体来看，服务业集聚与服务业产值是正相关的，但分地区而言，西部和东北地

区服务业集聚水平并没有带来服务业经济增长。

服务业比重和集聚情况对地区经济增长影响程度有多大呢？本书通过引入服务业比重和服务业空间基尼系数，从地区经济总量增长来看，以2004—2015年省级面板数据分析，在全国尺度下，服务业比重与地区经济增长负相关，这进一步证实了中国经济增长仍以工业主导为主。分地区而言，东部地区服务业比重与经济增长在置信水平10%下正相关，中部、西部和东北地区经济增长仍以工业为主。要素结构与产业关联匹配机制也空间分异，和前述分析结果相同，东部地区要素配置的匹配机制效率不高，中、西部地区要素匹配机制存在有效性条件，东北地区则不显著。从区域人口规模来看，东部地区目前城市规模与产业结构匹配机制较好，其余地区存在改进空间，即中、西部和东北地区存在通过增加城市规模来提高经济总量的增长空间。市场规模就东部地区显著正相关，其余地区市场规模对经济增长为负向关系。另外，整体而言，服务业空间基尼系数与地区经济显著水平不高，东部地区和东北地区服务业集聚越集中，则地区经济增长越高，但东北地区存在信息化水平、人力资本累积负向效应；中、西部地区服务业集聚和经济增长负相关。其余指标与前述分析相同，此处不再赘述。

五 服务业匹配机制的稳健性检验及进一步讨论

对服务业增长的直接与间接效应，通过改变被解释变量、补充增加计量方法等手段来进行稳健性检验。

（一）稳健性检验I：改变自变量和因变量

对于服务业的经济增长效应，采用如下方法来进行。第一，将被解释变量改变为服务业集聚水平，利用服务业区位商来衡量。第二，被解释变量替换为服务业人均GDP。表7-46和表7-47采用系统GMM方法对上述变量进一步验证。匹配机制对各变量系数符号与本章第三节第（二）小节和（四）小节基本一致，结论稳健性较高。第三，改变产业集聚指标。对服务业的集聚效应，采用地区空间Gini

系数来作为新的被解释变量,如模型(5)。由检验结果可知,采用系统 GMM 方法对上述变量进一步验证。匹配机制对各变量系数符号与本章第三节第(二)小节和第(四)小节中基本一致,结论稳健性较高。当通过区位商和服务业人均 GDP 来衡量服务业的经济增长效应,各变量系数与表 7-27 相同,即服务业经济产值越高,则服务业集聚程度越高。另外,从其余指标显著性也可以进一步验证,居民消费水平、城市化率与服务业发展正相关,人力资本累积和地区信息化水平与生产性服务业关系更为密切,而与消费性服务业关系不显著。

表 7-46　　稳健性检验Ⅰ:改变自变量和因变量

服务业经济增长与集聚水平	模型(1) 服务业人均 GDP 对数值	模型(2) 服务业整体区位商	模型(3) 生产性服务业区位商	模型(4) 消费性服务业区位商	模型(5) 服务业空间基尼系数
η_1	-0.143 (-1.28)	-0.164 * (-1.68)	-0.449 *** (-3.59)	-0.114 (-0.61)	-1.770 *** (-4.76)
$\ln(k)$	0.111 *** (3.87)	-0.0892 *** (-3.55)	-0.0615 * (-1.92)	-0.0912 * (-1.91)	0.103 *** (3.66)
$\ln(N)$	0.369 *** (3.28)	-0.326 *** (-5.82)	0.0196 (0.16)	-0.0910 (-0.90)	0.269 *** (3.62)
$\ln(\phi)$	0.789 *** (19.24)	0.0220 (0.60)	-0.0481 (-1.05)	-0.341 *** (-4.92)	0.881 *** (9.99)
$\eta_1 \times \ln k$	0.158 * (1.82)	0.0187 (0.23)	0.0513 (0.53)	-0.173 (-1.12)	0.00680 (0.16)
$\eta_1 \times \ln N$	-0.000778 (-0.09)	-0.00315 (-0.42)	-0.0205 ** (-2.25)	0.0856 *** (5.96)	-0.205 *** (-4.49)
$\ln(\phi \times \tau)$	0.0374 ** (2.06)	0.0524 *** (3.46)	0.0673 *** (3.32)	0.153 *** (5.50)	0.0533 *** (3.03)
$\ln(e_{it})$	0.0367 ** (2.57)	0.274 *** (5.00)	0.238 *** (3.35)	0.640 *** (6.21)	0.106 (1.49)
$\ln(ur_{it})$	0.150 ** (2.34)	0.623 *** (7.12)	0.399 *** (3.19)	0.254 (1.64)	0.315 *** (2.80)
$\ln(hc_{it})$	-0.0905 (-1.31)	0.137 *** (2.73)	0.118 ** (2.53)	0.411 *** (4.61)	-0.125 * (-1.94)

续表

服务业经济增长与集聚水平	模型（1）服务业人均GDP对数值	模型（2）服务业整体区位商	模型（3）生产性服务业区位商	模型（4）消费性服务业区位商	模型（5）服务业空间基尼系数
$\ln(inf_{it})$	0.0131 ** (2.54)	0.0830 *** (4.08)	0.00111 *** (3.04)	-0.0490 (-1.27)	0.00163 (0.07)
常数项	-4.049 *** (-4.39)	3.355 *** (5.43)	0.622 (0.60)	-2.442 ** (-2.15)	-7.517 *** (-5.91)
时间/省份	控制/控制	控制/控制	控制/控制	控制/控制	控制/控制
Hausman 检验	0.0003	0.5110	0.0001	0.1399	0.0421
调整 R^2	0.7337	0.5284	0.3822	0.5843	0.6703
N	1165	1165	1165	1165	1165

注：①括号中的数值为 t 检验结果；*、**、*** 分别表示在10%、5%和1%的水平下通过了显著性检验。②调整 R^2 均为总体值。③除模型（5）使用产业关联系数 η_2，其余模型使用产业关联系数 η_1。

（二）稳健性检验Ⅱ：系统 GMM

采用系统 GMM 方法对上述变量进一步验证。匹配机制对各变量系数符号与本章第三节第（二）小节和第（四）小节基本一致，结论稳健性较高。

表7-47　　　　　稳健性检验Ⅱ：系统 GMM

服务业经济增长与集聚水平	模型（1）服务业人均GDP对数值	模型（2）服务业整体区位商	模型（3）生产性服务业区位商	模型（4）消费性服务业区位商	模型（5）服务业空间基尼系数
被解释变量滞后1期	0.799 *** (19.28)	0.897 *** (12.75)	0.953 *** (33.61)	0.936 *** (80.35)	0.675 *** (8.26)
η_1	-0.135 ***[2] (2.76)	-0.0720 ** (0.56)	-0.209 ** (2.53)	-0.105 ** (-2.57)	-0.273 ** (2.48)
$\ln(k)$	0.0162 (0.78)	0.0165 * (1.992)	0.0124 ** (2.41)	-0.0833 *** (-2.94)	-0.0671 (-1.36)
$\ln(N)$	0.159 *** (3.02)	0.0289 ** (2.54)	0.0209 ** (2.27)	-0.0437 (-1.32)	-0.268 *** (-2.82)
$\ln(\phi)$	0.0841 *** (2.82)	0.0561 ** (2.06)	-0.0992 ** (-2.20)	0.0533 * (1.96)	0.200 *** (2.59)

续表

服务业经济增长与集聚水平	模型（1）服务业人均GDP对数值	模型（2）服务业整体区位商	模型（3）生产性服务业区位商	模型（4）消费性服务业区位商	模型（5）服务业空间基尼系数
$\eta_1 \times \ln k$	0.161 (1.00)	-0.0957** (-2.48)	-0.109*** (-3.47)	-0.0273 (-0.43)	0.0642 (1.61)
$\eta_1 \times \ln N$	-0.00779 (-0.56)	-0.00348 (-0.24)	-0.00663 (-0.27)	0.0205*** (3.32)	-0.0393 (-0.57)
$\ln(\phi \times \tau)$	0.00925** (2.03)	0.0168*** (3.07)	0.0296** (2.47)	0.00855*** (3.06)	0.00740 (0.32)
$\ln(e_{it})$	0.0855** (2.03)	0.0516 (0.81)	0.118 (1.62)	0.0779*** (2.82)	0.165 (1.63)
$\ln(ur_{it})$	0.0898** (2.42)	0.0236*** (3.31)	0.00243** (2.04)	0.113** (2.14)	0.178* (1.68)
$\ln(hc_{it})$	0.0208* (1.94)	0.0267*** (2.61)	0.0507*** (3.17)	-0.0188 (-0.79)	0.0268 (0.87)
$\ln(inf_{it})$	0.0318 (1.45)	0.0149* (1.82)	0.0277*** (2.86)	-0.0261 (-1.43)	0.0165 (0.45)
常数项	-0.401 (-1.03)	-0.0320 (-0.06)	-0.419 (-0.51)	-1.142*** (-2.73)	-1.588 (-1.38)
时间/省份	控制/控制	控制/控制	控制/控制	控制/控制	控制/控制
AR(1) P值	0.0000	0.0000	0.0000	0.0121	0.0000
AR(2) P值	0.2362	0.1928	0.1792	0.379	0.2633
Hansen P值	0.9614	0.992	0.8920	0.9187	0.9139
N	1165	1165	1165	1165	1165

（三）稳健性检验Ⅲ：空间计量方法

由于不同服务业空间异质性显著，本书采用空间计量方法进一步进行验证。根据模型适用性和变量选择，构建一般的空间杜宾模型（SDM）：

$$y_{it} = \rho \sum_{j=1}^{M} W_{ij} y_{jt} + \theta \sum_{j=1}^{M} W_{ij} X_{jt} + \beta X_{it} + u_i + \lambda_t + \varepsilon_{it} \quad (7-12)$$

其中，y_{it}为被解释变量，即产业产值对数形式或区位商；ρ、θ分别被解释变量的空间关联系数；β为不包括空间效应的变量，X_{it}同前文；u_i为区域固定效应，λ_t为时间固定效应；ε_{it}为残差项，W_{ij}为空间权重矩阵，LeSage 和 Pace（2014）认为只要空间权重矩阵为稀疏矩阵，则计量结果不受权重矩阵设定影响，即是稳健的。同第六章一样，本书采用相邻矩阵：

$$W_{ij} = \begin{cases} 1 & i,j \text{ 相邻} \\ 0 & i,j \text{ 不相邻} \end{cases} \quad (7-13)$$

表 7-48　　　　　　　稳健性检验Ⅲ：空间杜宾模型

服务业经济增长与集聚水平	模型（1）服务业产值对数值	模型（2）服务业整体区位商	模型（3）生产性服务业区位商	模型（4）消费性服务业区位商	模型（5）公共基础性服务业区位商
η_1	0.129 (1.30)	0.145 (1.20)	1.435*** (7.27)	0.0483 (0.26)	0.360*** (2.62)
$\ln(k)$	0.163*** (6.74)	-0.0862** (-2.35)	-0.00381 (-0.06)	0.0752* (1.65)	-0.100*** (-2.96)
$\ln(N)$	0.928*** (7.55)	-0.0571 (-1.16)	-0.418*** (-5.20)	-0.214* (-1.95)	-0.267*** (-2.66)
$\ln(\phi)$	0.934*** (12.20)	-0.0765* (-1.85)	0.295*** (4.34)	0.121 (1.36)	0.0775 (0.98)
$\eta_1 \times \ln k$	0.178** (2.21)	0.00542 (0.04)	-0.0398 (-0.17)	-0.0373 (-0.24)	0.109 (0.94)
$\eta_1 \times \ln N$	-0.00601 (-0.80)	-0.0222* (-1.82)	0.0624*** (3.12)	0.0728*** (5.09)	-0.0178* (-1.68)
$\ln(\phi \times \tau)$	0.0308** (1.99)	0.103*** (7.10)	0.0634*** (2.64)	0.152*** (5.64)	0.0225 (1.09)
$W \times \eta_1$	0.415** (2.36)	0.189 (0.84)	0.632* (1.65)	0.0106 (0.03)	0.215 (0.92)
$W \times \ln(k)$	0.100** (2.35)	0.349*** (5.50)	0.486*** (4.65)	-0.109 (-1.42)	0.323*** (5.69)
$W \times \ln(N)$	0.0606 (0.26)	0.470*** (5.01)	0.363** (2.35)	0.322** (2.07)	0.523*** (3.45)
$W \times \ln(\phi)$	0.315* (1.67)	-0.416*** (-5.53)	-0.417*** (-3.46)	-0.0460 (-0.44)	-0.286*** (-3.25)
$W \times \eta_1 \times \ln k$	-0.366** (-2.27)	0.0715 (0.25)	2.026*** (4.37)	-0.859*** (-2.90)	-0.519** (-2.37)

续表

服务业经济增长与集聚水平	模型（1） 服务业产值对数值	模型（2） 服务业整体区位商	模型（3） 生产性服务业区位商	模型（4） 消费性服务业区位商	模型（5） 公共基础性服务业区位商
$W \times \eta_1 \times \ln N$	0.0345** (2.09)	0.156*** (6.02)	0.135*** (3.16)	0.0967*** (3.09)	0.0696*** (3.02)
$W \times \ln(\phi \times \tau)$	-0.0722** (-2.10)	0.0701** (2.10)	0.277*** (5.29)	-0.000915 (-0.02)	-0.0760* (-1.83)
ρ	-0.152*** (-2.88)	-0.219*** (-2.82)	-0.657*** (-8.66)	0.157** (2.12)	0.481*** (10.26)
时间/省份	控制/控制	控制/控制	控制/控制	控制/控制	控制/控制
调整 R^2	0.9241	0.6588	0.3697	0.3643	0.2779
σ^2	0.00326***	0.0154***	0.0419***	0.0129***	0.00698***
$Log-L$	536.300	246.628	119.930	215.404	304.138
N	1165	1165	1165	1165	1165

注：①括号中的数值为 t 检验结果；*、**、*** 分别表示在10%、5%和1%的水平下通过了显著性检验。②调整 R^2 均为总体值。

可以看出，即便引入空间相关性，各种产业匹配机制稳健性较好。其次，ρ 在置信水平1%条件显著表明，服务业产值及不同类别服务业集聚都存在显著的空间自相关。同时，服务业空间匹配机制 $\eta_1 \times \ln k$、$\eta_1 \times \ln N$ 和 $\ln(\phi \times \tau)$，都存在空间相关性。

（四）进一步讨论：产业间协同的经济增长及集聚效应

由于服务业集聚存在于制造业需求等（席强敏等，2015）相关产业的影响，本书进一步在前述研究的基础之上，通过区分不同服务业类型（分别用 service1、service2、service3 分别表示生产性服务业、消费性服务业和公共基础性服务业）来进一步探讨服务业与采矿业、制造业的关系。

1. 服务业与采矿业协同集聚

当采矿业为服务业的上游产业时，本书继续利用7.3节计量基准模型对产业间协同的经济增长效应和集聚效应进行检验，计量检验结果如表7-49所示。对采矿业的产值而言，第一，要素结构与产业关联的匹配机制对采矿业产值在置信水平1%条件下显著有效。城市规模与产业结构、市场规模的匹配机制对采矿业产值无效，这表明采矿业并不依赖于城市规模的门槛效应和本地市场规模效应，而与要素结构禀赋及产业关联相关性较高。第二，不同类型服务业集聚对采矿业产值的作用机制不同。根据2004—2015年面板数据分析表明，生产性服务业对采矿业产值增长贡献程度较低，消费性服务业与公共基础性服务业对采矿业产值增长的正效应较为显著。第三，居民消费水平与采矿业产值负相关，其余指标城市化率、信息化水平和人力资本累积对采矿业产值增长是具有正向效应的。

利用Logit模型来检验服务业与采矿业的协同集聚效应，如表7-50所示，可以看出，中国采矿业的空间集聚与服务业呈现正向协同的关系，但生产性服务业集聚并不显著，仅消费性和公共基础性服务业集聚变化显著。其次，采矿业集聚与居民消费水平相关性不大，与城市化率负相关，人力资本累积并不对采矿业产值产生明显提升作用。从采矿业空间集聚与要素结构配置的匹配机制看出，采矿业集聚更依赖于地区要素结构与产业关联。另外，区域人口规模、市场规模单一指标不显著。

表7-49　产业间集聚经济增长效应匹配机制检验：服务业与采矿业

采矿业产值 ln（·）	模型（1）	模型（2）	模型（3）	模型（4）	模型（5）
η_1	0.476*** (2.84)	0.421** (2.12)	0.383** (2.27)	0.257 (1.54)	0.206 (1.22)
ln（k）	0.122*** (2.96)	0.0947* (1.81)	0.150*** (3.31)	0.144*** (3.25)	0.151*** (3.40)
ln（N）	0.339* (1.97)	-0.0506 (-0.64)	0.471*** (2.71)	0.477*** (2.81)	0.527*** (3.06)
ln（ϕ）	1.265*** (9.86)	0.810*** (12.86)	1.047*** (7.35)	0.914*** (6.41)	0.880*** (6.11)
$\eta_1 \times \ln k$	-0.0451** (-2.33)	-0.126*** (-2.75)	-0.111*** (-3.83)	-0.136*** (-4.04)	-0.133*** (-4.01)
$\eta_1 \times \ln N$	0.0110 (0.83)	0.0164 (1.01)	0.0189 (1.43)	0.0187 (1.45)	0.0187 (1.45)

续表

采矿业产值 ln（·）	模型（1）	模型（2）	模型（3）	模型（4）	模型（5）
ln（$\phi\times\tau$）	-0.158*** (-5.55)	-0.137*** (-4.56)	-0.140*** (-4.85)	-0.108*** (-3.68)	-0.106*** (-3.63)
LQ_service1	-0.106** (-2.25)	-0.354*** (-4.75)	-0.0744*** (-3.89)	-0.0855*** (-3.05)	-0.0645*** (-3.78)
LQ_service2	0.164*** (3.26)	0.181*** (3.21)	0.194*** (3.85)	0.156*** (3.12)	0.156*** (3.13)
LQ_service3	0.187*** (2.73)	0.304*** (5.11)	0.254*** (3.62)	0.233*** (3.40)	0.187** (2.52)
ln（e_{it}）	—	0.189** (2.01)	-0.198* (-1.74)	-0.0655*** (-2.57)	-0.0995*** (-2.85)
ln（ur_{it}）	—	—	0.582*** (3.03)	0.377* (1.95)	0.331* (1.69)
ln（hc_{it}）	—	—	—	0.432*** (4.06)	0.432*** (4.07)
ln（inf_{it}）	—	—	—	—	0.0619 (1.55)
常数项	-6.798*** (-3.70)	-2.143** (-2.31)	-6.842*** (-3.24)	-6.539*** (-3.18)	-6.232*** (-3.02)
时间/省份	控制/控制	控制/控制	控制/控制	控制/控制	控制/控制
Hausman检验	0.0560	0.3757	0.0000	0.0000	0.0000
调整R^2	0.8463	0.9289	0.8407	0.8225	0.8178
N	1165	1165	1165	1165	1165

注：①括号中的数值为 t 检验结果；*、**、*** 分别表示在10%、5%和1%的水平下通过了显著性检验。②调整 R^2 均为总体值；③ln（·）表示取对数值；LQ_service1、LQ_service2、LQ_service3 分别为生产性服务业、消费性服务业和公共基础性的各地历年区位商。

表7-50 产业间协同集聚效应匹配机制检验：服务业与采矿业

采矿业LQR	模型（1）	模型（2）	模型（3）	模型（4）	模型（5）
$\eta_1\times\ln k$	-0.278*** (-3.11)	-0.585*** (-3.20)	-1.195*** (-3.40)	-0.251*** (-3.10)	-0.344*** (-3.13)
$\eta_1\times\ln N$	0.233** (1.88)	0.219** (1.81)	0.180* (1.66)	0.289** (2.30)	0.292** (2.31)

续表

采矿业 LQR	模型（1）	模型（2）	模型（3）	模型（4）	模型（5）
$\ln(\phi \times \tau)$	-0.0746 (-0.17)	0.00462** (2.01)	-0.224** (-2.38)	-0.384** (-2.49)	-0.377** (-2.44)
LQR_service1	0.0753 (0.30)	0.0789 (0.32)	0.0754 (0.30)	0.0831 (0.34)	0.0830 (0.34)
LQR_service2	0.495* (1.86)	0.508* (1.87)	0.516* (1.89)	0.404* (1.86)	0.408 (1.57)
LQR_service3	0.319 (1.21)	0.312 (1.18)	0.348 (1.30)	0.429* (1.70)	0.430* (1.70)
$\ln(e_{it})$	—	0.133 (0.24)	0.732 (0.74)	0.0610 (0.12)	0.0361 (0.07)
$\ln(ur_{it})$	—	—	-3.404 (-1.05)	-0.0176 (-0.02)	-0.0168 (-0.02)
$\ln(hc_{it})$	—	—	—	-0.446** (-2.37)	-0.516** (-2.11)
$\ln(inf_{it})$	—	—	—	—	0.0768 (0.17)
时间/省份	控制/控制	控制/控制	控制/控制	控制/控制	控制/控制
对数似然值	-154.15	-156.67	-156.12	-161.22	-165.91
Wald 检验	11.93	10.98	11.01	16.32	16.25
Hausman 检验	0.0010	0.0031	0.0128	0.1172	0.0000
N	1165	1165	1165	1165	1165

2. 服务业与制造业协同集聚

从服务业与制造业协同集聚来看，计量结果如表7-51和表7-52所示。从制造业产值来看，第一，从单个指标来说，产业关联、要素结构、城市规模和市场规模与制造业产值显著正相关。从匹配机制来说，要素结构与产业关联显著促进了制造业增长（置信水平1%），但城市规模与产业结构对制造业产值增长总体来说不匹配，即存在着对制造业而言的城市规模不经济。从市场规模与产业选择的匹配机制来看，中国制造业的市场规模匹配机制存在低效［变量系数 ln

表7-51 产业间集聚经济增长效应匹配机制检验：服务业与制造业

制造业产值 ln（·）	模型（1）	模型（2）	模型（3）	模型（4）	模型（5）
η_1	-0.0668*** (-3.43)	-0.0669*** (-3.43)	-0.0801*** (-3.51)	-0.0490*** (-3.31)	-0.00611*** (-3.04)
$\ln(k)$	0.349*** (9.38)	0.348*** (8.47)	0.348*** (8.44)	0.354*** (8.78)	0.359*** (8.88)
$\ln(N)$	0.454*** (2.89)	0.453*** (2.87)	0.470*** (2.90)	0.456*** (2.88)	0.495*** (3.08)
$\ln(\phi)$	1.281*** (10.91)	1.281*** (10.83)	1.253*** (9.48)	1.371*** (10.34)	1.345*** (10.04)
$\eta_1 \times \ln k$	-0.459*** (-3.76)	-0.459*** (-3.75)	-0.468*** (-3.77)	-0.443*** (-3.65)	-0.440*** (-3.62)
$\eta_1 \times \ln N$	0.0329*** (2.77)	0.0330*** (2.76)	0.0341*** (2.80)	0.0341*** (2.86)	0.0341*** (2.87)
$\ln(\phi \times \tau)$	-0.241*** (-9.57)	-0.240*** (-9.50)	-0.238*** (-9.12)	-0.264*** (-10.02)	-0.263*** (-10.00)
LQ_service1	0.0693 (0.89)	0.0695 (0.89)	0.0666 (0.85)	0.0575 (0.75)	0.0413 (0.53)
LQ_service2	-0.00382 (-0.08)	-0.00398 (-0.09)	-0.000966 (-0.02)	-0.0350 (-0.75)	-0.0343 (-0.73)
LQ_service3	-0.148** (-2.37)	-0.148** (-2.34)	-0.140** (-2.16)	-0.120* (-1.87)	-0.157** (-2.25)
$\ln(e_{it})$	—	0.00296 (0.03)	-0.000355 (-0.00)	-0.124 (-1.16)	-0.149 (-1.38)
$\ln(ur_{it})$	—	—	0.0825 (0.47)	0.269 (1.52)	0.229 (1.28)
$\ln(hc_{it})$	—	—	—	-0.392*** (-3.96)	-0.392*** (-3.96)
$\ln(inf_{it})$	—	—	—	—	0.0500 (1.33)
常数项	-5.936*** (-3.53)	-5.961*** (-3.14)	-6.185*** (-3.16)	-6.338*** (-3.31)	-6.088*** (-3.17)
时间/省份	控制/控制	控制/控制	控制/控制	控制/控制	控制/控制
固定/随机效应	固定效应	固定效应	固定效应	固定效应	固定效应

续表

制造业产值 ln（·）	模型（1）	模型（2）	模型（3）	模型（4）	模型（5）
Hausman 检验	0.0000	0.0000	0.0000	0.0002	0.0000
调整 R^2	0.9496	0.9497	0.9505	0.9587	0.9583
N	1165	1165	1165	1165	1165

注：①括号中的数值为 t 检验结果；*、**、*** 分别表示在10%、5%和1%的水平下通过了显著性检验。②调整 R^2 均为总体值。③ln（·）表示取对数值；LQ_service1、LQ_service2、LQ_service3 分别为生产性服务业、消费性服务业和公共基础性的各地历年区位商。

表7-52 产业间协同集聚效应匹配机制检验：服务业与制造业

制造业 LQR	模型（1）	模型（2）	模型（3）	模型（4）	模型（5）
$\eta_1 \times \ln k$	-14.97*** (-3.46)	-15.14*** (-3.47)	-15.01*** (-3.40)	-14.97*** (-3.39)	-14.61*** (-3.30)
$\eta_1 \times \ln N$	-0.681* (-1.77)	-0.690* (-1.78)	-0.678* (-1.73)	-0.685* (-1.74)	-0.683* (-1.74)
$\ln(\phi \times \tau)$	-0.564 (-0.80)	-0.556 (-0.79)	-0.518 (-0.71)	-0.484 (-0.65)	-0.545 (-0.73)
LQR_service1	0.689** (2.20)	0.685** (2.19)	0.685** (2.19)	0.680** (2.17)	0.718** (2.25)
LQR_service2	-0.0811 (-0.25)	-0.0818 (-0.26)	-0.0832 (-0.26)	-0.0872 (-0.27)	-0.105 (-0.32)
LQR_service3	-1.455*** (-3.98)	-1.434*** (-3.91)	-1.443*** (-3.90)	-1.445*** (-3.90)	-1.473*** (-3.93)
$\ln(e_{it})$	—	1.458 (0.53)	1.431 (0.52)	1.598 (0.57)	2.249 (0.76)
$\ln(ur_{it})$	—	—	0.869 (0.19)	0.463 (0.09)	1.201 (0.24)
$\ln(hc_{it})$	—	—	—	0.699 (0.27)	0.951 (0.36)
$\ln(inf_{it})$	—	—	—	—	-0.761 (-0.73)
时间/省份	控制/控制	控制/控制	控制/控制	控制/控制	控制/控制
对数似然值	-119.443	-119.30	-119.28	-119.25	-118.98
Wald 检验	61.13	61.41	61.44	61.52	62.06

续表

制造业 LQR	模型（1）	模型（2）	模型（3）	模型（4）	模型（5）
Hausman 检验	0.0007	0.0000	0.0000	0.0000	0.0000
固定/随机	固定效应	固定效应	固定效应	固定效应	固定效应
N	1165	1165	1165	1165	1165

（$\phi \times \tau$）为负]，这表明中国制造业发展市场规模效应不高。第二，从服务业协同集聚来看，生产性服务业对制造业产值增长具有正效应，但变量不显著；消费性服务业和公共基础性服务业对制造业增长负相关，这表明，制造业增长更依赖于生产性服务业的协同集聚效应，但目前这种协同集聚效应显著性水平不高。

从服务业与制造业集聚区位商变化来看，2004—2015年要素结构与产业关联、城市规模对促进服务业与制造业协同集聚正相关，二者协同集聚受到市场规模的离散作用。其次，相较之消费性服务业和公共基础性服务业，生产性服务业与制造业协同集聚特征明显。再者，居民消费、城市化率、人力资本的正向作用对协同集聚机制并不显著，在信息化水平较高的地区，服务业与制造业协同集聚机制还会被削弱，即倾向于发生产业转移。

六 本章小结

本章通过对服务业类别的界定，利用第二章和第四章的理论分析框架，结合中国2004—2015年中国经济增长和产业等数据，对服务业的经济增长效应、集聚效应中匹配机制的有效性进行了实证研究，得出如下结论。

第一，从经济增长中的产业比重来看，服务业经济增长与工业经济息息相关，并共同影响了中国经济增长。服务业增长与中国经济增长存在长期协整关系，但中国已有服务业经济主要体现在消费性服务业的直接增长效应，生产性服务业对我国经济和工业增长拉动力较弱，发展公共基础性服务业与长期经济增长互为格兰杰原因。因此，中国经济增长及转型应注重短期消费性服务业的直接增长作用，通过发展生产性服务业提升经济及工业产值增长的质量和效率，与此同时提高公共基础性服务业对人力资本和知识资本的累积效应，为长期经济增长的创新驱动提供核心动力。

第二，利用2004—2015年面板数据，对批发零售业、交通运输和邮政业、住宿与餐饮业、金融业和房地产业等服务业经济增长直接效应及影响工业和中国经济增长的间接效应进行了实证研究。研究结果表明，要素结构与产业关联、城市规模与产业结构、市场规模与产业选择的三个匹配机制存在着产业分异。居民消费水平与服务业经济增长显著正相关；除西部和东北地区外，城市化率与经济增长正相关程度较高，在西部地区和东北地区，提高城市人口规模有利于服务业和地区经济增长。此外，地区信息化水平有利于服务业经济增长和集聚。

第三，通过Logit非线性面板对服务业经济集聚效应进行了实证研究。研究表明，要素结构与产业关联、市场规模匹配机制对服务业集聚正相关，居民消费水平只对生产性服务业和消费性服务业集聚起显著正向作用。城市化率、地区信息化水平均有利于服务业集聚，尤其是生产性服务业。市场化程度与生产性服务业、消费性服务业集聚正相关，而与公共基础性服务业集聚负相关。另外，服务业匹配质量越高的地区服务业比重也越大。此外，不同地区的产业—空间匹配机制不同。东部地区要素结构与产业关联匹配、市场规模与产业选择匹配机制显著有效率，城市规模与产业结构对消费性服务业存在低效率。中部地区服务业集聚受要素结构的匹配机制影响较小，消费性服务业与城市规模的匹配机制显著性较高，生产性服务业在中部地区市场规模较大地区集聚显著性水平较低。西部和东北地区市场规模小，人力资本累积较低，服务业集聚水平较低也受到市场化程度较低的影响。

第四，利用改变自变量和增加因变量、改变计量技术等方法对服务业产业—空间匹配机制的经济增长效应和集聚效应进行了稳健性检验。不论是用服务业人均GDP替代被解释变量，还是增加产业基尼系数来表明产业集聚均衡水平，还是采用系统GMM和空间杜宾模型，三个匹配机制及相应变量的系数符号基本都不变，本书分析结论是稳健的。

第八章　基本结论和政策含义

本书以产业与空间的匹配机制为着力点对地区经济增长中要素结构、产业集聚、经济外部性的作用机理进行研究，力图阐释产业选择、要素结构与城市规模等因素相互作用的关系，及其对经济增长的作用路径，以期为我国经济增长模式转型、经济空间优化、新型城镇化战略等实际政策需求提供理论依据。

一　主要结论

本书主要从产业与空间两个维度，通过城市、工业与服务业三个研究视角来逐步论述城市经济增长、产业产值增长及产业集聚和扩散中匹配机制的影响路径。本书运用空间经济学分析范式构建了一个经济增长的理论模型，并对匹配机制中匹配效率与匹配质量进行界定和识别，用以解释产业集聚、扩散的内生机制，同时通过运用面板模型、分位数回归、系统 GMM 和 Logit 二值选择面板模型等计量方法以及空间计量方法，利用中国 2004—2015 年面板模型对匹配机制的有效性进行了经验研究，并以此回应研究目标，即"产业的效率最优与城市空间的规模最优如何匹配？"

研究主要结论如下。第一，从理论分析结果来看，产业与空间存在"要素结构与产业关联""区域或城市人口规模与产业结构"和"市场规模与产业选择"的三个匹配机制，并以此影响城市的经济增长和产业的空间集聚，并在随后第五章至第七章实证研究进行了证实。从全国层面上看，中国资本、劳动力要素与产业结构尚未达最佳匹配。产业维度上城市的相对要素结构与产业关联性的匹配程度不高，空间维度上城市规模与产业结构匹配的正向效应不显著，其中大城市产业关联性的正向效应受到存在劳动力要素结构错配的影响。这些结论揭示了在不同区域、不同城市发展阶段的经济空间分异现象的机理是不同的，需要因地施策，这为如何更加有效地发展地区经济、构建区域协调发展新机制提供了理论和经验基础。

"要素结构与产业关联"的第一匹配机制内生地决定了经济增长和产业集聚的效率，要素配置与产业关联息息相关，产业关联性从产业内和产业间关联、技术关联影响城市空间中或产业内要素结构的配置效率，这在研究中反映了技术外部性，理论分析表明当要素结构具有资本比较优势时（$k>1$，$k=K/L$），增加产业关联 η 具有明显的经济增长效应；而当要素结构具有劳动力比较优势时（$k<1$），增加产业关联将导致经济增长负效应。"区域或城市人口规模与产业结构"的第二匹配机制通过"门槛效应"决定产业发展的比较优势，具有不同产业结构的城市是具有相对最优规模 ξ_{op} 的，只有城市现有规模大于相对最优规模 ξ_{op}，增加产业关联性 η 才具有经济增长效应，这隐含了城市规模较小城市不宜发展多样化产业，而应专注于适合自身的专业化地方化经济。"市场规模与产业选择"的第三匹配机制通过市场规模效应影响制造业与服务业中提供最终产品的细分产业。当地区市场规模较小时，经济增长受到产品运输成本效应的制约影响，因此当地区市场规模较小时，发展制造品消费业和服务业都不具有比较优势。

第二，从产业集聚经验研究来看，本书验证了匹配机制对产业集聚和扩散的作用路径。对市场化程度较高的产业，在市场机制作用下，匹配质量越高的产业越不易发生转移；全要素生产效率越高的产业，产业扩散的速度越快，而市场化程度越高，产业在空间上的分布越倾向于集聚。

同时，匹配效率与产业集聚和扩散的作用机制存在产业分异现象，因而产业异质性在分析产业集聚时必须予以考虑。对工业而言，除采矿业（如有色金属矿选业）和部分市场化程度较低的产业（烟草制品业）外，劳动密集型工业和资本密集型工业的产业集聚与要素配置和城市规模下的匹配机制正相关，而市场规模机制将引起相应劳动密集型产业扩散，如纺织业、食品制造业、酒与饮料制造业。技术密集型工业中资本配置较高的产业，如医药制造业和化学用品制造业，匹配机制将引起该类产业集聚，而技术密集型工业中劳动比重较高的产业，如计算机通信设备制造、仪器制造业，城市规模和要素结构的匹配机制将引起该类产业扩散，这与现实条件中这些产业—空间集聚相吻合，如附录（四）。对服务业而言，要素结构和城市规模的匹配机制引起生产性服务业和消费性服务业扩散，而市场规模将引起服务业集聚效应增加；与工业不同，服务业集聚与扩散还受到城市化率、人力资本累积、地区信息化水平和市场化程度影响，其中市场化程度只与生产性服务业和消费性服务业集聚正相关，而与公共基础性服务业负相关，这与后者服务业中多为政府提供的公共品有关，如教育和社会管理等。另外，在服务业中也同样验证了匹配质量与产业集聚水平的正相关关系。

上述研究结论表明，对制造业为主的工业而言，不同要素配置结构的工业的集聚与扩散受到匹配机制作用机理不同。在自由市场条件下，劳动和资本密集型工业易于集聚于市场规模较大的空间区位；技术密集型工业则需分情况来看，技术密集型产业中资本配置较大的产业易于集聚，如医药制造业和化工制造业；而技术密集型中劳动配置较大的产业则倾向于扩散。在本书实证研究中并未发现城市规模的"门槛效应"影响，而受到政府对产业的限制有关。对服务业而言，自由市场下生产性和消费性服务业集聚受益于地区发展阶段。其中，前者更取决于地区的要素结构，而后者更依赖于市场规模效应，城市门槛效应仅对要素结构变化有影响。

第三，从城市经济增长与产业产值增长的经验研究来看，匹配机制有效性继续得到了证实。对城市经济来说，本书第五章利用中国277个地级及以上城市2004—2014年面板数据通过系统GMM方法研究表明三种匹配机制的有消息整体上与全国层面经济增长正相关，但不同地区及不同发展阶段的城市存在空间分异，东部地区产业关联性对经济增长贡献降低，东部地区和中部地区的城市规模与产业关联并不匹配，西部地区城市规模与产业关联性对经济增长正向效应，东北地区市场规模较小，要素配置结构与产业关联和城市规模效应未能对地区经济增长产生正面作用。

从产业产值增长来看，工业与服务业的空间匹配机制对经济增长效应的有效性存在产业分异。随着工业产值水平提高，总体来看，工业中劳动密集型产业中匹配机制有效性主要取决于"市场规模与产业选择"的匹配机制，但随着产值增加，匹配机制的有效性降低，例如食品制造业，而资本密集型工业和技术密集型工业的匹配机制有效性随产值增加，其显著性水平越高。对服务业而言，不同服务业类别的直接经济增长效应受益于不同的匹配机制（见表7-20），对地区经济的间接经济增长效应主要取决于要素结构和市场规模的匹配机制有效性，而对服务业自身产值则主要取决于城市规模（但现有数据检验并不显著）。其次，通过时间序列的协整检验和Granger因果分析表明，发展服务业，尤其是生产性服务业，对中国经济增长具有稳定的长期协整关系，公共基础性服务业与长期经济增长互为Granger原因，现目前生产性服务业对经济增长的Granger因果关系尚不显著，人力资本和知识资本积累效应还不明显。此外，产业间协同集聚有效促进了工业产值提高，这在第六章和第七章相关章节都得到了证明，这再度证实地区经济增长与工业、服务业协同集聚是密切相关的，对工业化程度较高的地区，经济增长更受益于通过产业间协同集聚构建"有效供给"的工业体系。对城市化程度较高的地区，通过提高产业间关联性，尤其是积极推动技术创新对产业转型升级的贡献更具经济价值。

二 政策含义

（一）如何更好地构建区域协调发展新机制

"区域差异大、发展不平衡是中国的基本国情"，为进一步降低发展不平衡、缩小区域差异，实现经济增长空间均衡，2018年9月20日中央深改委第四次会议审议通过了《关于建立更加有效的区域协调发展新机制的意见》[①]，要求构建"统筹有力、竞争有序、绿色协调、共享共赢"的区域发展新机制，如何统筹区域协调发展，实现共享均衡有序的空间发展格局需要进一步完善区域与产业政策。本书研究结论的核

---

① 新华社：《习近平主持召开中央全面深化改革委员会第四次会议》，2018年9月20日。

心观点是，可以通过化解不同地区的空间错配效应来提高经济增长的空间效率，进而促进全国整体经济均衡发展，这是本书揭示的如何降低中国经济增长空间分异的理论逻辑，具有非常明确的政策含义。

第一，经济增长既需要注重要素结构在产业内的匹配效应，也需要重视经济外部性的影响，二者不可偏废。前者通过城市的相对要素结构与产业关联性的匹配程度决定了城市生产组织效率；后者通过外部性影响人均资本存量、市场规模与经济总量的正相关关系。

第二，不同区域的协调机制构建应立足地区要素结构和产业集聚的关系。从产业内要素结构与关联性来看，尽管要素结构单独与经济增长正相关，但东部与西部地区的产业关联性不高，而中部地区由于承接东部产业较多，产业关联性与要素结构的匹配程度优于东、西部地区。其次，东部与中部地区的城市规模与产业关联匹配性不高，这表明在东、中部地区，通过提高城市规模并不能有效增进经济总量，而应将城市经济重心放在提高产业关联性，优化城市产业—空间布局上来，即提高生产性服务业对制造业的协同效应，对不同规模城市区分产业发展重点。西部地区和东北地区仍具有城市规模经济效应，但效果并不显著，城市内联系成本高于全国平均水平，因而西部和东北地区在合理提高城市规模的同时，也需理顺产业—空间格局，提高产业关联性，进一步促进产业结构与要素配置的合理匹配。

第三，地区经济转型应因地制宜地把握工业化和服务业化的关系。对于工业化比例较高的城市，城市规模通常都不大，要素配置在制造业部门仍具有明显经济优势，城市产业政策应当重点培育"有效供给"，通过提高非基础产业的要素配置、城市规模与产业关联耦合性，进而优化产业—空间组织与要素配置效率。对处于城市化阶段的城市，总体来看存在着不同程度的要素匹配和规模不经济（系数指标为负），可以一方面通过控制合理城市人口规模，注重人力资本累积，提高基础产业要素投入来释放更多产业升级的"结构红利"，另一方面，对人口规模较大的城市化阶段城市，可提高生产性服务业比重，增强其对制造业的产业关联性。中小城市在承接中心城市制造业转移时应以产业技术转移来优化区域经济结构，同时推进与中心城市贸易市场一体化，这都更加有利于促进区域协调发展。

(二) 如何更好地推进"城市群带动区域发展新模式"

在建立区域协调发展新机制的过程中,如何认识产业与空间的匹配关系是准确理解"优化要素配置、推动城市间产业分工、城市群带动区域发展新模式形成"的关键[①]。"城市群带动区域发展新模式"需要构建城市间分工体系,目前中国城市化进程正处于"提质增效"的关键阶段,一些城市的规模迅速扩大,城市间联系逐步加大,形成了中心城市与周边中小城市共同发展的城市群,但既存在城市结构和产业体系匹配较高的长三角城市群,也存在产业—空间布局与城市发展匹配程度不高的地区,其中部分超大城市"城市病"突出。大城市产业结构服务业化使得制造业向周边中小城市扩散,已经具有一定产业基础的中小城市面临着选择或者承接何种制造业问题,需要从理论上明确"产业效率最优与空间规模最优的匹配问题"。

根据本书的结论,不同类别的制造业集聚、扩散对经济增长的作用路径受到要素结构的空间异质性影响,未来中国在推进"城市群带动区域发展新模式"时,应特别注意中小城市工业结构升级,一方面应着重发展适宜本地空间经济特征的工业体系,另一方面应通过技术升级带动产业结构优化,而相关政策制度安排也应符合要素流动规律。劳动力密集型产业集聚更取决于市场规模效应,而技术密集型产业,尤其是其中的技术与资本双密集型产业更受益于要素结构和外部空间环境。其次,贸易带来的市场规模正效应显著水平突出,正向效应稳健,因此可以通过以要素集聚为切入,推进区域间技术转移,引导劳动力与资本流动,促进区域间贸易一体化,进而带动相关产业集聚或扩散,实现区域分工与协调发展。此外,本书还揭示了推进市场自由化与增强政府作用二者并不矛盾,通过强化市场竞争机制、加大创新激励力度、培育和增强企业独立研发水平有助于提高制造业等实体经济。

(三) 如何更好地协调工业化和服务业的发展关系

中国经济未来发展主导到底是工业还是服务业一直以来存在争

[①] 中共中央、国务院:《关于建立更加有效的区域协调发展新机制的意见》2018年11月18日。

论。2012年后服务业增速逐渐拉开和工业差距，2017年对经济增速贡献率已为58.21%，大于工业对GDP增速贡献率31.34%，伴随我国"服务经济"不断发展，越来越多的城市经济结构也呈现"服务业化"，2012年中国地级市GDP中服务业与工业比值大于1的城市占16.11%，到2017年已经上升为42.65%，其中生产性服务业与制造业的就业占比大于1的城市也已从2012年21.45%上升至2017年29.89%。中国经济已经进入"后工业化"和"服务经济"并存的时期，但服务业发展具有"空间属性"，不均衡的服务业发展将造成"结构性减速"，无论是以先进制造业为主来发展工业，还是发展互联网平台等服务业，如何面对日益增强并呈现空间差异化的"服务经济"是中国经济实现高质量发展无法回避的问题。

对仍位于工业化阶段的地区或城市，由于城市和市场规模较小，不具有发展最终消费品的制造业和服务业，将要素配置在制造业等工业部门具有直接的经济增长效应，因此对这类地区和城市，实现工业体系的合理建构，培育"有效供给"是地方经济工作的重点。对位于城市化阶段的地区或城市，由于服务业比重较高存在两种情况，一是服务业和制造业比重都较高的城市，如北京、上海，也存在仅服务业比重较高的三亚等城市。面对不同的地理及区位禀赋，短期来看，无法区分孰优孰劣；但从长期经济增长来看，位于城市化阶段的城市还应因地制宜地选择与服务业关联性较高的制造业等工业作为支撑地区经济增长的核心，同时提高城市基础性产业的要素投入，增强资本和技术密集型产业中匹配机制的选择作用。发展空间均衡的"服务经济"有助于提高工业生产效率，促进经济高质量发展，这为"去工业化"和"唯工业化"的政策思路提供了新的参考。经济发展方式转型应基于区域性要素禀赋水平及要素结构。对于东部等发达地区，应提升生产性服务业中知识创新要素比重，加大人力资本累计，提升生产性服务业的间接增长效应。对于中西部及东北地区，当前发展制造业仍具有优势，应提升产业间关联，促进生产性服务业协同集聚；在此基础上，发展批发零售、交通物流等服务业，提高服务业经济直接效应。在突破人力资源瓶颈方面，应加大发展中西部教育、医疗等公共基础性服务业，带动高技术劳动力回流，进而不断壮大区域消费市场。

(四) 如何更好地促进市场与政府协同作用

不同产业集聚对市场机制和政府作用的敏感性不同，对于不同产业在不同地区的集聚和扩散问题，需要考虑产业异质性的影响；其次，市场规模对产业集聚的影响对不同产业显著性较为一致。因此，在推动产业疏解或转移的同时应把握以下原则。

技术效率提高促进了制造业扩散；市场化程度则与产业集聚正相关。当产业的市场化程度较高，对劳动密集型产业，如批发与零售业、纺织业、食品加工业等，市场机制与政府作用均能有效影响该类产业集聚和扩散。对资本密集型产业（非采矿业），由于政府作用对资本密集型产业的匹配机制显著，政府作用对该类产业集聚或扩散有效性较高。对技术密集型产业，如医药制造业，由于对城市规模集聚依赖性较强，该类产业多集中在城市规模较大的空间区位；产业间关联对技术密集型产业的匹配机制发挥效率显著性水平较高，因而技术密集型产业更多地受益于产业间关联，因而推动该类产业—空间集聚和扩散需要以政府作用为主，辅以市场机制，通过引导技术研发投入及科研投入，提高产业生产效率，增强产业承接地的产业间关联，尤其是生产性服务业和公共基础性服务业，可以有效促进产业转移。

对服务业而言，生产性服务业集聚和要素结构资本化、制造业需求、人力资本累积和地区信息化水平正相关。消费性服务业集聚与城市规模和要素结构正相关，而提高市场规模将促使消费性服务业扩散。市场化程度与生产性服务业和消费性服务业集聚正相关，而与公共基础性服务业负相关，这与后者服务业中多为政府提供的公共品有关。由于服务业中消费性服务业和公共基础性服务业的就业带动效应明显，对大城市来说，通过引导消费性服务业和公共基础性服务业中的非教育、科研和社会管理等产业类别转移，尤其是批发与零售业向市场规模较小产业的空间区位转移，不仅可以起到大城市人口疏解作用，降低大城市拥挤效应，而且也可以增强不发达地区的市场规模，进而增强服务业对当地经济增长的直接效应。

附　　录

附录（一）　2000—2014年中国277个地级及以上城市固定资本存量估计值

附表1-1　2000—2006年中国277个地级及以上城市固定资本存量估计值　　　单位：亿元

城市代码	城市	2000年	2001年	2002年	2003年	2004年	2005年	2006年
1	北京市	3995.44	4329.97	5866.36	7651.70	9780.41	11797.39	14001.62
2	天津市	2282.94	2871.54	3422.69	4262.26	5772.92	6806.01	8090.70
3	石家庄市	987.15	1151.57	1463.52	1856.66	2349.82	2982.97	3605.38
4	唐山市	457.44	536.15	722.99	967.66	1306.66	1768.82	2231.74
5	秦皇岛市	204.09	251.46	326.65	410.18	503.67	607.77	724.54
6	邯郸市	924.55	965.65	1010.65	1169.87	1382.03	1703.17	2035.22
7	邢台市	206.59	245.11	381.10	561.59	753.27	1003.61	1244.36
8	保定市	443.48	536.02	759.42	1044.74	1386.67	1771.48	2079.55
9	张家口市	245.58	285.38	345.21	408.05	489.90	597.92	725.54
10	承德市	124.72	157.29	228.37	318.13	429.18	562.91	699.41
11	沧州市	276.17	322.84	439.73	575.52	750.07	1005.75	1287.94
12	廊坊市	410.30	470.66	549.22	720.25	900.78	1130.07	1401.87
13	衡水市	224.70	304.59	427.38	580.53	748.75	971.23	1099.50
14	太原市	580.36	651.21	744.34	869.43	1096.22	1390.61	1707.53
15	大同市	158.84	184.92	229.52	290.54	365.95	469.31	568.12
16	阳泉市	89.20	99.66	115.95	141.15	173.13	215.75	278.15
17	长治市	224.07	255.00	302.40	396.28	509.21	627.35	732.52

续表

城市代码	城市	2000年	2001年	2002年	2003年	2004年	2005年	2006年
18	晋城市	243.48	264.30	298.77	349.27	415.71	495.09	595.65
19	朔州市	93.05	110.22	132.76	168.36	213.36	259.75	320.29
20	晋中市	166.00	191.19	222.81	292.91	378.62	479.78	614.68
21	运城市	214.32	248.06	296.50	366.50	459.08	561.27	707.31
22	忻州市	84.38	101.14	129.04	165.24	211.09	272.81	333.91
23	临汾市	196.66	231.29	278.26	355.83	438.46	535.85	657.04
24	吕梁市	118.89	134.83	164.00	211.52	286.27	398.88	542.97
25	呼和浩特市	278.82	349.90	449.14	613.61	846.69	1176.26	1530.06
26	包头市	179.66	227.95	316.79	524.52	850.50	1269.02	1681.98
27	乌海市	44.64	60.80	86.17	124.69	178.34	241.84	270.95
28	赤峰市	120.18	145.85	183.68	274.17	398.08	562.69	774.60
29	通辽市	106.27	134.82	170.23	261.60	378.95	527.15	703.86
30	鄂尔多斯市	163.46	202.19	245.91	358.01	567.18	873.29	1312.92
31	呼伦贝尔市	172.59	210.18	263.61	335.47	428.79	618.62	732.86
32	巴彦淖尔市	109.13	131.70	157.92	216.84	295.84	408.88	548.02
33	乌兰察布市	56.46	70.49	95.70	190.72	340.19	495.09	638.66
34	沈阳市	1073.22	1257.18	1514.90	1938.47	2630.10	3621.34	4728.64
35	大连市	428.31	643.31	886.89	1296.82	1819.49	2657.97	3597.00
36	鞍山市	530.71	570.00	614.75	727.07	851.96	1057.13	1263.19
37	抚顺市	185.68	221.91	259.92	311.60	374.27	476.20	593.67
38	本溪市	219.34	256.11	281.14	318.35	401.19	492.41	567.56
39	丹东市	140.11	177.23	199.22	244.84	303.61	386.79	480.26
40	锦州市	110.21	144.22	182.72	237.83	280.11	338.35	404.77
41	营口市	154.69	183.00	217.76	298.03	412.16	574.40	755.14
42	阜新市	81.42	100.62	128.57	163.06	200.07	247.63	306.33
43	辽阳市	142.66	162.03	179.38	216.23	265.31	337.26	420.01
44	盘锦市	450.55	501.89	557.86	630.60	705.14	794.53	881.77
45	铁岭市	130.87	151.78	172.68	218.44	268.61	340.43	472.53
46	朝阳市	151.14	170.77	192.92	221.68	258.76	312.34	395.88
47	葫芦岛市	405.30	412.93	423.85	445.09	471.87	520.01	569.95

续表

城市代码	城市	2000年	2001年	2002年	2003年	2004年	2005年	2006年
48	长春市	627.81	770.43	909.54	1210.26	1566.14	2029.14	2750.02
49	吉林市	413.00	500.43	662.81	908.98	1181.00	1496.72	2019.52
50	四平市	141.14	154.96	173.04	203.26	240.23	299.59	409.87
51	辽源市	41.01	52.93	61.51	92.87	125.68	184.16	297.67
52	通化市	79.19	101.33	121.82	157.23	199.37	284.94	443.97
53	白山市	108.23	123.63	130.62	152.92	184.53	237.60	340.74
54	松原市	204.36	242.43	276.17	335.13	410.83	522.07	722.11
55	白城市	70.00	88.67	110.27	160.53	199.54	253.98	356.26
56	哈尔滨市	1210.87	1424.26	1686.20	1985.79	2319.10	2693.83	3154.19
57	齐齐哈尔市	206.77	242.11	282.60	333.86	376.98	428.65	499.29
58	鸡西市	102.47	117.01	134.68	151.65	168.40	192.57	216.70
59	鹤岗市	105.18	114.75	130.95	149.26	169.10	190.60	210.74
60	双鸭山市	92.42	109.01	124.26	142.20	168.52	204.63	259.11
61	大庆市	1336.29	1419.54	1507.32	1590.63	1672.30	1794.74	1966.61
62	伊春市	58.91	66.74	77.08	87.21	99.74	117.74	141.09
63	佳木斯市	157.49	181.90	203.64	221.36	236.27	256.02	291.33
64	七台河市	70.97	81.81	97.12	114.19	134.72	159.26	189.44
65	牡丹江市	177.62	215.61	254.16	292.93	335.37	383.78	436.79
66	黑河市	113.42	127.24	143.64	157.72	169.77	188.18	199.47
67	绥化市	118.16	137.78	170.03	197.11	229.34	268.76	313.37
68	上海市	11434.86	12422.51	13544.36	14755.85	16470.42	18281.03	20385.39
69	南京市	1259.90	1555.51	1978.64	2723.50	3555.37	4487.36	5402.35
70	无锡市	409.15	609.76	871.53	1663.16	2517.01	3488.14	4383.45
71	徐州市	659.56	810.08	965.24	1247.88	1533.14	1931.79	2400.89
72	常州市	331.84	431.80	563.98	947.42	1391.92	1957.07	2562.84
73	苏州市	493.47	791.52	1075.13	2352.44	3540.98	4898.63	6185.70
74	南通市	392.74	497.73	636.05	1014.36	1469.09	2068.10	2744.40
75	连云港市	443.69	515.34	619.72	768.33	918.63	1124.18	1369.80
76	淮安市	323.66	385.21	452.97	633.00	823.02	1044.22	1319.47
77	盐城市	273.65	333.85	398.16	634.92	915.01	1281.04	1714.79

续表

城市代码	城市	2000年	2001年	2002年	2003年	2004年	2005年	2006年
78	扬州市	357.51	436.84	547.91	737.34	966.79	1246.21	1571.38
79	镇江市	348.82	409.94	497.08	681.86	907.98	1188.22	1473.27
80	泰州市	336.53	403.82	469.86	650.75	866.86	1149.58	1483.40
81	宿迁市	216.42	254.47	298.59	409.13	549.23	648.20	874.56
82	杭州市	1655.83	1935.07	2270.98	2964.22	3728.18	4571.67	5339.93
83	宁波市	993.15	1201.96	1451.58	2070.36	2824.85	3711.41	4596.99
84	温州市	743.63	900.97	1070.34	1373.64	1683.15	1991.24	2333.56
85	嘉兴市	747.14	857.76	972.69	1354.99	1776.24	2215.18	2663.81
86	湖州市	284.19	346.40	408.40	611.75	870.99	1147.83	1434.10
87	绍兴市	476.74	568.74	670.95	1090.82	1529.82	1968.74	2412.54
88	金华市	286.81	388.87	513.82	837.58	1207.67	1531.40	1803.32
89	衢州市	171.76	215.22	279.50	397.87	536.04	687.18	847.15
90	舟山市	99.50	125.95	158.52	232.02	321.00	429.77	569.48
91	台州市	330.77	410.71	502.81	804.02	1143.59	1499.59	1871.08
92	丽水市	182.41	223.38	277.17	380.33	496.71	620.71	744.72
93	合肥市	410.20	503.38	616.84	795.78	1041.32	1332.41	1749.95
94	芜湖市	229.78	272.78	334.17	435.53	546.90	668.82	796.02
95	蚌埠市	149.12	179.95	214.24	272.77	338.16	404.24	459.40
96	淮南市	106.61	125.80	148.95	185.15	244.03	321.91	423.12
97	马鞍山市	85.59	110.08	159.98	244.32	350.41	467.88	598.10
98	淮北市	195.47	208.33	218.67	245.40	278.93	318.58	361.66
99	铜陵市	81.69	104.61	129.37	160.70	200.29	241.61	280.08
100	安庆市	188.84	222.75	266.36	337.13	416.94	499.72	592.61
101	黄山市	67.00	86.03	109.02	147.85	203.61	274.72	357.20
102	滁州市	102.38	123.59	147.23	194.54	253.40	318.96	388.13
103	阜阳市	233.50	248.95	266.82	310.91	362.89	427.54	461.72
104	宿州市	93.15	110.56	126.40	167.41	211.69	258.51	306.71
105	六安市	117.04	137.89	161.95	208.09	265.58	332.01	416.13
106	亳州市	183.05	188.19	193.01	225.33	264.05	302.29	347.42
107	池州市	39.37	52.96	70.02	97.22	133.90	180.74	224.19

续表

城市代码	城市	2000年	2001年	2002年	2003年	2004年	2005年	2006年
108	宣城市	138.61	164.35	201.40	251.83	326.03	400.96	490.88
109	福州市	424.12	617.14	893.31	1280.53	1719.45	2214.18	2762.30
110	厦门市	502.19	661.27	874.31	1062.71	1285.71	1601.54	2135.51
111	莆田市	192.85	211.22	228.28	272.33	331.08	425.52	556.25
112	三明市	127.52	162.84	198.31	290.95	404.16	548.94	746.87
113	泉州市	357.12	575.19	693.16	936.01	1228.94	1580.29	1942.20
114	漳州市	283.84	389.42	461.99	574.12	693.84	840.75	1008.73
115	南平市	117.18	169.94	220.30	306.55	414.88	548.24	719.86
116	龙岩市	148.55	195.40	232.39	292.86	362.66	463.09	589.86
117	宁德市	67.06	110.70	145.02	213.39	301.58	420.87	544.48
118	南昌市	179.47	235.78	328.83	517.59	768.27	1108.36	1503.38
119	景德镇市	64.05	76.73	99.76	141.40	215.52	279.81	326.33
120	萍乡市	44.10	59.37	77.50	121.47	191.76	272.54	359.28
121	九江市	202.93	237.78	296.35	395.56	490.03	611.10	751.38
122	新余市	34.12	47.49	66.23	108.59	156.27	210.87	270.56
123	鹰潭市	19.25	27.12	35.48	61.04	92.71	131.16	175.58
124	赣州市	106.38	142.98	217.14	342.07	444.25	548.05	669.35
125	吉安市	117.09	129.57	155.62	211.00	272.57	342.47	426.56
126	宜春市	37.78	63.52	90.74	161.74	248.70	356.18	480.08
127	抚州市	77.83	96.11	125.45	174.35	235.84	310.04	403.99
128	上饶市	39.31	66.48	100.16	193.68	305.65	455.05	659.58
129	济南市	1088.46	1307.34	1664.84	1979.99	2369.78	2851.28	3412.72
130	青岛市	1300.44	1543.64	1835.10	2354.50	3041.43	3954.48	4795.19
131	淄博市	446.51	532.15	642.37	924.93	1308.86	1745.32	2083.04
132	枣庄市	249.64	287.54	337.37	433.02	587.31	796.16	999.88
133	东营市	1208.59	1356.86	1461.73	1621.13	1857.75	2180.53	2472.13
134	烟台市	510.63	697.44	957.75	1559.32	2375.68	3355.79	4340.62
135	潍坊市	328.38	433.25	561.99	994.50	1633.67	2387.24	3014.96
136	济宁市	473.04	570.38	684.65	953.83	1314.02	1739.86	1978.00
137	泰安市	280.03	345.89	441.69	643.75	899.96	1226.05	1529.79

续表

城市代码	城市	2000年	2001年	2002年	2003年	2004年	2005年	2006年
138	威海市	317.30	385.89	505.42	805.51	1200.49	1634.49	2050.06
139	日照市	233.58	278.99	325.64	417.84	513.95	659.39	789.19
140	莱芜市	219.77	234.94	273.81	319.65	381.20	451.61	523.60
141	临沂市	473.39	574.98	689.96	961.68	1317.96	1773.33	2038.71
142	德州市	622.64	689.72	775.50	1005.75	1291.42	1649.35	1956.65
143	聊城市	187.93	232.40	313.74	472.65	665.33	882.97	1087.15
144	滨州市	249.24	293.69	357.82	509.74	736.79	1075.57	1380.44
145	菏泽市	149.03	178.26	218.81	350.21	539.02	798.27	1132.67
146	郑州市	648.99	784.28	967.04	1406.46	1843.38	2412.53	3080.48
147	开封市	103.12	124.64	150.33	200.65	259.13	351.50	462.70
148	洛阳市	366.99	421.97	499.22	658.04	902.86	1253.00	1673.80
149	平顶山市	150.96	179.42	211.04	273.83	353.53	492.81	683.21
150	安阳市	98.78	141.51	195.49	286.96	402.74	574.07	789.38
151	鹤壁市	50.37	61.86	79.35	107.18	142.64	197.68	274.00
152	新乡市	158.33	192.67	255.75	391.31	557.25	794.56	1088.88
153	焦作市	150.89	187.41	234.69	324.71	464.51	664.36	907.77
154	濮阳市	296.87	342.05	398.05	465.41	542.82	630.20	729.82
155	许昌市	213.42	247.21	279.59	364.03	480.80	652.47	845.82
156	漯河市	159.80	180.38	204.48	248.36	291.05	357.96	444.50
157	三门峡市	199.59	230.80	261.23	316.74	388.18	514.01	664.32
158	南阳市	294.25	364.29	452.35	629.12	817.89	1115.15	1456.51
159	商丘市	247.56	297.54	359.75	454.41	558.46	716.06	909.61
160	信阳市	253.50	304.63	363.55	476.37	602.64	800.52	1048.16
161	周口市	167.32	203.44	254.22	351.43	463.04	620.44	816.52
162	驻马店市	127.86	154.54	187.57	261.35	337.02	456.98	601.80
163	武汉市	2398.65	2693.97	3017.68	3375.79	3823.68	4445.67	5257.47
164	黄石市	179.95	202.78	230.08	277.52	333.78	401.53	492.00
165	十堰市	81.38	107.90	145.99	190.90	245.37	318.95	397.31
166	宜昌市	1131.10	1267.04	1408.64	1524.51	1632.86	1753.38	1887.43
167	襄阳市	209.58	256.68	307.84	385.97	471.47	552.40	686.75

续表

城市代码	城市	2000 年	2001 年	2002 年	2003 年	2004 年	2005 年	2006 年
168	鄂州市	116.80	131.04	146.59	170.18	195.40	228.35	273.77
169	荆门市	167.03	192.43	239.39	287.66	340.92	405.82	486.24
170	孝感市	264.75	292.87	322.08	381.75	443.16	514.70	600.34
171	荆州市	271.63	322.87	377.32	438.08	497.65	559.33	645.51
172	黄冈市	138.67	225.32	304.76	382.62	468.06	571.76	697.14
173	咸宁市	146.78	185.97	225.29	266.61	311.70	359.66	422.17
174	随州市	94.15	113.27	135.12	158.86	187.24	221.56	266.61
175	长沙市	881.16	1077.93	1270.11	1628.91	2051.19	2608.44	3278.75
176	株洲市	139.35	169.62	217.07	298.08	389.61	489.66	614.37
177	湘潭市	213.35	230.09	251.37	314.49	400.61	517.10	652.28
178	衡阳市	416.38	461.34	510.10	577.80	639.93	716.31	797.64
179	邵阳市	68.79	85.99	131.03	186.20	257.85	353.78	477.33
180	岳阳市	411.43	466.11	530.20	613.62	687.10	786.73	913.15
181	常德市	206.32	241.72	290.52	381.04	470.54	566.85	678.11
182	张家界市	109.18	121.58	139.76	162.94	184.60	209.63	234.31
183	益阳市	226.17	256.36	286.89	320.16	355.41	407.97	478.00
184	郴州市	296.22	352.84	416.87	508.75	596.48	703.32	821.54
185	永州市	195.55	247.33	290.18	346.17	410.19	495.14	599.78
186	怀化市	133.99	156.97	175.67	206.89	244.42	293.60	360.34
187	娄底市	166.77	189.28	207.44	262.96	318.40	388.24	448.77
188	广州市	2546.68	3263.29	4005.65	4813.35	5611.36	6536.39	7534.53
189	韶关市	235.67	280.05	340.86	412.95	493.98	583.50	689.41
190	深圳市	3285.72	3605.67	4096.13	4665.80	5238.48	5873.54	6530.23
191	珠海市	197.51	281.58	380.63	487.19	608.37	760.50	933.93
192	汕头市	225.61	305.11	388.91	472.55	550.49	647.71	754.93
193	佛山市	818.97	974.38	1184.61	1500.73	1884.83	2433.39	3071.67
194	江门市	480.98	555.54	645.43	746.92	862.20	1008.22	1179.03
195	湛江市	317.47	370.34	434.69	508.75	600.17	716.42	845.75
196	茂名市	292.67	349.07	412.22	467.92	535.37	624.69	732.65
197	肇庆市	336.98	391.13	455.63	528.31	613.95	726.53	864.68

续表

城市代码	城市	2000年	2001年	2002年	2003年	2004年	2005年	2006年
198	惠州市	275.96	332.42	410.05	602.48	822.66	1083.19	1275.11
199	梅州市	198.15	233.94	287.52	361.81	434.10	508.50	583.91
200	汕尾市	127.62	153.17	160.31	202.70	251.77	326.45	423.90
201	河源市	99.81	123.44	154.91	197.15	252.59	336.84	474.29
202	阳江市	165.67	191.31	222.55	251.77	288.82	341.55	406.95
203	清远市	213.50	241.60	278.29	359.06	476.26	648.30	901.37
204	东莞市	406.11	490.42	643.72	905.96	1224.31	1682.22	2196.76
205	中山市	497.40	624.53	793.64	983.31	1161.02	1358.77	1560.81
206	潮州市	154.65	175.67	199.71	229.12	278.80	346.07	418.01
207	揭阳市	263.53	307.99	360.70	412.83	455.82	524.06	619.47
208	云浮市	123.58	148.25	177.57	220.75	277.94	354.66	436.90
209	南宁市	131.98	1117.10	1131.66	1219.62	1353.51	1559.71	1810.64
210	柳州市	89.61	121.32	178.53	274.33	384.00	506.23	637.43
211	桂林市	207.76	275.11	325.35	408.79	510.92	645.96	817.65
212	梧州市	60.07	80.26	100.66	134.06	189.56	263.89	347.80
213	北海市	88.42	99.55	119.19	152.21	187.08	231.40	287.53
214	防城港市	35.12	49.04	61.93	76.33	98.26	128.62	178.05
215	钦州市	64.57	86.90	117.31	151.99	197.47	261.73	342.22
216	贵港市	52.36	63.16	81.32	111.05	180.17	282.76	389.61
217	玉林市	86.02	107.38	139.73	176.22	248.13	345.94	470.50
218	百色市	19.19	26.41	87.64	158.02	241.84	381.25	568.55
219	贺州市	19.04	23.20	28.59	49.07	88.62	156.95	236.86
220	河池市	23.45	70.51	122.42	173.46	245.41	348.75	483.95
221	来宾市	77.45	86.31	97.18	123.91	155.87	193.59	241.88
222	海口市	299.51	343.26	394.90	453.44	518.91	598.22	692.34
223	三亚市	45.71	57.79	72.46	89.84	115.31	150.52	202.70
224	重庆市	1616.49	2215.60	3019.00	4032.01	5199.06	6359.37	7656.51
225	成都市	2324.36	2624.89	2969.29	3387.62	3957.26	4695.36	5706.36
226	自贡市	88.05	105.80	121.52	149.67	177.19	205.15	242.98
227	攀枝花市	149.13	161.47	189.92	234.61	277.34	323.32	387.17

续表

城市代码	城市	2000年	2001年	2002年	2003年	2004年	2005年	2006年
228	泸州市	123.71	155.32	189.79	243.97	292.37	343.34	403.92
229	德阳市	156.91	174.80	207.96	260.63	314.63	369.25	428.79
230	绵阳市	365.47	402.28	432.48	483.28	539.29	602.84	684.52
231	广元市	84.41	97.98	107.56	137.40	164.90	200.98	253.19
232	遂宁市	100.22	117.22	140.22	179.53	216.79	259.08	319.14
233	内江市	97.78	118.53	144.86	180.99	218.77	257.31	303.54
234	乐山市	204.42	234.63	270.12	319.53	372.60	429.07	516.45
235	南充市	154.74	187.23	224.60	294.82	361.39	434.11	521.12
236	眉山市	156.78	180.81	211.44	267.70	335.29	403.08	487.29
237	宜宾市	195.96	231.20	269.79	329.77	395.30	470.91	569.55
238	广安市	106.41	122.14	156.71	213.39	281.22	346.62	418.45
239	达州市	88.49	110.84	159.46	221.04	304.13	401.87	537.26
240	雅安市	105.38	123.60	141.49	178.98	223.86	270.40	329.89
241	巴中市	71.66	86.06	94.94	109.06	129.21	154.13	184.93
242	资阳市	57.77	68.37	85.58	115.06	150.92	193.67	249.00
243	贵阳市	522.88	630.74	754.92	925.87	1112.55	1319.30	1552.84
244	六盘水市	135.34	163.15	176.60	213.39	273.79	358.36	451.01
245	遵义市	176.49	247.34	334.89	433.74	543.63	668.51	793.23
246	安顺市	45.71	55.14	68.13	83.63	98.81	118.81	145.69
247	昆明市	1096.23	1262.95	1447.06	1682.42	1929.74	2187.59	2515.87
248	曲靖市	266.10	303.19	350.67	425.52	534.57	675.56	844.47
249	玉溪市	284.10	314.43	346.84	382.36	422.55	470.90	525.77
250	保山市	61.52	74.82	89.42	108.99	131.85	170.22	219.22
251	昭通市	8.98	36.15	64.11	92.31	137.55	203.51	285.61
252	西安市	720.87	910.35	1145.97	1532.21	1941.71	2493.62	3129.41
253	铜川市	55.21	64.81	76.33	91.05	105.63	125.98	149.77
254	宝鸡市	230.19	286.31	356.10	441.66	521.06	625.92	753.81
255	咸阳市	254.20	292.97	355.39	443.03	541.01	676.62	832.60
256	渭南市	138.05	166.24	200.61	263.01	320.39	382.08	450.98
257	延安市	228.61	260.40	301.47	382.69	476.26	572.16	682.04

续表

城市代码	城市	2000年	2001年	2002年	2003年	2004年	2005年	2006年
258	汉中市	181.13	208.58	241.16	281.33	312.55	348.85	389.75
259	榆林市	317.29	345.34	391.04	479.30	570.61	702.83	880.71
260	安康市	142.43	158.03	183.71	214.20	242.46	274.28	309.66
261	商洛市	91.92	105.53	121.20	140.33	154.84	172.87	218.66
262	兰州市	847.05	920.63	1025.69	1129.11	1238.56	1352.45	1479.59
263	嘉峪关市	29.98	42.29	62.67	84.52	116.40	150.78	181.45
264	金昌市	44.99	54.19	66.54	82.60	103.41	129.11	161.37
265	白银市	77.59	89.06	111.99	141.50	179.23	221.17	265.63
266	天水市	51.42	72.30	88.88	116.39	146.62	185.59	236.45
267	武威市	55.55	67.13	80.17	105.82	138.90	183.22	233.64
268	张掖市	83.58	96.56	119.15	148.04	182.69	219.35	255.72
269	平凉市	117.48	125.42	137.89	154.96	174.29	201.10	238.57
270	酒泉市	85.64	108.86	136.59	174.50	212.81	258.39	313.55
271	庆阳市	70.02	86.43	112.98	147.60	190.75	243.80	303.97
272	西宁市	220.33	268.43	321.45	382.54	445.97	518.34	593.84
273	银川市	181.82	216.54	268.35	379.86	501.42	644.10	818.82
274	石嘴山市	110.85	131.05	153.76	189.54	232.58	280.10	341.50
275	吴忠市	132.18	152.08	170.81	230.05	292.02	326.66	353.52
276	乌鲁木齐市	533.69	622.34	719.21	838.56	929.33	1032.19	1146.98
277	克拉玛依市	542.48	573.04	608.75	645.11	692.62	755.60	888.85

附表1-2　2007—2014年中国277个地级及以上城市固定资本存量估计值　　　　单位：亿元

城市代码	城市	2007年	2008年	2009年	2010年	2011年	2012年	2013年	2014年
1	北京市	16361.38	18127.96	20372.93	22942.41	25663.77	28946.43	32202.54	35836.60
2	天津市	9698.14	11662.15	14952.07	18892.28	23556.20	28720.49	34757.62	40926.18
3	石家庄市	4331.77	5194.77	6203.24	7257.38	8428.62	9696.38	10917.57	12169.46
4	唐山市	2817.39	3553.28	4560.74	5609.58	6641.62	7709.93	8808.04	9915.04
5	秦皇岛市	849.71	992.41	1157.60	1328.52	1570.29	1828.74	2049.17	2225.26

续表

城市代码	城市	2007年	2008年	2009年	2010年	2011年	2012年	2013年	2014年
6	邯郸市	2461.62	3000.27	3619.69	4295.64	5048.84	5860.12	6665.62	7481.23
7	邢台市	1526.43	1825.72	2170.38	2531.11	2892.22	3285.40	3698.84	4119.40
8	保定市	2381.94	2747.75	3183.27	3698.64	4305.08	4959.52	5462.97	6062.37
9	张家口市	879.68	1098.36	1399.64	1769.24	2196.19	2642.96	3043.10	3411.20
10	承德市	863.93	1069.39	1317.61	1610.10	1947.86	2324.43	2719.25	3118.77
11	沧州市	1641.63	2069.46	2553.02	3115.51	3760.83	4469.45	5218.72	6002.84
12	廊坊市	1796.48	2308.38	2878.41	3109.04	3462.43	3854.94	4277.22	4492.90
13	衡水市	1146.16	1214.22	1321.11	1459.97	1669.85	1871.38	2096.44	2340.28
14	太原市	2030.53	2358.89	2706.58	3085.45	3507.27	3941.74	4448.10	4862.00
15	大同市	694.92	834.16	1076.72	1358.64	1694.38	2017.43	2372.53	2661.24
16	阳泉市	356.21	438.08	574.04	730.84	881.96	992.52	1154.36	1292.71
17	长治市	851.69	973.57	1205.86	1488.56	1771.16	2107.38	2480.62	2842.38
18	晋城市	720.40	850.49	1038.00	1245.62	1479.48	1719.90	1998.41	2276.02
19	朔州市	418.66	543.72	712.89	910.04	1155.40	1379.16	1657.02	1890.60
20	晋中市	795.23	965.56	1163.56	1403.39	1675.45	1949.12	2262.93	2578.34
21	运城市	868.91	1041.35	1294.88	1587.18	1900.45	2200.83	2523.82	2860.77
22	忻州市	384.64	452.30	667.80	905.09	1173.92	1442.72	1735.91	2034.21
23	临汾市	791.73	913.31	1133.22	1401.18	1692.48	2010.26	2366.05	2731.00
24	吕梁市	745.06	906.30	1077.16	1283.24	1505.60	1764.21	2057.11	2349.40
25	呼和浩特市	1881.41	2218.42	2656.02	3046.04	3495.65	4121.29	4825.62	5266.96
26	包头市	2210.85	2880.83	3773.43	4729.00	5829.03	7132.88	8625.91	9590.18
27	乌海市	302.90	363.35	469.65	599.29	748.11	927.46	1143.22	1216.95
28	赤峰市	1046.06	1346.57	1727.77	2173.43	2766.78	3477.80	4289.69	4451.59
29	通辽市	925.99	1200.68	1542.09	1900.30	2330.81	3053.61	3913.67	4510.24
30	鄂尔多斯市	1910.50	2570.86	3541.65	4591.12	5756.40	7089.44	8584.47	9543.33
31	呼伦贝尔市	882.18	1097.08	1408.53	1745.79	2157.17	2614.09	3152.60	3268.27
32	巴彦淖尔市	717.45	908.45	1259.35	1552.14	1858.84	2198.15	2574.21	2817.42

续表

城市代码	城市	2007年	2008年	2009年	2010年	2011年	2012年	2013年	2014年
33	乌兰察布市	742.00	827.93	930.54	1042.40	1274.64	1609.90	2040.61	2141.74
34	沈阳市	5956.71	7259.05	8588.40	9961.81	11514.06	13177.50	14904.88	16692.26
35	大连市	4626.69	5748.19	6988.72	8467.25	10164.60	11957.09	13845.78	15837.59
36	鞍山市	1481.70	1775.63	2108.87	2538.72	3051.35	3566.75	4095.44	4637.09
37	抚顺市	737.14	903.55	1102.33	1358.40	1663.88	1973.47	2297.92	2528.38
38	本溪市	630.80	709.82	837.43	996.01	1216.73	1454.64	1710.17	1979.99
39	丹东市	600.56	762.18	972.24	1236.74	1496.32	1772.64	2072.92	2321.35
40	锦州市	485.25	593.61	723.19	946.43	1221.67	1499.96	1802.28	2105.30
41	营口市	980.20	1224.40	1545.81	1919.32	2234.25	2553.83	2904.53	3195.04
42	阜新市	351.05	404.97	482.06	622.00	776.52	947.10	1124.88	1229.71
43	辽阳市	508.23	605.72	747.10	899.90	1091.14	1278.66	1482.31	1690.48
44	盘锦市	989.55	1123.18	1305.49	1547.88	1834.66	2134.84	2463.18	2794.17
45	铁岭市	647.37	901.12	1215.30	1583.24	1840.41	2109.76	2396.79	2483.55
46	朝阳市	521.68	691.49	887.26	1092.12	1313.86	1539.43	1776.17	2015.04
47	葫芦岛市	626.86	702.99	781.75	919.60	1074.82	1240.72	1418.16	1549.17
48	长春市	3756.29	5014.55	6339.10	7735.76	8961.97	10312.25	11682.32	13096.52
49	吉林市	2676.82	3487.99	4327.40	5118.68	5873.17	6676.99	7433.76	8248.69
50	四平市	578.10	806.71	1070.06	1323.72	1579.13	1826.63	2115.60	2393.27
51	辽源市	458.96	682.93	938.37	1192.14	1387.79	1609.75	1818.69	2003.76
52	通化市	679.68	996.67	1359.06	1743.82	2034.08	2368.01	2689.71	3009.43
53	白山市	507.29	725.80	976.63	1146.03	1378.50	1607.70	1820.39	2025.21
54	松原市	1017.68	1414.69	1871.91	2261.94	2680.92	3119.61	3536.13	3971.32
55	白城市	495.05	680.79	890.11	1032.95	1221.59	1418.63	1630.31	1871.19
56	哈尔滨市	3742.17	4430.24	5354.81	6442.43	7705.90	9204.24	11089.77	12792.89
57	齐齐哈尔市	589.91	697.67	880.43	1096.08	1326.56	1555.92	1855.76	2178.07
58	鸡西市	252.29	290.46	361.62	424.58	508.85	617.26	724.76	792.91
59	鹤岗市	238.47	272.05	323.84	385.67	436.52	505.24	552.08	556.07

续表

城市代码	城市	2007年	2008年	2009年	2010年	2011年	2012年	2013年	2014年
60	双鸭山市	320.92	384.16	486.55	608.71	752.02	928.47	1116.86	1109.07
61	大庆市	2197.89	2458.02	2759.62	3120.45	3476.95	3922.55	4402.45	4589.28
62	伊春市	171.38	209.82	262.61	330.15	399.10	484.37	581.65	613.70
63	佳木斯市	340.13	395.79	479.75	596.29	722.32	862.08	1051.94	1271.15
64	七台河市	231.13	280.40	350.09	433.86	467.58	490.86	551.17	568.26
65	牡丹江市	529.94	651.88	852.91	1092.99	1350.30	1617.92	2018.15	2591.06
66	黑河市	215.77	242.39	312.93	391.19	486.90	577.35	658.37	744.68
67	绥化市	364.18	403.65	531.90	690.59	885.74	1070.63	1352.04	1641.98
68	上海市	22837.59	25005.67	28189.27	30785.64	33036.63	35292.41	37634.19	40026.54
69	南京市	6294.09	7163.60	8255.42	9550.81	10918.59	12489.42	13881.74	15011.95
70	无锡市	5226.72	6009.09	7036.74	8246.78	9382.16	10538.95	11548.62	12530.93
71	徐州市	2895.76	3473.39	4231.71	5119.66	5966.55	6936.90	7842.96	8755.09
72	常州市	3225.82	3906.88	4677.48	5556.93	6375.35	7269.50	8021.54	8752.58
73	苏州市	7378.54	8456.59	9638.91	10998.38	12545.05	14295.28	15884.77	17105.32
74	南通市	3436.64	4136.63	4950.77	5844.92	6730.00	7742.31	8677.17	9611.17
75	连云港市	1679.70	2050.49	2525.74	3062.75	3403.06	3812.27	4133.13	4514.81
76	淮安市	1653.36	2059.03	2600.60	3288.78	3593.65	3965.67	4324.16	4723.41
77	盐城市	2174.05	2731.70	3477.68	4338.09	4886.63	5532.61	6129.66	6788.95
78	扬州市	1962.54	2424.05	2906.33	3468.44	4032.63	4670.27	5252.17	5843.92
79	镇江市	1775.81	2096.88	2574.72	3165.66	3607.81	4123.65	4619.64	5147.71
80	泰州市	1872.51	2308.83	2870.90	3566.63	3952.48	4408.76	4882.98	5410.71
81	宿迁市	1132.63	1437.80	1836.48	2298.27	2557.38	2901.10	3279.22	3671.52
82	杭州市	6186.65	7046.35	8123.49	9412.64	10668.96	11864.89	13111.92	14338.86
83	宁波市	5445.14	6190.87	7130.20	8093.97	8979.04	9847.39	10817.52	11781.28
84	温州市	2704.43	3001.48	3354.41	3728.27	4590.72	5408.56	6354.46	7276.59
85	嘉兴市	3134.53	3572.49	4173.35	4891.15	5458.54	5913.95	6415.13	6914.07
86	湖州市	1666.38	1891.91	2199.02	2528.98	2846.85	3152.47	3448.63	3741.36

续表

城市代码	城市	2007年	2008年	2009年	2010年	2011年	2012年	2013年	2014年
87	绍兴市	2861.67	3259.08	3753.53	4329.24	4907.37	5463.56	6059.36	6634.35
88	金华市	2066.83	2299.16	2564.47	2899.05	3221.91	3584.60	4003.97	4419.99
89	衢州市	1021.69	1188.69	1392.44	1620.85	1816.85	1980.05	2165.30	2349.96
90	舟山市	740.52	918.56	1136.97	1338.83	1542.01	1734.27	1987.49	2278.94
91	台州市	2278.78	2617.52	3004.50	3430.18	3803.07	4179.01	4621.62	5064.24
92	丽水市	864.73	964.36	1085.42	1221.99	1354.44	1505.89	1680.53	1852.99
93	合肥市	2301.29	2972.01	3738.12	4593.69	5588.61	6598.34	7654.04	8705.73
94	芜湖市	958.82	1164.99	1436.80	1781.99	2186.74	2637.89	3120.32	3626.86
95	蚌埠市	523.77	596.25	690.53	833.60	1030.35	1270.68	1531.15	1803.33
96	淮南市	520.67	580.15	646.29	743.37	885.18	1003.73	1195.97	1335.61
97	马鞍山市	722.56	849.36	1000.45	1197.56	1486.38	1810.56	2152.85	2510.41
98	淮北市	409.93	469.85	544.14	637.20	767.40	907.48	1072.90	1253.19
99	铜陵市	318.35	372.67	457.41	556.94	678.97	821.47	977.02	1141.83
100	安庆市	714.72	859.11	1032.86	1254.20	1486.45	1721.57	1983.75	2263.21
101	黄山市	439.93	527.01	621.81	742.01	828.11	921.64	1022.46	1110.16
102	滁州市	480.83	602.57	768.28	981.01	1180.28	1410.03	1662.49	1923.40
103	阜阳市	505.61	548.69	602.70	683.03	789.82	914.13	1059.00	1228.58
104	宿州市	346.94	415.84	501.74	614.47	759.60	925.21	1115.17	1326.76
105	六安市	486.67	564.35	661.45	803.03	963.25	1137.90	1333.31	1543.50
106	亳州市	393.60	443.65	505.44	592.98	677.00	779.26	899.66	1032.58
107	池州市	279.44	339.61	416.67	517.98	592.67	681.43	782.38	888.54
108	宣城市	604.42	748.56	932.60	1132.31	1293.90	1456.15	1626.85	1854.78
109	福州市	3393.71	4188.55	5234.82	6442.10	7753.72	9075.80	10462.80	11881.87
110	厦门市	2761.07	3328.99	3785.27	4167.06	4567.41	4974.08	5284.19	5639.57
111	莆田市	718.55	918.38	1149.23	1405.24	1766.52	2172.32	2649.67	3181.49
112	三明市	1000.29	1364.09	1829.70	2279.57	2715.63	3153.07	3636.15	4172.34
113	泉州市	2378.08	2920.07	3498.60	4085.59	4777.66	5573.28	6477.42	7442.86
114	漳州市	1204.70	1485.11	1851.98	2291.81	2834.98	3485.33	4159.82	4910.13
115	南平市	918.88	1186.23	1513.91	1827.50	2126.89	2481.69	2942.33	3461.18

续表

城市代码	城市	2007年	2008年	2009年	2010年	2011年	2012年	2013年	2014年
116	龙岩市	755.83	972.50	1260.84	1569.90	1971.72	2404.81	2938.96	3517.43
117	宁德市	654.53	804.35	979.70	1159.90	1365.18	1626.18	2006.05	2438.14
118	南昌市	1966.10	2409.28	2880.36	3381.43	3932.91	4498.40	5091.49	5652.81
119	景德镇市	377.68	473.65	585.12	704.10	807.39	909.85	1013.11	1106.21
120	萍乡市	479.77	636.91	816.69	1004.34	1158.02	1347.70	1512.02	1643.92
121	九江市	944.53	1115.51	1321.29	1544.05	1831.87	2131.41	2460.26	2778.20
122	新余市	360.82	532.83	723.81	916.62	1088.50	1247.15	1376.56	1473.19
123	鹰潭市	229.08	280.71	341.94	412.70	493.02	574.95	659.14	737.82
124	赣州市	803.50	940.79	1102.08	1307.46	1537.01	1797.69	2095.98	2386.69
125	吉安市	533.15	717.84	928.69	1144.28	1354.68	1609.21	1831.40	2044.12
126	宜春市	625.78	775.81	943.69	1118.43	1318.07	1476.79	1732.90	1980.82
127	抚州市	532.57	674.83	838.87	1016.28	1158.68	1308.09	1463.48	1615.68
128	上饶市	896.12	1056.20	1245.56	1502.91	1717.53	1938.54	2164.52	2367.48
129	济南市	4016.03	4667.97	5417.67	6228.26	6861.88	7507.33	8239.82	9024.58
130	青岛市	5656.73	6593.68	7739.94	9020.60	10384.58	11865.84	13496.07	15166.40
131	淄博市	2405.91	2767.21	3232.10	3786.15	4377.19	4997.03	5662.14	6355.45
132	枣庄市	1223.37	1472.06	1750.28	2064.45	2390.73	2784.43	3199.13	3627.59
133	东营市	2799.50	3171.27	3659.60	4211.48	4650.10	5374.79	6143.35	6946.64
134	烟台市	5222.71	6159.32	7175.99	8298.79	9338.14	10257.65	11221.75	12253.98
135	潍坊市	3677.89	4441.50	5360.13	6388.33	7432.95	8516.85	9588.45	10709.59
136	济宁市	2302.45	2679.34	3206.96	3860.70	4376.10	5035.67	5757.57	6510.44
137	泰安市	1905.10	2315.51	2839.93	3417.93	4028.07	4700.01	5340.37	6010.24
138	威海市	2459.80	2902.55	3467.29	3916.58	4297.31	4668.81	5280.19	5920.04
139	日照市	984.95	1270.42	1605.67	1970.66	2342.19	2667.62	3000.36	3347.46
140	莱芜市	606.96	700.77	822.03	958.28	1089.18	1247.75	1388.29	1535.58
141	临沂市	2406.45	2833.33	3393.84	4010.93	4381.57	5164.06	6007.63	6884.54
142	德州市	2257.27	2577.13	3000.45	3476.08	3876.88	4340.89	4853.15	5396.13
143	聊城市	1317.57	1576.09	1931.33	2340.26	2778.44	3263.86	3782.84	4362.62
144	滨州市	1637.36	1904.37	2245.01	2622.78	3014.48	3478.42	3980.15	4497.64

续表

城市代码	城市	2007年	2008年	2009年	2010年	2011年	2012年	2013年	2014年
145	菏泽市	1451.25	1590.94	1782.22	2001.38	2160.87	2286.48	2513.55	2756.13
146	郑州市	3909.37	4859.70	6085.96	7469.26	8984.54	10622.38	12463.22	14435.58
147	开封市	599.47	768.55	995.18	1261.17	1574.89	1942.04	2367.79	2824.68
148	洛阳市	2205.41	2820.39	3619.91	4534.72	5482.69	6566.99	7619.66	8684.22
149	平顶山市	918.11	1144.89	1462.22	1830.65	2260.97	2749.53	3286.35	3843.95
150	安阳市	1066.90	1388.12	1802.57	2268.03	2738.29	3234.06	3787.33	4371.19
151	鹤壁市	380.76	498.39	662.74	853.37	1023.87	1217.43	1433.41	1650.37
152	新乡市	1462.98	1896.40	2467.40	3094.97	3637.64	4257.56	4863.73	5506.54
153	焦作市	1224.74	1578.35	2021.10	2519.91	2981.64	3481.91	4040.91	4631.13
154	濮阳市	867.32	1034.26	1256.33	1515.55	1825.17	2168.78	2572.90	2998.14
155	许昌市	1091.34	1378.96	1748.24	2172.30	2630.70	3037.00	3636.82	4274.08
156	漯河市	556.09	686.80	860.46	1066.14	1296.98	1542.33	1815.73	2107.31
157	三门峡市	840.20	1060.73	1368.07	1720.24	2112.02	2559.10	3053.26	3559.98
158	南阳市	1892.13	2380.38	3004.65	3707.79	4449.53	5230.77	6088.24	7002.08
159	商丘市	1151.89	1437.90	1812.47	2241.99	2641.89	3106.87	3619.15	4171.75
160	信阳市	1362.43	1724.92	2193.93	2719.43	3241.25	3770.87	4349.75	4970.35
161	周口市	1067.35	1361.55	1741.54	2155.06	2581.46	2987.45	3449.28	3946.83
162	驻马店市	789.70	1032.31	1349.03	1696.52	2089.19	2462.65	2886.03	3340.63
163	武汉市	6229.53	7284.44	8556.27	9973.79	11514.70	13064.68	14694.23	16443.29
164	黄石市	598.05	711.41	868.43	1067.86	1316.13	1579.62	1885.40	2226.06
165	十堰市	479.90	569.94	698.05	873.42	1075.46	1318.40	1603.81	1921.96
166	宜昌市	2038.92	2227.39	2506.34	2832.16	3239.96	3753.18	4369.77	5071.67
167	襄阳市	847.32	1040.31	1317.97	1689.74	2172.19	2777.96	3330.20	4121.57
168	鄂州市	336.98	414.73	519.41	647.70	778.61	938.24	1121.93	1326.04
169	荆门市	570.17	669.63	813.67	1003.18	1236.15	1520.46	1846.80	2209.61
170	孝感市	709.69	840.33	1020.58	1263.00	1570.32	1917.34	2319.90	2770.16
171	荆州市	763.15	903.81	1102.86	1355.46	1679.62	2045.37	2470.41	2946.24
172	黄冈市	850.52	1041.06	1304.53	1618.38	1925.55	2302.01	2740.15	3229.33

续表

城市代码	城市	2007年	2008年	2009年	2010年	2011年	2012年	2013年	2014年
173	咸宁市	499.58	599.02	739.60	928.86	1162.44	1442.22	1763.76	2115.76
174	随州市	327.88	404.35	502.61	628.06	793.51	976.59	1186.24	1421.26
175	长沙市	4135.18	5116.33	6173.90	7577.08	8886.75	10175.11	11428.66	12767.44
176	株洲市	789.33	999.31	1260.45	1644.88	1979.69	2351.95	2857.09	3406.07
177	湘潭市	803.79	960.18	1162.28	1446.59	1685.03	2000.39	2398.26	2841.73
178	衡阳市	905.76	1043.76	1247.06	1528.17	1847.34	2146.00	2637.88	3176.50
179	邵阳市	641.87	844.15	1076.76	1341.90	1539.27	1798.03	2125.54	2489.62
180	岳阳市	1084.40	1298.08	1566.36	1932.95	2271.99	2622.91	3092.34	3597.69
181	常德市	801.00	934.01	1135.97	1410.28	1687.89	2036.50	2464.53	2921.52
182	张家界市	263.13	292.29	335.52	393.11	439.61	464.43	522.22	584.52
183	益阳市	590.09	723.40	878.05	1069.72	1246.01	1460.08	1728.93	2024.82
184	郴州市	944.33	1074.28	1311.88	1651.33	2079.53	2466.20	2945.18	3475.61
185	永州市	748.92	940.72	1231.06	1632.95	1820.47	1950.66	2126.77	2465.09
186	怀化市	444.65	542.58	669.60	844.13	1000.06	1193.77	1370.96	1620.87
187	娄底市	502.68	542.57	689.31	830.25	997.33	1212.19	1478.24	1757.09
188	广州市	8566.96	9543.03	11040.77	12835.65	14595.75	16545.40	18692.11	20726.70
189	韶关市	828.25	991.13	1219.51	1481.84	1730.19	2016.51	2359.47	2717.74
190	深圳市	7170.66	7735.79	8544.25	9425.11	10393.80	11459.47	12456.41	13388.65
191	珠海市	1169.40	1375.14	1615.67	1899.29	2275.91	2759.63	3300.40	3872.44
192	汕头市	877.46	1016.46	1183.78	1386.51	1638.16	2026.46	2442.32	2993.11
193	佛山市	3803.56	4513.45	5414.72	6399.14	7480.81	8660.19	9827.46	10929.87
194	江门市	1371.58	1570.51	1866.30	2239.77	2675.40	3176.76	3710.98	4225.27
195	湛江市	993.37	1150.31	1396.74	1657.62	1932.23	2256.96	2707.37	3246.83
196	茂名市	785.47	834.54	917.79	1043.59	1133.95	1406.12	1824.98	2315.86
197	肇庆市	1059.43	1256.91	1556.22	1873.99	2316.75	2854.49	3425.47	3988.38
198	惠州市	1611.49	1959.64	2460.29	3006.14	3616.61	4347.03	5104.69	5872.87
199	梅州市	657.63	716.37	795.51	890.17	978.85	1090.07	1220.62	1422.57
200	汕尾市	548.87	675.31	873.15	1110.35	1252.85	1429.41	1679.64	1910.72
201	河源市	648.16	736.70	845.80	976.94	1091.31	1234.93	1403.75	1623.96

续表

城市代码	城市	2007年	2008年	2009年	2010年	2011年	2012年	2013年	2014年
202	阳江市	495.24	593.59	753.96	969.55	1227.83	1541.18	1895.20	2231.69
203	清远市	1270.33	1749.22	2344.74	2991.70	3130.75	3220.66	3335.72	3482.50
204	东莞市	2778.50	3318.34	3992.68	4584.71	5091.47	5655.05	6272.57	6787.99
205	中山市	1787.14	1995.73	2299.29	2656.22	3073.80	3575.27	4039.44	4359.32
206	潮州市	491.93	560.58	654.67	751.71	854.00	971.87	1091.23	1231.60
207	揭阳市	749.66	904.71	1174.96	1555.59	1827.36	2243.50	2723.56	3318.66
208	云浮市	526.46	617.71	776.39	975.35	1191.64	1490.62	1870.22	2204.61
209	南宁市	2108.87	2469.81	3146.49	4159.85	5575.71	7077.75	7892.02	8748.83
210	柳州市	830.74	1100.59	1591.79	2330.30	3261.72	4255.67	4781.75	5310.09
211	桂林市	1078.77	1370.04	1815.67	2447.24	3264.99	4032.81	4449.09	4881.52
212	梧州市	441.96	560.65	796.00	1135.07	1564.16	2059.01	2354.65	2618.56
213	北海市	373.98	500.82	734.47	1094.38	1507.66	1935.69	2149.00	2382.38
214	防城港市	248.19	343.03	532.52	815.66	1163.54	1470.88	1609.55	1722.54
215	钦州市	449.18	608.29	877.84	1194.13	1594.46	1895.92	2057.17	2228.22
216	贵港市	483.57	615.95	810.83	1074.74	1325.99	1599.43	1730.45	1870.35
217	玉林市	619.71	796.39	1109.12	1548.64	2101.10	2683.87	3011.75	3351.08
218	百色市	761.41	952.73	1325.34	1765.53	2204.04	2734.41	2964.66	3180.73
219	贺州市	326.74	424.71	606.87	870.92	1176.58	1502.52	1635.72	1775.27
220	河池市	621.81	733.57	906.31	1140.36	1433.21	1475.13	1515.80	1562.24
221	来宾市	297.79	371.39	515.19	737.95	994.71	1287.74	1416.12	1521.33
222	海口市	797.58	902.79	1005.79	1142.11	1273.72	1466.16	1693.05	1988.01
223	三亚市	286.83	385.08	492.84	647.12	802.12	990.47	1191.67	1427.86
224	重庆市	9093.50	10989.05	12788.60	14986.60	17529.87	20327.59	23235.76	26474.35
225	成都市	6883.59	8126.60	9264.41	10422.57	11925.12	13567.65	15043.27	16223.36
226	自贡市	295.94	368.66	449.04	559.94	672.24	804.05	951.13	1085.49
227	攀枝花市	457.13	532.99	607.95	708.71	828.33	962.84	1094.73	1220.63
228	泸州市	477.40	573.80	686.01	841.68	1018.72	1236.61	1482.43	1806.66
229	德阳市	506.39	596.97	895.87	1099.18	1287.51	1490.36	1682.16	1865.98

续表

城市代码	城市	2007年	2008年	2009年	2010年	2011年	2012年	2013年	2014年
230	绵阳市	788.21	938.44	1230.49	1507.39	1732.41	1973.30	2181.32	2381.73
231	广元市	315.64	393.52	564.95	741.75	923.87	1043.48	1153.21	1250.38
232	遂宁市	407.50	529.87	671.16	845.10	1022.88	1222.09	1438.72	1653.47
233	内江市	356.76	432.43	519.12	638.14	770.70	910.54	1065.46	1194.01
234	乐山市	613.44	716.65	837.51	1002.53	1155.55	1332.38	1524.23	1707.86
235	南充市	615.75	746.06	913.95	1142.17	1393.82	1664.83	1971.50	2266.05
236	眉山市	592.97	692.86	803.03	928.15	1062.43	1239.20	1433.78	1656.57
237	宜宾市	672.27	791.05	909.34	1079.08	1275.34	1501.03	1745.94	2018.31
238	广安市	496.97	578.36	665.40	786.01	925.77	1081.73	1261.51	1456.16
239	达州市	706.54	904.98	1077.90	1263.76	1475.36	1714.30	1965.93	2232.53
240	雅安市	400.41	491.00	603.40	723.82	809.25	881.92	918.37	988.70
241	巴中市	226.12	274.89	337.22	426.44	539.98	712.74	919.53	1166.50
242	资阳市	315.26	405.94	503.06	647.77	816.09	1018.81	1232.92	1474.57
243	贵阳市	1804.21	2069.16	2401.06	2811.14	3418.43	4071.17	5202.43	5796.27
244	六盘水市	543.91	635.69	740.57	880.37	987.74	1289.13	1695.25	2157.88
245	遵义市	924.95	1066.28	1218.80	1448.68	1685.17	2131.62	2713.58	3413.55
246	安顺市	195.89	226.90	254.20	299.79	385.64	520.34	618.11	758.75
247	昆明市	2901.50	3227.29	3868.74	5020.52	6292.15	7366.25	8567.71	9801.75
248	曲靖市	1034.78	1179.25	1395.90	1756.35	2264.15	2607.51	3021.83	3494.89
249	玉溪市	591.05	638.77	720.21	879.88	1121.02	1218.80	1358.13	1563.23
250	保山市	277.53	324.35	393.16	504.60	661.38	757.14	872.18	1040.01
251	昭通市	377.26	450.17	556.65	754.24	1057.43	1257.64	1494.02	1711.34
252	西安市	3896.00	4858.60	5954.00	7381.02	8636.21	10013.08	11411.78	12861.65
253	铜川市	177.79	205.18	240.53	289.52	329.11	401.93	483.12	578.40
254	宝鸡市	916.50	1144.78	1434.15	1810.00	2174.05	2607.13	3095.12	3662.91
255	咸阳市	1045.69	1344.82	1716.42	2197.57	2698.85	3226.80	3831.11	4530.23
256	渭南市	547.46	728.82	977.06	1339.63	1745.85	2142.19	2570.48	3043.20
257	延安市	850.98	1054.21	1301.26	1621.82	1943.70	2219.33	2544.67	2868.50
258	汉中市	422.73	496.88	598.13	733.03	866.88	1027.58	1204.38	1397.07

续表

城市代码	城市	2007年	2008年	2009年	2010年	2011年	2012年	2013年	2014年
259	榆林市	1132.38	1444.75	1837.25	2340.57	2812.47	3333.55	3757.77	4007.32
260	安康市	389.76	493.07	616.13	778.36	882.01	969.12	1075.42	1208.95
261	商洛市	296.68	383.65	484.47	616.31	729.40	843.67	980.08	1147.21
262	兰州市	1617.78	1756.99	1883.42	2041.68	2303.26	2607.02	2867.44	3053.26
263	嘉峪关市	205.41	222.29	224.53	228.42	237.90	254.60	270.09	289.48
264	金昌市	185.58	217.77	248.83	280.25	316.27	364.22	407.47	457.80
265	白银市	311.22	357.08	409.25	467.01	528.75	613.90	691.48	780.15
266	天水市	301.17	369.88	452.66	535.22	624.46	579.76	688.10	816.65
267	武威市	282.40	329.83	376.18	437.15	532.76	657.79	769.16	894.27
268	张掖市	286.40	312.43	337.92	370.40	404.78	454.70	499.08	550.94
269	平凉市	287.44	348.81	428.79	524.14	625.45	863.55	952.39	1055.49
270	酒泉市	374.09	445.34	577.58	747.23	946.96	1188.13	1395.86	1625.06
271	庆阳市	380.29	495.82	654.33	841.97	1063.32	1338.18	1579.37	1833.99
272	西宁市	687.41	790.81	949.71	1164.90	1398.73	1693.39	2143.92	2717.44
273	银川市	1012.14	1225.70	1532.30	1887.75	2212.39	2583.29	2989.62	3585.86
274	石嘴山市	400.27	498.73	628.67	777.52	913.48	1071.69	1234.22	1436.36
275	吴忠市	395.54	469.22	567.05	680.83	781.61	933.04	1130.62	1409.69
276	乌鲁木齐市	1287.43	1418.41	1564.06	1754.39	1831.39	2252.83	2797.26	3419.47
277	克拉玛依市	1057.15	1128.05	1143.64	1155.53	1167.89	1235.43	1369.61	1433.48

注：①为统一数据口径和获得性，对部分数据缺失的城市予以剔除，排除的城市有崇左、三沙、毕节、铜仁、丽江、普洱、临沧、拉萨、定西、陇南、海东、固原、中卫，共计13个城市。②城市固定资产存量估计方法详见第二章相关内容。

附录（二） 中国二位数产业增加值与要素投入的变化率关系

附表 2-1　　产业增加值贡献率 y_{it}

年份	农、林、牧、渔业	采矿业	制造业	电力、热力、燃气及水生产和供应业	建筑业	批发和零售业	交通运输、仓储和邮政业	住宿和餐饮业	信息传输软件和信息技术服务业	金融业	房地产业	租赁和商务服务业	科学研究和技术服务业	水利、环境和公共设施管理业	居民服务、修理和其他服务业	教育	卫生和社会工作	文化、体育和娱乐业	公共管理、社会保障和社会组织
2005	12.123	5.579	32.507	3.674	5.606	5.767	2.652	7.552	2.269	3.291	4.605	1.692	1.170	0.460	1.691	3.114	1.615	0.651	3.980
2006	11.113	5.586	32.921	3.705	5.736	5.632	2.627	7.642	2.216	3.744	4.794	1.752	1.241	0.437	1.637	2.962	1.538	0.630	4.085
2007	10.770	5.064	32.905	3.615	5.755	5.493	2.523	7.877	2.087	4.641	5.195	1.766	1.295	0.418	1.504	2.894	1.510	0.614	4.074
2008	10.732	6.251	32.651	2.576	5.968	5.210	2.503	8.337	2.107	4.733	4.693	1.786	1.272	0.403	1.474	2.830	1.474	0.612	4.389
2009	10.333	4.906	32.302	2.463	6.570	4.907	2.395	8.502	2.088	5.212	5.472	1.816	1.385	0.434	1.546	3.075	1.491	0.654	4.448
2010	9.910	5.104	31.861	2.744	6.646	8.781	4.592	1.886	2.189	6.280	5.764	1.828	1.392	0.441	1.568	2.939	1.432	0.654	3.987
2011	9.806	5.401	31.616	2.554	6.783	9.033	4.510	1.769	2.103	6.337	5.818	1.947	1.454	0.440	1.553	2.967	1.527	0.647	3.734
2012	9.803	4.664	31.014	2.616	6.891	9.329	4.447	1.786	2.209	6.588	5.850	2.100	1.565	0.478	1.527	3.028	1.680	0.661	3.763
2013	9.688	4.301	30.103	2.544	6.940	9.572	4.428	1.739	2.304	7.005	6.120	2.263	1.656	0.519	1.467	3.134	1.870	0.658	3.689

附表 2-2　要素投入结构指数 λ_{it}

年份	农、林、牧、渔业	采矿业	制造业	电力、热力、燃气及水生产和供应业	建筑业	批发和零售业	交通运输、仓储和邮政业	住宿和餐饮业	信息传输、软件和信息技术服务业	金融业	房地产业	租赁和商务服务业	科学研究和技术服务业	水利、环境和公共设施管理业	居民服务、修理和其他服务业	教育	卫生和社会工作	文化、体育和娱乐业	公共管理、社会保障和社会组织
2005	-2.479	0.689	1.753	-0.027	22.258	-7.239	-0.542	1.475	1.177	8.769	0.195	12.759	3.745	0.199	-0.240	2.160	6.243	-0.306	4.156
2006	-1.436	1.559	1.468	0.108	19.629	-4.444	-0.035	0.877	1.536	23.736	0.107	8.923	5.602	0.288	2.466	3.322	7.633	-0.037	2.950
2007	-1.154	0.398	1.128	0.042	21.042	-1.348	0.324	0.552	2.865	62.439	0.171	4.881	6.225	0.282	0.812	3.065	8.676	0.923	3.568
2008	-3.289	0.720	-0.564	0.290	14.405	2.061	0.254	3.883	4.421	110.072	0.158	20.852	17.880	0.289	-1.773	5.337	18.506	0.647	12.013
2009	-3.116	0.852	0.481	0.049	31.076	0.736	0.168	2.001	3.260	51.456	0.218	4.580	7.668	0.249	1.693	2.749	10.226	0.867	7.391
2010	0.147	0.439	0.953	0.104	18.668	1.378	-0.064	1.226	2.842	25.059	0.185	4.231	8.302	0.309	0.730	4.525	10.067	0.373	3.502
2011	-0.423	0.966	1.005	0.378	31.157	3.456	0.256	1.937	2.840	12.606	0.104	-1.589	0.844	0.106	-0.048	2.114	4.574	0.260	1.584
2012	-0.853	0.664	0.636	0.270	34.760	2.984	0.068	1.979	1.691	11.086	0.115	0.552	5.921	0.207	0.526	3.513	6.992	0.288	5.563
2013	-0.508	0.058	1.048	0.474	38.601	2.187	0.755	1.011	5.264	1.264	0.131	3.417	2.832	0.064	0.755	0.967	2.510	0.276	0.675

注：符号含义为：$\lambda_{it} = \dfrac{l_{it}}{k_{it}}$，$y_{it} = \dfrac{Y_{it}}{Y_t}$。

其中，λ_{it} 为要素投入结构指数，用以衡量对任意产业中劳动力和资本的投入比例；y_{it} 为产业 i 在第 t 年的相对产业增加值比率，用以衡量产业增加值贡献率；Y_{it} 为产业 i 第 t 年的产业增加值；Y_t 为所有产业第 t 年的产业增加值总额。$l_{it}=\Delta L_{it}/\Delta L_t$，$k_{it}=\Delta K_{it}/\Delta K_t$，$l_{it}$ 为产业 i 的相对就业增加值；k_{it} 为产业 i 的相对投资增加值；ΔL_{it} 为产业 i 在第 t 年的就业增加值；ΔL_t 为所有产业在第 t 年的就业增加值；ΔK_{it} 为产业 i 在第 t 年的投资增加值；ΔK_t 为所有产业在第 t 年的投资增加值。

附录（三） 中国投入产出表代码变化对照说明

附表 3-1　　42 部门投入产出表的产业代码

2007 年 I-O 表产业类型	代码	2012 年 I-O 表产业类型	代码
农林牧渔业	1	农林牧渔产品和服务	1
煤炭开采和洗选业	2	煤炭采选产品	2
石油和天然气开采业	3	石油和天然气开采产品	3
金属矿采选业	4	金属矿采选产品	4
非金属矿及其他矿采选业	5	非金属矿和其他矿采选产品	5
食品制造及烟草加工业	6	食品和烟草	6
纺织业	7	纺织品	7
纺织服装鞋帽皮革羽绒及其制品业	8	纺织服装鞋帽皮革羽绒及其制品	8
木材加工及家具制造业	9	木材加工品和家具	9
造纸印刷及文教体育用品制造业	10	造纸印刷和文教体育用品	10
石油加工、炼焦及核燃料加工业	11	石油、炼焦产品和核燃料加工品	11
化学工业	12	化学产品	12
非金属矿物制品业	13	非金属矿物制品	13
金属冶炼及压延加工业	14	金属冶炼和压延加工品	14
金属制品业	15	金属制品	15
通用、专用设备制造业	16	通用设备	16（1）
交通运输设备制造业	17	专用设备	16（2）
电气机械及器材制造业	18	交通运输设备	17
通信设备、计算机及其他电子设备制造业	19	电气机械和器材	18
仪器仪表及文化办公用机械制造业	20	通信设备、计算机和其他电子设备	19
工艺品及其他制造业	21	仪器仪表	20
废品废料	22	其他制造产品	21

续表

2007年I-O表产业类型	代码	2012年I-O表产业类型	代码
电力、热力的生产和供应业	23	废品废料	22
燃气生产和供应业	24	金属制品、机械和设备修理服务	28（1）
水的生产和供应业	25	电力、热力的生产和供应	23
建筑业	26	燃气生产和供应	24
交通运输及仓储业	27	水的生产和供应	25
邮政业	28	建筑	26
信息传输、计算机服务和软件业	29	批发和零售	30
批发和零售业	30	交通运输、仓储和邮政	27
住宿和餐饮业	31	住宿和餐饮	31
金融业	32	信息传输、软件和信息技术服务	29
房地产业	33	金融	32
租赁和商务服务业	34	房地产	33
研究与试验发展业	35	租赁和商务服务	34
综合技术服务业	36	科学研究和技术服务	35 \ 36
水利、环境和公共设施管理业	37	水利、环境和公共设施管理	37
居民服务和其他服务业	38	居民服务、修理和其他服务	38
教育	39	教育	39
卫生、社会保障和社会福利业	40	卫生和社会工作	40
文化、体育和娱乐业	41	文化、体育和娱乐	41
公共管理和社会组织	42	公共管理、社会保障和社会组织	42

注：由于产业类型口径变化，特注明。
数据来源：中国投入产出协会提供的历年投入产出表。

附表3-2　2012年中国139部门投入产出表部门名称

产业代码	部门名称	产业代码	部门名称
1	农产品	71	采矿、冶金、建筑专用设备
2	林产品	72	化工、木材、非金属加工专用设备
3	畜牧产品	73	农、林、牧、渔专用机械
4	渔产品	74	其他专用设备
5	农、林、牧、渔服务	75	汽车整车
6	煤炭采选产品	76	汽车零部件及配件
7	石油和天然气开采产品	77	铁路运输和城市轨道交通设备
8	黑色金属矿采选产品	78	船舶及相关装置
9	有色金属矿采选产品	79	其他交通运输设备

续表

产业代码	部门名称	产业代码	部门名称
10	非金属矿采选产品	80	电机
11	开采辅助服务和其他采矿产品	81	输配电及控制设备
12	谷物磨制品	82	电线、电缆、光缆及电工器材
13	饲料加工品	83	电池
14	植物油加工品	84	家用器具
15	糖及糖制品	85	其他电气机械和器材
16	屠宰及肉类加工品	86	计算机
17	水产加工品	87	通信设备
18	蔬菜、水果、坚果和其他农副食品加工品	88	广播电视设备和雷达及配套设备
19	方便食品	89	视听设备
20	乳制品	90	电子元器件
21	调味品、发酵制品	91	其他电子设备
22	其他食品	92	仪器仪表
23	酒精和酒	93	其他制造产品
24	饮料和精制茶加工品	94	废弃资源和废旧材料回收加工品
25	烟草制品	95	金属制品、机械和设备修理服务
26	棉、化纤纺织及印染精加工品	96	电力、热力生产和供应
27	毛纺织及染整精加工品	97	燃气生产和供应
28	麻、丝绢纺织及加工品	98	水的生产和供应
29	针织或钩针编织及其制品	99	房屋建筑
30	纺织制成品	100	土木工程建筑
31	纺织服装服饰	101	建筑安装
32	皮革、毛皮、羽毛及其制品	102	建筑装饰和其他建筑服务
33	鞋	103	批发和零售
34	木材加工品和木、竹、藤、棕、草制品	104	铁路运输
35	家具	105	道路运输
36	造纸和纸制品	106	水上运输
37	印刷品和记录媒介复制品	107	航空运输
38	文教、工美、体育和娱乐用品	108	管道运输

续表

产业代码	部门名称	产业代码	部门名称
39	精炼石油和核燃料加工品	109	装卸搬运和运输代理
40	炼焦产品	110	仓储
41	基础化学原料	111	邮政
42	肥料	112	住宿
43	农药	113	餐饮
44	涂料、油墨、颜料及类似产品	114	电信和其他信息传输服务
45	合成材料	115	软件和信息技术服务
46	专用化学产品和炸药、火工、焰火产品	116	货币金融和其他金融服务
47	日用化学产品	117	资本市场服务
48	医药制品	118	保险
49	化学纤维制品	119	房地产
50	橡胶制品	120	租赁
51	塑料制品	121	商务服务
52	水泥、石灰和石膏	122	研究和试验发展
53	石膏、水泥制品及类似制品	123	专业技术服务
54	砖瓦、石材等建筑材料	124	科技推广和应用服务
55	玻璃和玻璃制品	125	水利管理
56	陶瓷制品	126	生态保护和环境治理
57	耐火材料制品	127	公共设施管理
58	石墨及其他非金属矿物制品	128	居民服务
59	钢、铁及其铸件	129	其他服务
60	钢压延产品	130	教育
61	铁合金产品	131	卫生
62	有色金属及其合金和铸件	132	社会工作
63	有色金属压延加工品	133	新闻和出版
64	金属制品	134	广播、电视、电影和影视录音制作
65	锅炉及原动设备	135	文化艺术
66	金属加工机械	136	体育
67	物料搬运设备	137	娱乐
68	泵、阀门、压缩机及类似机械	138	社会保障
69	文化、办公用机械	139	公共管理和社会组织
70	其他通用设备		

注：产业代码1—102为农业、工业；103—139为服务业。

数据来源：《中国139部门2012投入产出表》。

附录（四） 中国工业和服务业空间基尼系数

附表4-1　2007—2014年中国工业空间基尼系数

序号	产业名称及产业代码	2014年	2013年	2012年	2011年	2010年	2009年	2008年	2007年
1	煤炭开采和洗选业06	0.08681	0.09055	0.08323	0.09334	0.10014	0.09273	0.0964	0.08392
2	石油和天然气开采业07	0.04475	0.04451	0.03972	0.03612	0.0369	0.03594	0.03602	0.03579
3	黑色金属矿采选业08	0.04338	0.04276	0.03784	0.03743	0.03652	0.03696	0.03597	0.03718
4	有色金属矿采选业09	0.04455	0.04402	0.03936	0.0386	0.03822	0.03794	0.03709	0.03727
5	非金属矿采选业10	0.04392	0.04369	0.03918	0.03801	0.03699	0.03646	0.03596	0.03686
6	开采辅助活动11	0.04656	0.04613	0.04152	0.04488	0.04491	0.04448	0.04411	0.04402
7	其他采矿业12	0.04955	0.04921	0.04474	0.04488	0.04491	0.04448	0.04411	0.04402
8	农副食品加工业13	0.02316	0.02258	0.01751	0.01664	0.01594	0.01626	0.01527	0.01627
9	食品制造业14	0.03141	0.03117	0.02641	0.02495	0.02324	0.02335	0.02332	0.02513
10	酒饮料和精制茶制造业15	0.0352	0.03488	0.03035	0.02938	0.02849	0.02852	0.02832	0.02943
11	烟草制品业16	0.0474	0.04717	0.04264	0.04227	0.04189	0.0415	0.0411	0.04112
12	纺织业17	0.0169	0.01655	0.01368	0.01522	0.02436	0.02716	0.03652	0.03618
13	纺织服装、服饰业18	0.01854	0.01848	0.01651	0.01663	0.01947	0.02182	0.02417	0.02303
14	皮革、毛皮、羽毛及其制品和制鞋业19	0.03256	0.03223	0.02785	0.04488	0.04491	0.04448	0.04411	0.04402
15	木材加工和木、竹、藤、棕、草制品业20	0.03681	0.03671	0.03248	0.04488	0.04491	0.04448	0.04411	0.04402

续表

序号	产业名称及产业代码	2014年	2013年	2012年	2011年	2010年	2009年	2008年	2007年
16	家具制造业21	0.0376	0.03754	0.03345	0.04488	0.04491	0.04448	0.04411	0.04402
17	造纸和纸制品业22	0.03605	0.0354	0.03113	0.02756	0.02495	0.02447	0.02391	0.02507
18	印刷和记录媒介复制业23	0.03972	0.03965	0.03575	0.04488	0.04491	0.04448	0.04411	0.04402
19	文教、工美、体育和娱乐用品制造业24	0.02924	0.02921	0.02653	0.04488	0.04491	0.04448	0.04411	0.04402
20	石油炼焦和核燃料加工业25	0.04241	0.03694	0.03279	0.03571	0.03549	0.03546	0.03402	0.03446
21	化学原料和化学制品制造业26	0.02285	0.02194	0.0186	0.01758	0.01597	0.01399	0.01402	0.01289
22	医药制造业27	0.0311	0.03139	0.02692	0.02576	0.02441	0.02478	0.02448	0.02541
23	化学纤维制造业28	0.04473	0.04422	0.04013	0.03908	0.0388	0.0385	0.03745	0.03721
24	橡胶和塑料制品业29	0.02061	0.02057	0.01772	0.04488	0.04491	0.04448	0.04411	0.04402
25	非金属矿物制品业30	0.01766	0.01646	0.01237	0.01018	0.01161	0.00986	0.00901	0.00817
26	黑色金属冶炼和压延加工业31	0.03332	0.03209	0.02697	0.02764	0.02755	0.02702	0.02491	0.02372
27	有色金属冶炼和压延加工业32	0.03749	0.03753	0.03299	0.03074	0.02862	0.02822	0.0259	0.02793
28	金属制品业33	0.01864	0.01858	0.0161	0.01584	0.01436	0.01507	0.01593	0.01743
29	通用设备制造业34	0.01588	0.01618	0.01314	0.0123	0.018	0.0169	0.01856	0.01711
30	专用设备制造业35	0.02081	0.02058	0.01734	0.01423	0.01224	0.01212	0.01139	0.01362
31	汽车制造业36	0.02968	0.02752	0.02312	0.02763	0.03826	0.03189	0.03111	0.02943

续表

序号	产业名称及产业代码	2014年	2013年	2012年	2011年	2010年	2009年	2008年	2007年
32	铁路、船舶、航空航天和其他运输设备制造业37	0.03355	0.03311	0.02965	0.04488	0.04491	0.04448	0.04411	0.04402
33	电气机械和器材制造业38	0.01001	0.0105	0.01127	0.01974	0.02443	0.02176	0.02707	0.02362
34	计算机、通信和其他电子设备制造业39	0.01609	0.01728	0.02495	0.07786	0.09644	0.07929	0.09339	0.06562
35	仪器仪表制造业40	0.03871	0.03856	0.03502	0.03031	0.02892	0.02934	0.02835	0.02926
36	其他制造业41	0.04503	0.04486	0.04034	0.04488	0.04491	0.04448	0.04411	0.04402
37	废弃资源综合利用业42	0.04765	0.04732	0.04291	0.04488	0.04491	0.04448	0.04411	0.04402
38	金属制品、机械和设备修理业43	0.04793	0.04742	0.04288	0.04488	0.04491	0.04448	0.04411	0.04402
39	电力、热力生产和供应业44	0.0306	0.02867	0.02352	0.02664	0.02247	0.02152	0.02055	0.01924
40	燃气生产和供应业45	0.04683	0.04666	0.04217	0.04488	0.04491	0.04448	0.04411	0.04402
41	水的生产和供应业46	0.0453	0.04501	0.04055	0.04488	0.04491	0.04448	0.04411	0.04402

数据来源：根据历年《中国工业统计年鉴》计算。

附表 4-2　2004—2015 年服务业细分产业空间基尼系数

年份	批发和零售业	交通运输、仓储和邮政业	住宿和餐饮业	信息传输、软件和信息技术服务业	金融业	房地产业	租赁和商务服务业	科学研究和技术服务业	水利、环境和公共设施管理业	居民服务、修理和其他服务业	教育	卫生和社会工作	文化、体育和娱乐业	公共管理、社会保障和社会组织
2004	0.368	0.275	0.373	0.342	0.300	0.384	0.415	0.293	0.251	0.388	0.262	0.283	0.286	0.260
2005	0.375	0.282	0.383	0.339	0.307	0.394	0.424	0.300	0.251	0.393	0.264	0.287	0.277	0.265
2006	0.370	0.291	0.390	0.358	0.316	0.399	0.436	0.309	0.252	0.357	0.266	0.287	0.292	0.262
2007	0.369	0.295	0.385	0.379	0.323	0.385	0.433	0.319	0.247	0.381	0.259	0.282	0.286	0.251
2008	0.378	0.300	0.412	0.413	0.329	0.419	0.459	0.351	0.244	0.346	0.250	0.283	0.304	0.245
2009	0.394	0.313	0.421	0.411	0.337	0.427	0.492	0.345	0.243	0.349	0.251	0.285	0.310	0.246
2010	0.398	0.318	0.419	0.432	0.338	0.427	0.489	0.356	0.245	0.350	0.251	0.285	0.309	0.243
2011	0.408	0.327	0.418	0.438	0.342	0.431	0.469	0.344	0.225	0.305	0.238	0.271	0.313	0.223
2012	0.408	0.313	0.420	0.436	0.332	0.423	0.489	0.327	0.200	0.331	0.227	0.255	0.309	0.206
2013	0.414	0.328	0.420	0.468	0.339	0.428	0.491	0.365	0.222	0.326	0.249	0.278	0.327	0.213
2014	0.431	0.335	0.426	0.473	0.343	0.419	0.497	0.360	0.230	0.322	0.246	0.272	0.321	0.206
2015	0.438	0.332	0.434	0.484	0.339	0.422	0.503	0.367	0.230	0.331	0.244	0.273	0.317	0.199
变化（%）	19.13	20.71	16.34	41.70	12.96	9.84	21.11	25.40	-8.51	-14.74	-6.76	-3.43	11.18	-23.59

注：变化指 2015 年相较之 2004 年的变化。
数据来源：历年《中国统计年鉴》和《中国第三产业统计年鉴》。

附录（五） 中国工业集聚水平

附表 5-1　2014年中国工业区位商（一）

地区	年份	煤炭开采和洗选业	石油和天然气开采业	黑色金属矿采选业	有色金属矿采选业	非金属矿采选业	开采辅助活动	其他采矿业	农副食品加工业	食品制造业	酒、饮料和精制茶制造业	烟草制品业	纺织业
北京	2014	0.07	0.06	0.91	0.00	0.02	1.64	0.00	0.19	0.62	0.42	0.10	0.02
天津	2014	0.25	1.62	0.49	0.00	0.79	3.36	0.00	0.39	1.80	0.52	0.26	0.21
河北	2014	1.10	1.08	6.35	0.19	0.85	0.00	0.00	0.86	1.19	0.72	0.72	1.18
山西	2014	8.25	0.19	1.93	0.44	0.07	0.00	0.00	0.31	0.36	0.63	0.19	0.08
内蒙古	2014	2.78	0.50	3.58	4.60	1.84	0.00	17.97	1.01	1.51	1.11	0.81	0.32
辽宁	2014	0.87	1.70	3.72	2.19	2.02	5.03	3.05	1.74	0.86	0.66	0.34	0.29
吉林	2014	0.98	2.83	1.49	1.59	0.63	4.06	2.02	1.60	0.69	1.32	1.11	0.36
黑龙江	2014	2.02	5.98	0.20	0.26	0.38	1.48	0.00	1.33	0.82	0.83	0.86	0.23
上海	2014	0.00	0.01	0.00	0.00	0.00	0.00	0.00	0.19	1.03	0.25	0.52	0.24
江苏	2014	0.18	0.15	0.12	0.04	0.58	0.01	0.00	0.56	0.50	0.58	0.35	2.03
浙江	2014	0.00	0.00	0.04	0.09	0.31	0.00	0.00	0.34	0.56	0.50	0.29	2.61
安徽	2014	2.10	0.00	2.27	0.77	1.31	0.02	0.00	1.36	1.14	1.56	1.86	0.98

续表

地区	年份	煤炭开采和洗选业	石油和天然气开采业	黑色金属矿采选业	有色金属矿采选业	非金属矿采选业	开采辅助活动	其他采矿业	农副食品加工业	食品制造业	酒、饮料和精制茶制造业	烟草制品业	纺织业
福建	2014	0.24	0.00	0.42	0.41	1.15	0.00	0.00	1.34	1.97	1.88	0.63	1.33
江西	2014	0.60	0.00	0.87	2.75	1.34	0.00	0.00	0.76	0.87	0.73	1.11	0.87
山东	2014	1.55	2.64	0.93	1.41	1.13	1.46	2.14	3.11	1.40	1.12	0.63	2.29
河南	2014	1.73	1.26	0.41	2.63	1.28	1.51	0.00	1.79	2.13	1.42	1.49	1.21
湖北	2014	0.17	0.61	1.03	0.32	2.16	1.54	3.83	1.47	1.22	1.86	1.05	1.53
湖南	2014	1.14	0.00	0.89	3.45	2.18	0.00	4.53	1.40	1.55	1.14	3.41	0.57
广东	2014	0.00	0.06	0.13	0.13	0.43	0.04	0.00	0.36	0.86	0.50	0.33	0.76
广西	2014	0.15	0.01	0.81	2.08	1.53	0.04	1.69	1.49	0.84	1.56	0.72	0.43
海南	2014	0.00	0.02	1.42	0.10	0.31	0.00	0.00	0.70	0.58	0.63	0.50	0.03
重庆	2014	1.27	0.08	0.30	0.07	1.00	3.84	1.67	0.73	0.62	0.65	0.88	0.21
四川	2014	1.12	1.10	1.05	1.32	1.68	0.00	0.00	1.10	1.08	3.06	0.56	0.55
贵州	2014	3.46	0.00	0.48	0.41	5.68	0.00	0.00	0.27	0.34	2.33	2.61	0.05
云南	2014	0.94	0.00	1.15	3.39	1.00	0.79	0.00	0.66	0.57	0.97	9.87	0.06
西藏	2014	0.00	0.00	0.90	3.86	0.10	0.80	0.00	0.10	0.14	0.62	0.00	0.02
陕西	2014	1.51	5.12	0.70	1.18	0.65	0.00	0.00	0.53	0.67	0.89	1.64	1.33
甘肃	2014	1.09	2.32	0.56	1.62	0.55	0.00	0.00	0.49	0.45	0.66	1.05	0.09
青海	2014	0.65	8.95	0.76	2.04	1.74	0.00	0.00	0.39	0.45	0.94	0.00	0.15
宁夏	2014	3.51	0.10	0.37	0.00	0.09	0.00	0.00	0.61	1.51	0.68	0.58	0.65
新疆	2014	0.74	5.48	1.01	1.02	0.38	7.01	0.00	0.49	0.72	0.45	0.24	0.35

附录 / 313

附表 5-2 2014年中国工业区位商（二）

地区	纺织服装、服饰业	皮革、毛皮、羽毛及其制品和制鞋业	木材加工和木、竹、藤、棕、草制品业	家具制造业	造纸和纸制品业	印刷和记录媒介复制业	文教、工美、体育和娱乐用品制造业	石油加工、炼焦和核燃料加工业	化学原料和化学制品制造业	医药制造业	化学纤维制造业	橡胶和塑料制品业	非金属矿物制品业	黑色金属冶炼和压延加工业
北京	0.24	0.02	0.04	0.31	0.10	0.64	0.07	0.35	0.17	0.79	0.03	0.15	0.23	0.04
天津	1.46	0.23	0.12	0.92	0.98	0.94	0.85	1.03	0.74	1.60	0.09	1.14	0.39	2.19
河北	0.41	1.82	0.45	0.66	0.95	0.91	0.56	1.66	1.10	1.08	0.77	0.92	1.13	4.27
山西	0.05	0.01	0.05	0.03	0.10	0.21	0.04	4.81	0.78	0.56	0.00	0.14	0.60	1.85
内蒙古	0.25	0.05	0.70	0.07	0.24	0.14	0.06	3.30	1.16	0.78	0.01	0.19	0.64	2.03
辽宁	0.74	0.13	1.17	0.95	0.59	0.45	0.25	2.97	0.82	0.69	0.40	1.16	1.16	2.51
吉林	0.15	0.03	2.53	0.46	0.54	0.35	0.07	0.50	0.99	3.30	0.93	0.40	1.00	0.61
黑龙江	0.03	0.03	1.02	0.50	0.36	0.17	0.13	2.15	0.31	0.93	0.03	0.22	0.36	0.25
上海	0.59	0.32	0.21	1.05	0.65	0.90	0.44	0.56	0.68	0.79	0.23	1.07	0.29	0.27
江苏	1.82	0.58	1.54	0.51	0.94	1.28	1.34	0.42	1.64	1.04	4.00	1.18	0.79	1.14
浙江	2.21	2.08	0.69	2.37	1.49	1.18	1.59	0.16	0.84	0.96	4.32	1.66	0.55	0.62
安徽	1.73	0.67	1.46	0.81	0.81	1.52	1.05	0.24	0.99	1.19	0.77	1.34	1.35	1.07
福建	2.38	6.20	1.99	1.50	1.96	1.07	2.64	0.24	0.56	0.40	2.33	1.45	1.59	0.67
江西	1.69	1.71	1.26	1.03	0.86	1.08	1.08	0.86	1.28	1.59	0.39	0.59	1.58	0.66

续表

地区	纺织服装、服饰业	皮革、毛皮、羽毛及其制品和制鞋业	木材加工和木、竹、藤、棕、草制品业	家具制造业	造纸和纸制品业	印刷和记录媒介复制业	文教、工美、体育和娱乐用品制造业	石油加工、炼焦和核燃料加工业	化学原料和化学制品制造业	医药制造业	化学纤维制造业	橡胶和塑料制品业	非金属矿物制品业	黑色金属冶炼和压延加工业
山东	1.15	0.57	2.03	1.01	1.81	1.04	1.41	1.88	1.97	1.61	0.62	1.57	1.47	1.10
河南	0.74	1.00	1.36	0.97	1.39	1.17	1.01	0.77	1.02	1.38	0.61	0.79	2.07	0.90
湖北	0.98	0.35	0.74	0.38	0.87	0.93	0.22	0.30	1.17	1.33	0.49	0.80	1.15	1.15
湖南	0.39	0.99	1.77	0.67	1.52	0.98	0.45	0.69	2.22	0.91	0.19	0.43	1.73	0.89
广东	2.06	2.37	0.59	2.68	1.54	2.31	3.22	0.25	0.64	0.52	0.30	2.30	0.96	0.26
广西	0.28	0.54	3.83	0.44	1.62	0.59	0.83	0.21	0.80	0.83	0.00	0.42	1.40	0.86
海南	0.00	0.00	0.28	0.09	0.77	0.11	0.01	0.43	0.16	1.13	0.00	0.09	0.26	0.04
重庆	0.25	0.45	0.32	0.46	0.64	0.70	0.21	0.20	0.72	1.01	0.07	0.67	0.90	0.56
四川	0.15	0.48	0.68	1.74	0.88	0.88	0.13	0.40	0.99	1.28	0.85	0.63	1.14	1.16
贵州	0.09	0.15	0.68	0.12	0.24	0.16	0.07	0.32	0.74	1.08	0.00	0.34	0.80	0.71
云南	0.05	0.05	0.52	0.05	0.37	0.46	0.15	0.67	0.70	0.53	0.04	0.30	0.47	0.79
西藏	0.00	0.00	0.36	0.00	0.08	0.35	0.05	0.00	0.05	0.43	0.00	0.00	0.28	0.01
陕西	0.11	0.03	0.12	0.11	0.44	0.48	0.02	2.20	0.62	0.72	0.09	0.34	0.59	0.45
甘肃	0.04	0.08	0.01	0.03	0.22	0.35	0.03	2.26	0.55	0.42	0.04	0.18	0.55	1.35
青海	0.27	0.00	0.00	0.00	0.02	0.27	0.56	0.54	2.31	0.73	0.00	0.05	0.58	1.71
宁夏	0.08	0.09	0.07	0.27	0.89	0.55	0.03	6.70	1.87	0.70	0.00	0.41	0.76	1.71
新疆	0.02	0.01	0.05	0.20	0.23	0.11	0.02	2.88	0.88	0.17	1.25	0.24	0.61	0.70

附表 5-3 2014 年中国工业区位商（三）

地区	有色金属冶炼和压延加工业	金属制品	通用设备制造	专用设备制造	汽车制造	铁路、船舶、航空航天运输设备制造	电气机械和器材制造	计算机、通信和电子设备制造	仪器仪表制造	其他制造	废弃资源综合利用业	金属制品、机械和设备修理业	电力、热力生产和供应业	燃气生产和供应业	水的生产和供应业
北京	0.07	0.27	0.28	0.50	0.72	0.46	0.22	0.34	0.75	0.39	0.11	1.21	0.57	1.11	0.64
天津	0.88	1.70	1.23	1.93	1.70	2.45	0.69	1.35	0.72	1.97	3.01	0.85	0.79	1.53	0.76
河北	0.44	1.47	0.86	1.16	1.09	0.85	0.67	0.26	0.43	0.44	0.70	1.74	1.50	1.64	1.27
山西	0.98	0.32	0.23	0.58	0.14	0.35	0.09	0.47	0.12	0.17	0.07	1.16	1.18	1.41	0.96
内蒙古	2.31	0.70	0.24	0.20	0.17	0.15	0.14	0.02	0.01	0.29	0.54	0.55	2.44	1.53	1.53
辽宁	0.89	1.23	2.17	1.37	0.87	1.60	0.69	0.25	0.68	0.59	1.14	2.92	1.26	1.64	1.88
吉林	0.43	0.31	0.31	0.54	3.20	0.70	0.17	0.06	0.21	0.23	0.58	0.46	1.75	0.93	1.34
黑龙江	0.15	0.23	0.49	0.37	0.18	0.64	0.16	0.02	0.22	0.52	0.16	0.29	2.06	1.07	0.78
上海	0.30	1.08	1.39	0.95	1.37	0.93	0.98	1.32	1.09	0.70	0.32	3.03	0.32	0.98	0.78
江苏	0.83	1.59	1.89	1.81	0.97	2.08	1.90	2.30	2.67	1.13	0.94	0.32	0.47	0.70	0.82
浙江	0.72	1.62	2.21	1.12	1.24	1.02	2.04	0.72	2.07	2.62	1.76	1.98	0.64	0.46	1.08
安徽	1.01	1.09	1.24	1.21	1.42	0.57	1.56	0.61	0.58	0.84	2.37	1.46	1.01	1.10	0.97
福建	0.67	0.70	0.68	0.63	0.62	0.68	0.87	0.89	0.93	3.66	0.50	1.46	0.68	0.57	0.68
江西	3.04	0.51	0.53	0.55	0.70	0.28	1.31	0.71	0.57	0.80	1.23	0.08	0.91	0.94	1.04
山东	1.19	1.32	1.73	1.69	1.22	0.88	0.84	0.55	0.84	0.50	0.50	0.33	0.94	0.98	0.92
河南	1.69	0.78	0.95	1.55	0.79	0.72	0.63	0.76	0.94	0.84	0.77	0.67	0.98	0.96	0.96

续表

地区	有色金属冶炼和压延加工业	金属制品业	通用设备制造	专用设备制造	汽车制造	铁路、船舶、航空航天运输设备制造	电气机械和器材制造	计算机、通信和其他电子设备制造	仪器仪表制造	其他制造	废弃资源综合利用业	金属制品、机械和设备修理业	电力、热力生产和供应业	燃气生产和供应业	水的生产和供应业
湖北	0.61	0.83	0.66	0.80	3.32	1.02	0.65	0.43	0.64	1.35	1.19	1.40	0.89	0.82	1.14
湖南	1.91	0.70	0.84	1.48	0.65	1.03	0.57	0.65	0.61	1.19	1.74	0.44	1.37	0.77	1.53
广东	0.70	2.01	0.91	0.96	0.72	0.76	2.64	3.46	1.94	1.33	2.30	0.97	0.73	0.53	1.16
广西	1.50	0.37	0.33	0.60	1.35	0.60	0.29	0.43	0.20	0.38	1.09	0.06	1.60	0.39	1.01
海南	0.04	0.10	0.01	0.04	0.26	0.07	0.17	0.03	0.32	0.00	0.30	1.17	0.83	0.84	1.24
重庆	0.65	0.70	0.66	0.47	2.71	4.06	0.50	0.81	1.01	1.26	0.52	0.83	0.91	1.66	0.82
四川	0.47	0.59	0.77	0.87	0.71	0.80	0.48	0.89	0.20	0.79	0.67	1.06	1.00	1.95	1.18
贵州	0.63	0.31	0.17	0.15	0.23	1.35	0.11	0.09	0.13	0.94	0.27	0.08	1.90	1.05	0.84
云南	2.27	0.15	0.12	0.14	0.14	0.04	0.13	0.03	0.22	0.22	0.51	0.00	1.15	0.71	0.53
西藏	0.00	0.00	0.00	0.00	0.00	0.00	0.01	0.00	0.00	0.00	0.00	0.00	0.71	0.00	0.28
陕西	1.31	0.41	0.46	0.66	0.74	2.22	0.35	0.21	0.88	0.15	0.32	0.88	1.14	1.30	0.66
甘肃	2.61	0.18	0.15	0.39	0.01	0.10	0.15	0.07	0.06	0.74	0.62	1.48	1.81	1.15	0.72
青海	4.75	0.08	0.28	0.04	0.08	0.01	0.14	0.00	0.14	0.27	0.00	0.19	1.32	0.22	0.71
宁夏	3.54	0.35	0.42	0.44	0.01	0.04	0.24	0.00	0.26	0.52	0.70	0.00	2.54	1.74	1.17
新疆	1.17	0.15	0.04	0.07	0.03	0.00	0.16	0.00	0.01	0.00	0.06	0.26	1.38	2.03	0.41

数据来源:《中国工业统计年鉴2015》。

附录（六） 中国服务业集聚水平

附表 6-1　2014年中国服务业区位商

地区	批发和零售业	交通运输、仓储和邮政业	住宿和餐饮业	信息传输、软件和信息技术服务业	金融业	房地产业	租赁和商务服务业	科学研究和技术服务业	水利、环境和公共设施管理业	居民服务、修理和其他服务业	教育	卫生和社会工作	文化、体育和娱乐业	公共管理、社会保障和社会组织
北京	1.97	1.69	2.53	4.39	1.84	2.46	3.81	3.54	0.89	2.82	0.64	0.76	2.89	0.71
天津	1.20	1.03	1.28	0.70	0.97	1.03	0.92	1.62	0.94	9.02	0.62	0.71	0.89	0.60
河北	0.88	0.94	0.61	0.71	1.36	0.73	0.86	0.99	1.18	0.55	1.45	1.22	1.01	1.50
山西	0.86	1.15	0.70	0.66	1.11	0.36	0.72	0.72	1.41	0.75	1.23	0.97	1.36	1.48
内蒙古	0.72	1.50	0.90	0.90	1.21	0.75	0.61	0.92	1.87	0.72	1.24	1.11	1.46	1.63
辽宁	0.83	1.20	0.70	1.06	1.18	0.99	0.78	1.14	1.64	1.02	0.95	1.17	1.00	0.92
吉林	0.77	1.04	0.57	1.07	1.11	0.86	0.71	1.06	1.67	1.23	1.16	1.21	1.31	1.22
黑龙江	0.85	1.30	0.63	0.92	1.21	0.60	0.56	1.14	1.54	2.31	1.07	1.13	1.14	1.14
上海	2.47	1.68	2.38	2.08	1.64	1.79	3.06	1.55	0.90	2.47	0.48	0.66	1.10	0.36
江苏	0.76	0.66	0.78	0.98	0.67	0.63	0.79	0.60	0.64	0.57	0.62	0.66	0.61	0.50
浙江	0.78	0.63	0.79	0.81	1.11	0.81	1.05	0.65	0.72	0.57	0.67	0.85	0.82	0.70
安徽	0.92	0.88	0.73	0.77	1.10	0.91	0.47	0.82	1.07	0.42	1.31	1.22	0.82	1.05
福建	0.85	0.78	0.96	0.59	0.81	0.99	0.73	0.58	0.60	0.56	0.81	0.72	0.77	0.65

续表

地区	批发和零售业	交通运输、仓储和邮政业	住宿和餐饮业	信息传输、软件和信息技术服务业	金融业	房地产业	租赁和商务服务业	科学研究和技术服务业	水利、环境和公共设施管理业	居民服务、修理和其他服务业	教育	卫生和社会工作	文化、体育和娱乐业	公共管理、社会保障和社会组织
江西	0.78	0.95	0.56	0.84	0.85	0.56	0.41	0.53	1.04	0.42	1.16	1.04	0.81	1.20
山东	1.02	0.83	0.78	0.73	0.99	0.92	0.69	0.65	0.90	0.59	1.01	1.05	0.70	1.00
河南	0.99	0.85	0.64	0.48	0.70	0.75	0.55	0.66	0.81	0.52	1.14	1.02	0.85	1.14
湖北	1.17	1.03	0.95	0.81	0.82	0.80	0.54	0.96	1.00	0.55	1.04	1.23	1.01	0.96
湖南	0.71	0.89	0.90	0.69	1.21	0.91	0.62	0.97	1.08	0.73	1.30	1.44	1.11	1.55
广东	1.00	0.92	1.19	0.95	0.71	1.29	1.25	0.72	0.60	0.92	0.67	0.68	0.73	0.60
广西	0.68	1.10	0.79	0.61	0.95	0.91	1.12	1.09	1.62	0.48	1.63	1.68	1.06	1.32
海南	1.20	1.13	4.05	0.86	1.08	3.31	1.00	0.97	1.87	0.96	1.34	1.27	1.49	1.49
重庆	1.13	1.40	1.04	0.62	1.03	1.36	1.19	0.83	0.90	0.88	1.04	0.97	0.79	0.81
四川	0.82	1.08	0.90	1.10	0.97	0.99	0.64	1.17	1.11	0.54	1.24	1.26	0.98	1.22
贵州	0.94	0.77	0.81	0.59	0.89	1.18	0.60	1.13	1.11	1.03	1.77	1.34	0.82	1.79
云南	1.27	0.86	1.31	0.67	0.78	1.20	0.90	1.08	1.23	0.81	1.51	1.32	1.02	1.39
西藏	0.63	0.59	0.97	0.84	0.89	0.14	0.63	1.52	0.42	1.49	1.53	1.25	2.71	4.82
陕西	1.05	1.18	1.44	1.09	1.01	0.94	0.67	1.54	1.29	0.80	1.22	1.11	1.09	1.26
甘肃	0.64	0.99	0.81	0.57	0.88	0.77	0.48	1.18	1.51	0.27	1.52	1.17	1.19	1.81
青海	0.75	1.38	0.60	0.77	1.12	0.58	0.51	1.63	1.07	0.38	1.24	1.36	1.79	1.77
宁夏	0.76	1.13	0.60	0.59	1.50	0.93	1.06	0.86	1.95	0.33	1.29	1.32	1.54	1.58
新疆	0.54	1.17	0.48	0.48	0.91	0.65	0.95	0.93	1.20	0.54	1.27	1.25	1.19	1.83

数据来源：《中国统计年鉴2015》。

参考文献

安虎森：《产业转移、空间聚集与区域协调》，南开大学出版社 2014 年版。

安虎森：《新经济地理学原理（第二版）》，经济科学出版社 2009 年版。

白重恩、杜颖娟、陶志刚、仝月婷：《地方保护主义及产业地区集中度的决定因素和变动趋势》，《经济研究》2004 年第 4 期。

蔡昉、王德文：《比较优势差异、变化及其对地区差距的影响》，《中国社会科学》2002 年第 5 期。

蔡昉：《中国经济增长如何转向全要素生产率驱动型》，《中国社会科学》2013 年第 1 期。

蔡翼飞、张车伟：《地区差距的新视角：人口与产业分布不匹配研究》，《中国工业经济》2012 年第 5 期。

蔡之兵、张可云：《中国城市规模体系与城市发展战略》，《经济理论与经济管理》2015 年第 8 期。

曹子阳、吴志峰、匡耀求、黄宁生：《DMSP/OLS 夜间灯光影像中国区域的校正及应用》，《地球信息科学学报》2015 年第 9 期。

陈才：《区域经济地理学》，科学出版社 2001 年版。

陈栋生：《经济布局与区域经济研究》，东北财经大学出版社 1990 年版。

陈栋生：《经济布局与区域经济》，中国社会科学出版社 2013 年版。

陈栋生：《中国产业布局研究》，经济科学出版社 1988 年版。

陈国亮、陈建军：《产业关联、空间地理与二三产业共同集聚——来自中国 212 个城市的经验考察》，《管理世界》2012 年第 4 期。

陈建军、陈国亮、黄洁:《新经济地理学视角下的生产性服务业集聚及其影响因素研究——来自中国 222 个城市的经验证据》,《管理世界》2009 年第 4 期。

陈建军、崔春梅、陈菁菁:《集聚经济、空间连续性与企业区位选择——基于中国 265 个设区城市数据的实证研究》,《管理世界》2011 年第 6 期。

陈建军、刘月、邹苗苗:《产业协同集聚下的城市生产效率增进——基于融合创新与发展动力转换背景》,《浙江大学学报》(人文社会科学版) 2016 年第 3 期。

陈明星、李扬等:《胡焕庸线两侧的人口分布于城镇化格局趋势——尝试回答李克强总理之问》,《地理学报》2016 年第 2 期。

陈强:《高级计量经济学及 Stata 应用(第二版)》,高等教育出版社 2014 年版。

陈强远、钱学锋、李敬子:《中国大城市的企业生产率溢价之谜》,《经济研究》2016 年第 3 期。

陈曦、席强敏、李国平:《制造业内部产业关联与空间分布关系的实证研究》,《地理研究》2015 年第 10 期。

陈秀山、张可云:《区域经济理论》,商务印书馆 2003 年版。

陈永伟、胡伟民:《价格扭曲、要素错配和效率损失:理论和应用》,《经济学(季刊)》2011 年第 4 期。

程大中:《中国服务业与经济增长:一般均衡模型及其经验研究》,《世界经济》2010 年第 10 期。

程大中:《中国生产者服务业的增长、结构变化及其影响——基于投入—产出法的分析》,《财贸经济》2006 年第 10 期。

邓仲良、张可云:《产业—空间匹配问题的研究回顾与最新进展》,2017 年第 11 期。

邓仲良、张可云:《产业政策有效性分析框架与中国实践》,《中国流通经济》2017 年第 10 期。

丁守海、陈秀兰、许珊:《服务业能长期促进中国就业增长吗?》,《财贸经济》2014 年第 8 期。

董晓芳、袁燕:《企业创新、生命周期与聚集经济》,《经济学(季刊）》2014年第2期。

董直庆、王林辉：《要素错配、异质性要素发展和适宜性技术进步前沿文献述评》，《学术交流》2013年第1期。

杜丽虹：《服务特性、经验效应与中国服务业外商投资——基于生产性与消费性服务业的实证研究》，《世界经济研究》2011年第9期。

范剑勇、冯猛、李方文：《产业集聚与企业全要素生产率》，《世界经济》2014年第5期。

范子英、彭飞、刘冲：《政治关联与经济增长——基于卫星灯光数据的研究》，《经济研究》2016年第1期。

方军雄：《所有制、市场化进程与资本配置效率》，《管理世界》2007年第11期。

傅江帆、贺灿飞、沈昊婧：《中国城市生产效率差异——集聚效应还是企业选择效应？》，《城市发展研究》2013年第4期。

傅元海、叶祥松、王展祥：《制造业结构变迁与经济增长效率提高》，《经济研究》2016年第8期。

龚关、胡关亮：《中国制造业资源配置效率与全要素生产率》，《经济研究》2013年第4期。

顾乃华：《我国城市生产性服务业集聚对工业的外溢效应及其区域边界——基于HLM模型的实证研究》，《财贸经济》2011年第5期。

郭永德、高金环、马洪兵：《Suomi – NPP夜间灯光数据与GDP的空间关系分析》，《清华大学学报》（自然科学版）2016年第10期。

国家统计局：《生产性服务业分类（2015）》，2015年6月4日。

国务院：《关于调整城市规模划分标准的通知》（国发2014 – 51号）》2014年11月20日。

国务院：《中华人民共和国国民经济和社会发展第十三个五年规划纲要》2016年3月17日。

韩彪、张兆民：《区域间运输成本、要素流动与中国区域经济增长》，《财贸经济》2015年第8期。

韩国珍、李国璋：《要素错配与中国工业增长》，《经济问题》2015年第1期。

郝大江：《基于要素适宜度视角的区域经济增长机制研究》，《财经研究》2011 年第 2 期。

郝宏杰、付文林：《劳动力技术禀赋与消费性服务业增长——来自中国省级层面的经验证据》，《财贸研究》2015 年第 2 期。

何建武：《城市规模与城市产业结构的关系研究》，《经济与管理研究》2015 年第 8 期。

贺灿飞、郭琪等：《集聚经济、技术关联与中国产业发展》，经济科学出版社 2016 年版。

贺灿飞、潘峰华：《中国制造业地理集聚的成因与趋势》，《南方经济》2011 年第 6 期。

贺灿飞：《中国制造业地理集中与集聚》，科学出版社 2009 年版。

贺灿飞、朱彦刚、朱晟君：《产业特性、区域特征与中国制造业省区集聚》，《地理学报》2010 年第 10 期。

胡安俊：《产业生命周期：企业家精神、聚集、匹配、转移、空间结构的综合研究》，中国人民大学出版社 2016 年版。

胡安俊、孙久文、胡浩：《产业转移：理论学派与研究方法》，《产业经济评论》2014 年第 1 期。

胡安俊、孙久文：《中国制造业转移的机制、次序与空间模式》，《经济学（季刊）》2014 年第 10 期。

胡焕庸：《中国人口之分布：附统计表与密度图》，《地理学报》1935 年第 2 期。

胡健、董春诗：《产业集聚测度方法适用条件考辩》，《统计与信息论坛》2013 年第 1 期。

胡乃武、张可云：《统筹中国区域发展问题研究》，《经济理论与经济管理》2004 年第 1 期。

胡霞：《中国城市服务业空间集聚变动趋势研究》，《财贸经济》2008 年第 6 期。

胡欣、邵秦、李夫珍：《中国经济地理》（修订版），胡欣修订，立信会计出版社 1994 年版。

胡尊国、王耀中、尹国君：《劳动力流动、协同集聚与城市结构匹配》，《财经研究》2015 年第 12 期。

黄海峰、葛林、王美昌：《欠发达地区产业承接的重点行业选择》，

《经济问题探索》2014年第11期。

黄浩:《匹配能力、市场规模与电子市场的效率——长尾与搜索的均衡》,《经济研究》2014年第7期。

黄玖立、李坤望:《出口开放、地区市场规模和经济增长》,《经济研究》2006年第6期。

黄相怀:《空间不匹配理论与我国城市管理》,《城市管理与科技》2008年第4期。

黄信灶、靳涛:《体制弹性、增长匹配与经济增长——基于中国转型期经济增长的新解读》,《财贸经济》2014年第4期。

黄志基、贺灿飞:《制造业创新投入与中国城市经济增长质量研究》,《中国软科学》2013年第2期。

惠炜、韩先锋:《生产性服务业集聚促进了地区劳动生产率吗?》,《数量经济技术经济研究》2016年第10期。

纪韶、朱志胜:《中国城市群人口流动与区域经济发展平衡性研究——基于全国第六次人口普查长表数据的分析》,《经济理论与经济管理》2014年第2期。

季书涵、朱英明、张鑫:《产业集聚的资源错配效应研究》,《数量经济技术经济研究》2017年第4期。

江曼琦、席强敏:《生产性服务业与制造业的产业关联与协同集聚》,《南开学报》(哲学社会科学版)2014年第1期。

江小娟等:《服务经济——理论演进与产业分析》,人民出版社2014年版。

姜彩楼、徐康宁:《区位条件、中央政策与高新区绩效的经验研究》,《世界经济》2009年第5期。

金培振、张亚斌、邓孟平:《区域要素市场分割与要素配置效率的时空演变及关系》,《地理研究》2015年第5期。

金煜、陈钊、陆铭:《中国的地区工业集聚:经济地理、新经济地理与经济政策》,《经济研究》2006年第4期。

柯善咨、向娟:《1996—2009年中国城市固定资本存量估算》,《统计研究》2012年第7期。

柯善咨、赵曜:《产业结构、城市规模与中国城市生产率》,《经济研究》2014 年第 4 期。

李惠娟：《需求结构与中国服务业增长——基于区域间投入产出分析的视角》，《产业经济研究》2013 年第 4 期。

李慧中、王海文：《结构演进、空间布局与服务业的发展——来自长三角的经验研究》，《复旦学报》（社会科学版）2007 年第 5 期。

李佳洺、张文忠、孙铁山、张爱平：《中国城市群集聚特征与经济绩效》，《地理学报》2014 年第 4 期。

李善同、李华香：《城市服务行业分布格局特征及演变趋势研究》，《产业经济研究》2014 年第 5 期。

李文秀：《服务业 FDI 能促进服务业集聚吗?》，《财贸经济》2012 年第 3 期。

李晓萍、李平、吕大国、江飞涛：《经济集聚、选择效应与企业生产率》，《管理世界》2015 年第 4 期。

李旭超、罗德明、金祥荣：《资源错置与中国企业规模分布特征》，《中国社会科学》2017 年第 2 期。

李子奈、潘文卿：《计量经济学》（第三版），高等教育出版社 2010 年版。

梁婧、张庆华、龚六堂：《城市规模与劳动生产率：中国城市规模是否过小？——基于中国城市数据的研究》，《经济学》（季刊）2015 年第 3 期。

梁琦：《分工、集聚与增长》，商务印书馆 2009 年版。

梁琦：《空间经济学：过去、现在与未来——兼评〈空间经济学：城市、区域与国际贸易〉》，《经济学》（季刊）2005 年第 3 期。

梁琦、李晓萍、简泽：《异质性企业的空间选择与地区生产率差距研究》，《统计研究》2013 年第 6 期。

梁文泉、陆铭：《后工业化时代的城市：城市规模影响服务业人力资金外部性的微观证据》，《经济研究》2016 年第 12 期。

林毅夫、苏剑：《新结构经济学》，北京大学出版社 2012 年版。

林毅夫、孙希芳、姜烨：《经济发展中的最优金融结构理论初探》，《经济研究》2009 年第 8 期。

林毅夫、张鹏飞：《后发优势、技术引进和落后国家的经济增长》，

《经济学》(季刊)2005年第5期。

刘长全:《溢出效应、边界选择与产业集聚测度》,《产业经济研究》2007年第4期。

刘凤良、章潇萌:《中国经济增长进程中的动能切换与结构转型》,《中国人民大学学报》2016年第5期。

刘海洋、刘玉海、袁鹏:《集群地区生产率优势的来源识别:集聚效应抑或选择效应?》,《经济学》(季刊)2015年第3期。

刘红光、刘卫东、刘志高:《区域间产业转移定量测度研究——基于区域间投入产出表分析》,《中国工业经济》2011年第6期。

刘红光、王云平、季璐:《中国区域间产业转移特征、机理与模式研究》,《经济地理》2014年第1期。

刘辉煌、李峰峰:《动态耦合视角下的收入分配、消费需求与经济增长》,《中国软科学》2013年第12期。

刘军、杨浩昌、张三峰:《中国基本公共服务供给的决定因素研究》,《南京社会科学》2015年第5期。

刘伟、李绍荣:《所有制变化与经济增长和要素效率提升》,《经济研究》2001年第1期。

刘鑫、贺灿飞:《技术关联与城市产业增长研究》,《地理研究》2016年第4期。

刘兴凯、张诚:《中国服务业全要素生产率增长及其收敛分析》,《数量经济技术经济研究》2010年第3期。

刘修岩:《空间效率与区域平衡:对中国省级层面集聚效应的检验》,《世界经济》2014年第1期。

刘修岩、李松林、秦蒙:《开发时滞、市场不确定性与城市蔓延》,《经济研究》2016年第8期。

刘奕、夏杰长、李垚:《生产性服务业集聚与制造业升级》,《中国工业经济》2017年第7期。

刘颖、郭琪、贺灿飞:《城市区位条件与企业区位动态研究》,《地理研究》2016年第7期。

刘宇春、景维民:《中国转型期投资效率下降的所有制结构解析》,《南开经济研究》2011年第1期。

刘再兴：《刘再兴文集》，经济管理出版社 2017 年版。

刘再兴：《中国生产力总体布局研究》，中国物价出版社 1995 年版。

鲁晓东、连玉君：《中国工业企业全要素生产率估计：1999—2007》，《经济学》（季刊）2012 年第 2 期。

陆大道、陈明星：《关于"国家新型城镇化规划（2014—2020）"编制大背景的几点认识》，《地理学报》2015 年第 2 期。

陆大道：《论区域的最佳结构与最佳发展——提出"点轴系统"和"T"型结构以来的回顾》，《地理学报》2001 年第 2 期。

陆大道、孙东琪：《关于经济增长支撑系统领域的进展》，《地理科学进展》2016 年第 6 期。

陆铭：《城市、区域和国家发展——空间政治经济学的现在与未来》，《经济学》（季刊）2017 年第 4 期。

陆铭：《空间的力量：地理、政治与城市发展》，格致出版社 2013 年版。

聂辉华、贾瑞雪：《中国制造业企业生产率与资源误置》，《世界经济》2011 年第 7 期。

聂辉华、江艇、杨汝岱：《中国工业企业数据库的使用现状和潜在问题》，《世界经济》2012 年第 5 期。

宁吉喆：《新常态下的服务业：理论与实践》，中国统计出版社 2017 年版。

牛艳华、许学强：《高新技术产业区位研究进展综述》，《地理与地理信息科学》2005 年第 3 期。

潘竟虎、刘伟圣：《基于腹地划分的中国城市群空间影响范围识别》，《地球科学进展》2014 年第 3 期。

庞瑞芝、邓忠奇：《服务业生产率真的低吗？》，《经济研究》2014 年第 12 期。

彭国华：《技术能力匹配、劳动力流动与中国地区差距》，《经济研究》2015 年第 1 期。

乔红芳、沈利生：《要素合理配置视角下中国潜在产出测算》，《宏观经济研究》2015 年第 12 期。

秦蒙、刘修岩、李松林：《中国的"城市蔓延之谜"——来自政府行为视角的空间面板数据分析》,《经济学动态》2016年第7期。

渠慎宁、吕铁:《产业结构升级意味着服务业更重要吗?——论工业与服务业互动发展对中国经济增长的影响》,《财贸经济》2016年第3期。

人力资本结构研究课题组:《人力资本与物质资本的匹配及其效率影响》,《统计研究》2012年第4期。

沈体雁、齐子翔、王彦博:《京津冀产业区际有序转移的市场设计——基于双边匹配算法》,《经济学家》2016年第4期。

盛龙、陆根尧:《中国生产性服务业集聚及其影响因素研究——基于行业和地区层面的分析》,《南开经济研究》2013年第5期。

石敏俊等:《中国省区间投入产出模型与区际经济联系》,科学出版社2012年版。

石莹:《搜寻匹配理论与中国劳动力市场》,《经济学动态》2010年第12期。

时磊:《资本市场扭曲与产能过剩:微观企业的证据》,《财贸研究》2013年第5期。

宋一弘、魏玮:《能源消费、技术投入与区域经济增长的实证分析》,《统计与决策》2013年第2期。

苏红键、魏后凯、邓明:《城市集聚经济的多维性及其实证检验》,《财贸经济》2014年第5期。

孙楚仁、陈瑾:《企业生产率异质性是否会影响工业集聚》,《世界经济》2017年第2期。

孙久文等:《21世纪中国生产力总体布局研究》,中国人民大学出版社2014年版。

孙久文、李姗姗、张和侦:《"城市病"对城市经济效率损失的影响》,《经济与管理研究》2015年第3期。

孙久文、姚鹏:《京津冀产业—空间转移、地区专业化与协同发展——基于新经济地理学的分析框架》,《南开学报》(哲学社会科学版)2015年第1期。

孙久文、姚鹏:《单一结构地区转型的原因与路径探讨——以东北地区为例》,《社会科学辑刊》2017年第1期。

孙久文、叶裕民编著：《区域经济学教程（第二版）》，中国人民大学出版社 2010 年版。

孙久文、原倩：《"空间"的崛起及其对新经济地理学发展方向的影响》，《中国人民大学学报》2015 年第 1 期。

孙浦阳、韩帅、许启钦：《产业集聚对劳动生产率的动态影响》，《世界经济》2013 年第 3 期。

孙晓华、郭玉娇：《产业集聚提高了城市生产率吗？——城市规模视角下的门限回归分析》，《财经研究》2013 年第 2 期。

覃成林、熊雪如：《我国制造业产业转移动态演变及特征分析——基于相对净流量指标的测度》，《产业经济研究》2013 年第 1 期。

谭洪波、郑江淮：《中国经济高速增长与服务业滞后并存之谜——基于部门全要素生产率的研究》，《中国工业经济》2012 年第 9 期。

谭洪波：《生产者服务业与制造业的空间集聚：基于贸易成本的研究》，《世界经济》2015 年第 3 期。

唐根年、管志伟、秦辉：《过度集聚、效率损失与生产要素合理配置研究》，《经济学家》2009 年第 11 期。

王丽：《中国城市群的理论、模型与实证》，科学出版社 2016 年版。

王鹏、尤济红：《产业结构调整中的要素配置效率——兼对"结构红利假说"的再检验》，《经济学动态》2015 年第 10 期。

王恕立、胡宗彪：《中国服务业分行业生产率变迁及异质性考察》，《经济研究》2012 年第 4 期。

王恕立、滕泽伟、刘军：《中国服务业生产率变动的差异分析——基于区域及行业视角》，《经济研究》2015 年第 8 期。

王小鲁：《中国城市化路径与城市规模的经济学分析》，《经济研究》2010 年第 10 期。

魏后凯：《区域经济理论与政策》，中国社会科学出版社 2016 年版。

魏后凯：《中国城镇化进程中两极化倾向与规模格局重构》，《中国工业经济》2014 年第 3 期。

吴福象、曹璐：《生产性服务业集聚机制与耦合悖论分析——来自长三角 16 个核心城市的经验证据》，《产业经济研究》2014 年第 4 期。

吴建峰：《经济改革、集聚经济和不均衡增长：中国产业—空间分布的经济学观察 1980—2010》，北京大学出版社 2014 年版。

吴敬琏：《新型城镇化 城市化的效率问题和政策选择》，《中国经济报告》2013 年第 2 期。

习近平：《决胜全面建成小康社会 夺取新时代中国特色社会主义伟大胜利——在中国共产党第十九次全国代表大会上的报告》2017 年 10 月 27 日。

席强敏、陈曦、李国平：《中国城市生产性服务业模式选择研究——以工业效率提升为导向》，《中国工业经济》2015 年第 2 期。

席强敏：《城市效率与城市规模关系的实证分析——基于 2001—2009 年我国城市面板数据》，《经济问题》2012 年第 10 期。

夏怡然、陆铭：《城市间的"孟母三迁"——公共服务影响劳动力流向的经验研究》，《管理世界》2015 年第 10 期。

谢申祥、王孝松：《不对称市场、技术获取与 FDI 的区位选择》，《世界经济研究》2011 年第 11 期。

辛超、张平、袁富华：《资本与劳动力配置结构效应——中国案例与国际比较》，《中国工业经济》2015 年第 2 期。

徐康宁、陈丰龙、刘修岩：《中国经济增长的真实性：基于全球夜间灯光数据的检验》，《经济研究》2015 年第 9 期。

徐康宁、陈健：《跨国公司价值链的区位选择及其决定因素》，《经济研究》2008 年第 3 期。

许长新、林剑婷、宋敏：《水土匹配、空间效应及区域农业经济增长》，《中国人口·资源与环境》2016 年第 7 期。

宣烨：《本地市场规模、交易成本与生产性服务业集聚》，《财贸经济》2013 年第 8 期。

宣烨、余泳泽：《生产性服务业集聚对制造业企业全要素生产率提升研究》，《数量经济技术经济研究》2017 年第 2 期。

薛雅伟、张在旭、李宏勋、栾俊毓：《资源产业—空间集聚与区域经济增长："资源诅咒"效应实证》，《中国人口·资源与环境》2016 年第 8 期。

杨开忠：《区域经济学概念、分支与学派》，《经济学动态》2008 年第

1 期。

杨仁发:《产业集聚与地区工资差距——基于我国 269 个城市的实证研究》,《管理世界》2013 年第 8 期。

杨汝岱:《中国制造业企业全要素生产率研究》,《经济研究》2015 年第 2 期。

杨吾扬:《高等经济地理学》,北京大学出版社 1997 年版。

杨勇:《中国服务业全要素生产率再测算》,《世界经济》2008 年第 10 期。

姚士谋、陈振光、朱英明:《中国城市群》,中国科学技术大学出版社 2001 年版。

姚士谋等:《中国城市群新论》,科学出版社 2016 年版。

姚洋洋、李文秀、张少华:《交易效率对生产服务业发展的影响研究——基于 28 个发达国家面板数据的实证分析》,《中国软科学》2015 年第 5 期。

姚毓春、袁礼、董直庆:《劳动力与资本错配效应:来自十九个行业的经验证据》,《经济学动态》2014 年第 6 期。

叶文辉、楼东玮:《资源错配的经济影响效应研究》,《经济学动态》2014 年第 11 期。

于斌斌:《生产性服务业集聚能提高制造业生产率吗?——基于行业、地区和城市异质性视角的分析》,《南开经济研究》2017 年第 2 期。

于斌斌:《中国城市群产业集聚与经济效率差异的门槛效应研究》,《经济理论与经济管理》2015 年第 3 期。

于斌斌:《中国城市生产性服务业集聚模式选择的经济增长效应——基于行业、地区与城市规模异质性的空间杜宾模型分析》,《经济理论与经济管理》2016 年第 1 期。

余珮:《欧美跨国公司在华离岸研发的空间区位战略比较研究——基于城市层面集群网络的视角》,《经济理论与经济管理》2016 年第 7 期。

余泳泽、刘大勇、宣烨:《生产性服务业集聚对制造业生产效率的外溢效应及其衰减边界——基于空间计量模型的实证分析》,《金融研究》2016 年第 2 期。

袁富华、张平、刘霞辉、楠玉：《增长跨越：经济结构服务化、知识过程和效率模式重塑》，《经济研究》2016年第10期。

张昊：《国内市场如何承接制造业出口调整——产需匹配及国内贸易的意义》，《中国工业经济》2014年第8期。

张浩然：《生产性服务业集聚与城市经济绩效——基于行业和地区异质性视角的分析》，《财经研究》2015年第5期。

张建华、邹凤明：《资源错配对经济增长的影响及其机制研究进展》，《经济学动态》2015年第1期。

张杰：《中国制造业要素配置效率的测算、变化机制与政府干预效应》，《统计研究》2016年第3期。

张军、吴桂英、张吉鹏：《中国省际物质资本存量估算：1952—2000》，《经济研究》2004年第10期。

张可云：《区域科学的兴衰、新经济地理学争论与区域经济学的未来方向》，《经济学动态》2013年第3期。

张可云、杨孟禹：《城市空间错配问题研究进展》，《经济学动态》2015年第12期。

张少华、张天华：《中国工业企业动态演化效率研究：所有制视角》，《数量经济技术经济研究》2015年第3期。

张廷海：《产业集聚与城市化：中国"产城融合"的理论与实证分析》，博士学位论文，中国人民大学，2015年。

张艳、唐宜红、周默涵：《服务贸易自由化是否提高了制造业企业生产效率》，《世界经济》2013年第11期。

张友志：《中国地区产业与就业的空间匹配机制研究：基于地区协同发展的视角》，哈尔滨工程大学出版社2015年版。

张自然、陆明涛：《全要素生产率对中国地区经济增长与波动的影响》，《金融评论》2013年第1期。

赵国庆：《高级计量经济学——理论与方法》，中国人民大学出版社2014年版。

赵曜：《集聚密度、集聚规模与城市生产率——对中国地级及以上城市最优集聚密度的实证研究》，《中南财经政法大学学报》2015年第5期。

赵曦、柯善咨:《筛选效应、异质企业内生集聚与城市生产率》,《财贸经济》2017年第3期。

赵曌、石敏俊、杨晶:《市场邻近、供给邻近与中国制造业空间分布——基于中国省区间投入产出模型的分析》,《经济学》(季刊)2012年第3期。

赵自芳、史晋川:《中国要素市场扭曲的产业效率损失——基于DEA方法的实证分析》,《中国工业经济》2006年第10期。

赵作权:《空间格局统计与空间经济分析》,科学出版社2015年版。

中共中央、国务院:《关于建立更加有效的区域协调发展新机制的意见》2018年11月18日。

中共中央、国务院:《关于建立更加有效的区域协调发展新机制的意见》2018年11月18日。

中共中央、国务院:《国家新型城镇化规划(2014—2020年)》,2014年3月16日。

周黎安、赵鹰妍、李力雄:《资源错配与政治周期》,《金融研究》2013年第3期。

周起业、刘再兴、祝诚、张可云:《区域经济学》,中国人民大学出版社1989年版。

周肖肖、丰超、魏晓平:《能源效率、产业结构与经济增长——基于匹配视角的实证研究》,《经济与管理研究》2015年第5期。

周新苗、钱欢欢:《资源错配与效率损失:基于制造业行业层面的研究》,《中国软科学》2017年第1期。

周一星:《城市地理学》,商务印书馆1995年版。

邹薇、刘红艺:《城市扩张对产业结构与经济增长的空间效应——基于空间面板模型的研究》,《中国地质大学学报》(社会科学版)2014年第3期。

邹薇、刘勇:《技能劳动、经济转型与收入不平等的动态研究》,《世界经济》2010年第6期。

[德]奥古斯特·勒施:《经济空间秩序》,商务印书馆2010年版。

[德]韦伯:《工业区位论》,商务印书馆2013年版。

[德]沃尔特·克里斯塔勒:《德国南部中心地原理》,商务印书馆

2010 年版。

［德］约翰·冯·杜能:《孤立国同农业和国民经济的关系》,吴衡康译,商务印书馆 1986 年版。

［美］埃德加·M. 胡佛:《区域经济学导论》,商务印书馆 1990 年版。

［美］艾萨德:《区位与空间经济——关于产业区位、市场区、土地利用、贸易和城市结构的一般理论》,杨开忠译,北京大学出版社 2011 年版。

［美］霍利斯·钱纳里、谢尔曼·鲁宾逊:《工业化和经济增长的比较研究》,吴奇、王松宝等译,格致出版社 2015 年版。

［美］杰弗里·M. 伍德里奇:《计量经济学导论 现代观点》,张成思、李红、张步昙译,中国人民大学出版社 2015 年版。

［日］藤田昌久、［比］雅克-弗朗斯瓦蒂斯:《集聚经济学:城市、产业区位与全球化》(第二版),石敏俊等译,曾道智校,格致出版社 2016 年版。

Abdel-Rahman, H. M., Anas, A., Theories of Systems of Cities, in J. V., Henderson and J. F., Thisse (eds.), *Handbook of Regional & Urban Economics* (*Volume* 4), Amsterdam: North Holland Publishing Co., 2004: 2293-2339.

Abel, J. R., Deitz, R., "Agglomeration and Job Matching among College Graduates", *Regional Science & Urban Economics*, 51 (11), 2015: 14-24.

Alamá-Sabater, L., Artal-Tur, A., "Industrial Location, Spatial Discrete Choice Models and the Need to Account for Neighborhood Effects", *The Annals of Regional Science*, 47 (2), 2011: 393-418.

Alonso, W., *Location and Land Use*, Cambridge: Harvard University Press, 1964.

Amiti, M., "Location of Vertically Linked Industries: Agglomeration versus Comparative Advantage", *European Economic Review*, 49 (4), 2005: 809-832.

Amiti, M., Pissarides C. A., "Trade and Industrial Location with Heterogeneous Labor", *Journal of International Economics*, 67 (2), 2005: 392–412.

Andersson, F., Burgess, S, Lane, J. I., "Cities, Matching and the Productivity Gains of Agglomeration", *Journal of Urban Economics*, 61 (1), 2007: 112–128.

Andersson, M., Klaesson, J., Larsson, J. P, "The sources of the Urban Wage Premium by Worker Skills: Spatial Sorting or Agglomeration Economies?", *Papers in Regional Science*, 93 (4), 2013: 727–747.

Anselin, L., "The Local Indicators of Spatial Association-LISA", *Geographical Analysis*, 27 (2), 1995: 93–115.

Aoki, S., "A Simple Accounting Framework for the Effect of Resourse Misallocation on Aggregate Productivity", *Journal of the Japanese and International Economies*, 26 (4), 2012: 473–494.

Arellano, M., Bond, S., "Dynamic Panel Data Estimation Using DPD98 for Gauss: A Guide for Users", http://ftp.cemfi.es/pdf/papers/ma/dpd98.pdf, 1998.

Arellano, M., Bond, S., "Some Tests of Specification for Panel Data: Monte Carlo Evidence and An Application to Employment Equations", *Review of Economic Studies*, 58 (2), 1991: 277–297.

Azevedo, E. M., "Imperfect Competition in Two-Sided Matching Markets", *Games & Economic Behavior*, 83 (1), 2014: 207–223.

Baldwin, R. E., "Core-periphery Model with Forward-looking Expectations", *Regional Science and Urban Economics*, 31 (1), 2001: 21–49.

Baldwin, R. E., Okubo, T., "Heterogeneous Firms, Agglomeration and Economic Geography: Spatial Selection and Sorting", *Journal of Economic Geography*, 6 (3), 2006: 323–346.

Banerjee, A. V., Moll, B., "Why does Misallocation Persist?", *American Economic Journal Macroeconomics*, 2 (1), 2010: 189–206.

Baumol, M. J., "Macroeconomics of Unbalanced Growth", *American Economic Review*, 57 (3), 1966: 415–426.

Behrens, K., Duranton, G., Robert-Nicoud, F., "Productive Cities:

Sorting, Selection and Agglomeration", *Journal of Political Economy*, 122 (3), 2014: 507 –553.

Behrens, K., Murata, Y., "Trade, Competition, and Efficiency", *Journal of International Economics*, 87 (1), 2012: 1 –17.

Behrens, K., Ottaviano, G. I. P., Mion, G., "Industry Reallocations in a Globalizing Economy", CEPR Discussion Papers, 2007 (4), 2008: 51 –63.

Behrens, K., Robert-Nicoud, F., "Agglomeration Theory with Heterogeneous Agents", in Duranton, G., J. V., Henderson, and C. W, Strange (eds.), *Handbook in Regional and Urban Economics (Volume 5)*, Amsterdam: North Holland Publishing Co., 2015: 171 –245.

Behrens, K., Robert-Nicoud, F., "Survival of the Fittest in Cities: Urbanization and Inequality", *Economic Journal*, 124 (581), 2014: 1371 –1400.

Berliant, M., Reed III, R. R., Wang, P., "Knowledge Exchange, Matching, and Agglomeration", *Journal of Urban Economics*, 60 (1), 2000: 69 –95.

Billings, S. B., Johnson, E. B., "Agglomeration within an Urban Area", *Journal of Urban Economics*, 91, 2016: 13 –25.

Billings, S. B., Johnson, E. B., "A Non-parametric Test for Industrial Specialization", *Journal of Urban Economics*, 71 (3), 2012,: 312 –331.

Black, D., Henderson, V., "A Theory of Urban Growth", *Journal of Political Economy*, 107 (2), 1999: 252 –284.

Blundell, R., Bond, S., "Initial Conditions and Moment Restrictions in Dynamic Panel Data Models", *Journal of Econometrics*, 87, 1998: 115 –143.

Bombardini, M., Orefice, G., Tito, M. D., "Does Exporting Improve Matching? Evidence from French Employer-Employee Data", NBER Working Papers 113, 2015.

Brandt, L., Tombe, T., Zhu, X. D., "Factor Market Distortions across Time, Space and Sectors in China", *Review of Economic Dynamics*, 16

(1), 2013: 39 - 58.

Briant, A., Combes, P. P., Lafourcade, M., "Dots to Boxes Do the Size and Shape of Spatial Units Jeopardize Economic Geography Estimations", *Journal of Urban Economics*, 67 (3), 2010: 287 - 302.

Brinkman, J. C., "Congestion, Agglomeration, and the Structure of Cities", *Journal of Urban Economics*, 94, 2016: 13 - 31.

Brueckner, J. K., Thisse, J. F., Zenou, Y., "Local Labor Markets, Job Matching, and Urban Location", *International Economic Review*, 43 (1), 2002: 155 - 171.

Calcagnini, G., Giombini, G., Liberati, P., Travaglini, G., "A Matching Model of University-Industry Collaborations", Working Papers Series in Economics, Mathematics and Statistics, 2015.

Chassamboulli, A., "Labor-market Volatility in a Matching Model with Worker Heterogeneity and Endogenous Separations", *Labour Economics*, 24, 2013: 217 - 229.

Christaller, W., *Die Zentralen Orte in Süddeutschland*, Jena: Gustav Fischer Verlag, 1933. English translation: *The Central Places of Southern Germany*, Englewood Cliffs (N. J.): Prentice-Hall, 1966.

Combes, P. P., Duranton, G., Gobillon, L., Puga, D., Roux, S., "The Productivity Advantages of Large Cities: Distinguishing Agglomeration from Firm Selection", *Econometrica*, 80 (6), 2012: 2543 - 2594.

Combes, P. P., Duranton, G., 2006, "Labour pooling, labour poaching, and spatial clustering", Regional Science and Urban Economics, 36 (1), 2006: 1 - 28.

Combes, P. P., Mayer, T, Thisse, J. F., "Economic Geography: The Integration of Regions and Nations", Post-Print halshs - 00754863, HAL, 2008.

Costinot, A., "An Elementary Theory of Comparative Advantage", *Econometrica*, 77 (4), 2009: 1165 - 1192.

Deichmann, U., Lall S. V., Redding, S. J., Venables, A. J., "Industrial Location in Developing Countries", *World Bank Research Observer*,

23 (2), 2008: 219 – 246.

Desmet, K., Rossi-Hansberg, E., "Spatial Growth and Industry Age", *Journal of Economic Theory*, 144 (6), 2007: 2477 – 2502.

Desmet, K., Rossi-Hansberg, E., "Urban Accounting and Welfare", *American Economic Review*, 103 (6), 2011: 2296 – 2327.

Desmet, K., Rossi-Hansberg, E., "Spatial Development", *American Economic Review*, 104 (4), 2014: 1211 – 1243.

Devereux, M. P., Griffith, R., Simpson, H., "The Geographic Distribution of Production Activity in the UK", *Regional Science and Urban Economics*, 34 (5), 2004: 533 – 564.

Diamond, R., "The Determinants and Welfare Implications of US Workers' Diverging Location Choice by Skill: 1980 – 2000", *American Economic Review*, 106 (3), 2016: 479 – 524.

Dixit, A. K., Stiglitz J. E., "Monopolistic Competition and Optimum Product Diversity", *American Economic Review*, 67 (3), 1977: 297 – 308.

Donaldson, D., Storeygard A., "The View from Above: Applications of Satellite Data in Economics", *Journal of Economic Perspectives*, 30 (4), 2016: 171 – 198.

Duranton, G., Kerr, W. R., "The Logic of Agglomeration", NBER Working Papers 21452, National Bureau of Economic Research, 2015.

Duranton, G., Overman, H. G., "Testing for Localisation Using Micro-Geographic Data", *Review of Economic Studies*, 72 (4), 2005: 1077 – 1106.

Duranton, G., Puga, D., "Micro-foundations of Urban Agglomeration Economies", in J. V., Henderson and J. F. Thisse (eds.), *Handbook of Regional & Urban Economics* (*Volume* 4), Amsterdam: North Holland Publishing Co., 2004: 2063 – 2117.

Duranton, G., Puga, D., "Nursery Cities: Urban Diversity, Process Innovation, and the Life-cycle of Products", *American Economic Review*, 91 (5), 2001: 1454 – 1477.

Eeckhout, J., Kircher, P., "Assortative Matching with Large Firms", http://www.janeeckhout.com/, 2016.

Eeckhout, J., Kircher P., "Identifying Sorting-in Theory", *Review of Economic Studies*, 78 (3), 2011: 872-906.

Eeckhout, J., Pinheiro, R., Schmidheiny, K., "Spatial Sorting", *Journal of Political Economy*, 122 (3), 2014: 554-620.

Ellison, G., Glaeser E. L., "Geographic Concentration in US, Manufacturing Industries: A Dartboard Approach", *Journal of Political Economy*, 105 (5), 1997: 889-927.

Ellison, G., Glaeser, E. L., Kerr, W., "What Causes Industry Agglomeration? Evidence from Co-agglomeration Patterns", *American Economic Review*, 100 (3), 2010: 1195-1213.

Epifani, P., Gancia, G., "Trade, Markup Heterogeneity and Misallocations", *Journal of International Economics*, 83 (1), 2011: 1-13.

Essletzbichler, J., "Relatedness, Industrial Branching and Technological Cohesion in US Metropolitan Areas", *Regional Studies*, 49 (5), 2015: 752-766.

Fafchamps, M., "Mobile Capital, Local Externalities, and Industrialization", *Journal of Comparative Economics*, 25 (3), 1997: 345-365.

Figueiredo, O., Guimarães, P., Woodward, D., "Firm-worker Matching in Industrial Clusters", *Journal of Economic Geography*, 14 (1), 2014: 1-19.

Fisher, E. O., Kakkar V., "On the Evolution of Comparative Advantage in Matching Models", *Journal of International Economics*, 64 (1), 2004: 169-193.

Forslid, R., Okubo T., "Spatial Sorting with Heterogeneous Firms and Heterogeneous Sectors", *Regional Science & Urban Economics*, 46 (3), 2014: 42-56.

Foster L., Haltiwanger, J., and Syverson, C., "Reallocation, Firm Turnover, and Efficiency: Selection on Productivity or Profitability?", *American Economic Review*, 98 (1), 2008: 394-425.

Freedman, M. L., "Job Hopping, Earnings Dynamics, and Industrial Agglomeration in the Software Publishing Industry", *Journal of Urban Eco nomics*, 64 (3), 2008: 590 – 600.

Friedmann, J., *Regional Development Policy: A Case Study of Venezuela*, Cambridge: MIT Press, 1966.

Friedmann, J. R. P., "A General Theory of Polarized Development", in N. M., Hansen, *Growth Centers in Regional Economic Development*, New York: The Free Press, 1972.

Fuchs, V. R., *The Service Economy*, New York: Columbia University Press, 1968.

Fujita, M., Krugman, P., Mori, T., "On the Evolution of Hierarchical Urban Systems", *European Economic Review*, 43 (2), 1999: 209 – 251.

Fujita, M., Krugman, P., Venables A. J., *The Spatial Economy: Cities, Regions and International Trade*, Cambridge: MIT Press, 1999.

Fujita, M., Mori, T., "Structural Stability and Evolution of Urban Systems", *Regional Science and Urban Economics*, 27 (4 – 5), 1997: 399 – 442.

Fujita, M., "Thünen and the New Economic Geography", *Regional Science and Urban Economics*, 42 (6), 2012: 907 – 912.

Gilli, F., "Vertically Linked Industries and the Monocentric City", the 29th meetings of the European Association for Researches in Industrial Economics, 2002.

Glaeser, E. L., Rosenthal, S. S., Strange, W. C., "Urban Economics and Entrepreneurship", *Journal of Urban Economics*, 67 (1), 2010: 1 – 14.

Goodman, B., Steadman, R., "Services: Business Demand Rivals Consumer Demand in Driving Job Growth", *Monthly Labor Review*, 125 (4), 2002: 3 – 16.

Gottmann, J., "Megalopolis or the Urbanization of the Northeastern Seaboard", *Economic Geography*, 1957, (3): 189 – 200.

Greenfield, H. I., *Manpower and the Growth of Producer Service*, New York: Columbia University, 1966.

Guo, Q., He, C. F., "Production Space and Regional Industrial Evolution in China", *Geojournal*, 80 (6), 2015: 1 – 18.

Haller, P., Heuermann, D. F., "Job Search and Hiring in Local Labor Markets Spillovers in Regional Matching Functions", *Regional Science & Urban Economics*, 60, 2016: 125 – 138.

Harris, C. D., "The Market as a Factor in the Localization of Industry in the United States", *Annals of the Association of American Geographers*, 44 (4), 1954: 315 – 348.

Hausmann, R., Hidalgo, C., Stock, D. P., Yildirim, M. A., "Implied Comparative Advantage", *SSRN Electronic Journal*, 2014.

Hausmann, R., Klinger, B., "The Structure of the Product Space and the Evolution of Comparative Advantage", CID Working Paper No. 146, Harvard University, Center for International Development, 2007.

He, C. F., Yan, Y., Rigby, D., "Regional Industrial Evolution in China: Path Dependence or Path Creation?", *Papers in Evolutionary Economic Geography*, 2015.

Helsley, R. W., Strange, W. C., "Coagglomeration, Clusters, and the Scale and Composition of Cities", *Journal of Political Economy*, 122 (5), 2014: 1064 – 1093.

Helsley, R. W., Strange, W. C., "Matching and Agglomeration Economies in a System of Cites", *Regional Science & Urban Economics*, 20 (2), 1990: 189 – 212.

Helsley, R. W., Zenou, Y., "Social Networks and Interactions in Cities", *Journal of Economic Theory*, 150 (41), 2014: 426 – 466.

Henderson, J. V., Storeygard, A., Weil, D. N., "Measuring Economic Growth from Outer Space", *American Economic Review*, 102 (2), 2012: 994 – 1028.

Henderson, J. V., "The Sizes and Types of Cities", *American Economic Review*, 64 (4), 1972: 640 – 56.

Henderson, J. V.:《中国的城市化, 面临的政策问题与选择》,《城市发展研究》2007 年第 4 期。

Hidalgo, C. A., Klinger, B., Barabási, A. L., Hausmann, R., "The Product Space Conditions the Development of Nations", *Science*,

317 (5837), 2007: 482-487.

Hsieh, C. T., Klenow, P. J., "Misallocation and Manufacturing TFP in China and India", *Quarterly Journal of Economics*, 124 (4), 2009: 1403-1448.

Hsu, W. T., "Central Place Theory and City Size Distribution", *Economic Journal*, 122 (563), 2012: 903-932.

Hsu, W. T., Mori, T., Smith, T. E., "Spatial Patterns and Size Distributions of Cities", ERSA Conference Papers, 2014.

Hsu, W. T., Wang, P., "Trade, Firm Selection, and Industrial Agglomeration", *Regional Science & Urban Economics*, 42 (6), 2012: 975-986.

Isard, W., *Location and Space-Economy*, Cambridge: MIT Press, 1956.

Jacobs, J., *The Economy of Cities*, New York: Random House, 1969.

Jofre-Monseny, J., Marín-López, R., Viladecans-Marsal, E., "The Mechanisms of Agglomeration: Evidence from the Effect of Inter-industry Relations on the Location of New Firms", *Journal of Urban Economics*, 70 (2-3), 2011: 61-74.

Keeble, D., Wever, E., *New Firms and Regional Development in Europe*, London: Croom Helm, 1986.

Kim, S., "Heterogeneity of Labor Markets and City Size in an Open Spatial Economy", *Regional Science and Urban Economics*, 21 (1), 1991: 109-126.

Klimenko, M., "Competition, Matching, and Geographical Clustering at Early Stages of the Industry Life Cycle", *Journal of Economics and Business*, 56 (3), 2004: 177-195.

Krugman, P., *Geography and Trade*, Cambridge, MA: MIT Press, 1991.

Krugman, P., "Increasing Returns and Economic Geography", *Journal of Political Economy*, 99 (3), 1991: 483-499.

Krugman, P., Venables, A. J., "Globalization and the Inequality of Nations", *The Quarterly Journal of Economics*, 110 (4), 1995: 857-880.

Launhardt, W., "Die bestimmung des zweckmässigsten standortes einer gewerblichen anlage", *Zeitschrift des Vereins Deutscher Ingenieure*, 26,

1882: 106 – 115.

Launhardt, W., *Mathematische Begründung der Volkwirtshafslehre*, Leipzig, B. G. Teubner, 1885. English translation: *Mathematical Principles of Economics*, Aldershot: Edward Elgar, 1993.

LeSage, J. P., Pace, R. K., "The Biggest Myth in Spatial Econometrics", *Econometrics*, 2 (4), 2014: 217 – 249.

Levinsohn, J., Petrin, A., "Estimating Production Functions Using Inputs to Control for Unobservables", *Review of Economic Studies*, 70 (2), 2003: 317 – 341.

Liu, Y., "Labor Market Matching and Unemployment in Urban China", *China Economic Review*, 24 (1), 2013: 108 – 128.

Lowe, M., "Night Lights and ArcGIS: A Brief Guide", MIT University, http://economics.mit.edu/files/8945, 2014.

Lösch, A., *Die Räumliche Ordnung der Wirtschaft*, Jena: Gustav Fisher, 1940. English translation: *The Economics of Location*, New Haven, CN: Yale University Press, 1954.

Lucas, R. E., "On the Mechanics of Economic Development", *Journal of Monetary Economics*, 22 (1), 1988: 3 – 42.

Luttmer, E. G. J., "Selection, Growth, and the Size Distribution of Firms", *The Quarterly Journal of Economics*, 122 (3), 2007: 1103 – 1144.

Marcon, E., Puech, F. A., "Typology of Distance-based Measures of Spatial Concentration", *Regional Science and Urban Economics*, 62 (C), 2017: 56 – 67.

Markusen, J. R., Venables, A. J., "The Theory of Endowment, Intra-Industry and Multinational Trade", *Journal of International Economics*, 2000, 52 (2): 209 – 234.

Marshall, A., *Principles of Economics*, London, Macmillan, 1890, the 8th edition published in 1920.

Marshall, A., *Principles of Economics* (Revised edition), London: Macmillan; reprinted by Prometheus Books, 1920.

Martin, R., "The New Geographical Turn in Economics Some Critical Reflections", *Cambridge Journal of Economics*, 23 (1), 1999: 65 -91.

Maurel, F., Sédillot, B., "A Measure of the Geographic Concentration in French Manufacturing Industries", *Regional Science and Urban Economics*, 29 (5), 1999: 575 -604.

Mccann, P., Dewhurst, J., "Regional Size, Industrial Location and Input-Output Expenditure Coefficients", *Regional Studies*, 32 (5), 1998: 435 -444.

Melitz, M. J., Ottaviano, G. I. P., "Market Size, Trade, and Productivity", *Review of Economic Studies*, 75 (1), 2008: 295 -316.

Melitz, M. J., "The Impact of Trade on Intra-industry Reallocations and Aggregate Industry Productivity", *Econometrica*, *Econometric Society*, 71 (6), 2003: 1695 -1725.

Melo, P. C., Graham, D. J., "Testing for Labour Pooling as a Source of Agglomeration Economies: Evidence for Labour Markets in England and Wales", *Papers in Regional Science*, 93 (1), 2014: 31 -52.

Michaels, G., Rauch, F., "Urbanization and Structural Transformation", *The Quarterly Journal of Economics*, 127 (2), 2012: 535 -586.

Midelfart-Knarvik, K. H., Overman, H. G., Redding, S. J., Venables, A. J., "The Location of European industry", Report prepared for the Directorate General for Economic and Financial Affairs, European Commission, Economic Papers No. 142, 2000.

Midelfart-Knarvik, K. H., Overman, H. G., Venables, A. J., "Comparative Advantage and Economic Geography: Estimating the Location of Production in the EU", CEPR Discussion Papers 2618, 2000.

Mion, G., Naticchioni, P., "The Spatial Sorting and Matching of Skills and Firms", *Canadian Journal of Economics*, 42 (1), 2009: 28 -55.

Modrego, F., Mccann, P., Foster, W. E., Olfert, M. R., "Regional Entrepreneurship and Innovation in Chile: A Knowledge Matching Approach", *Small Business Economics*, 44 (3), 2015: 1 -19.

Montobbio, F., "An Evolutionary Model of Industrial Growth and Structural Change", *Structural Change & Economic Dynamics*, 13 (4), 2002:

387-414.

Moran, P. A. P., "Notes on Continuous Stochastic Phenomena", *Biometrika*, 37 (1/2), 1950: 17-23.

Mori, T., Nishikimi, K., Smith, T. E., "The Number-average Size Rule: A New Empirical Relationship between Industrial Location and City Size", *Journal of Regional Science*, 48 (1), 2008: 165-211.

Mori, T., Smith, T. E., "An Industrial Agglomeration Approach to Central Place and City Size Regularities", *Journal of Regional Science*, 51 (4), 2011: 694-731.

Mori, T., Smith, T. E., "A Probabilistic Modeling Approach to the Detection of Industrial Agglomerations", *Journal of Economic Geography*, 14 (3), 2014: 547-588.

Mori, T., Smith, T. E., "On the Spatial Scale of Industrial Agglomerations", *Journal of Urban Economics*, 89 (1), 2015: 1-20.

Myrdal, G., *Economic Theory and Underdevelopmental Regions*, London: Duckworth, 1957.

Ngai, L. R., Pissarides, C. A., "Structural Change in a Multi-sector Model of Growth", *American Economic Review*, 97 (1), 2007: 429-443.

Northam, R. M., *Urban Geography*, New York: John Wiley & Sons, 1979.

Ohlin, B., *Interregional and International Trade*, Cambridge: Harvard University Press, 1933.

Okubo, T., Picard, P. M., Thisse, J. F., "The Spatial Selection of Heterogeneous Firms", *Journal of International Economics*, 82 (2), 2010: 230-237.

Olley, S., Pakes, A., "The Dynamics of Productivity in the Telecommunication Equipment Industry", *Econometrica*, 64 (6), 1996: 1263-1297.

Olsen, J., "On the Units of Geographical Economics", *Geoforum*, 33 (2), 2002: 153-164.

Ottaviano, G. I. P., "Agglomeration, Trade and Selection", *Regional Science and Urban Economics*, 42 (6), 2012: 987-997.

Ottaviano, G. I. P., "Footloose Capital, Market Access, and the Geography of Regional State Aid", Development Working Papers 155, Centro Studi Luca d'Agliano, University of Milano, 2001.

Pais, J., Pontes, J. P., "Fragmentation and Clustering in Vertically Linked Industries", *Journal of Regional Science*, 48 (5), 2008: 991 – 1006.

Pastorino, E., "Job Matching within and across Firms", *International Economic Review*, 56 (2), 2015: 647 – 671.

Perroux, F., "Note sur la notion de pôle de croissance", *Economie Appliquée*, 7 (8), 1955: 307 – 320.

Petrongolo, B., Pissarides, C. A., "Looking into the Black Box: A Survey of the Matching Function", *Journal of Economic Literature*, 39 (2), 2001: 390 – 431.

Picard, P. M., Okubo, T., "Firms' Locations under Demand Heterogeneity", *Regional Science & Urban Economics*, 42 (6), 2012: 961 – 974.

Pokrovsky, D., Behrens, K., "Unequal cities: Self-selection, Matching, and the Distribution of Income", the 54th Congress of the European Regional Science Association: Regional development & globalization: Best practices, St. Petersburg, 2014.

Porter, M. E., *The Competitive Advantage of Nations*, New York: Free Press, 1990.

Puga, D., "The Rise and Fall of Regional Inequalities", *European Economic Review*, 43 (2), 1999: 303 – 334.

Puga, D., Venables, A. J., "The Spread of Industry: Spatial Agglomeration in Economic Development", *Journal of the Japanese & International Economies*, 10 (4), 1996: 440 – 464.

Rauch, F., "Cities as Spatial Clusters", *Journal of Economic Geography*, 14 (4), 2014: 759 – 773.

Restuccia, D., Rogerson, R., "Misallocation and Productivity", *Review of Economic Dynamics*, 16 (1), 2013: 1 – 10.

Ripley, B. D., "Modelling Spatial Patterns", *Journal of the Royal Statistical Societ*, 39 (2), 1977: 172 – 212.

Ripley, B. D., "The Second-Order Analysis of Stationary Point Proces ses", *Journal of Applied Probability*, 13 (2), 1976: 255-266.

Roodman, D., "A Note on the Theme of Too Many Instruments", *Oxford Bulletin of Economics and Statistics*, 71 (1), 2009: 135-158.

Rosenthal, S. S., Strange, W. C., "Evidence on the Nature and Sources of Agglomeration Economies", in J. V., Henderson and J. F., Thisse (eds.), *Handbook of Regional & Urban Economics* (Volume 4), Amsterdam: North Holland Publishing Co., 2004: 2120-2171.

Rossi-Hansberg, E., Sarte, P. D., Owens, III R., "Firm Fragmentation and Urban Patterns", *International Economic Review*, 50 (1), 2009: 143-186.

Roth, A. E., "The Theory and Practice of Market Design", Nobel Prize in Economics documents 2012-5, Nobel Prize Committee, 2012.

Salop, S. C., "Monopolistic Competition with Outside Goods", *Bell Journal of Economics*, 10 (1), 1979: 141-156.

Samuelson, P., "The Pure Theory of Public Expenditure", *Review of Economics and Statistics*, 36 (4), 1954: 387-389.

Samuelson, P., "The Transfer Problem and Transport Costs: The Terms of Trade When Impediments Are Absent", *Economic Journal*, 62 (246), 1952: 278-304.

Scitovsky, T., "Two Concepts of External Economies", *Journal of Political Economy*, 62 (2), 1954: 143-143.

Shapley, L. S., "Assignment Games: The Mathematics of Matching", Nobel Prize in Economics documents 2012-6, Nobel Prize Committee, 2012.

Solow, R. M., "A Contribution to the Theory of Economic Growth", *Quarterly Journal of Economics*, 70 (1), 1956: 65-94.

Sörensson, R., "Population and Employment Location in Swedish Municipalities: 1994-2004", *The Annals of Regional Science*, 48 (3), 2012: 743-762.

Syverson, C., "Market Structure and Productivity: A Concrete Example", *Journal of Political Economy*, 112, 2004: 1181-1222.

Tabuchi, T., Thisse, J. F., "A New Economic Geography Model of Central Places", *Journal of Urban Economics*, 69 (2), 2011: 240-252.

Takahashi, T., Takatsuka, H. T., Zeng, D. Z., "Spatial Inequality, Globalization, and Footloose Capital", *Economic Theory*, 53 (1), 2013: 213-238.

Takatsuka, H., Zeng, D. Z., "Mobile Capital and the Home Market Effect", *The Canadian Journal of Economics*, 45 (3), 2012: 1062-1082.

Tervo, H., "Do People Follow Jobs or do Jobs Follow People? The Case of Finland in an International Context", *Journal of Regional Analysis & Policy*, 46 (1), 2016: 95-109.

Thompson, J. H., "Some Theoretical Considerations for Manufacturing Geography", *Economic Geography*, 42 (4), 1966: 356-366.

Timmer, M. P., Szirmai, A., "Productivity Growth in Asian Manufacturing: the Structural Bonus Hypothesis Examined", *Structural Change & Economic Dynamics*, 11 (4), 2000: 371-392.

Torfs, W., Zhao, L., "Everybody Needs Good Neighbors? Labor Mobility Costs, Cities and Matching", *Regional Science & Urban Economics*, 55, 2015: 39-54.

Venables, A. J., "Equilibrium Locations of Vertically Linked Industries", *International Economic Review*, 37 (2), 1996: 341-59.

Venables, A. J., "Productivity in Cities: Self-selection and Sorting", *Journal of Economic Geography*, 11 (2), 2011: 241-251.

Vernon, R., "International Investment and International Trade in the Product Cycle", *The Quarterly Journal of Economics*, 8 (2), 1966: 307-324.

Vernon, R., "The Product Cycle Hypothesis in a New International Environment", *Oxford Bulletin of Economics and Statistics*, 41 (4), 1979: 255-67.

von Thünen, J. H., *Der Isolierte Staat in Beziehung auf Landwirtschaft und Nationalökonomie*, Hamburg: Perthes, 1826. English ranslation by C. M. Wartenberg: *The Isolated State*, Oxford: Pergammon Press, 1966.

Weber, A., *Ueber den Standort der Industrien*, Tübingen J. C. B. Mohr,

1909. English translation: *The Theory of the Location of Industries*, Chicago: Chicago University Press, 1929.

Wheeler, C. H., "Search, Sorting, and Urban Agglomeration", *Journal of Labor Economics*, 19 (4), 2001: 879 – 899.

Williamson, J. G., "Regional Inequality and The Process of National Development: A Description of Patterns", *Econmomic Development and Culture Change*, 13 (4), 1965: 1 – 84.

Zeng, D. Z., "Capital Mobility and Spatial Inequalities in Income and Industrial Location", *The Journal of Economic Inequality*, 2016, 14 (1): 1 – 20.

Zenou, Y., "Endogenous Job Destruction and Job Matching in Cities", *Journal of Urban Economics*, 65 (3), 2007: 323 – 336.

Zenou, Y., "Spatial versus Social Mismatch", *Journal of Urban Economics*, 74 (1), 2013: 113 – 132.

Zhelobodko, E., Kokovin, S., Parenti, M., Thisse, J. F., "Monopolistic Competition beyond the Constant Elasticity of Substitution", *Econometrica*, 80 (6), 2012: 2765 – 2784.

后　　记

　　经济增长呈现空间集聚是客观存在的一般现象，要理解经济增长的空间集聚现象就必须将"空间"这一维度纳入统一分析框架中，通过阐释经济增长空间分异的理论逻辑来理解规模经济与规模不经济的辩证关系。经济增长与产业集聚、要素结构息息相关，且产业、要素与空间三者是相互影响的，既存在要素在产业部门间的不均衡分布，也存在要素空间集聚的不均衡，这使得经济集聚效应的有效性取决于要素与产业在空间上的匹配关系。本书所关注的正是"不均衡的要素分布和产业集聚之间的关系，以及二者究竟如何影响经济增长"。

　　伴随新时期中国城市化进程加速和经济发展方式发生深刻转变，中国经济已经进入"后工业化"和"服务经济"并存的时期，经济与社会发展面临经济空间格局优化与创新型经济体塑造、地区产业结构调整与"有效供给"形成、"大城市病"治理与贫困落后地区发展等重大现实挑战。真实的经济增长是具有空间属性的，因此促进中国经济高质量发展的质量、效率和动力变革特别需要处理好"不平衡、不充分"的区域发展问题。客观事实上，经济发展的阶段性特征也表明不同发展阶段的区域或城市面临发展问题的类型可能不同，因此，无论是长期的发展战略，还是短期的政策思路，优化经济结构的政策逻辑不可能"放之四海而皆准"，而是应该因地制宜、循序渐进的，准确地认识哪些区域需要实现质量变革，哪些区域需要更加注重效率变革，哪些区域的动力变革更为紧迫。深入地揭示产业—空间的匹配机制，可以更好地理解影响地区经济增长和产业集聚、扩散的共性因素，这对优化经济空间格局、构建现代化经济体系和提升中国经济运行内外部环境都具有重要意义。

基于对上述问题的思考形成了本书研究的基本出发点。本书是在笔者博士学位论文基础上修订而成，也是个人的第一部专著，非常感恩教育指导过我的各位师长、前辈。首先最要感谢的是我的博士生导师张可云教授。张老师学术功底深厚、知识渊博、治学严谨、为人正派，敢于激浊扬清，老师用"态度、方法、方向、自信、全局、规律、动态、联系"十六字教导我做人做事做学问的道理，授人以渔。感谢中国人民大学区域与城市经济研究所孙久文教授、侯景新教授、石敏俊教授、付晓东教授、文余源副教授的指导和建设性意见。感谢李仁贵研究员（中国社会科学院）、赵作权教授（中国科学院）、沈体雁教授（北京大学）、戴宏伟教授（中央财经大学）客观中肯的评审意见。感谢中国社会科学院人口与劳动经济研究所张车伟所长、钱伟书记、都阳副所长、王广州研究员、王美艳研究员、林宝研究员、高文书研究员、王智勇研究员、吴要武研究员、陆旸研究员、王桥副研究员、陈秋霖副研究员、曲玥副研究员、程杰副研究员、屈小博副研究员、杨舸副研究员、赵文副研究员、蔡翼飞副研究员等在工作中给予的指导和帮助。还感谢与胡安俊（中国社会科学院数量经济与技术经济研究所）、黄顺魁（深圳市大鹏新区改革与发展研究中心）、董静媚（国家发改委国家信息中心）、郭琪（南开大学）、姚鹏（中国社会科学院工业经济所）、原倩（中国宏观经济研究院）、王裕瑾（青岛科技大学）、胡关子（中国标准化研究院）、阎豫桂（国家发展和改革委员会）、康佳丰（中国人民大学）、热娜·艾尔肯（新疆社会科学院）、孙翔宇（中国邮政储蓄银行总行）、石林（北京农学院）、唐泽地（清华大学）、沈洁（国际关系学院），以及中国人民大学的满舰远、赵文景、戴美卉、李晨、罗路宝，北京大学吴磊和中国工商银行王绍石等人的有益讨论。本书在写作过程中还得到了北京大学光华管理学院傅帅雄副教授、中央党校经济学部蔡之兵副教授和云南大学经济学院杨孟禹老师的指导，在此一并感谢。

书中部分章节在国内研讨会进行了宣读，获益良多。感谢2017年夏季工业经济论坛、2017年"空间政治经济学研讨会"、2018年第十八届中国青年经济学者论坛、2018年中国城市论坛的邀请，感谢中国社会科学院农村发展研究所魏后凯所长、城市发展与环境研究所潘家华所长、单菁菁研究员、清华大学潘文卿教授、南开大学安虎森教授、上海交通大学陆铭教授等专家学者的点评和建议。与科班经济学研究人员不同，我还经历了不长不短的工程师训练和政府部门挂职锻炼。严格的职业训练让我至今受益很深，感谢指导教育过我的范重大师、李国强教授、孙飞飞教授；感谢北京市委组织部、东城区委组织部、东城区政府研究室等部门在挂职期间对我的指导和培养。此外，特别感恩我的母亲王晓琴女士、外婆余延礼女士对我的教育，感谢我的妻子和女儿对我的完全支持。

完稿之际，正值临近2019年新春的元宵佳节，恰逢京城入冬以来第一场雪，北国千里，银海奇花。回顾研究历程，区域与宏观经济问题如此博大精深、错综复杂，本书以产业与空间的匹配关系为切入点来研究经济空间效率问题，或许有"管中窥豹""盲人摸象"之嫌，但这也许能够帮助我们找准客观存在的基本问题。尽管本书力图构建一个反映真实世界的理论分析框架来分析现实问题，明晰准确的政策含义，但由于本人水平和精力限制，深感研究视野还不够开阔，书中可能仍存在诸多缺陷和不足，也恳请读者包容、理解，并来信指正和批评，我将以积极学习的开放态度来接受大家的批评和建设性意见。

邓仲良
2019年2月于中国社会科学院